Erich Kästner · Werke
Band IV

Erich Kästner · Werke
HERAUSGEGEBEN VON
FRANZ JOSEF GÖRTZ

Erich Kästner

Junggesellen auf Reisen

Romane II

HERAUSGEGEBEN VON
HELMUTH KIESEL
IN ZUSAMMENARBEIT MIT
SABINE FRANKE UND
ROMAN LUCKSCHEITER

Carl Hanser Verlag

ISBN 3-446-19564-5 (Leinen)
ISBN 3-446-19563-7 (Broschur)

Alle Rechte an dieser Gesamtausgabe vorbehalten
© Carl Hanser Verlag München Wien 1998
Ausstattung: Bernd Pfarr
Gestaltung und Herstellung:
Hanne Koblischka und Meike Harms
Texterfassung: Randall L. Jones,
Brigham Young University, Provo/Utah
Satz: Filmsatz Schröter GmbH, München
Druck und Bindung: Pustet, Regensburg
Printed in Germany

Inhaltsübersicht

7 Drei Männer im Schnee

181 Die verschwundene Miniatur

351 Der kleine Grenzverkehr

431 Anhang

433 Nachwort

445 Kommentar

473 Inhaltsverzeichnis

DREI MÄNNER IM SCHNEE

Das erste Vorwort
Der Millionär als künstlerisches Motiv

Millionäre sind aus der Mode gekommen. Sogar die Filmkritiker behaupten es. Und das gibt zu denken.

Sie schreiben, man könnte betreßte Diener, parkähnliche Gärten und pompöse Villen nicht länger sehen. Man habe genug von echten Tizians an den Wänden, genug auch von Aktienpaketen in den Tresors – und Festlichkeiten mit mehr als zwanzig, womöglich elegant gekleideten Gästen zu zeigen, sei eine Zumutung ohnegleichen.

Nun las ich neulich im Blatt, es gebe immer noch Millionäre.

Ich habe keine Gelegenheit, die Glaubwürdigkeit dieser Nachricht nachzuprüfen. Unter meinen Bekannten befindet sich jedenfalls kein Millionär. Doch das kann Zufall sein. Es beweist noch nichts.

In England, so stand in der Zeitung, gebe es mehr als zweihundert ordnungsgemäß gemeldete Einwohner, deren jeder über mindestens eine Million Pfund Sterling verfüge. Und in anderen Ländern sei es ähnlich.

Aus welchem Grunde sind dann aber die Millionäre aus der Mode gekommen? Weshalb ist man dagegen, daß sie und ihre kostspielige Umgebung sich auf der Leinwand und im Roman widerspiegeln?

Ja, wenn sich's um gefährliche Wesen und um verbotene Dinge handelte, ließe sich die Abneigung verstehen! Das Radfahren auf der verkehrten Straßenseite beispielsweise ist gefährlich und verboten; und so wäre es in der Tat höchst unpassend, als Maler oder Schriftsteller etwas Derartiges zu wiederholen, indem man's darstellt. Das leuchtet ein.

Einbrüche und Raubüberfälle sind als künstlerische Motive ebenfalls ungeeignet. Denn auch in der Wirklichkeit sind sie, außer bei den Dieben selber, kaum erwünscht.

Aber die Millionäre? Sind sie verboten? Oder sind sie gar gefährlich? Weit gefehlt! Sie zahlen Steuern. Sie beschaffen Arbeit. Sie treiben Luxus. Sie sind wesentliche Bestandteile von Staat und Gesellschaft.

Als ich neulich las, daß es noch immer Millionäre gebe, las ich aber auch, ihre Zahl sei im Schwinden begriffen. Und vielleicht führt dieser Hinweis zu jener Antwort, die ich suche. – Sicher hat der Leser gelegentlich zum Himmel emporgesehen, während die Sonne hinterm Horizont versank. Wenige Minuten, nachdem sie untergegangen ist, beginnen plötzlich die westlichen Wolken zu glühen. Sie erröten. Einsam leuchten sie über der grauen, dämmernden Welt.

Die Wolken schimmern rosarot, aber die Sonne versank. Sollten die Millionäre jenen Wolken gleichen? Sollten sie der Abglanz einer Zeit sein, die schon untergegangen ist? Sollten sie deshalb aus der Mode gekommen sein?

Um es kurz zu machen: Ich weiß es nicht.

Das zweite Vorwort
Der Verfasser gibt die Quellen an

Obwohl die Millionäre aus der Mode gekommen sind und obwohl ich nicht einmal genau weiß warum, ist, dessenungeachtet, die Hauptfigur dieses Buchs ein Millionär. Das ist nicht meine Schuld. Sondern es kam so:

Mein Freund Robert und ich fuhren vor einigen Monaten nach Bamberg, um uns den dortigen Reiter anzusehen. Den Bamberger Reiter.

Elfriede, eine junge Kunsthistorikerin, hatte Robert mitgeteilt, daß sie nur einen Mann heiraten werde, der den Bamberger Reiter kenne.

Ich hatte meinem Freunde daraufhin einen ausgezeichneten Rat gegeben. Hätte er ihn beherzigt, wären wir billiger davongekommen. Aber er war dagegen gewesen. Vor der Hochzeit dürfe man seine Frau nicht schlagen. Eine veraltete Ansicht, wie man zugeben wird. Doch er bestand darauf. Und schließlich war es seine Braut, nicht meine. So fuhren wir nach Bamberg.

(Ich möchte an dieser Stelle vorausschicken, daß sich die Kunsthistorikerin Elfriede während unserer Abwesenheit mit einem Zahnarzt verlobte. Er kannte den Bamberger Reiter übrigens auch nicht. Statt dessen verabfolgte er ihr eine Maulschelle. Man nennt das, glaube ich, seelische Kompensation. Daraufhin war ihm Elfriede um den Hals gefallen. So sind die Frauen. Doch das wußten wir damals noch nicht.)

In unserem Abteil saß ein älterer Herr. Er hatte Gallensteine. Man sah es ihm nicht an. Aber er sprach darüber. Er sprach überhaupt sehr viel. Und bevor er, hinter Leipzig, aufstand, um im Speisewagen eine Tasse Kaffee zu trinken, erzählte er uns haarklein jene wahre Geschichte, die den Inhalt des vorliegenden Buches bilden wird und deren Hauptfigur, es ist nicht zu ändern, ein Millionär ist.

Als der ältere Herr das Abteil verlassen hatte, sagte Robert: »Übrigens ein ausgezeichneter Stoff.«

»Ich werde einen Roman daraus machen«, entgegnete ich.
»Du irrst«, meinte er gelassen. »Den Roman schreibe ich.«
Wir musterten einander streng. Dann erklärte ich herrisch: »Ich mache einen Roman daraus und du ein Theaterstück. Der Stoff eignet sich für beide Zwecke. Außerdem ist ein Lustspiel halb so umfangreich wie ein Roman. Du siehst, ich will dir wohl.«

Nein. Das Stück möge gefälligst ich schreiben.
Nein. Ich verstünde nichts von Lustspielen.
Das stimmte, sei aber kein Hindernis.
Wir schwiegen. Dann sagte mein Freund Robert: »Wir werden einen Groschen hochwerfen. Ich nehme Wappen.« Er warf die Münze hoch. Sie fiel auf die Bank. »Hurra!« rief ich. »Zahl!«
Nun hatten wir jedoch vergessen, vorher auszumachen, was eigentlich entschieden werden solle. »Wir wiederholen das Experiment«, schlug ich vor. »Wer gewinnt, schreibt den Roman.«
»Diesmal nehme ich Zahl«, sagte Robert. (Er hat seine Schattenseiten.)
Ich warf den Groschen hoch. Er fiel zu Boden. »Hurra!« rief ich. »Wappen!
Robert blickte tieftraurig zum Fenster hinaus. »Ich muß ein Lustspiel schreiben«, murmelte er. Er tat mir fast leid. Nun kam der ältere Herr mit den Gallensteinen wieder ins Abteil. »Eine Frage, mein Herr«, sagte ich. »Wollen Sie die Geschichte von dem Millionär künstlerisch gestalten? Was sind Sie von Beruf?«
Er antwortete, er sei Geflügelhändler. Und er denke nicht daran, Bücher oder Schriftstücke zu verfassen. Möglicherweise könne er's gar nicht.
Dann wollten wir es für ihn tun, erklärten wir.
Er bedankte sich. Später fragte er, ob wir es ihm gestatteten, die Geschichte nach wie vor in Eisenbahnkupees zu erzählen. Ich sagte: »Wir gestatten es.«
Er bedankte sich noch einmal. An der nächsten Station stieg er aus. Er winkte uns nach.
Nachdem wir den Bamberger Reiter eingehend besichtigt hatten, kehrten wir nach Berlin zurück. Die Kunsthistorikerin

Elfriede stand am Anhalter Bahnhof und stellte uns ihren neuen Bräutigam vor. Robert war erschüttert. Der Zahnarzt sagte, er sei ihm eine Revanche schuldig, und lud uns zu einem Umtrunk ein. Seine Braut schickte er nach Hause. Das Weib gehörte an den Herd, meinte er streng. Elfriede sagte einiges über den Stilwandel in der Ehe und über die zyklische Polarität. Dann erklomm sie den Autobus. Und das war die Hauptsache. Wenn eine Frau gehorcht, darf sie sogar gebildet sein.

Wir drei Männer stiegen in eine unterirdische Weinkneipe, und nach vier Stunden hatten wir zahlreiche Zacken in der Krone. Ich weiß nur noch, daß wir dem Zahnarzt versprachen, zu seiner Hochzeit Blumen zu streuen. Da begann er laut zu weinen.

Später heulte auch Robert. »Ich muß ein Lustspiel schreiben«, stammelte er. »Und der Dentist heiratet Elfriede und hat nicht einmal den Bamberger Reiter gesehen.«

»Du bist eben ein Glückspilz«, sagte der Zahnarzt schlagfertig. Und dann brachten wir Robert nach Hause. Ich legte ihm Papier und Bleistift zurecht, damit er am nächsten Morgen unverzüglich mit dem Theaterstück beginnen könne. »Sublimiere den Schmerz, o Robert, und dichte!« schrieb ich auf einen Zettel. Nichts weiter.

Wir Künstler sind kalte, hartherzige Naturen.

Seitdem ging die Zeit ins Land. Der Zahnarzt hat Elfriede geheiratet. Robert hat das Stück geschrieben. Und ich den Roman.

Gern hätten wir dem Herrn mit den Gallensteinen unsere Werke gewidmet. Denn ihm verdanken wir ja den Stoff. Aber wir vergaßen damals in der Eisenbahn, nach seinem Namen zu fragen. Deshalb:

Sehr geehrter Herr! Sollten Sie Roberts Stück sehen oder dieses Buch lesen, so erinnern Sie sich unser bitte nicht ohne Wohlwollen! Und wenn Sie wieder einmal einen hübschen Stoff wissen, schreiben Sie ganz einfach eine Karte! Ja?

Eigne Einfälle sind so selten. Wir kommen ins Haus.

NB. Das Porto würden wir Ihnen selbstverständlich rückvergüten.

Das erste Kapitel
Dienstboten unter sich und untereinander

»Machen Sie nicht so viel Krach!« sagte Frau Kunkel, die Hausdame. »Sie sollen kein Konzert geben, sondern den Tisch decken.« Isolde, das neue Dienstmädchen, lächelte fein. Frau Kunkels Taftkleid knisterte. Sie schritt die Front ab. Sie schob einen Teller zurecht und zupfte an einem Löffel.

»Gestern gab es Nudeln mit Rindfleisch«, bemerkte Isolde melancholisch. »Heute weiße Bohnen mit Würstchen. Ein Millionär sollte eigentlich einen eleganteren Appetit haben.«

»Der Herr Geheimrat ißt, was ihm schmeckt«, sagte Frau Kunkel nach reiflicher Überlegung.

Das neue Dienstmädchen verteilte die Mundtücher, kniff ein Auge zu, das getroffene Arrangement zu überprüfen, und wollte sich entfernen.

»Einen Augenblick noch!« meinte Frau Kunkel. »Mein Vater, Gott hab ihn selig, pflegte zu sagen: ›Auch wer morgens dreißig Schweine kauft, kann mittags nur ein Kotelett essen.‹ Merken Sie sich das für Ihren ferneren Lebensweg! Ich glaube kaum, daß Sie sehr lange bei uns bleiben werden.«

»Wenn zwei Personen dasselbe denken, darf man sich etwas wünschen«, sagte Isolde verträumt.

»Ich bin keine Person!« rief die Hausdame. Das Taftkleid zitterte. Dann knallte die Tür.

Frau Kunkel zuckte zusammen und war allein. – Was mochte sich Isolde gewünscht haben? Es war nicht auszudenken!

Das Gebäude, von dessen Speisezimmer soeben die Rede war, liegt an jener alten, ehrwürdigen Allee, die von Halensee nach Hundekehle führt. Jedem, der die Straße auch nur einigermaßen kennt, wird die Villa aufgefallen sein. Nicht weil sie noch größer wäre, noch feuervergoldeter und schwungvoller als die anderen.

Sie fällt dadurch auf, daß man sie überhaupt nicht sieht. Man blickt durch das zweihundert Meter lange Schmiedegitter in einen verschneiten Wald, der jegliche Aussage verweigert. Wenn man vor dem von ergrauten Steinsäulen flankierten Tore steht, sieht man den breiten Fahrweg und dort, wo er nach rechts abbiegt, ein schmuckloses, freundliches Gebäude: das Gesindehaus. Hier wohnen die Dienstmädchen, die Köchin, der Chauffeur und die Gärtnersleute. Die Villa selber, die toten Tennisplätze, der erfrorene Teich, die wohltemperierten Treibhäuser, die unterm Schnee schlafenden Gärten und Wiesen bleiben unsichtbar.

An der einen grauen Säule, rechts vom Torgitter, entdeckt man ein kleines Namensschild. Man tritt näher und liest: Tobler.

Tobler? Das ist bestimmt der Millionär Tobler. Der Geheimrat Tobler. Der Mann, dem Banken, Warenhäuser und Fabriken gehören. Und Bergwerke in Schlesien, Hochöfen an der Ruhr und Schiffahrtslinien zwischen den Kontinenten.

Die Epoche der Wirtschaftskonzerne ist vorbei. Der Toblerkonzern lebt noch. Tobler hat sich, seit er vor fünfzehn Jahren den Herrn Onkel beerbte, um nichts gekümmert. Vielleicht liegt es daran. – Konzerne gleichen Lawinen. Sie werden größer und größer: Soll man ihnen dabei helfen? Sie enden im Tal: Kann man's verhindern?

Tobler besitzt viele Millionen. Aber er ist kein Millionär.

Frau Kunkel studierte die Morgenzeitung.

Johann, der Diener, trat ins Speisezimmer. »Tun Sie nicht so, als ob Sie lesen könnten!« sagte er unwillig. »Es glaubt Ihnen ja doch kein Mensch.«

Sie schoß einen vergifteten Blick ab. Dann wies sie auf die Zeitung. »Heute stehen die Preisträger drin! Den ersten Preis hat ein Doktor aus Charlottenburg gekriegt und den zweiten ein gewisser Herr Schulze. Für so 'n paar kurze Sätze werden nun die beiden Männer auf vierzehn Tage in die Alpen geschickt!«

»Eine viel zu geringe Strafe«, erwiderte Johann. »Sie gehörten nach Sibirien. Um was handelt sich's übrigens?«

»Um das Preisausschreiben der Putzblank-Werke.«

»Ach so«, sagte Johann, nahm die Zeitung und las das halbseitige Inserat. »Dieser Schulze! Er hat keine Adresse. Er wohnt postlagernd!«

»Man kann postlagernd wohnen?« fragte Frau Kunkel. »Ja, geht denn das?«

»Nein«, erwiderte der Diener. »Warum haben Sie sich eigentlich nicht an dem Preisausschreiben beteiligt? Sie hätten bestimmt einen Preis gekriegt.«

»Ist das Ihr Ernst?«

»Man hätte Sie auf zwei Wochen in die Alpen geschickt. Vielleicht hätten Sie sich einen Fuß verstaucht und wären noch länger weggeblieben.« Er schloß genießerisch die Augen.

»Sie sind ein widerlicher Mensch«, meinte sie. »Ihretwegen bräche ich mir nicht einmal das Genick.«

Johann fragte: »Wie macht sich das neue Dienstmädchen?«

Frau Kunkel erhob sich. »Sie wird bei uns nicht alt werden. Warum heißt die Person eigentlich Isolde?«

»Die Mutter war eine glühende Verehrerin von Richard Wagner«, berichtete Johann.

»Was?« rief die Hausdame. »Unehelich ist diese Isolde auch noch?«

»Keine Spur. Die Mutter war verheiratet.«

»Mit Richard Wagner?«

»Aber nein.«

»Warum wollte er denn, daß das Kind Isolde heißen sollte? Was ging ihn das an?«

»Richard Wagner hatte doch keine Ahnung von der Geschichte. Fräulein Isoldes Mutter wollte es.«

»Und der Vater wußte davon?«

»Selbstverständlich. Er liebte Wagner auch.«

Frau Kunkel ballte die gepolsterten Hände. »Ich lasse mir allerlei gefallen«, sagte sie dumpf. »Aber das geht zu weit!«

Das zweite Kapitel
Herr Schulze und Herr Tobler

Es schneite. Vor dem Postamt in der Lietzenburger Straße hielt eine große, imposante Limousine.

Zwei Jungen, die mit Schneebällen nach einer Laterne warfen, unterbrachen ihre aufreibende Tätigkeit.

»Mindestens zwölf Zylinder«, sagte der Größere.

»Eine klotzige Karosserie«, meinte der Kleinere.

Dann pflanzten sie sich vor dem Fahrzeug auf, als handle sich's mindestens um den Sterbenden Gallier oder den Dornauszieher.

Der pelzverbrämte Herr, welcher der klotzigen Karosserie entstieg, glich etwa einem wohlhabenden Privatgelehrten, der regelmäßig Sport getrieben hat. »Einen Moment, Brandes«, sagte er zu dem Chauffeur.

Dann trat er in das Gebäude und suchte den Schalter für postlagernde Sendungen.

Der Beamte fertigte gerade einen Jüngling ab. Er reichte ihm ein rosafarbenes Briefchen. Der Jüngling strahlte, wurde rot, wollte den Hut ziehen, unterließ es und verschwand hastig.

Der Herr im Gehpelz und der Oberpostsekretär lächelten einander an. »Das waren noch Zeiten«, sagte der Herr.

Der Beamte nickte. »Und nun sind wir alte Esel geworden. Ich jedenfalls.«

Der Herr lachte: »Ich möchte mich nicht ausschließen.«

»So alt sind Sie noch gar nicht«, meinte der Beamte.

»Aber schon so ein Esel!« sagte der Herr vergnügt. »Ist übrigens ein Brief für Eduard Schulze da?«

Der Oberpostsekretär suchte. Dann reichte er einen dicken Brief heraus. Der Herr steckte den Brief in die Manteltasche, bedankte sich, nickte heiter und ging.

Die zwei Jungen standen noch immer vor dem Auto. Sie verhörten den Chauffeur. Er schwitzte bereits. Sie erkundigten sich, ob er verheiratet sei.

»Da hätte ich doch 'n Trauring um«, bemerkte er zurechtweisend. Die Jungen lachten. »Mensch, der nimmt uns auf die Rolle«, meinte der Größere.

»So was dürfen Sie mit uns nicht machen«, sagte der Kleinere vorwurfsvoll. »Mein Vater hat ihn auch in der Westentasche.«

Als der Herr aus dem Postamt trat, stieg der Chauffeur rasch aus und öffnete den Schlag. »So 'ne Bengels können einen alten Mann glatt ins Krankenhaus bringen«, sagte er verstört.

Herr Schulze musterte die Knirpse. »Sollen wir euch einmal ums Viereck fahren?« Sie nickten und schwiegen. »Na, dann rin in die gute Stube!« rief er. Sie kletterten stumm in den Fond.

Die Fahrt ging los. »Dort kommt Arthur!« sagte der Große. Der Kleine klopfte an die Scheibe. Beide winkten stolz. Arthur blieb stehen, blickte den Kameraden verständnislos nach und winkte erst, als das Auto um die Ecke gebogen war.

»Wie viele Kilometer ist Ihr Wagen schon gefahren?« fragte der Kleinere.

»Keine Ahnung«, sagte Herr Schulze.

»Gehört er Ihnen denn nicht?« fragte der Größere.

»Doch, doch.«

»Hat 'n Auto und weiß nicht, wieviel Kilometer es gelaufen ist!« meinte der Größere kopfschüttelnd.

Der Kleinere sagte nur: »Allerhand.«

Herr Schulze zog das Schiebefenster auf. »Brandes, wieviel Kilometer ist der Wagen gefahren?«

»60 350 Kilometer!«

»Dabei sieht er noch wie fabrikneu aus«, meinte der kleine Junge fachmännisch. »Wenn ich groß bin, kauf ich mir genau denselben.«

»Du wirst niemals groß«, bemerkte der andere. »Du wächst nicht mehr.« »Ich werde so groß wie mein Onkel Gotthold. Der geht nicht durch die Türe.«

»So siehst du aus! Du bleibst 'n Zwerg.«

»Ruhe!« sagte Herr Schulze. »Brandes, halten Sie mal!« Der Herr ging mit den zwei Jungen in ein Schokoladengeschäft. Sie durften sich etwas aussuchen. – Der Kleinere bekam Marzipanbruch, der größere Drops mit Fruchtgeschmack.

Und für sich selber kaufte Herr Schulze eine Rolle Lakritzen. Die Verkäuferin rümpfte die Nase.

Dann transportierte Brandes die kleine Gesellschaft in die Lietzenburger Straße zurück. Die beiden Jungen dankten für alles Gebotene, stiegen aus und machten tiefe Verbeugungen.

»Kommen Sie hier öfter vorbei?« fragte der Größere.

»Da würden wir nämlich jeden Tag aufpassen«, sagte der Kleinere.

»Das fehlte noch«, brummte Brandes, der Chauffeur, und gab Gas. Die zwei Jungen sahen dem Wagen lange nach. Dann griffen sie in ihre Zuckertüten.

»Ein feiner Kerl«, sagte der Kleinere, »aber von Autos hat er keinen Schimmer.«

Das Essen hatte geschmeckt. Isolde, das neue Dienstmädchen, hatte abgeräumt, ohne Frau Kunkel eines Blickes zu würdigen. Johann, der Diener, brachte Zigarren und gab dem Herrn des Hauses Feuer. Fräulein Hilde, Toblers Tochter, stellte Mokkatassen auf den Tisch. Die Hausdame und der Diener wollten gehen. An der Tür fragte Johann: »Irgendwelche Aufträge, Herr Geheimrat?«

»Trinken Sie eine Tasse Kaffee mit uns! Die Kunkel auch. Und stecken Sie sich eine Zigarre ins Gesicht!«

»Sie wissen doch, daß ich nicht rauche«, sagte Frau Kunkel. Hilde lachte, Johann nahm eine Zigarre. Der Geheimrat setzte sich. »Nehmt Platz, Kinder! Ich habe euch etwas mitzuteilen.« Hilde meinte: »Sicher wieder etwas Originelles.«

»Entsetzlich«, stöhnte die Hausdame. (Sie litt an Ahnungen.)

»Ruhe!« befahl Tobler. »Entsinnt ihr euch, daß ich vor Monaten den Putzblank-Werken schrieb, man solle ein Preisausschreiben machen?«

Die anderen nickten.

»Ihr wißt aber nicht, daß ich mich an eben diesem Preisausschreiben, nachdem es veröffentlicht worden war, aktiv beteiligte! Und was ich bis heute früh selber noch nicht wußte, ist die erstaunliche Tatsache, daß ich in dem Preisausschreiben meiner eigenen Fabrik den zweiten Preis gewonnen habe!«

»Ausgeschlossen«, sagte die Kunkel. »Den zweiten Preis hat ein gewisser Herr Schulze gewonnen. Noch dazu postlagernd. Ich hab's in der Zeitung gelesen.«

»Aha«, murmelte Fräulein Hilde Tobler.

»Kapieren Sie das nicht?« fragte Johann.

»Doch«, sagte die Kunkel. »Der Herr Geheimrat verkohlt uns.«

Jetzt griff Hilde ein. »Nun hören Sie einmal gut zu! Mein Vater erzählt uns, er habe den Preis gewonnen. Und in der Zeitung steht, der Gewinner heiße Schulze. Was läßt sich daraus schließen?«

»Dann lügt eben die Zeitung«, meinte Frau Kunkel. »Das soll es geben.«

Die anderen bekamen bereits Temperatur.

»Es gibt noch eine dritte Möglichkeit«, sagte Tobler. »Ich könnte mich nämlich unter dem Namen Schulze beteiligt haben.«

»Auch das ist möglich«, gab Frau Kunkel zu. »Da kann man leicht gewinnen! Wenn man der Chef ist!« Sie wurde nachdenklich und schließlich streng. »Dann konnten Ihnen Ihre Direktoren aber den ersten Preis geben.«

»Kunkel, man sollte Sie mit dem Luftgewehr erschießen«, rief Hilde.

»Und dann mit Majoran und Äpfeln füllen«, ergänzte Johann.

»Das habe ich nicht verdient«, sagte die dicke alte Dame mit tränenerstickter Stimme.

Johann ließ den Mut noch nicht sinken. »Die Direktoren gaben doch den Preis einem ihnen vollkommen fremden Menschen!«

»Ich denke, dem Herrn Geheimrat!«

»Das wußten sie doch aber nicht!« rief Hilde ärgerlich.

»Schöne Direktoren sind das«, meinte Frau Kunkel. »So etwas nicht zu wissen! Ha!« Sie schlug sich aufs Knie.

»Schluß der Debatte!« rief der Geheimrat. »Sonst klettre ich auf die Gardinenstange.«

»Da haben Sie's«, sagte die Kunkel zu Johann. »Den armen Herrn Geheimrat so zu quälen!« Johann verschluckte vor Wut eine größere Menge Zigarrenrauch und hustete. Frau Kunkel lächelte schadenfroh.

»Worin besteht denn dieser zweite Preis?« fragte Hilde.

Johann gab hustend Auskunft. »Zehn Tage Aufenthalt im Grandhotel Bruckbeuren. Hin- und Rückfahrt 2. Klasse.«

»Ich ahne Fürchterliches«, sagte Hilde. »Du willst als Schulze auftreten.«

Der Geheimrat rieb sich die Hände. »Erraten! Ich reise diesmal nicht als der Millionär Tobler, sondern als ein armer Teufel namens Schulze. Endlich einmal etwas anderes. Endlich einmal ohne den üblichen Zinnober.« Er war begeistert. »Ich habe ja fast vergessen, wie die Menschen in Wirklichkeit sind. Ich will das Glashaus demolieren, in dem ich sitze.«

»Das kann ins Auge gehen«, meinte Johann.

»Wann fährst du?« fragte Hilde.

»In fünf Tagen. Morgen beginne ich mit den Einkäufen. Ein paar billige Hemden. Ein paar gelötete Schlipse. Einen Anzug von der Stange. Fertig ist der Lack!«

»Falls sie dich als Landstreicher ins Spritzenhaus sperren, vergiß nicht zu depeschieren«, bat die Tochter.

Der Geheimrat schüttelte den Kopf. »Keine Bange, mein Kind. Johann fährt ja mit. Er wird die zehn Tage im gleichen Hotel verleben. Wir werden einander allerdings nicht kennen und kein einziges Wort wechseln. Aber er wird jederzeit in meiner Nähe sein.«

Johann saß niedergeschlagen auf seinem Stuhl.

»Morgen lassen wir Ihnen bei meinem Schneider mehrere Anzüge anmessen. Sie werden wie ein pensionierter Großherzog aussehen.«

»Wozu?« fragte Johann. »Ich habe noch nie etwas anderes sein wollen als Ihr Diener.«

Der Geheimrat erhob sich. »Wollen Sie lieber hierbleiben?«

»Aber nein«, erwiderte Johann. »Wenn Sie es wünschen, reise ich als Großherzog.

»Sie reisen als wohlhabender Privatmann«, entschied Tobler. »Warum soll es immer nur mir gut gehen! Sie werden zehn Tage lang reich sein.«

»Ich wüßte nicht, was ich lieber täte«, sagte Johann tieftraurig. »Und ich darf Sie während der ganzen Zeit nicht ansprechen?«

»Unter gar keinen Umständen. Mit einem so armen Mann wie mir haben Herrschaften aus Ihren Kreisen nichts zu schaffen. Statt dessen dürfen Sie sich aber mit Baronen und internationalen Sportgrößen unterhalten. Richtig, eine Skiausrüstung werden Sie übrigens auch brauchen!«

»Ich kann nicht Ski fahren«, entgegnete der Diener.

»Dann werden Sie es lernen.«

Johann sank in sich zusammen. »Darf ich wenigstens manchmal in Ihr Zimmer kommen und aufräumen?« – »Nein.«

»Ich werde bestimmt nur kommen, wenn niemand auf dem Korridor ist.«

»Vielleicht«, sagte der Geheimrat.

Johann blühte wieder auf.

»Ich bin sprachlos«, sagte die Kunkel.

»Wirklich?« fragte Hilde. »Im Ernst?«

Tobler winkte ab. »Leere Versprechungen!«

»Über fünfzehn Jahre bin ich in diesem Hause«, sagte die Kunkel. »Und es war dauernd etwas los. Der Herr Geheimrat hat immer schon zuviel Phantasie und zuviel Zeit gehabt. Aber so etwas ist mir denn doch noch nicht passiert! Herr Geheimrat, Sie sind das älteste Kind, das ich kenne. Es geht mich nichts an. Aber es regt mich auf. Dabei hat mir der Doktor jede Aufregung verboten. Was hat es für Sinn, wenn Sie mich ein Jahr ums andere ins Herzbad schicken, und kaum bin ich zurück, fängt das Theater von vorne an? Ich habe jetzt mindestens hundertzwanzig Pulsschläge in der Sekunde. Und der Blutdruck steigt mir bis in den Kopf. Das hält kein Pferd aus. Wenn ich wenigstens die Tabellen einnehmen könnte. Nein, die Tabletten. Aber ich kriege sie nicht hinunter. Sie sind zu groß. Und im Wasser auflösen darf man sie nicht. Denke ich mir wenigstens. Weil sie dann nicht wirken.« Sie hielt erschöpft inne.

»Ich fürchte, Sie sind vom Thema abgekommen«, meinte Hilde. Der Geheimrat lächelte gutmütig. »Hausdamen, die bellen, beißen nicht«, sagte er.

Das dritte Kapitel
Mutter Hagedorn und Sohn

Am selben Tage, ungefähr zur gleichen Stunde, klopfte Frau Hagedorn in der Mommsenstraße an die Tür ihres Untermieters Franke. Es ist nicht sehr angenehm, in der eigenen Wohnung an fremde Türen klopfen zu müssen. Aber es läßt sich nicht immer vermeiden. Am wenigsten, wenn man eine Witwe mit einem großen Sohn und einer kleinen Rente ist und wenn der große Sohn keine Anstellung findet.

»Herein!« rief Herr Franke. Er saß am Tisch und korrigierte Diktathefte. »Saubande!« murmelte er. Er meinte seine Schüler. »Die Lausejungen scheinen manchmal auf den Ohren zu sitzen statt auf …«

»Vorsicht, Vorsicht«, äußerte Frau Hagedorn. »Ich will das nicht gehört haben, was Sie beinah gesagt hätten. Wollen Sie eine Tasse Kaffee trinken?«

»Zwei Tassen«, sagte Herr Franke.

»Haben Sie schon die Zeitung gelesen?« Die Apfelbäckchen der alten Dame glühten. Franke schüttelte den Kopf. Sie legte eine Zeitung auf den Tisch. »Das Rotangestrichene«, meinte sie stolz.

Als sie mit dem Kaffee zurückkam, sagte der Untermieter: »Ihr Sohn ist ein Mordskerl! Schon wieder einen ersten Preis! In Bruckbeuren ist es sehr schön. Ich bin auf einer Alpenwanderung durchgekommen. Wann geht die Reise los?«

»Schon in fünf Tagen. Ich muß rasch ein paar Hemden für ihn waschen. Das ist bestimmt wieder so ein pompöses Hotel, wo jeder einen Smoking hat. Nur mein Junge muß im blauen Anzug herumlaufen. Vier Jahre trägt er ihn nun. Er glänzt wie Speckschwarte.«

Der Lehrer schlürfte seinen Kaffee. »Das wievielte Preisausschreiben ist das eigentlich, das der Herr Doktor gewonnen hat?«

Frau Hagedorn ließ sich langsam in einen ihrer abvermieteten roten Plüschsessel nieder. »Das siebente! Da war erstens vor drei Jahren die große Mittelmeerreise. Die bekam er für zwei Zeilen, die sich reimten. Na, und dann die zwei Wochen im Palace Hotel von Château Neuf. Das war kurz bevor Sie zu uns zogen. Dann die Norddeutsche Seebäderreise. Beim Preisausschreiben der Verkehrsvereine. Dann die Gratiskur in Pystian.

Dabei war der Junge gar nicht krank. Aber so etwas kann ja nie schaden. Dann der Flug nach Stockholm. Hin und zurück. Und drei Tage Aufenthalt an den Schären. Im letzten Frühjahr vierzehn Tage Riviera. Wo er Ihnen die Karte aus Monte Carlo schickte. Und jetzt die Reise nach Bruckbeuren. Die Alpen im Winter, das ist sicher großartig. Ich freue mich so. Seinetwegen. Für tagsüber hat er ja den Sportanzug. Er muß wieder einmal auf andere Gedanken kommen. Könnten Sie ihm vielleicht Ihren dicken Pullover leihen? Sein Mantel ist ein bißchen dünn fürs Hochgebirge.«

Franke nickte. Die alte Frau legte ihre abgearbeiteten Hände, an denen sie die sieben Erfolge ihres Sohnes hergezählt hatte, in den Schoß und lächelte. »Den Brief mit den Freifahrscheinen brachte der Postbote heute früh.«

»Es ist eine bodenlose Schweinerei!« knurrte Herr Franke. »Ein so talentierter Mensch findet keine Anstellung! Man sollte doch tatsächlich ...«

»Vorsicht, Vorsicht!« warnte Frau Hagedorn. »Er ist heute zeitig fort. Ob er's schon weiß? Er wollte sich wieder einmal irgendwo vorstellen.«

»Warum ist er denn nicht Lehrer geworden?« fragte Franke.

»Dann wäre er jetzt an irgendeinem Gymnasium, würde Diktathefte korrigieren und hätte sein festes Einkommen.«

»Reklame war schon immer seine Leidenschaft«, sagte sie. »Seine Doktorarbeit handelte auch davon. Von den psychologischen Gesetzen der Werbewirkung. Nach dem Studium hatte er mehrere Stellungen. Zuletzt mit achthundert Mark im Monat. Weil er tüchtig war. Aber die Firma ging bankrott.«

Frau Hagedorn stand auf. »Nun will ich aber endlich die Hemden einweichen.«

»Und ich werde die Diktate zu Ende korrigieren«, erklärte

Herr Franke. »Hoffentlich reicht die rote Tinte. Mitunter habe ich das dumpfe Gefühl, die Bengels machen nur so viele Fehler, um mich vor der Zeit ins kühle Grab zu bringen. Morgen halte ich ihnen eine Strafrede, daß sie denken sollen ...«

»Vorsicht, Vorsicht!« sagte die alte Dame, steckte die Zeitung wieder ein und segelte in die Küche.

Als Doktor Hagedorn heimkam, dämmerte es bereits. Er war müde und verfroren. »Guten Abend«, sagte er und gab ihr einen Kuß.

Sie stand am Waschfaß, trocknete rasch die Hände und reichte ihm den Brief der Putzblank-Werke.

»Bin im Bilde«, sagte er. »Ich las es in der Zeitung. Wie findest du das? Ist das nicht, um aus der nackten Haut zu fahren? Mit der Anstellung war es übrigens wieder Essig. Der Mann geht erst in einem halben Jahr nach Brasilien. Und den Nachfolger haben sie auch schon. Einen Neffen vom Personalchef.« Der junge Mann stellte sich an den Ofen und wärmte die steifen Finger.

»Kopf hoch, mein Junge!« sagte die Mutter.

»Jetzt fährst du erst einmal zum Wintersport. Das ist besser als gar nichts.«

Er zuckte die Achseln. »Ich war am Nachmittag in den Putzblank-Werken draußen. Mit der Stadtbahn. Der Herr Direktor freute sich außerordentlich, den ersten Preisträger persönlich kennenzulernen, und beglückwünschte mich zu den markanten Sätzen, die ich für ihr Waschpulver und ihre Seifenflocken gefunden hätte. Man verspreche sich einen beachtlichen Werbeerfolg davon. Ein Posten sei leider nicht frei.«

»Und warum warst du überhaupt dort?« fragte die Mutter.

Er schwieg eine Weile. Dann sagte er: »Ich machte dem Direktor einen Vorschlag. Seine Firma solle mir statt der Gratisreise eine kleine Barvergütung gewähren.«

Die alte Frau hielt mit Waschen inne.

»Es war das übliche Theater«, fuhr er fort. »Es sei unmöglich. Die Abmachungen seien bindend. Überdies sei Bruckbeuren ein entzückendes Fleckchen Erde. Besonders im Winter. Er wünsche mir viel Vergnügen. Ich träfe dort die beste internationale Gesellschaft und solle ihm eine Ansichtskarte schicken. Er habe keine Zeit, im Winter zu reisen. Er hänge an der Kette. Und ich sei zu beneiden.«

»Es war das übliche Theater?« fragte die Mutter. »Du hast das schon öfter gemacht?«

»Ich habe dir nichts davon erzählt«, sagte er. »Du zerbrichst dir wegen deiner paar Groschen den Hinterkopf! Und ich gondle in einem fort quer über die Landkarte. Gratis und franko nennt man das! Jawohl, Kuchen! Jedesmal bevor ich losfahre, wandert die Witwe Hagedorn stehenden Fußes zur Städtischen Sparkasse und hebt fünfzig Mark ab. Weil sonst der Herr Sohn kein Geld hat, unterwegs eine Tasse Kaffee oder ein kleines Helles zu bezahlen.«

»Man muß die Feste feiern, wie sie fallen, mein Junge.«

»Nicht arbeiten und nicht verzweifeln«, sagte er. »Eine Variation über ein altes Thema.«

Er machte Licht. »Diese Putzblank-Werke gehören dem Tobler, einem der reichsten Männer, die der Mond bescheint. Wenn man diesen alten Onkel einmal zu fassen kriegte!«

»Nun weine mal nicht«, meinte die Mutter.

»Oder wenn wenigstens du auf meine Fahrkarte verreisen könntest! Du bist dein Leben lang nicht über Schildhorn und Werder hinausgekommen.«

»Du lügst wie gedruckt«, sagte die Mutter. »Mit deinem Vater war ich vor dreißig Jahren in Swinemünde. Und mit dir 1910 im Harz. Als du Keuchhusten hattest. Wegen der Luftveränderung. Ferner möchte ich dir mitteilen, daß wir noch heute abend ins Kino gehen. Es läuft ein Hochgebirgsfilm. Wir nehmen zweites Parkett und werden uns einbilden, wir säßen auf dem Matterhorn.«

»Ich nehme die Einladung dankend an«, entgegnete er. »Und wenn ich jemals König von England werden sollte, verleihe ich dir den Hosenbandorden. Das soll meine erste Regierungstat sein. Eventuell erhebe ich dich in den erblichen Adelsstand. Das hängt allerdings davon ab, was es heute abend zu essen gibt.«

»Sülze mit Bratkartoffeln«, sagte die Mutter.

»Oha!« rief Herr Doktor Hagedorn. »Dann wirst du sogar Herzogin von Cumberland. Das ist eine alte, gute Familie. Einer ihrer Vorfahren hat die englische Sauce entdeckt.«

»Vielen Dank«, sagte Frau Hagedorn. »Werden Majestät den blauen Anzug mitnehmen?«

»Natürlich«, meinte er. »Es ist einer der glänzendsten Anzüge, die es je gegeben hat.«

Später zog die Mutter, vom Fensterriegel bis zum oberen Türscharnier, eine Leine und hängte die Oberhemden des siebenfachen Preisträgers zum Trocknen auf. Dann aßen sie, am Küchentisch, im Schatten der tropfenden Hemden, Sülze mit Bratkartoffeln. Dann brachte die alte Dame dem Lehrer Franke Tee, Teller und Besteck. Und schließlich gingen Mutter und Sohn ins Kino. Es lag in einer verschneiten Seitenstraße und nannte sich großspurig Viktoria-Palast.

»Zweimal Fremdenloge«, verlangte Hagedorn.

»Fremdenloge gibt es leider bei uns nicht«, sagte das Fräulein an der Kasse.

»Wie dumm, wie dumm!« meinte er. »Nein, ist uns das peinlich! Das verändert die Sachlage gewaltig! Was meinst du, liebe Tante, wollen wir unter diesen Umständen lieber wieder nach Hause gehen?«

»Ach nein«, sagte die Mutter. »Nun bin ich schon in Berlin zu Besuch. Nun will ich auch etwas erleben.« Währenddem drückte sie ihm heimlich eine Mark fünfzig Pfennig in die Hand.

Das Fräulein dachte nach. »Nehmen Sie doch Orchestersitz.«

»Das geht nicht. Wir sind unmusikalisch«, sagte er. »Wissen Sie was, geben Sie zweimal zweites Parkett!«

»Das ist aber ganz vorn«, sagte das Fräulein.

»Das wollen wir hoffen«, bemerkte die alte Dame hoheitsvoll. »Im Perleburger Stadttheater sitzen wir auch in der ersten Reihe. Wir nehmen stets die vordersten Plätze.«

»Mein Onkel ist nämlich Feuerwehrhauptmann«, sagte

Doktor Hagedorn erklärend und nickte dem Fräulein zu. »Er kann sich's leisten.« Dann reichte er seiner Mutter den Arm, und sie traten gemessenen Schritts in den dunklen Zuschauerraum.

Das vierte Kapitel
Gelegenheitskäufe

An den folgenden Tagen ließ sich Geheimrat Tobler wiederholt im Auto nach dem Norden und Osten Berlins fahren. Er besorgte seine Expeditionsausrüstung. Die Schlipse, es waren Stücke von prähistorischem Aussehen, erstand er in Tempelhof. Die Hemden kaufte er in der Landsberger Allee. Drei impertinent gestreifte Flanellhemden waren es. Dazu zwei vergilbte Makohemden, etliche steife Vorhemdchen, zwei Paar Röllchen und ein Paar vernickelter Manschettenknöpfe, deren jeder ein vierblättriges Kleeblatt vorstellte.

In der Neuen Königstraße kaufte er – besonders billig, wegen Aufgabe des Geschäfts – eine Partie Wollsocken. Und in der Münzstraße derbe rindslederne Stiefel. Am Tag der Abreise erwarb er endlich den Anzug! Das ging hinter dem Schlesischen Bahnhof vor sich. In der Fruchtstraße. Der Laden lag im Keller. Man mußte sechs Stufen hinunterklettern.
 Der Trödler, ein bärtiger Greis, breitete einige seiner Schätze auf dem Ladentisch aus. »So gut wie nicht getragen«, sagte er unsicher. Tobler erblickte zunächst einen verwitterten Cutaway aus Marengo und hatte nicht übel Lust, ihn zu nehmen. Andrerseits war ein Cutaway doch wohl nicht das geeignetste Kostüm für dreißig Zentimeter Neuschnee. Daneben lag ein hellbrauner Jackettanzug. Mit kleinen Karos und großen Fettflecken. Und neben diesem der Anzug, den Tobler schließlich wählte. Die Farbe war vor Jahren violett gewesen. Mit hellen Längsstreifen. Die Zeit vergeht.
 »Scheußlich schön«, sagte Tobler. »Was kostet das Gewand?«
 »Achtzehn Mark«, entgegnete der Alte. »Es ist der äußerste Preis.« Der Geheimrat nahm das Jackett vom Bügel und zog es an. Der Rücken spannte. Die Ärmel waren viel zu kurz. »Nehmen Sie den Cutaway!« riet der alte Mann. »Er kostet zweiundzwanzig Mark, aber die vier Mark Unterschied lohnen sich. Der Stoff ist besser. Sie werden es nicht bereuen.«

»Haben Sie keinen Spiegel?« fragte Tobler.

»Im Hinterzimmer«, sagte der Greis. Sie gingen in das Hinterzimmer. Es roch nach Kohl. Der Geheimrat starrte in den Spiegel, erkannte sich dann doch und mußte lachen. »Gefalle ich Ihnen?« fragte er.

Der Ladenbesitzer griff, einen Halt suchend, in seinen Bart. »Nehmen Sie den Cutaway!«

Tobler blieb standhaft. »Ich nehme das violette Modell«, antwortete er. »Es soll eine Überraschung sein.«

»Insofern haben Sie recht«, meinte der Alte.

Tobler zog sich wieder an und zahlte. Der Trödler wickelte den Anzug in braunes Packpapier und brachte den Kunden zur Tür. Bevor er öffnete, befühlte er Toblers Gehpelz, pustete fachmännisch in den Otterkragen und sagte: »Wollen Sie den Mantel verkaufen? Ich würde ihn vielleicht nehmen. Für hundertzwanzig Mark.«

Der Geheimrat schüttelte den Kopf.

»Der Cutaway war Ihnen zu teuer«, fuhr der alte Mann fort. »Sie haben kein Geld. Das kommt bei reichen Leuten öfter vor, als arme Leute denken. Na schön. Hundertfünfzig Mark. Bar in die Hand. Überlegen Sie sich's?«

»Es ist ein Andenken«, sagte Tobler freundlich und ging. Der Trödler blickte ihm nach und sah den schweren Wagen und den Chauffeur, der beflissen den Schlag öffnete. Das Auto fuhr ab. Der alte Mann legte ein Brikett nach und trat vor ein Vogelbauer, das hinterm Ladentisch an der Wand hing. »Verstehst du das?« fragte er den kleinen gelben Kanarienvogel. »Ich auch nicht.«

In Toblers Arbeitszimmer sah es beängstigend aus. Neben den Neuanschaffungen lagen Gegenstände, die der Geheimrat auf dem Oberboden in staubigen Truhen und knarrenden Schränken entdeckt hatte. Ein Paar verrostete Schlittschuhe. Ein warmer Sweater, der aussah, als habe er die Staupe. Eine handgestrickte knallrote Pudelmütze. Ein altmodischer Flauschmantel, graukariert und mindestens aus der Zeit der Kreuzzüge. Eine braune Reisemütze. Ein Paar schwarzsamtene Ohrenklappen mit einem verschiebbaren Metallbügel. Ein Spankorb, der längst ausgedient hatte. Und ein Paar wollene Pulswärmer, die man seinerzeit dem Leutnant der Reserve in den Schützengraben geschickt hatte.

Tobler konnte sich kaum von dem Anblick losreißen. Schließlich ging er ins grüne Eckzimmer hinüber, in dem Johann verdrossen die Anzüge probierte, die ihm vor vier Tagen der beste Zuschneider Berlins angemessen hatte. Die letzten kleinen Schönheitsfehler waren beseitigt worden, und der Geschäftsführer der weltbekannten Firma, der sich persönlich in die Grunewaldvilla bemüht hatte, ließ es an begeisterten Zwischenrufen nicht fehlen.

Johann stand wie ein unschuldiger Angeklagter vor dem Pfeilerspiegel. Er ließ sich nacheinander die Jacketts, den Smoking, die Skijoppe und den Frack anziehen, als seien es lauter Zwangsjacken.

Als der biedere grauhaarige Diener zum Schluß im Frack dastand, breitschultrig und schmalhüftig, riß es den Millionär hin. »Johann«, rief er, »Sie gleichen einem Botschafter! Ich glaube nicht, daß ich mich je wieder trauen werde, mir von Ihnen die Schuhe putzen zu lassen.«

Der Diener wandte sich um. »Es ist eine Sünde, Herr Geheimrat. Sie werfen das Geld zum Fenster hinaus. Ich bin verzweifelt.«

Der Schneider meinte, das sei ihm, wenn man ihm die Bemerkung gestatten wolle, noch nicht vorgekommen.

»Sie reden, wie Sie es verstehen«, sagte der Diener.

Das konnte der Herr nicht abstreiten, und dann empfahl er sich.

Als er draußen war, fragte Johann den Geheimrat: »Gibt es in Bruckbeuren eigentlich Kostümfeste?«

»Selbstverständlich. In solchen Wintersporthotels ist dauernd etwas los.«

Johann zog den Frack aus.

»Wollen Sie sich denn kostümieren?« fragte Tobler erstaunt. »Als was denn?«

Johann zog die Livreejacke an und sagte sehnsüchtig. »Als Diener!«

Nach dem Abendessen bat der Geheimrat die anderen, ihm zu folgen. Seine Tochter, Frau Kunkel und Johann begleiteten ihn zögernd. Er öffnete die Tür des Arbeitszimmers und schaltete das Licht ein. Anschließend herrschte minutenlanges Schweigen. Die Schreibtischuhr tickte.

Die Kunkel wagte sich als erste ins Zimmer. Langsam näherte sie sich dem violett gewesenen Anzug aus der Fruchtstraße. Sie befühlte ihn so vorsichtig, als fürchte sie, er könne beißen. Sie schauderte und wandte sich den gestreiften Flanellhemden zu. Von einem der Stühle hob sie die steifen Manschetten und blickte entgeistert auf die vierblättrigen Manschettenknöpfe.

Die gestärkten Vorhemden gaben ihr den Rest. Sie fiel ächzend in einen Klubsessel, setzte sich wuchtig auf die dort liegenden Schlittschuhe, fuhr gehetzt in die Höhe, blickte verwirrt um sich und sagte: »Das überlebe ich nicht!«

»Halten Sie das, wie Sie wollen!« meinte Tobler. »Aber vorher packen Sie, bitte, sämtliche Sachen in den Spankorb!«

Sie warf die Arme empor. »Niemals, niemals!«

Er ging zur Tür. »Dann werde ich eines der Dienstmädchen rufen.«

Frau Kunkel gab sich geschlagen. Sie zerrte den Korb auf den Tisch und packte. »Die Pudelmütze auch?«

Der Geheimrat nickte roh.

Mehrmals schloß sie sekundenlang die Augen, um nicht zusehen zu müssen, was sie tat.

Hilde sagte: »Übermorgen bist du wieder daheim, lieber Vater.«

»Wieso?«

»Sie werden dich hochkantig hinauswerfen.«

»Ich bin froh, daß ich mitfahre«, sagte Johann. »Vielleicht sollten wir uns Revolver besorgen. Wir könnten uns dann besser verteidigen.«

»Macht euch nicht lächerlich«, meinte Tobler. »Den Preis, den ich gewann, konnte ebensogut einer gewinnen, der zeitlebens so angezogen ist, wie ich mich zehn Tage lang anziehen werde! Was wäre dann?«

»Den würfen sie auch hinaus«, sagte der Diener. »Aber der würde sich nicht darüber wundern.«

»Nun habt ihr mich erst richtig neugierig gemacht«, erklärte der Geheimrat abschließend. »Wir werden ja sehen, wer recht behält.«

Es klopfte.

Isolde, das neue Dienstmädchen, trat ein. »Herr Generaldirektor Tiedemann wartet unten im Salon.«

»Ich komme gleich«, sagte Tobler. »Er will Vortrag halten. Als ob ich eine Weltreise machte.« Isolde ging.

»Wo du doch übermorgen wieder zu Hause bist!« meinte Hilde. Der Vater blieb an der Tür stehen. »Wißt ihr, was ich tue, wenn man mich hinauswirft?«

Sie blickten ihn gespannt an.

»Dann kaufe ich das Hotel und schmeiße die andern hinaus!«

Als auch Johann gegangen war, meldete Hilde hastig ein dringendes Gespräch mit Bruckbeuren an. »Es bleibt kein andrer Ausweg«, sagte sie zur Kunkel. »Sonst geht morgen abend die Welt unter.«

»Ihr Herr Vater ist leider übergeschnappt«, meinte die Hausdame. »Womöglich schon seit langem, und es ist uns nur nicht aufgefallen. Diese Schlipse! Hoffentlich geht es wieder vorüber.«

Hilde zuckte die Achseln. »Sobald das Gespräch da ist, lassen Sie keinen Menschen ins Zimmer! Außer über Ihre Leiche.

»Auch dann nicht!« versicherte Frau Kunkel tapfer und stopfte den alten, widerwärtigen Flauschmantel in den Korb. Der Raum nahm langsam wieder sein übliches, vornehmes Aussehen an. »Man ist ja allerlei von ihm gewöhnt«, sagte die Hausdame. »Wissen Sie noch, wie er vor zwei Jahren, in der Oper, wie hieß sie doch gleich, dem Dirigenten den Taktstock wegnahm? Der Geheimrat saß genau hinter dem Kapellmeister, der so schön dirigierte. Und oben auf der Bühne lag ein krankes Fräulein im Bett, und die Freundin brachte einen Muff, weil sie an den Händen fror – und fort war das Stöckchen! Der

Dirigent drehte sich erschrocken um, und die Zuschauer lachten furchtbar. Dabei war es gar kein Lustspiel! Und das alles wegen einer Wette.«

Hilde blickte ungeduldig aufs Telefon. »Hoffentlich hält ihn der Generaldirektor lange genug fest.«

»Telefonieren Sie doch erst, wenn der Herr Geheimrat abgereist ist!«

»Jetzt oder nie«, sagte Hilde. »Im Grunde geht es mich überhaupt nichts an. Mein Vater ist alt genug. Ich mache mir Vorwürfe.«

Die Kunkel schnallte die Korbriemen fest. »Ein kleines Kind ist er! Ich weiß nicht, woran es liegt. Im Grunde ist er doch ein gescheiter Mensch. Nicht? Und so nett und nobel. Aber plötzlich kriegt er den Rappel. Vielleicht liest er zuviel. Das soll sehr schädlich sein. Nun haben wir die Bescherung. Nun fährt er als armer Mann in die Alpen.«

Das Telefon klingelte.

Hilde eilte an den Schreibtisch. Es war Bruckbeuren. Die Hotelzentrale meldete sich. Hilde verlangte den Direktor. Es dauerte einige Zeit. Dann sagte Hilde: »Sie sind der Direktor des Grandhotels? Sehr angenehm. Hören Sie, bitte, zu! Morgen abend trifft der Preisträger des Putzblank-Ausschreibens bei Ihnen ein.«

Der Direktor erklärte, er sei orientiert, und es werde ihm ein Vergnügen sein.

»Die Vorfreude ist die schönste Freude«, sagte sie. »Dieser Gast wird Ihnen leider Kopfschmerzen verursachen. Er tritt als armer Mann auf, obwohl er Millionär ist. Ein Multimillionär sogar.«

Der Hoteldirektor dankte tausendmal für den Hinweis. Dann erkundigte er sich, weswegen ein Multimillionär als armer Mann auftrete.

»Es ist eine Marotte von ihm«, sagte Hilde. »Er will die Menschen studieren. Er will ihre Moral auf Herz und Nieren prüfen. Ich stehe ihm sehr nahe, und mir liegt daran, daß man ihm nicht weh tut. Er ist ein Kind, verstehen Sie? Er darf auf keinen Fall erfahren, daß Sie Bescheid wissen. Er muß sich davon überzeugen, daß man ihn für einen armen Teufel hält und trotzdem behandelt, wie er's gewöhnt ist.«

Der Direktor sagte, das werde sich schon machen lassen. Er fragte dann noch, ob der geheimnisvolle Gast Gepflogenheiten habe, die man auf dezente Weise berücksichtigen könne.

»Eine gute Idee«, meinte sie. »Also passen Sie auf! Er läßt sich jeden zweiten Tag massieren. Er sammelt Briefmarken. Abends muß ein warmer Ziegelstein in seinem Bett liegen. Am liebsten ißt er Nudeln mit Rindfleisch oder andere Hausmannskost. Mit Getränken ist er wählerischer. Französischen Kognak liebt er besonders. Was noch?«

»Katzen!« sagte Frau Kunkel, welche die Tür fanatisch bewachte.

»Haben Sie siamesische Katzen?« fragte Hilde. »Nein? Besorgen Sie ihm einige! Für sein Zimmer. Ich überweise ihnen morgen tausend Mark.«

Der Hoteldirektor meinte, er habe alles notiert. Bezahlung kommt natürlich nicht in Frage. Sie seien ein großzügiges Hotel. Bis auf die siamesischen Katzen sei außerdem das Programm kinderleicht zu verwirklichen. Doch auch die siamesischen Katzen ... »Der Geheimrat kommt«, flüsterte Frau Kunkel aufgeregt. »Guten Tag«, sagte Hilde und legte den Hörer auf.

Brandes fuhr sie zum Anhalter Bahnhof. Hilde und die Kunkel kamen mit. Tobler liebte es, wenn seinetwegen Taschentücher geschwenkt wurden.

»Lieber Johann«, meinte er im Auto, »vergessen Sie nicht, was ich angeordnet habe. Wir wohnen in München ein paar Stunden im ›Regina‹. Morgen mittag verwandle ich mich in Herrn Schulze. Sie besorgen einen Karton und bringen den Anzug, den ich jetzt anhabe, die Wäsche, Strümpfe und Schuhe zur Post. Ich verlasse das Münchner Hotel im Gehpelz. Wir nehmen ein Taxi. Im Taxi ziehe ich Schulzes Flauschmantel an. Und Sie übernehmen Toblers Pelz. Als den Ihrigen. Vom Starnberger Bahnhof ab kennen wir uns nicht mehr.«

»Darf ich wenigstens Ihren Spankorb zum Zug tragen?« fragte Johann.

»Das kann ich selber«, sagte Tobler. »Im übrigen werden wir ab München in getrennten Kupees reisen.«

»Die reinste Kriminalgeschichte«, erklärte Hilde.

Nach einer Weile fragte Frau Kunkel: »Wie werden Sie das nur aushalten, Herr Geheimrat? Ohne Massage. Ohne Kognak. Ohne den warmen Ziegelstein. Ohne bürgerliche Küche. Und ohne Ihre Katzen im Schlafzimmer!« Sie zwickte Hilde schelmisch in den Arm. Tobler erklärte: »Hören Sie bloß damit auf! Mir hängen die alten, lieben Gewohnheiten längst zum Hals heraus. Ich bin heilfroh, daß ich denen endlich einmal entwischen kann.«

»So, so«, sagte Frau Kunkel und machte eines ihrer dümmsten Gesichter.

Sie kamen ziemlich spät auf den Bahnsteig. Es war gerade noch Zeit, einige überflüssige Ermahnungen anzubringen. Und Johann mußte, bevor er einstieg, Hilde hoch und heilig versprechen, mindestens jeden zweiten Tag einen ausführlichen Bericht zu schicken. Er versprach's und kletterte in den Wagen.

Dann fuhr der Zug an. Hilde und Frau Kunkel zückten ihre Taschentücher und winkten. Der Geheimrat nickte vergnügt. Schon glitten die nächsten Waggons an den Zurückbleibenden vorüber. Und eine kleine, alte Frau, die neben dem Zug hertrippelte, stieß mit Hilde zusammen. »Willst du dich wohl vorsehen!« rief ein junger Mann, der sich aus einem der Fenster beugte.

»Komm du nur wieder nach Hause, mein Junge!« antwortete die alte Frau und drohte ihm mit dem Schirm. »Auf Wiedersehen!« rief er noch. Hilde und er sahen einander flüchtig ins Gesicht.

Dann rollte der letzte Wagen vorbei. Der D-Zug Berlin–München begab sich, stampfend und schimpfend, auf die nächtliche Reise. Es schneite wieder. Man konnte es vom Bahnsteig aus ganz deutlich sehen.

Das fünfte Kapitel
Grandhotel Bruckbeuren

Das Grandhotel in Bruckbeuren ist ein Hotel für Stammgäste. Man ist schon Stammgast, oder man wird es. Andre Möglichkeiten gibt es kaum.

Daß jemand überhaupt nicht ins Grandhotel gerät, ist natürlich denkbar. Daß aber jemand ein einziges Mal hier wohnt und dann nie wieder, ist so gut wie ausgeschlossen.

So verschieden nun diese Stammgäste sein mögen, Geld haben sie alle. Jeder von ihnen kann sich's leisten, die Alpen und ein weißgekacheltes Badezimmer – das gewagte Bild sei gestattet – unter einen Hut zu bringen. Schon im Spätsommer beginnt der Briefwechsel zwischen Berlin und London, zwischen Paris und Amsterdam, zwischen Rom und Warschau, zwischen Hamburg und Prag. Man fragt bei den vorjährigen Bridgepartnern an. Man verabredet sich mit den altgewohnten Freunden vom Skikurs. Und im Winter findet dann das Wiedersehen statt.

Den Stammgästen entspricht ein außerordentlich dauerhaftes Stammpersonal. Die Skilehrer bleiben selbstverständlich die gleichen. Sie leben ja immerzu in Bruckbeuren. Sie sind im Hauptberuf Bauernsöhne oder Drechsler oder Besitzer von schummrigen Läden, in denen Postkarten, Zigaretten und seltsame Reiseandenken verkauft werden.

Doch auch die Kellner und Köche, Kellermeister und Barkeeper, Chauffeure und Buchhalter, Tanzlehrer und Musiker, Stubenmädchen und Hausburschen kehren zu Beginn der Wintersaison, so gewiß wie der Schnee, aus den umliegenden Städten ins Grandhotel zurück. Nur der eigene Todesfall gilt als einigermaßen ausreichende Entschuldigung.

Der Geschäftsführer, Herr Direktor Kühne, hat seinen Posten seit zehn Jahren inne. Er zieht zwar den Aufenthalt in Gottes freier Natur dem Hotelberuf bei weitem vor. Aber hat er damit unrecht? Er ist ein vorzüglicher Skitourist. Er verschwindet nach dem Frühstück in den Bergen und kommt mit der Dämmerung zurück. Abends tanzt er mit den Damen aus Berlin, London und Paris. Er ist Junggeselle. Die Stammgäste würden ihn sehr vermissen. Er wird wohl Direktor bleiben. Mindestens solange er tanzen kann. Und vorausgesetzt, daß er nicht heiratet.

Der Hotelbetrieb funktioniert trotzdem tadellos. Das liegt an Polter, dem ersten Portier. Er liebt das Grandhotel wie sein eignes Kind. Und was das Alter anlangt, könnte er tatsächlich der Vater sein.

Er hat, außer dem tressenreichen Gehrock, einen weißen Schnurrbart, ausgebreitete Sprachkenntnisse und beachtliche Plattfüße. Sein hochentwickeltes Gerechtigkeitsgefühl hindert ihn daran, zwischen den Gästen und den Angestellten nennenswerte Unterschiede zu machen. Er ist zu beiden gleichermaßen streng.

So liegen die Dinge. – Nur die Liftboys werden des öfteren gewechselt. Das hat nichts mit ihrem Charakter zu tun, sondern lediglich damit, daß sie, beruflich gesehen, zu rasch altern. Vierzigjährige Liftboys machen einen ungehörigen Eindruck.

Zwei Dinge sind für ein Wintersporthotel geradezu unentbehrlich: der Schnee und die Berge. Ohne beides, ja sogar schon ohne eines von beiden, ist der Gedanke, ein Wintersporthotel sein zu wollen, absurd.

Außer dem Schnee und den Bergen gehören, wenn auch weniger zwangsläufig, natürlich noch andere Gegenstände hierher. Beispielsweise ein oder mehrere Gletscher. Ein zugefrorener und möglichst einsam gelegener Gebirgssee. Mehrere stille Waldkapellen. Hochgelegene, schwer zu erreichende Almhöfe mit Stallgeruch, Liegestühlen, Schankkonzession und lohnendem Rundblick. Schweigsame, verschneite Tannenwälder, in denen dem Spaziergänger Gelegenheit geboten wird, anläßlich herunterstürzender Äste zu erschrecken. Ein zu Eis erstarrter, an einen riesigen Kristallüster erinnernder Wasserfall. Ein anheimelndes, gut geheiztes Postamt unten im Ort. Und, wenn es sich machen läßt, eine Drahtseilbahn, die den Naturfreund bis über die Wolken hinaus auf einen strahlenden Gipfel befördert.

Dort oben verliert dann der Mensch, vor lauter Glück und Panorama, den letzten Rest von Verstand, bindet sich Bretter an die Schuhe und saust durch Harsch und Pulverschnee, über Eisbuckel und verwehte Weidezäune hinweg, mit Sprüngen, Bögen, Kehren, Stürzen und Schußfahrten zu Tale.

Unten angekommen, gehen die einen ins Wintersporthotel zum Fünfuhrtee. Die anderen bringt man zum Arzt, der die gebrochenen Gliedmaßen eingipst und die Koffer der Patienten aus dem Hotel in eine sonnig gelegene Privatklinik bringen läßt.

Erstens verdienen hierdurch die Ärzte ihren Unterhalt. Und zweitens werden Hotelzimmer für neueingetroffene Gäste frei. Natura non facit saltus.

Jene Touristen, die wohlbehalten ins Hotel zurückgekommen sind, bestellen Kaffee und Kuchen, lesen Zeitungen, schreiben Briefe, spielen Bridge und tanzen. All dies verrichten sie, ohne sich vorher umgekleidet zu haben. Sie tragen noch immer ihre blauen Norwegeranzüge, ihre Pullover, ihre Schals und die schweren, beschlagenen Stiefel. Wer gut angezogen ist, ist ein Kellner. Tritt man abends, zur Essenszeit oder noch später, in das Hotel, so wird man sich zunächst überhaupt nicht auskennen. Die Gäste sind nicht mehr dieselben. Sie heißen nur noch genauso wie vorher.

Die Herren paradieren in Fracks und Smokings. Die Damen schreiten und schweben in Abendkleidern aus Berlin, London und Paris, zeigen den offiziell zugelassenen Teil ihrer Reize und lächeln bestrickend. So mancher blonde Jüngling, den man droben am Martinskogel die Schneeschuhe wachsen sah, stellt sich, bei elektrischem Licht besehen, als aufregend schönes, bewundernswert gekleidetes Fräulein heraus.

Dieser märchenhafte Wechsel zwischen Tag und Abend, zwischen Sport und Bal paré, zwischen schneidender Schneeluft und sanftem Parfüm ist das seltsamste Erlebnis, das die Wintersporthotels dem Gast gewähren. Die lange entbehrte Natur und die nicht lange zu entbehrende Zivilisation sind in Einklang gebracht.

Es gibt Menschen, die das nicht mögen. Insofern handelt es

sich um eine Frage des Geschmacks. Und es gibt Menschen, die es nicht können. Das ist eine Geldfrage.

Im Grandhotel Bruckbeuren erwartete man den telefonisch angekündigten, geheimnisvollen Multimillionär. In wenigen Stunden würde er dasein. Herr Kühne, der Direktor, hatte eine Skipartie nach dem Stiefel-Joch abgesagt. Außerordentliche Umstände verlangen ungewöhnliche Opfer. Und die Mareks, Sohn und Tochter eines böhmischen Kohlenmagnaten, waren mit Sullivan – einem englischen Kolonialoffizier, der jeden Europaurlaub in Bruckbeuren verbrachte – allein losgezogen. Ohne ihn! Ohne Karl den Kühnen, wie ihn die Stammgäste nannten! Es war schauderhaft.

Er rannte seit dem Lunch, vom Portier Polter mißbilligend betrachtet, aus einer Ecke des Hotels in die andere. Er schien allen Eifer, den er dem Unternehmen schuldig geblieben war, in einem Tag abdienen zu wollen.

Schon am frühen Morgen hatte er das gesamte Personal informiert. (Im Verandasaal, wo die Angestellten, bevor die ersten Gäste aus den Zimmern kommen, ihr Frühstück einnehmen.)

»Mal herhören!« hatte er geäußert. »Heute abend trifft ein ziemlich schwerer Fall ein. Ein armer Mann, der ein Preisausschreiben gewonnen hat. Dafür kriegt er von uns Kost und Logis. Andrerseits ist er aber gar kein armer Mann. Sondern ein hochgradiger Millionär. Und außerdem ein großes Kind. Nicht außerdem. Er selber ist das Kind. Aus diesem Grunde will er die Menschen kennenlernen. Einfach tierisch! Aber wir werden ihm seine Kindereien versalzen. Ist das klar?«

»Nein«, hatte der Kellermeister kategorisch erklärt. Und die anderen hatten gelacht.

Karl der Kühne war versuchsweise deutlicher geworden. »Unser armer Millionär wird im Appartement 7 untergebracht. Bitte, sich das einzuprägen! Er wird fürstlich behandelt, und Nudeln und Rindfleisch mag er am liebsten. Trotzdem darf er nicht merken, daß wir wissen, wer er ist. Wissen wir ja auch nicht. Verstanden?« »Nein«, hatte Jonny, der Barmixer, geantwortet.

Der Direktor war rot angelaufen. »Damit wir uns endlich besser verstehen, schlage ich folgendes vor: Wer Quatsch macht, fliegt 'raus!« Damit war er gegangen.

Die siamesischen Katzen trafen am Nachmittag ein. Aus einer Münchner Tierhandlung. Expreß und mit einer ausführlichen Gebrauchsanweisung. Drei kleine Katzen! Sie hüpften fröhlich im Appartement 7 hin und wider, balgten sich zärtlich, tätowierten die Stubenmädchen und hatten, bereits nach einer Stunde, zwei Gardinen und einen Gobelinsessel erlegt.

Onkel Polter, der Portier, sammelte Briefmarken. Der ausgebreitete Briefwechsel der Stammgäste erleichterte dieses Amt. Schon hatte er Marken aus Java, Guinea, Kapstadt, Grönland, Barbados und Mandschukuo in der Schublade aufgestapelt.

Der Masseur war für den nächsten Vormittag bestellt. Eine Flasche Kognak, echt französisches Erzeugnis, schmückte die marmorne Nachttischplatte. Der Ziegelstein, der abends warm und, in wollene Tücher gehüllt, am Fußende des Betts liegen würde, war auch gefunden. Die Vorstellung konnte beginnen!

Während des Fünfuhrtees in der Hotelhalle erfuhr Karl der Kühne eine ergreifende Neuigkeit: die Stammgäste wußten schon alles! Erst hielt Frau Stilgebauer, die wuchtige Gattin eines Staatssekretärs, den Direktor fest und wollte den Namen des armen Reichen wissen. Dann wurde Kühne, beim Durchqueren des Bridgesalons, von sämtlichen Spielern überfallen und nach ungeahnten Einzelheiten ausgefragt. Und schließlich verstellte ihm, auf der Treppe zum ersten Stock, Frau von Mallebré, eine eroberungslustige, verheiratete Wienerin, den Weg und interessierte sich für das Alter des Millionärs.

Kühne machte unhöflich kehrt und rannte zum Portier Polter, der, hinter seiner Ladentafel am Hoteleingang, gerade einen größeren Posten Ansichtskarten verkaufte. Der Direktor mußte warten. Endlich kam er an die Reihe. »Einfach tierisch!« stieß er hervor. »Die Gäste wissen es schon! Das Personal muß getratscht haben.«

»Nein, das Personal nicht«, sagte Onkel Polter. »Sondern Baron Keller.«

»Und woher weiß es der Baron?«

»Von mir natürlich«, sagte Onkel Polter. »Ich habe ihn aber ausdrücklich gebeten, es nicht weiterzuerzählen.«

»Sie wissen ganz genau, daß er tratscht«, meinte Kühne wütend.

»Deswegen habe ich's ihm ja mitgeteilt«, erwiderte der Portier.

Der Direktor wollte antworten. Aber Mister Bryan kam gerade vollkommen verschneit und mit Eiszapfen im Bart von draußen und verlangte Schlüssel, Post und Zeitungen. Onkel Polter war noch langsamer als sonst. Als Bryan weg war, knurrte Kühne: »Sind Sie wahnsinnig?«

»Nein«, bemerkte der Portier und machte sorgfältig eine Eintragung in seinem Notizbuch.

Karl der Kühne schnappte nach Luft. »Wollen Sie die Güte haben und antworten?«

Onkel Polter reckte sich. Er war größer als der Direktor. Das heißt: in Wirklichkeit war er kleiner. Aber hinter seiner Portiertheke befand sich ein Podest. Und vielleicht war Polter nur deswegen so streng. Vielleicht wäre er ohne Podest ein andrer Mensch geworden. (Das ist freilich nur eine Vermutung.) »Die Stammgäste mußten informiert werden«, sagte er. »Da gibt's gar keinen Streit. Erstens sinkt das Barometer, und wenn die Leute ein paar Tage nicht Ski fahren können, werden sie rammdösig. Der Millionär ist eine großartige Abwechslung. Zweitens sind nun Beschwerden unmöglich gemacht worden. Stellen Sie sich gefälligst vor, die Gäste würden den Mann hinausekeln, weil sie ihn für einen armen Teufel hielten! Er könnte unser Hotel glatt zugrunde richten. Geld genug hat er ja.«

Karl der Kühne drehte sich um und ging ins Büro.

Der Portier begrüßte jetzt den Skikursus für Fortgeschrittene. Sie waren mit dem Murner Alois vom Pichelstein nach St. Kilian abgefahren und hatten den letzten Autobus versäumt, weil die Marchesa di Fiori versehentlich gegen ein Wildgatter gesaust war. Es war zwar nichts passiert. Aber die Dame hatte auf freiem Felde einen Weinkrampf gekriegt. Und nun kamen sie alle, verfroren und müde, angestolpert.

Der Murner Alois zwinkerte zum Portier hinüber, und Onkel Polter nickte ein wenig. Sie waren sich einig: Diese Leute hatten eine einzige Entschuldigung.

Sie waren reich.

Das sechste Kapitel
Zwei Mißverständnisse

Der Münchner Abendschnellzug hielt in Bruckbeuren. Zirka dreißig Personen stiegen aus und versanken, völlig überrascht, bis an die Knie im Neuschnee. Sie lachten. Aus dem Gepäckwagen wurden Schrankkoffer gekippt. Der Zug fuhr weiter. Dienstleute, Hotelchauffeure und Hausburschen übernahmen das Gepäck und schleppten es auf den Bahnhofsplatz hinaus. Die Ankömmlinge stapften hinterher und kletterten vergnügt in die wartenden Autobusse und Pferdeschlitten.

Herr Johann Kesselhuth aus Berlin blickte besorgt zu einem ärmlich gekleideten älteren Mann hinüber, der einsam im tiefen Schnee stand und einen lädierten Spankorb trug. »Wollen Sie ins Grandhotel?« fragte ein Chauffeur. Zögernd stieg Herr Kesselhuth in den Autobus. Hupen und Peitschen erklangen. Dann lag der Bahnhofsplatz wieder leer.

Nur der arme Mann stand auf dem alten Fleck. Er blickte zum Himmel auf, lächelte kindlich den glitzernden Sternen zu, holte tief Atem, hob den Spankorb auf die linke Schulter und marschierte die Dorfstraße entlang. Es gab weder Fußsteig noch Fahrweg, es gab nichts als Schnee. Zunächst versuchte der arme Mann in den breiten glatten Reifenspuren der Autobusse zu laufen. Doch er rutschte aus. Dann steckte er den rechten Fuß in eine Schneewehe – vorsichtig, als steige er in ein womöglich zu heißes Bad – und stiefelte nun, zum Äußersten entschlossen, vorwärts. Hierbei pfiff er.

Die Straßenlaternen trugen hohe weiße Schneemützen. Die Gartenzäune waren zugeweht. Auf den verschneiten Dächern der niedrigen Gebirgshäuser lagen große Steine. Herr Schulze glaubte die Berge zu spüren, die ringsum unsichtbar in der Dunkelheit lagen. Er pfiff übrigens »Der Mai ist gekommen«.

Der Autobus bremste und stand still. Etliche Hausdiener bugsierten die Koffer vom Verdeck. Ein Liftboy öffnete einen Türflügel und salutierte. Die späten Gäste betraten das Hotel. Onkel Polter und der Direktor verbeugten sich und sagten: »Herzlich willkommen!« Die Halle war von Neugierigen erfüllt. Sie warteten auf das Abendessen und auf den Sonderling und boten einen festlichen Anblick. Ein sächsisches Ehepaar, Chemnitzer Wirkwaren, und eine rassige Dame aus Polen wurden, da sie ihre Zimmer vorausbestellt hatten, sofort vom Empfangschef zum Fahrstuhl geleitet. Herr Johann Kesselhuth und ein junger Mann mit einem schäbigen Koffer und einem traurigen Herbstmäntelchen blieben übrig. Kesselhuth wollte dem jungen Mann den Vortritt lassen.

»Unter gar keinen Umständen«, sagte der junge Mann. »Ich habe Zeit.«

Herr Kesselhuth dankte und wandte sich dann an den Portier. »Ich möchte ein schönes sonniges Zimmer haben. Mit Bad und Balkon.«

Der Direktor meinte, die Auswahl sei nicht mehr allzu groß. Onkel Polter studierte den Hotelplan und glich einem leberkranken Strategen. »Der Preis spielt keine Rolle«, erklärte Herr Kesselhuth. Dann wurde er rot.

Der Portier überhörte die Bemerkung. »Zimmer 31 ist noch frei. Es wird Ihnen bestimmt gefallen. Wollen Sie, bitte, das Anmeldeformular ausfüllen?«

Herr Kesselhuth nahm den dargebotenen Tintenstift, stützte sich auf die Theke und notierte voller Sorgfalt seine Personalien.

Nun hefteten sich die Blicke aller übrigen endgültig auf den jungen Mann und prüften seinen trübseligen Mantel. Karl der Kühne hüstelte vor Aufregung.

»Womit können wir Ihnen dienen?« fragte der Direktor. Der junge Mann zuckte die Achseln, lächelte unentschlossen und sagte: »Tja, mit mir ist das so eine Sache. Ich heiße Hagedorn und habe den ersten Preis der Putzblank-Werke gewonnen. Hoffentlich wissen Sie Bescheid.«

Der Direktor verbeugte sich erneut. »Wir wissen Bescheid«, sagte er beziehungsvoll. »Herzlich willkommen unter unserem Dach! Es wird uns eine Ehre sein, Ihnen den Aufenthalt so angenehm wie möglich zu machen.«

Hagedorn stutzte. Er sah sich um und merkte, daß ihn die abendlich gekleideten Gäste neugierig anstarrten. Auch Herr Kesselhuth hatte den Kopf gehoben.

»Welches Zimmer war doch gleich für Herrn Hagedorn vorgesehen?« fragte Kühne.

»Ich denke, wir geben ihm das Appartement 7«, sagte der Portier.

Der Direktor nickte. Der Hausdiener ergriff Hagedorns Koffer und fragte: »Wo ist das große Gepäck des Herrn?«

»Nirgends«, erwiderte der junge Mann. »Was es so alles gibt!« Der Direktor und der Portier lächelten lieblich. »Sie werden sich jetzt gewiß vom Reisestaub reinigen wollen«, sagte Karl der Kühne. »Dürfen wir Sie nachher zum Abendessen erwarten? Es gibt Nudeln mit Rindfleisch.«

»Das allein wäre kein Hinderungsgrund«, sagte der junge Mann. »Aber ich bin satt.«

Herr Kesselhuth sah wieder vom Anmeldeformular hoch und machte große Augen. Der Hausdiener nahm den Schlüssel und ging mit dem Koffer zum Lift.

»Aber wir sehen Sie doch nachher noch?« fragte der Direktor werbend.

»Natürlich«, sagte Hagedorn. Dann suchte er eine Ansichtskarte aus, ließ sich eine Briefmarke geben, bezahlte beides, obwohl der Portier anzuschreiben versprach, und wollte gehen.

»Ehe ich's vergesse«, sagte Onkel Polter hastig. »Interessieren Sie sich für Briefmarken?« Er holte das Kuvert heraus, in dem er die ausländischen Marken aufbewahrt hatte, und breitete die bunte Pracht vor dem jungen Mann aus.

Hagedorn betrachtete das Gesicht des alten Portiers. Dann unterzog er höflich die Briefmarken einer flüchtigen Musterung. Er verstand nicht das geringste davon. »Ich habe keine Kinder«, sagte er. »Aber vielleicht kriegt man welche.«

»Darf ich also weitersammeln?« fragte Onkel Polter.

Hagedorn steckte die Marken ein. »Tun Sie das«, meinte er. »Es ist ja wohl ungefährlich.« Dann ging er, vom strahlenden Direktor geführt, zum Fahrstuhl. Die Stammgäste, an deren

Tischen er vorbei mußte, glotzten ihn an. Er steckte die Hände in die Manteltaschen und zog ein trotziges Gesicht.

Herr Johann Kesselhuth legte, völlig geistesabwesend, sein ausgefülltes Formular beiseite.

»Wieso sammeln Sie für diesen Herrn Briefmarken?« fragte er.

»Und warum gibt es seinetwegen Nudeln mit Rindfleisch?«

Onkel Polter gab ihm den Schlüssel und meinte: »Es gibt komische Menschen. Dieser junge Mann zum Beispiel ist ein Millionär. Würden Sie das für möglich halten? Es stimmt trotzdem. Er darf nur nicht wissen, daß wir es wissen. Denn er will als armer Mann auftreten. Er hofft, schlechte Erfahrungen zu machen. Das wird ihm aber bei uns nicht gelingen. Haha! Wir wurden telefonisch auf ihn vorbereitet.«

»Ein reizender Mensch«, sagte der Direktor, der vom Lift zurückgekehrt war. »Außerordentlich sympathisch. Und er spielt seine Rolle gar nicht ungeschickt. Ich bin gespannt, was er zu den siamesischen Katzen sagen wird!«

Herr Kesselhuth klammerte sich an der Theke fest. »Siamesische Katzen?« murmelte er.

Der Portier nickte stolz. »Drei Stück. Auch das wurde uns gestern per Telefon angeraten. Genau wie das Briefmarkensammeln.«

Herr Kesselhuth starrte bloß zur Hoteltür hinüber. Sollte er ins Freie stürzen und den zweiten armen Mann, der im Anmarsch war, zur Umkehr bewegen?

Ein Schwarm Gäste kam angerückt. »Ein bezaubernder Bengel«, rief Frau Casparius, eine muntere Bremerin. Frau von Mallebré warf ihr einen Blick zu. Die Dame aus Bremen erwiderte ihn.

»Wie heißt er denn nun eigentlich?« fragte Herr Lenz, ein dicker Kölner Kunsthändler.

»Doktor Fritz Hagedorn«, sagte Johann Kesselhuth automatisch.

Daraufhin schwiegen sie alle.

»Sie kennen ihn?« rief Direktor Kühne begeistert. »Das ist ja großartig! Erzählen Sie mehr von ihm!«

»Nein. Ich kenne ihn nicht«, sagte Herr Johann Kesselhuth.
Die anderen lachten. Frau Casparius drohte schelmisch mit dem Finger.

Johann Kesselhuth wußte nicht aus noch ein. Er ergriff seinen Zimmerschlüssel und wollte fliehen. Man versperrte ihm den Weg. Hundert Fragen schwirrten durch die Luft. Man stellte sich vor und schüttelte ihm die Hand. Er nannte in einem fort seinen Namen.

»Lieber Herr Kesselhuth«, sagte schließlich der dicke Herr Lenz. »Es ist gar nicht nett von Ihnen, daß Sie uns so zappeln lassen.«

Dann erklang der Gong. Die Gruppe zerstreute sich. Denn man hatte Hunger.

Kesselhuth setzte sich gebrochen an einen Tisch in der Halle, hatte Falten der Qual auf der Stirn und wußte keinen Ausweg. Eins stand fest. Fräulein Hilde und die dämliche Kunkel hatten gestern abend telefoniert. Siamesische Katzen in Hagedorns Zimmer! Das konnte reizend werden.

Der arme Mann, der Volkslieder pfeifend, seinen Spankorb durch den Schnee schleppte, hatte kalte, nasse Füße. Er blieb stehen und setzte sich ächzend auf den Korb. Drüben auf dem Hügel lag ein großes schwarzes Gebäude mit zahllosen erleuchteten Fenstern. ›Das wird das Grandhotel sein‹, dachte er. ›Ich sollte lieber in einen kleinen verräucherten Gasthof ziehen, statt in diesen idiotischen Steinbaukasten dort oben.‹ Dann aber fiel ihm ein, daß er ja die Menschen kennenlernen wollte. »So ein Blödsinn!« sagte er ganz laut. »Ich kenne die Brüder doch längst.« Dann bückte er sich und machte einen Schneeball. Er hielt ihn lange in beiden Händen. Sollte er ihn nach einer Laterne werfen? Wie vor einigen Tagen die beiden Knirpse in der Lietzenburger Straße? Oder wie er selber, vor vierzig Jahren? Herr Schulze fror an den Fingern. Er ließ den kleinen weißen Schneeball unbenutzt fallen. ›Ich träfe ja doch nicht mehr‹, dachte er melancholisch.

Verspätete Skifahrer kamen vorüber. Sie strebten hügelwärts. Zum Grandhotel. Er hörte sie lachen und stand auf. Die rindsledernen Stiefel drückten. Der Spankorb war schwer. Der violette Anzug aus der Fruchtstraße kniff unter den Armen. »Ich könnte mir selber eine runterhauen«, sagte er gereizt und marschierte weiter.

Als er in das Hotel trat, standen die Skifahrer bei dem Portier, kauften Zeitungen und betrachteten ihn befremdet. Aus einem Stuhl erhob sich ein elegant gekleideter Herr. Ach nein. Das war ja Johann!

Kesselhuth näherte sich bedrückt. Flehend sah er zu dem armen Mann hin. Aber die Blicke prallten ab. Herr Schulze setzte den Spankorb nieder, drehte dem Hotel den Rücken und studierte ein Plakat, auf dem zu lesen war, daß am übernächsten Abend in sämtlichen Räumen des Grandhotels ein »Lumpenball« stattfinden werde. ›Da brauch ich mich wenigstens nicht erst umzuziehen‹, dachte er voller Genugtuung.

Die Skifahrer verschwanden polternd und stolpernd im Fahrstuhl.

Der Portier musterte die ihm dargebotene Kehrseite des armen Mannes und sagte: »Hausieren verboten!« Dann wandte er sich an Kesselhuth und fragte nach dessen Wünschen.

Kesselhuth sagte: »Ich muß ab morgen Ski fahren. Ich weiß nicht, wie man das macht. Glauben Sie, daß ich's noch lernen werde?«

»Aber natürlich!« meinte Onkel Polter. »Das haben hier noch ganz andere gelernt. Sie nehmen am besten beim Graswander Toni Privatstunden. Da kann er sich Ihnen mehr widmen. Außerdem ist es angenehmer, als wenn Ihnen, im großen Kursus, bei dem ewigen Hinschlagen dauernd dreißig Leute zuschauen.«

Johann Kesselhuth wurde nachdenklich. »Wer schlägt hin?« fragte er zögernd.

»Sie!« stellte der Portier fest. »Der Länge nach.«

Der Gast kniff die Augen klein. »Ist das sehr gefährlich?«

»Kaum«, meinte der Portier. »Außerdem haben wir ganz hervorragende Ärzte in Bruckbeuren! Der Sanitätsrat Doktor Zwiesel zum Beispiel ist wegen seiner Heilungen komplizierter Knochenbrüche geradezu weltberühmt. Die Beine, die in seiner Klinik waren, schauen hinterher viel schöner aus als vorher!«

»Ich bin nicht eitel«, sagte der Gast.

Hierüber mußte der arme Mann, der inzwischen sämtliche Anschläge studiert hatte, laut lachen.

Dem Portier, der den Kerl vergessen hatte, trat nunmehr, Schritt für Schritt, die Galle ins Blut. »Wir kaufen nichts!«

»Sie sollen gar nichts kaufen«, bemerkte der arme Mann.

»Was wollen Sie denn dann hier?«

Der aufdringliche Mensch trat näher und sagte sonnig: »Wohnen!«

Der Portier lächelte mitleidig: »Das dürfte Ihnen um ein paar Mark zu teuer sein. Gehen Sie ins Dorf zurück, guter Mann! Dort gibt es einfache Gasthäuser mit billigen Touristenlagern.«

»Vielen Dank«, entgegnete der andere. »Ich bin kein Tourist. Sehe ich so aus? Übrigens ist das Zimmer, das ich bei Ihnen bewohnen werde, noch viel billiger.«

Der Portier blickte Herrn Kesselhuth an, schüttelte, dessen Einverständnis voraussetzend, den Kopf und sagte, gewissermaßen abschließend: »Guten Abend!«

»Na endlich!« meinte der arme Mann. »Es wurde langsam Zeit, mich zu begrüßen. Ich hätte in diesem Hotel bessere Manieren erwartet.«

Onkel Polter wurde dunkelrot und zischte: »Hinaus! Aber sofort! Sonst lasse ich Sie expedieren!«

»Jetzt wird mir's zu bunt!« erklärte der arme Mann entschieden. »Ich heiße Schulze und bin der zweite Gewinner des Preisausschreibens. Ich soll zehn Tage im Grandhotel Bruckbeuren kostenlos verpflegt und beherbergt werden. Hier sind die Ausweispapiere!«

Onkel Polter begann, ohne es selber zu merken, leichte Verbeugungen zu machen. Er verstand die Welt nicht mehr. Anschließend kam er hinter seiner Ladentafel hervor, stieg von seinem Podest herab, wurde auffallend klein, murmelte: »Einen Augenblick, bitte!« und trabte zum Büro, um den Direktor zu holen. ›Einfach tierisch!‹ würde Kühne sagen.

Schulze und Kesselhuth waren, vorübergehend, allein. »Herr Geheimrat«, meinte Johann verzweifelt, »wollen wir nicht lieber wieder abreisen?«

Schulze war offenbar taub.

»Es ist etwas Schreckliches geschehen«, flüsterte Johann. »Stellen Sie sich vor: als ich vorhin ankam ...«

»Noch ein Wort«, sagte der Geheimrat, »und ich erschlage Sie mit der bloßen Hand!« Es klang absolut überzeugend.

»Auf die Gefahr hin ...« begann Johann.

Doch da öffnete sich die Fahrstuhltür, und Herr Hagedorn trat heraus. Er steuerte auf die Portierloge zu und hielt eine Postkarte in der Hand.

»Fort mit Ihnen!« flüsterte Schulze. Herr Kesselhuth gehorchte und setzte sich, um in der Nähe zu bleiben, an einen der Tische, die in der Halle standen. Er sah schwarz. Gleich würde der Millionär, den man hier für einen armen Teufel hielt, und der arme Mann, den man hier für einen Millionär hielt, aufeinandertreffen! Die Mißverständnisse zogen sich über dem Hotel wie ein Gewitter zusammen! Der junge Mann bemerkte Herrn Schulze und machte eine zuvorkommende Verbeugung. Der andere erwiderte den stummen Gruß. Hagedorn sah sich suchend um. »Entschuldigen Sie«, sagte er dann. »Ich bin eben erst angekommen. Wissen Sie vielleicht, wo der Hotelbriefkasten ist?«

»Auch ich bin eben angekommen«, erwiderte der arme Mann. »Und der Briefkasten befindet sich hinter der zweiten Glastüre links.«

»Tatsächlich!« rief Hagedorn, ging hinaus, warf die Karte an seine Mutter ein, kam zufrieden zurück und blieb neben dem andern stehen. »Sie haben noch kein Zimmer?«

»Nein«, entgegnete der andere. »Man scheint im unklaren, ob man es überhaupt wagen kann, mir unter diesem bescheidenen Dach eine Unterkunft anzubieten.«

Hagedorn lächelte. »Hier ist alles möglich. Wir sind, glaube ich, in ein ausgesprochen komisches Hotel geraten.«

»Falls Sie den Begriff Komik sehr weit fassen, haben Sie recht.«

Der junge Mann betrachtete sein Gegenüber lange. Dann sagte er: »Seien Sie mir nicht allzu böse, mein Herr! Aber ich möchte für mein Leben gern raten, wie Sie heißen.«

Der andere trat einen großen Schritt zurück.

»Wenn ich beim erstenmal daneben rate, geb ich's auf«, erklärte der junge Mann. »Ich habe aber eine so ulkige Vermutung.« Und weil der Ältere nicht antwortete, redete er weiter. »Sie heißen Schulze! Stimmt's?«

Der andere war ehrlich betroffen. »Es stimmt«, sagte er. »Ich heiße Schulze. Aber woher wissen Sie das? Wie?«

»Ich weiß noch mehr«, behauptete der junge Mann. »Sie haben den zweiten Preis der Putzblank-Werke gewonnen. Sehen Sie! Ich gehöre nämlich zu den kleinen Propheten! Und jetzt müssen Sie raten, wie ich heiße.«

Schulze dachte nach. Dann erhellte sich sein Gesicht. Er strahlte förmlich und rief: »Ich hab's! Sie heißen Hagedorn!«

»Jawohl ja«, sagte der Jüngere. »Von uns kann man lernen.«

Sie lachten und schüttelten einander die Hand.

Schulze setzte sich auf seinen Spankorb und bot auch Hagedorn ein Plätzchen an. So saßen sie, im trauten Verein, und gerieten umgehend in ein profundes Gespräch über Reklame. Und zwar über die Wirkungsgrenze origineller Formulierungen. Es war, als kennten sie einander bereits seit Jahren.

Herr Johannes Kesselhuth, der sich eine Zeitung vors Gesicht hielt, um an dem Blatt vorbeischauen zu können, staunte. Dann fing er an, einen Plan zu schmieden. Und schließlich begab er sich mit dem Lift ins zweite Stockwerk, um zunächst sein Zimmer, mit Bad und Balkon, kennenzulernen und die Koffer auszupacken.

Damit die neuen Anzüge nicht knitterten.

Als Kühne und Polter, nach eingehender Beratung, die Halle durchquerten, saßen die beiden Preisträger noch immer auf dem durchnäßten, altersschwachen Spankorb und unterhielten sich voll Feuer. Der Portier erstarrte zur Salzsäule und hielt den Direktor am Smoking fest.

»Da!« stieß er hervor. »Sehen Sie sich das an! Unser verkappter Millionär mit Herrn Schulze als Denkmal! Als Goethe und Schiller!«

»Einfach tierisch!« behauptete Karl der Kühne. »Das hat uns noch gefehlt! Ich transportiere den Schulze in die leerstehende Mädchenkammer. Und Sie deuten dem kleinen Millionär an, wie peinlich es uns ist, daß er ausgerechnet in unserem Hotel einen richtiggehend armen Mann kennenlernen mußte. Daß wir den Schulze nicht einfach hinausschmeißen können, wird er einsehen. Immerhin, vielleicht geht der Bursche morgen oder übermorgen freiwillig. Hoffentlich! Er vergrault uns sonst die anderen Stammgäste!«

»Der Herr Doktor Hagedorn ist noch ein Kind«, sagte der Portier nicht ohne Strenge. »Das Fräulein, das aus Berlin anrief, hat recht gehabt. Bringen Sie schnell den Schulze außer Sehweite! Bevor die Gäste aus den Speisesälen kommen.« Sie gingen weiter.

»Willkommen!« sagte Direktor Kühne zu Herrn Schulze. »Darf ich Ihnen Ihr Zimmer zeigen?« Die beiden Preisträger erhoben sich. Schulze ergriff den Spankorb. Hagedorn sah Schulze freundlich an. »Lieber Herr Schulze, ich sehe Sie doch noch?«

Der Direktor griff ein. »Herr Schulze wird von der langen Reise müde sein«, behauptete er.

»Da irren Sie sich aber ganz gewaltig«, meinte Schulze. Und zu Hagedorn sagte er: »Lieber Hagedorn, wir sehen uns noch.« Dann folgte er dem Direktor zum Lift.

Der Portier legte sehr viel väterliche Güte in seinen Blick und sagte zu dem jungen Mann: »Entschuldigen Sie, Herr Doktor! Es tut uns leid, daß ausgerechnet dieser Gast der erste war, den Sie kennenlernten.«

Hagedorn verstand nicht ganz. »Mir tut es gar nicht leid!«

»Herr Schulze paßt, wenn ich so sagen darf, nicht in diese Umgebung.«

»Ich auch nicht«, erklärte der junge Mann.

Onkel Polter schmunzelte: »Ich weiß, ich weiß.«

»Noch etwas«, sagte Hagedorn. »Gibt es hier in allen Zimmern Tiere?« Er legte seine Hände auf die Theke. Sie waren zerkratzt und rotfleckig.

»Tiere?« Der Portier starrte versteinert auf die beiden Handrücken. »In unserem Hotel gibt es Tiere?«

»Sie haben mich offenbar mißverstanden«, erwiderte Hagedorn. »Ich rede von Katzen.«

Onkel Polter atmete auf. »Haben wir Ihren Geschmack getroffen?«

»Doch, doch. Die kleinen Biester sind sehr niedlich. Sie kratzen zwar. Aber es scheint ihnen Spaß zu machen. Und das ist die Hauptsache. Ich meine nur: Haben auch die anderen Gäste je drei Katzen im Zimmer?«

»Das ist ganz verschieden«, meinte der Portier und suchte nach einem anderen Thema. Er fand eines. »Morgen früh kommt der Masseur auf Ihr Zimmer.«

»Was will er denn dort?« fragte der junge Mann.

»Massieren.«

»Wen?«

»Sie, Herr Doktor.«

»Sehr aufmerksam von dem Mann«, sagte Hagedorn. »Aber ich habe kein Geld. Grüßen Sie ihn schön.«

Der Portier schien gekränkt. »Herr Doktor!«

»Massiert werde ich auch gratis?« fragte Hagedorn. »Also gut. Wenn es durchaus sein muß! Was verspricht man sich davon?« Der kleine Millionär verstellte sich vorbildlich. »Massage hält die Muskulatur frisch«, erläuterte Polter. »Außerdem wird die Durchblutung der Haut enorm gefördert.«

»Bitte«, sagte der junge Mann. »Wenn es keine schlimmen Folgen hat, so soll es mir recht sein. Haben Sie wieder Briefmarken?«

»Noch nicht«, sagte der Portier bedauernd. »Aber morgen bestimmt.«

»Ich verlasse mich darauf«, entgegnete Hagedorn ernst und ging in die Halle, um in Ruhe lächeln zu können.

Im vierten Stock stiegen Schulze und Karl der Kühne aus. Denn die Liftanlage reichte nur bis hierher.

Sie kletterten zu Fuß ins fünfte Stockwerk und wanderten dann einen langen, schmalen Korridor entlang. An dessen äußerstem Ende sperrte der Direktor eine Tür auf, drehte das Licht an und sagte: »Das Hotel ist nämlich vollständig besetzt.«

»Drum«, meinte Schulze und blickte, fürs erste fassungslos, in das aus Bett, Tisch, Stuhl, Waschtisch und schiefen Wänden bestehende Kämmerchen. »Kleinere Zimmer haben Sie nicht?«

»Leider nein«, sagte der Direktor.

Schulze setzte den Spankorb nieder. »Schön kalt ist es hier!«

»Die Zentralheizung geht nur bis zum vierten Stock. Und für einen Ofen ist kein Platz.«

»Das glaube ich gern«, sagte der arme Mann. »Glücklicherweise hat mir der Arzt streng verboten, in geheizten Räumen zu schlafen. Ich danke Ihnen für Ihre ahnungsvolle Rücksichtnahme.«

»Oh, bitte sehr«, erwiderte Kühne und biß sich auf die Unterlippe. »Man tut, was man kann.«

»Die übrige Zeit werde ich mich nun freilich völlig in den Gesellschaftsräumen aufhalten müssen«, meinte Herr Schulze. »Denn zum Erfrieren bin ich natürlich nicht hergekommen.«

Karl der Kühne sagte: »Sobald ein heizbares Zimmer frei wird, quartieren wir Sie um!«

»Es hat keine Eile«, meinte der arme Mann versöhnlich. »Ich liebe schiefe Wände über alles. Die Macht der Gewohnheit, verstehen Sie?«

»Ich verstehe vollkommen«, antwortete der Direktor. »Ich bin glücklich, Ihren Geschmack getroffen zu haben.«

»Wahrhaftig«, sagte Schulze. »Das ist Ihnen gelungen. Auf Wiedersehen!« Er öffnete die Tür. Während der Direktor über die Schwelle schritt, überlegte sich Schulze, ob er ihm mit einem wohlgezielten Tritt nachhelfen sollte.

Er beherrschte sich aber, schloß die Tür, öffnete das Dachfenster und sah zum Himmel hinauf. Große Schneeflocken sanken in die kleine Kammer und setzten sich behutsam auf die Bettdecke.

»Der Tritt wäre verfrüht«, sagte Geheimrat Tobler. »Der Tritt kommt in die Sparbüchse.«

Das siebente Kapitel
Siamesische Katzen

Dieser Abend hatte es in sich. Das erste Mißverständnis sollte nicht das letzte bleiben. (Echte Mißverständnisse vervielfältigen sich durch Zellteilung. Der Kern des Irrtums spaltet sich, und neue Mißverständnisse entstehen.)

Während Kesselhuth den Smoking anzog und Schulze, dicht unterm Dach, den Spankorb auskramte, saß Hagedorn, im Glanze seines blauen Anzugs, in der Halle, rauchte eine der Zigaretten, die ihm Franke, der Untermieter, auf die Reise mitgegeben hatte, und zog die Stirn kraus. Ihm war unbehaglich zumute. Hätte man ihn schief angesehen, wäre ihm wohler gewesen. Schlechte Behandlung war er gewöhnt. Dagegen wußte er sich zu wehren. Aber so? Er glich einem Igel, den niemand reizen will. Er war nervös. Weswegen benahmen sich die Menschen mit einem Male derartig naturwidrig? Wenn plötzlich die Tische und Stühle in die Luft emporgeschwebt wären, mitsamt dem alten Portier, Hagedorn hätte nicht überraschter sein können. Er dachte: ›Hoffentlich kommt dieser olle Schulze bald wieder. Bei dem weiß man doch, woran man ist!‹ Zunächst kamen aber andere Gäste. Denn das Abendessen näherte sich dem Ende.

Frau Casparius ließ die Nachspeise unberührt und segelte hastig durch den großen Speisesaal.

»Eine widerliche Person«, sagte die Mallebré.

Baron Keller blickte vom Kompotteller hoch, verschluckte einen Kirschkern und machte Augen, als versuche er in sein Inneres zu blicken. »Inwiefern?« fragte er dann.

»Wissen Sie, warum die Casparius so rasch gegessen hat?«

»Vielleicht hat sie Hunger gehabt«, meinte er nachsichtig.

Frau von Mallebré lachte böse. »Besonders scharfsichtig sind Sie nicht.«

»Das weiß ich«, antwortete der Baron.

»Sie will sich den kleinen Millionär kapern«, sagte die Mallebré.

»Wahrhaftig?« fragte Keller. »Bloß weil er schlecht angezogen ist?«

»Sie wird es romantisch finden.«

»Romantisch nennt man das?« fragte er. »Dann muß ich Ihnen allerdings beipflichten: Frau Casparius ist wirklich eine widerliche Person.« Kurz darauf lachte er.

»Was gibt's?« fragte die Mallebré.

»Mir fällt trotz meines notorischen Mangels an Scharfsinn auf, daß auch Sie besonders rasch essen.«

»Ich habe Hunger«, erklärte sie ungehalten.

»Ich weiß sogar, worauf«, sagte er.

Frau Casparius, die fesche Blondine aus Bremen, hatte ihr Ziel erreicht. Sie saß neben Hagedorn am Tisch. Onkel Polter sah manchmal hinüber und glich einem Vater, der seinen Segen kaum noch zurückhalten kann.

Hagedorn schwieg. Frau Casparius beschrieb unterdessen die Zigarrenfabrik ihres Mannes. Sie erwähnte, der Vollständigkeit halber, daß Herr Casparius in Bremen geblieben sei, um sich dem Tabak und der Beaufsichtigung der beiden Kinder zu widmen.

»Darf ich auch einmal etwas sagen, gnädige Frau?« fragte der junge Mann bescheiden.

»Bitte sehr!«

»Haben Sie siamesische Katzen im Zimmer?«

Sie sah ihn besorgt an.

»Oder andere Tiere?« fragte er weiter.

Sie lachte. »Das wollen wir nicht hoffen!«

»Ich meine Hunde oder Seelöwen. Oder Meerschweinchen. Oder Schmetterlinge.«

»Nein«, erwiderte sie. »Bedaure, Herr Doktor. In meinem Zimmer bin ich das einzige lebende Wesen. Wohnen Sie auch in der dritten Etage?«

»Nein«, sagte er. »Ich möchte nur wissen, weswegen sich in meinem Zimmer drei siamesische Katzen aufhalten.«

»Kann man die Tierchen einmal sehen?« fragte sie. »Ich liebe Katzen über alles. Sie sind so zärtlich und bleiben einem doch fremd. Es ist ein aufregend unverbindliches Verhältnis. Finden Sie nicht auch?«

»Ich habe wenig Erfahrung mit Katzen«, sagte er unvorsichtigerweise.

Sie machte veilchenblaue Augen und erklärte mit dichtverschleierter Stimme: »Dann hüten Sie sich, lieber Doktor. Ich bin eine Katze.«

Glücklicherweise setzten sich Frau von Mallebré und Baron Keller an den Nebentisch. Und wenige Minuten später war der Tisch, an dem Hagedorn saß, rings von neugierigen Gästen und lauten Stimmen umgeben.

Frau Casparius beugte sich vor. »Schrecklich, dieser Lärm! Kommen Sie! Zeigen Sie mir ihre drei kleinen Katzen!«

Ihm war das Tempo neu. »Ich glaube, sie schlafen schon«, sagte er.

»Wir werden sie nicht aufwecken«, sagte sie. »Wir werden ganz leise sein. Ich verspreche es Ihnen.«

Da kam der Kellner und überreichte ihm eine Karte. Auf dieser Karte stand: »Der Unterzeichnete, der zum Toblerkonzern Beziehungen hat, würde Herrn Doktor Hagedorn gern auf einige Minuten in der Bar sprechen. Kesselhuth.«

Der junge Mann stand auf. »Seien Sie mir nicht böse, gnädige Frau«, sagte er. »Mich will jemand sprechen, der mir von größtem Nutzen sein kann. Das ist ein seltsames Hotel!« Nach diesen Worten und einer Verbeugung ging er.

Frau Casparius versah ihr schönes Gesicht mit einem diffusen Dauerlächeln.

Frau von Mallebré ließ sich nichts vormachen. Sie kniff vor Genugtuung in die Sessellehne. Da sie sich aber vergriff und den Ärmel des Barons erwischte, stöhnte Keller auf und sagte: »Muß das sein, gnädige Frau?«

Herr Kesselhuth erinnerte zunächst daran, daß Hagedorn und er gemeinsam im Grandhotel eingetroffen wären, und gratulierte zu dem ersten Preis der Putzblank-Werke. Dann lud er den jungen Mann zu einem Genever ein. Sie setzten sich in eine Ecke.

Auf den Hockern vor der Theke saßen die Geschwister

Marek mit Sullivan, dem indischen Kolonialoffizier, tranken Whisky und sprachen englisch.

Auf einem Sofa von äußerst geringem Fassungsvermögen kuschelte sich das Chemnitzer Ehepaar. Die übrigen Barbesucher hatten das Vergnügen, dem zärtlichen Zwiegespräch zuhören zu dürfen. Die sächsische Mundart eignet sich bekanntlich wie keine zweite zum Austausch lieblicher Gefühle. Sogar Jonny, der Barmixer, verlor die Selbstbeherrschung. Er grinste übers ganze Gesicht. Schließlich bückte er sich und hackte, ohne Sinn und Verstand, im Eiskasten herum. Denn es geht nicht an, daß Hotelangestellte die Gäste auslachen.

»Wenn man unsere deutsche Sprache mit einem Gebäude vergleichen wollte«, meinte Hagedorn, »so könnte man sagen, in Sachsen habe es durchs Dach geregnet.«

Kesselhuth lächelte, bestellte noch zwei Genever und sagte: »Ich will mich deutlich ausdrücken, Herr Doktor. Ich will Sie fragen, ob ich Ihnen behilflich sein kann. Entschuldigen Sie, bitte.«

»Ich bin nicht zimperlich«, antwortete der junge Mann. »Es wäre großartig, wenn Sie mir helfen würden. Ich kann's gebrauchen.« Er trank einen Schluck. »Das Zeug schmeckt gut. Ja, ich bin also seit Jahren stellungslos. Der Direktor der Putzblank-Werke hat mir, als ich mich nach einem Posten erkundigte, gute Erholung in Bruckbeuren gewünscht. Wenn ich bloß wüßte, von welcher Anstrengung ich mich erholen soll! Arbeiten will ich, daß die Schwarte knackt! Und ein bißchen Geld verdienen! Stattdessen helfe ich meiner Mutter ihre kleine Rente auffressen. Es ist scheußlich.«

Kesselhuth blickte ihn freundlich an. »Der Toblerkonzern hat ja auch noch einige andere Fabriken außer den Putzblank-Werken«, meinte er. »Und nicht nur Fabriken. Sie sind Reklamefachmann?«

»Jawohl«, sagte Hagedorn. »Und keiner von den schlechtesten, wenn ich diese kühne Behauptung aufstellen darf.«

Herr Kesselhuth nickte. »Sie dürfen!«

»Was halten Sie von folgendem?« fragte der junge Mann eifrig. »Ich könnte meiner Mutter noch heute abend eine zweite

Karte schreiben. Daß ich unverletzt angekommen bin, habe ich ihr nämlich schon mitgeteilt. Sie könnte meine Arbeiten in einen kleinen Karton packen; und in spätestens drei Tagen sind Hagedorns Gesammelte Werke in Bruckbeuren. Verstehen Sie etwas von Reklame, Herr Kesselhuth?«

Johann schüttelte wahrheitsgemäß den Kopf. »Ich möchte mir die Arbeiten trotzdem ansehen, und dann gebe ich«, er verbesserte sich hastig, »dann schicke ich sie mit ein paar Zeilen an Geheimrat Tobler. Das wird das beste sein.«

Hagedorn setzte sich kerzengerade und wurde blaß. »An wen wollen Sie den Kram schicken?« fragte er.

»An Geheimrat Tobler«, erklärte Kesselhuth. »Ich kenne ihn seit zwanzig Jahren!«

»Gut?«

»Ich bin täglich mit ihm zusammen.«

Der junge Mann vergaß vorübergehend Atem zu holen. »Das ist ein Tag«, sagte er dann, »um den Verstand zu verlieren. Sehr geehrter Herr, machen Sie, bitte, keine Witze mit mir. Jetzt wird's Ernst. Geheimrat Tobler liest Ihre Briefe?«

»Er hält große Stücke auf mich«, erklärte Herr Kesselhuth stolz.

»Wenn er sich die Sachen ansieht, gefallen sie ihm bestimmt«, sagte der junge Mann. »In dieser Beziehung bin ich größenwahnsinnig. Das kostet nichts und erhält bei Laune.«

Er stand auf. »Darf ich meiner Mutter rasch eine Eilkarte schicken? Sehe ich Sie dann noch?«

»Ich würde mich sehr freuen«, entgegnete Kesselhuth. »Grüßen Sie Ihre Frau Mutter unbekannterweise von mir.«

»Das ist eine patente Frau«, sagte Hagedorn und ging. An der Tür kehrte er noch einmal um. »Eine bescheidene Frage, Herr Kesselhuth. Haben Sie Katzen im Zimmer?«

»Ich habe nicht darauf geachtet«, meinte der andere. »Aber ich glaube kaum.«

Als Hagedorn die Halle durchquerte, lief er Frau Casparius in die Arme. Sie war in Nerz gehüllt und trug hohe pelzbesetzte Überschuhe. Neben ihr schritt, im Gehpelz, der Kunsthändler Lenz.

Das Mädchen ging. Hagedorn sank verstört in einen Klubsessel. »Haben Sie auch ein Zimmermädchen mit geheizten Ziegelsteinen?«

»Keineswegs«, meinte Schulze. »Französischen Kognak übrigens auch nicht.« Er grübelte.

»Auch keine siamesischen Katzen?« fragte der andere und zeigte auf ein Körbchen.

Schulze griff sich an die Stirn. Dann ging er in die Kniebeuge und betrachtete die drei kleinen schlafenden Tiere. Dabei kippte er um und setzte sich auf den Perserteppich. Ein Kätzchen erwachte, reckte sich, stieg aus dem Korb und nahm auf Schulzes violetter Hose Platz.

Hagedorn schrieb die Karte an seine Mutter.

Schulze legte sich auf den Bauch und spielte mit der kleinen Katze. Dann wurde die zweite wach, schaute anfangs faul über den Rand des Korbes, kam dann aber nach längerer Überlegung ebenfalls auf den Teppich spaziert. Schulze hatte alle Hände voll zu tun.

Hagedorn sah flüchtig von seiner Karte hoch, lächelte und sagte: »Vorsicht! Lassen Sie sich nicht kratzen!«

»Keine Sorge«, erklärte der Mann auf dem Teppich. »Ich verstehe mit so etwas umzugehen.«

Die zwei Katzen spielten auf dem älteren Herrn Haschen. Wenn er sie festhielt, schnurrten sie vor Wonne. ›Ich fühle mich wie zu Hause‹, dachte er. Und nachdem er das gedacht hatte, ging ihm ein großes Licht auf.

Als Hagedorn mit der Eilkarte zu Rande war, legte Schulze die zwei Katzen zu der dritten in den Korb zurück. Sie sahen ihn aus ihren schwarzmaskierten Augen fragend an und bewegten die Schwänze vergnügt hin und her. »Ich besuche euch bald wieder«, sagte er. »Nun schlaft aber, wie sich das für so kleine artige Katzen gehört!« Dann überredete er den jungen Mann, die Karte dem Stubenmädchen zur Besorgung anzuvertrauen.

»Ich bin Ihnen Revanche schuldig. Sie müssen sich mein Zimmer ansehen. Kommen Sie!«

Sie gaben dem Mädchen die Karte und stiegen in den Fahrstuhl. »Der nette Herr, der den alten Tobler so gut kennt, heißt

Kesselhuth«, erzählte Hagedorn. »Er kam gleichzeitig mit mir im Hotel an. Und vor einer Viertelstunde hat er mich gefragt, ob er mir beim Toblerkonzern behilflich sein soll. Halten Sie es für möglich, daß er das überhaupt kann?«

»Warum schließlich nicht?« meinte Schulze. »Wenn er den ollen Tobler gut kennt, wird er's schon zuwege bringen.«

»Aber wie kommt ein fremder Mensch eigentlich dazu, mir helfen zu wollen?«

»Sie werden ihm sympathisch sein«, sagte Schulze.

Dem anderen schien diese Erklärung nicht zu genügen. »Wirke ich denn sympathisch?« fragte er erstaunt.

Schulze lächelte. »Außerordentlich sympathisch sogar!«

»Entschuldigen Sie«, meinte der junge Mann. »Ist das Ihre persönliche Ansicht?« Er war richtig rot geworden. Schulze erwiderte: »Es ist meine feste Überzeugung.« Nun war auch er verlegen.

»Fein«, sagte Hagedorn. »Mir geht's mit Ihnen ganz genauso.«

Sie schwiegen, bis sie im vierten Stock ausstiegen. »Sie wohnen wohl auf dem Blitzableiter?« fragte der junge Mann, als der andere die Stufen betrat, die zur fünften Etage führten.

»Noch höher«, erklärte Schulze.

»Herr Kesselhuth will dem Tobler meine Arbeiten schikken«, berichtete Hagedorn. »Hoffentlich versteht der olle Millionär etwas von Reklame. Schrecklich, daß ich schon wieder davon anfange, was? Aber es geht mir nicht aus dem Kopf. Da rennt man sich in Berlin seit Jahren die Hacken schief. Fast jeden Tag wird man irgendwo anders abgewiesen. Dann kutschiert man in die Alpen. Und kaum ist man dort, fragt einen ein wildfremder Herr, ob man im Toblerkonzern angestellt zu werden wünscht.«

»Ich werde die Daumen halten«, sagte der andere.

Sie schritten den schmalen Korridor entlang. »Ich möchte, wenn ich wieder Geld verdiene, mit meiner Mutter eine größere Reise machen«, erklärte Hagedorn. »Vielleicht an die oberitalienischen Seen. Sie kennt nur Swinemünde und den Harz. Das ist für eine sechzigjährige Frau zu wenig, nicht?«

Das sei auch seine Meinung, entgegnete Schulze. Und während der junge Mann von den sieben gewonnenen Preisausschreiben und den damit verbundenen geographischen Erfahrungen erzählte, schloß der andere die Tür zu dem Dachstübchen auf. Er öffnete und machte Licht.

Hagedorn blieben Stockholm und die Schären im Halse stecken. Er starrte verständnislos in die elende Kammer. Nach längerer Zeit sagte er: »Machen Sie keine Witze!«

»Treten Sie näher!« bat Schulze. »Setzen Sie sich, bitte, aufs Bett oder in die Waschschüssel! Was Ihnen lieber ist!«

Der andere klappte den Jackettkragen hoch und steckte die Hände in die Taschen.

»Kälte ist gesund«, meinte Schulze. »Schlimmstenfalls werde ich die Pantoffeln anbehalten, wenn ich schlafen gehe.«

Hagedorn blickte sich suchend um. »Nicht einmal ein Schrank ist da«, sagte er. »Können Sie sich das Ganze erklären? Mir gibt man ein feudales Appartement. Und Sie sperrt man in eine hundekalte Bodenkammer!«

»Es gibt eine einzige Erklärung«, behauptete Schulze. »Man hält Sie für einen andern! Irgendwer muß sich einen Scherz erlaubt haben. Vielleicht hat er verbreitet, Sie seien der Thronfolger von Albanien. Oder Sohn eines Multimillionärs.«

Hagedorn zeigte den Glanz auf den Ellenbogen seines Anzuges und hielt einen Fuß hoch, um das biblische Alter seiner Schuhe darzulegen. »Sehe ich so aus?«

»Gerade darum! Es gibt genug extravagante Personen unter denen, die sich Extravaganzen pekuniär leisten können.«

»Ich habe keinen Spleen«, sagte der junge Mann. »Ich bin kein Thronfolger und kein Millionär. Ich bin ein armes Luder. Meine Mutter war auf der Sparkasse, damit ich mir ein paar Glas Bier leisten kann.« Er schlug wütend auf den Tisch. »So! Und jetzt gehe ich zu dem Hoteldirektor und erzähle ihm, daß man ihn veralbert hat und daß ich sofort hier oben, neben Ihnen, eine ungeheizte Hundehütte zu beziehen wünsche!« Er war schon an der Tür.

Tobler sah sein eigenes Abenteuer in Gefahr. Er hielt den andern am Jackett fest und zwang ihn auf den einzigen Stuhl.

»Lieber Hagedorn, machen Sie keine Dummheiten! Davon, daß Sie neben mir eine Eisbude beziehen, haben wir alle beide nichts. Seien Sie gescheit! Bleiben Sie der geheimnisvolle Unbekannte! Behalten Sie Ihre Zimmer, damit ich weiß, wohin ich gehen soll, wenn mir's hier oben zu kalt wird! Lassen Sie sich in drei Teufels Namen eine Flasche Kognak nach der andern bringen und eine ganze Ziegelei ins Bett legen! Was schadet es denn?«

»Schrecklich!« sagte der junge Mann. »Morgen früh kommt der Masseur.« Schulze mußte lachen. »Massage ist gesund!«

»Ich weiß«, erwiderte Hagedorn. »Sie fördert die Durchblutung der Haut.« Er schlug sich vor die Stirn. »Und der Portier sammelt Briefmarken! Diese Mystifikation ist gewissenhaft durchdacht! Und ich Rindvieh bildete mir ein, die Leute hier seien von Natur aus nett.« Er warf das Kuvert mit den Briefmarken beleidigt auf den Tisch. Schulze prüfte den Inhalt fachmännisch und steckte das Kuvert ein. »Ich habe eine großartige Idee«, sagte Hagedorn. »Sie beziehen mein Zimmer, und ich werde hier wohnen. Wir erzählen dem Direktor, er habe sich geirrt. Der Thronfolger von Albanien seien Sie! Ist das gut?«

»Nein«, erwiderte Schulze. »Für einen Thronfolger bin ich zu alt.«

»Es gibt auch alte Thronfolger«, wandte der junge Mann ein.

»Und den Millionär glaubt man mir erst recht nicht!« sagte Schulze. »Stellen Sie sich das doch vor! Ich als Millionär! Lächerlich!«

»Sehr überzeugend würden Sie allerdings nicht wirken«, gab Hagedorn offen zu. »Aber ich will niemand anders sein!«

»Tun Sie's mir zuliebe«, bat Schulze. »Mir haben die drei kleinen Katzen so gut gefallen.«

Der junge Mann kratzte sich am Kopf. »Also schön«, erklärte er. »Aber bevor wir abreisen, geben wir durch Anschlag am Schwarzen Brett bekannt, daß das Hotel von irgendeinem Spaßmacher hineingelegt worden ist. Ja?«

»Das eilt nicht«, sagte Schulze. »Bis auf weiteres bleiben Sie, bitte, ein Rätsel!«

Das achte Kapitel
Der Schneemann Kasimir

Als die beiden miteinander durch die Halle gingen, war die Empörung groß. Das Publikum fand sich brüskiert. Wie konnte der geheimnisvolle Millionär mit dem einzigen armen Teufel, den das Hotel zu bieten hatte, gemeinsame Sache machen! So realistisch brauchte er seine Rolle wirklich nicht zu spielen!

»Einfach tierisch!« sagte Karl der Kühne, der beim Portier stand. »Dieser Schulze! Das ist das Letzte!«

»Die Casparius und die Mallebré machen schon Jagd auf den Kleinen«, erzählte Onkel Polter. »Er könnte es haben wie in Abrahams Schoß!«

»Der Vergleich stimmt nur teilweise«, meinte der Direktor. (Er neigte gelegentlich zur Pedanterie.)

»Ich sehe schon«, sagte der Portier, »ich werde für Herrn Schulze eine kleine Nebenbeschäftigung erfinden müssen. Sonst geht er dem Millionär nicht von der Seite.«

»Vielleicht reist er bald wieder ab«, bemerkte Herr Kühne. »Die Dachkammer, die wir ihm ausgesucht haben, wird ihm auf die Dauer kaum zusagen. Dort oben hat es noch kein Stubenmädchen und kein Hausdiener ausgehalten.«

Onkel Polter kannte die Menschen besser. Er schüttelte das Haupt. »Sie irren sich. Schulze bleibt. Schulze ist ein Dickkopf.«

Der Hoteldirektor folgte den beiden seltsamen Gästen in die Bar.

Die Kapelle spielte. Etliche elegante Paare tanzten. Sullivan, der Kolonialoffizier, trank den Whisky aus alter Gewohnheit pur und war bereits hinüber. Er hing auf seinem Barhocker, stierte vor sich hin und schien Bruckbeuren mit einer nordindischen Militärstation zu verwechseln.

»Darf ich vorstellen?« fragte Hagedorn. Und dann machte er Geheimrat Tobler und Johann, dessen Diener, miteinander bekannt. Man nahm Platz. Herr Kesselhuth bestellte eine Runde Kognak.

Schulze lehnte sich bequem zurück, betrachtete, gerührt und spöttisch zugleich, das altvertraute Gesicht und sagte: »Dr. Hagedorn erzählte mir eben, daß Sie den Geheimrat Tobler kennen.«

Herr Kesselhuth war nicht mehr ganz nüchtern. Er hatte nicht des Alkohols wegen getrunken. Aber er war ein gewissenhafter Mensch und hatte nicht vergessen, daß er täglich mindestens hundert Mark ausgeben mußte. »Ich kenne den Geheimrat sogar ausgezeichnet«, erklärte er und blinzelte vergnügt zu Schulze hinüber. »Wir sind fast dauernd zusammen!«

»Sie sind vermutlich Geschäftsfreunde?« fragte Schulze.

»Vermutlich?« sagte Kesselhuth großartig. »Erlauben Sie mal! Mir gehört eine gutgehende Schiffahrtslinie! Wir sitzen zusammen im Aufsichtsrat. Direkt nebeneinander!«

»Donnerwetter!« rief Schulze. »Welche Linie ist das denn?«

»Darüber möchte ich nicht sprechen«, sagte Kesselhuth vornehm. »Aber es ist nicht die kleinste, mein Herr!«

Sie tranken. Hagedorn setzte sein Glas nieder, zog die Oberlippe hoch und meinte: »Ich verstehe nichts von Schnaps. Aber der Kognak schmeckt, wenn ich nicht irre, nach Seife.«

»Das muß er tun«, erklärte Schulze. »Sonst taugt er nichts.«

»Wir könnten ja auch etwas anderes trinken«, sagte Kesselhuth. »Herr Ober, was schmeckt bei Ihnen nicht nach Seife?«

Es war aber gar nicht der Kellner, der an den Tisch getreten war, sondern der Hoteldirektor. Er fragte den jungen Mann, ob ihm die Zimmer gefielen.

»Doch, doch«, sagte Hagedorn, »bin soweit ganz zufrieden.«

Herr Kühne behauptete, daß er sich glücklich schätze. Dann winkte er; und Jonny und ein Kellner brachten einen Eiskübel mit einer Flasche Champagner und zwei Gläser. »Ein kleiner Begrüßungsschluck«, sagte der Hoteldirektor lächelnd.

»Und ich kriege kein Glas?« fragte Schulze unschuldsvoll. Kühne lief rot an. Der Kellner brachte ein drittes Glas und goß ein.

Der Versuch, Schulze zu ignorieren, war mißlungen.

»Auf Ihr Wohl!« rief dieser fidel. Der Direktor verschwand, um dem Portier sein jüngstes Leid zu klagen.

Schulze stand auf, schlug an sein Glas und hob es hoch. Die anderen Gäste blickten unfreundlich zu ihm hin. »Trinken wir darauf«, sagte er, »daß Herr Kesselhuth für meinen jungen Freund beim ollen Tobler etwas erreichen möge!«

Johann kicherte vor sich hin. »Mach ich, mach ich!« murmelte er und trank sein Glas leer.

Hagedorn sagte: »Lieber Schulze, wir kennen uns noch nicht lange. Aber vielleicht sollten wir in diesem Augenblick fragen, ob Herr Kesselhuth auch für Sie etwas unternehmen kann?«

»Keine schlechte Idee«, meinte Schulze.

Johann Kesselhuth sagte amüsiert: »Ich werde Geheimrat Tobler nahelegen, auch Herrn Schulze anzustellen. Was sind Sie denn von Beruf?«

»Auch Werbefachmann«, antwortete Schulze.

»Schön wär's, wenn wir in derselben Abteilung arbeiten könnten«, meinte Hagedorn. »Wir verstehen uns nämlich sehr gut, Schulze und ich. Wir würden den Toblerkonzern propagandistisch gründlich aufmöbeln. Er kann's gebrauchen. Was ich da in der letzten Zeit an Reklame gesehen habe, war zum Heulen.«

»So?« fragte Schulze.

»Grauenhaft dilettantisch«, erklärte der junge Mann. »Bei dem Reklameetat, den so ein Konzern hat, kann man ganz anders losgehen. Wir werden dem Tobler zeigen, was für knusprige Kerle wir sind! Ist er übrigens ein netter Mensch?«

»Ach ja«, sagte Johann Kesselhuth. »Mir gefällt er. Aber das ist natürlich Geschmackssache.«

»Wir werden ja sehen«, meinte Hagedorn. »Trinken wir auf ihn! Der olle Tobler soll leben!«

Sie stießen an. »Das soll er«, sagte Kesselhuth und blickte Herrn Schulze liebevoll in die Augen.

Nachdem die von Karl dem Kühnen gestiftete Flasche leergetrunken war, bestellte der Schiffahrteibesitzer Kesselhuth eine weitere Flasche. Sie wunderten sich, daß sie, trotz der langen Reise, noch immer nicht müde waren. Sie schoben es auf die Höhenluft. Dann kletterten sie ins Bräustübl hinunter, aßen Weißwürste und tranken Münchner Bier.

Aber sie blieben nur kurze Zeit. Denn die rassige Dame aus Polen, die abends eingetroffen war, saß mit Mister Bryan in einer schummrigen Ecke, und Hagedorn sagte: »Ich fürchte, wir sind der internationalen Verständigung im Wege.«

Die Bar war, als sie zurückkamen, noch voller als vorher. Frau von Mallebré und Baron Keller saßen an der Theke, tranken Cocktails und knabberten Kaffeebohnen. Frau Casparius und der dicke Herr Lenz waren aus dem Esplanade zurück und knobelten. Eine stattliche Schar rotwangiger Holländer lärmte an einem großen runden Tisch. Und das sächsische Ehepaar mokierte sich über die phonetische Impertinenz der holländischen Sprache.

Später verdrängte einer der Holländer den Klavierspieler. Sofort erhoben sich seine temperamentvollen Landsleute und veranstalteten, ungeachtet ihrer Smokings und mondänen Abendkleider, echt holländische Volkstänze. Sullivan rutschte von seinem Barhocker und nahm, da sich Fräulein Marek sträubte, als Solist und gefährlich taumelnd, an dem ländlichen Treiben teil.

Das währte rund zwanzig Minuten. Dann eroberte der Klavierspieler seinen angestammten Drehsessel zurück. »Nun tanzen Sie schon endlich mit einer Ihrer Verehrerinnen!« sagte Schulze zu Hagedorn. »Es ist ja kaum noch zum Aushalten, wie sich die Weiber die Augen verrenken!«

Der junge Mann schüttelte den Kopf.

»Man meint ja gar nicht mich, sondern den Thronfolger von Albanien.«

»Wenn's weiter nichts ist!« erwiderte Schulze. »Das würde mich wenig stören. Der Effekt ist die Hauptsache.«

Hagedorn wandte sich an Kesselhuth. »Man hält mich hier im Hotel unbegreiflicherweise für den Enkel von Rockefeller oder für einen verkleideten Königssohn. Dabei bin ich keines von beiden.«

»Unglaublich!« sagte Herr Kesselhuth. Er bemühte sich, ein überraschtes Gesicht zu ziehen. »Was es so alles gibt!«

»Das bleibt aber, bitte, unter uns!« bat Hagedorn. »Ich hätte das Mißverständnis gerne richtiggestellt. Aber Schulze hat mir abgeraten.«

»Herr Schulze hat recht«, sagte Kesselhuth. »Ohne Spaß gibt's nichts zu lachen!«

Plötzlich spielte die Kapelle einen Tusch. Herr Heltai, Professor der Tanzkunst und Arrangeur von Kostümfesten, trat aufs Parkett, klatschte in die Hände und rief: »Damenwahl, meine Herrschaften!« Er wiederholte die Ankündigung noch in englischer und französischer Sprache. Die Gäste lachten. Mehrere Damen erhoben sich. Auch Frau Casparius. Sie steuerte auf Hagedorn los. Frau von Mallebré wurde blaß und engagierte, verzerrt lächelnd, den Baron.

»Nun aber ran an den Speck!« befahl Schulze.

Frau Casparius machte einen übertriebenen Knicks und sagte: »Sie sehen, Herr Doktor, mir entgeht man nicht.«

»Da werden Weiber zu Hyänen!« deklamierte Schulze, der sich auskannte. Doch die Bremerin und Hagedorn waren schon außer Hörweite. Der Tanz begann.

Schulze beugte sich vor. »Ich gehe in die Halle«, flüsterte er. »Folgen Sie mir unauffällig! Bringen Sie aber 'ne anständige Zigarre mit!« Dann verließ er die Bar.

Geheimrat Tobler saß nun mit seinem Diener Johann in der Halle. Die meisten Tische waren leer. Kesselhuth klappte sein Zigarrenetui auf und fragte: »Darf ich Sie zu einem Kognak einladen?«

»Fragen Sie nicht so blöd!« meinte Tobler.

Der andere bestellte. Die Herren rauchten und blickten einander belustigt an. Der Kellner brachte die Kognaks. »Nun haben wir uns also doch kennengelernt«, sagte Johann befriedigt. »Noch dazu am ersten Abend! Wie habe ich das gemacht?«

Tobler runzelte die Stirn. »Sie sind ein Intrigant, mein Lieber. Eigentlich sollte ich Sie entlassen.«

Johann lächelte geschmeichelt. Dann sagte er: »Ich kriege

ja, als ich ankam, einen solchen Schreck! Der Hoteldirektor und der Portier krochen doch dem Doktor Hagedorn in sämtliche Poren! Am liebsten wäre ich Ihnen entgegengelaufen, um Sie zu warnen.«

»Ich werde meiner Tochter die Ohren abschneiden«, erklärte Tobler. »Sie hat natürlich angerufen.«

»Fräulein Hildegards Ohren sind so niedlich«, meinte Johann. »Ich wette, die Kunkel hat telefoniert.«

»Wenn ich nicht so guter Laune wäre, würde ich mich ärgern«, gestand Tobler. »So eine Frechheit! Ein wahres Glück, daß dieses verrückte Mißverständnis dazwischenkam!«

»Hat man Ihnen ein nettes Zimmer gegeben?« fragte der Diener.

»Ein entzückendes Zimmer«, behauptete Tobler. »Sonnig, luftig. Sehr luftig sogar.«

Johann nahm dem Geheimrat ein paar Fusseln vom Anzug und bürstete mit der flachen Hand besorgt auf den violetten Jackettschultern herum.

»Lassen Sie das!« knurrte Tobler. »Sind Sie verrückt?«

»Nein«, meinte Johann. »Aber froh, daß ich neben Ihnen sitze. Na ja, und ein klein bißchen besoffen bin ich natürlich auch. Ihr Anzug sieht zum Fürchten aus. Ich werde morgen auf Ihr Zimmer kommen und Ordnung machen. Welche Zimmernummer haben Sie, Herr Geheimrat?«

»Unterstehen Sie sich!« sagte Tobler streng. »Das fehlte gerade noch, daß man den Besitzer einer gutgehenden Schiffahrtslinie dabei erwischt, wie er bei mir Staub wischt. Haben Sie Bleistift und Papier bei sich? Sie müssen einen geschäftlichen Brief erledigen. Beeilen Sie sich! Ehe unser kleiner Millionär eintrifft. Wie gefällt er Ihnen?«

»Ein reizender Mensch«, sagte Johann. »Wir werden zu dritt noch sehr viel Spaß haben.«

»Lassen Sie uns arme Leute ungeschoren!« meinte der Geheimrat. »Widmen Sie sich gefälligst dem Wintersport und der vornehmen Gesellschaft!«

»Die Hoteldirektion glaubt, daß ich Doktor Hagedorn von Berlin aus kenne und es nur nicht zugeben will«, erzählte Johann. »Man wird also nichts dabei finden, wenn ich oft mit ihm zusammen bin. Im Gegenteil, ohne mich wäre er nie so schnell Millionär geworden!« Er blickte an Tobler herunter. »Ihre Schuhe sind auch nicht geputzt!« sagte er. Man sah es ihm an, wie er darunter litt. »Es ist zum Verzweifeln!«

Der Geheimrat, dem die Zigarre außerordentlich schmeckte, meinte: »Kümmern Sie sich lieber um Ihre Schiffahrtslinie!«

So oft die Kapelle eine Atempause machen wollte, klatschten die Tanzpaare wie besessen. Frau Casparius sagte leise: »Sie tanzen wirklich gut.« Ihre Hand lag auf Hagedorns Schulter und übte einen zärtlichen Druck aus. »Was tun Sie morgen? Fahren Sie Ski?«

Er verneinte. »Als kleiner Junge hatte ich Schneeschuhe. Jetzt ist mir die Sache zu teuer.«

»Wollen wir eine Schlittenpartie machen? Nach Sankt Veit? Den Lunch nehmen wir mit.«

»Ich bin mit meinen beiden Bekannten verabredet.«

»Sagen Sie ab!« bat sie. »Wie können Sie überhaupt diesen Mann, der wie eine Vogelscheuche aussieht, meiner bezaubernden Gesellschaft vorziehen?«

»Ich bin auch so eine Vogelscheuche«, sagte er zornig. »Schulze und ich gehören zusammen!«

Sie lachte und zwinkerte eingeweiht. »Freilich, Doktor. Ich vergesse das immer wieder. Aber Sie sollten trotzdem mit mir nach Sankt Veit fahren. Im Pferdeschlitten. Mit klingenden Glöckchen. Und mit warmen Decken. So etwas kann sehr schön sein.« Sie schmiegte sich noch enger an ihn und fragte: »Mißfalle ich Ihnen denn so?«

»O nein«, sagte er. »Aber Sie haben so etwas erschreckend Plötzliches an sich.«

Sie rückte ein wenig von ihm ab und rümpfte die Lippen. »So sind die Männer. Wenn man redet, wie einem zumute ist, werdet ihr fein wie ein Schock Stiftsdamen.« Sie sah ihm kerzengerade in die Augen. »Seien Sie doch nicht so zimperlich, zum Donnerwetter! Sind wir jung? Gefallen wir einander? Wie? Wozu das Theater! Hab ich recht oder stimmt's?«

Die Kapelle hörte zu spielen auf.

»Sie haben recht«, sagte er. »Aber wo sind meine Bekannten?«

Er begleitete sie an ihren Tisch, verbeugte sich vor ihr und vor dem dicken Herrn Lenz und entfernte sich eilends, um die Herren Schulze und Kesselhuth zu suchen.

»Stecken Sie die Notizen weg!« sagte Geheimrat Tobler zu seinem Diener. »Dort kommt unser kleiner Millionär.«

Hagedorn strahlte. Er setzte sich und ächzte. »Das ist eine Frau!« meinte er benommen. »Die hätte Kavalleriegeneral werden müssen!«

»Dafür ist sie entschieden zu hübsch«, behauptete Schulze.

Hagedorn dachte nach. »Nun ja«, sagte er. »Aber man kann doch nicht mit jeder hübschen Frau etwas anfangen! Dafür gibt es schließlich viel zu viele hübsche Frauen!«

»Ich kann dem Doktor nur beipflichten«, meinte Herr Kesselhuth. »Ober! Drei Korn!« Und als der Kellner wieder da war – und der Korn auch – rief er: »Allerseits frohe Pfingsten!«

Sie kippten den farblosen Inhalt der drei Gläser. Dann fragte Hagedorn neugierig: »Was tun wir jetzt? Es ist noch nicht einmal Mitternacht.«

Schulze drückte die Zigarre aus und sagte: »Meine Herren, Silentium! Ich erlaube mir, eine Frage an Sie zu richten, die Sie verblüffen wird. Und die Frage lautet: Wozu sind wir nach Bruckbeuren gekommen? Etwa in der Absicht, uns zu betrinken?«

»Es scheint so«, bemerkte Kesselhuth und kicherte.

»Wer dagegen ist, bleibt sitzen!« sagte Schulze. »Zum ersten! Zum zweiten! Zum – dritten!«

»Einstimmig angenommen«, meinte Hagedorn.

Schulze fuhr fort: »Wir sind also nicht hierhergekommen, um zu trinken.«

Kesselhuth hob die Hand und sagte: »Nicht nur, Herr Lehrer!«

»Und so fordere ich die Anwesenden auf«, erklärte Schulze, »sich von den Plätzen zu erheben und mir in die Natur zu folgen.«

Sie erhoben sich mühsam und gingen, leise schwankend, aus dem Hotel hinaus. Die klare, kalte Gebirgsluft verschlug ihnen den Atem. Sie standen verwundert im tiefen Schnee. Über ihnen wölbte sich die dunkelblaue, mit goldenen und grünen, silbernen und rötlichen Brillantsplittern übersäte Riesenkuppel des Sternhimmels. Am Mond zog ein verlassenes weißes Wölkchen vorüber.

Sie schwiegen minutenlang. Aus dem Hotel klang ferne Tanzmusik. Herr Kesselhuth räusperte sich und sagte: »Morgen wird's schön.«

Männer neigen ergreifenden Eindrücken gegenüber zur Verlegenheit. So kam es, daß Hagedorn erklärte: »So, meine Herrschaften! Jetzt machen wir einen großen Schneemann!«

Und Schulze rief: »Ein Hundsfott, wer sich weigert! Marsch, marsch!«

Anschließend setzte eine rege Tätigkeit ein. Baumaterial war ja genügend vorhanden. Sie buken und kneteten eine Kugel, rollten sie kreuz und quer durch den Schnee, klatschten fanatisch auf ihr herum, deformierten sie ins Zylindrische, rollten den unaufhörlich wachsenden Block noch einige Male hin und her und stellten ihn schließlich, als er ausreichend imposant erschien, vor die kleinen Silbertannen, die gegenüber vom Hoteleingang, jenseits des Fahrweges, den Park flankierten.

Die drei Männer schwitzten. Aber sie waren unerbittlich und begannen nun den zweiten Teil des Schneemannes, seinen Rumpf, zu bilden. Der Schnee wurde knapp. Sie drangen in den Park vor. Die Tannenbäume stachen mit Nadeln nach den erhitzten Gesichtern.

Schließlich war auch der Rumpf fertig, und schwer atmend hoben sie ihn auf den Schneesockel hinauf. Es gelang ohne größere Zwischenfälle. Herr Kesselhuth fiel allerdings hin und sagte: »Der teure Smoking!« Aber es focht ihn nicht weiter an. Wenn erwachsene Männer etwas vorhaben, dann setzen sie es durch. Sogar im Smoking.

Schließlich kam auch ein Kopf zustande. Er wurde auf den Rumpf gepflanzt. Dann traten sie ehrfurchtsvoll einige Schritte zurück und bewunderten ihr Werk.

»Der Gute hat leider einen Eierkopf«, stellte Schulze fest.

»Das macht nichts«, sagte Hagedorn. »Wir nennen ihn ganz einfach Kasimir. Wer Kasimir heißt, kann sich das leisten.« Es erhob sich kein Widerspruch.

Dann zückte Schulze ein Taschenmesser und wollte sich die Knöpfe vom violetten Anzug schneiden, um sie Kasimir in den Schneebauch zu drücken. Aber Herr Kesselhuth ließ es nicht zu und erklärte, das gehe keinesfalls. Deshalb nahm Hagedorn Herrn Schulze das Messer weg, schnitt mehrere Tannenzweige ab und besetzte Kasimirs Brust damit, bis er wie ein Gardehusar aussah.

»Kriegt er keine Arme?« fragte Kesselhuth.

»O nein«, sagte Dr. Hagedorn. »Kasimir ist ein Torso!«

Dann verliehen sie ihm ein Gesicht. Als Nase verwandten sie eine Streichholzschachtel. Der Mund wurde von kurzen Zweigstücken dargestellt. Und als Augen benutzten sie Baumrinde.

Kesselhuth bemerkte kritisch: »Kasimir braucht einen Tschako, damit man seine Glatze nicht sieht.«

»Sie sind ein grauenhafter Naturalist«, sagte Schulze empört. »Wenn Sie Bildhauer geworden wären, hätten Sie Ihren Plastiken Perücken aufgesetzt!«

»Ich besorge morgen früh aus der Küche einen Konfitüreneimer«, versprach Hagedorn. »Den setzen wir unserem Liebling verkehrt auf. Da kann er den Henkel gleich als Kinnkette benutzen.« Der Vorschlag wurde gebilligt und angenommen.

»Kasimir ist ein schöner, stattlicher Mensch«, meinte Schulze hingerissen.

»Kunststück«, rief Kesselhuth. »Er hat ja auch drei Väter!«

»Zweifellos einer der beachtlichsten Schneemänner, die je gelebt haben«, sagte Hagedorn. »Das ist meine ehrliche Überzeugung.«

Dann riefen sie im Chor: »Gute Nacht, Kasimir!«

Und der Schneemann antwortete ganz laut: »Gute Nacht, meine Herren.«

Es war aber gar nicht der Schneemann, sondern ein Gast aus dem ersten Stock, der wegen des Lärms vor dem Hotel nicht hatte einschlafen können. Wütend knallte er das Fenster zu.

Und die drei Väter Kasimirs gingen auf den Zehenspitzen ins Haus.

Herr Schulze zog, als er schlafen ging, seinen Flauschmantel an. Er lächelte vergnügt zum Dachfenster empor und sagte: »Der alte Tobler friert, aber er ergibt sich nicht!« Dann schlummerte er ein. Auch Hagedorn schlief sehr bald. Anfangs störten ihn zwar die elegante Umgebung und der warme Ziegelstein. Doch er war, was den Schlaf anbelangt, eine Naturbegabung. Sie setzte sich auch in Bruckbeuren durch.

Nur Herr Kesselhuth wachte. Er saß in seinem Zimmer und erledigte Post. Nachdem der Geschäftsbrief fertig war, den ihm der Geheimrat zu schreiben aufgetragen hatte, begann er ein privates, außerordentlich geheimes Schreiben. Und das lautete so:

»Liebes Fräulein Hildegard!

Wir sind gesund und munter angekommen. Sie hätten aber trotzdem nicht hintenrum mit dem Hotel telefonieren sollen. Der Herr Geheimrat wird Ihnen die Ohren abschneiden. Es war ja auch ein Schreck! Man hat den andern Preisträger, Herrn Doktor Hagedorn, für den verkleideten Millionär gehalten. Ich kam gerade dazu. Und nun hatte Hagedorn die Katzen im Zimmer. Nicht der Herr Geheimrat.

Wir haben uns angefreundet. Ich mich mit Hagedorn. Er sich mit Ihrem Vater. Und dadurch der Geheimrat mit mir. Ich bin sehr froh. Vorhin haben wir zu dritt einen großen Schneemann gemacht. Er heißt Kasimir und hat einen Eierkopf. Und einen Torso.

Das Hotel ist sehr vornehm. Das Publikum auch. Der Herr Geheimrat sieht natürlich zum Fürchten aus. Von dem Schlips kann einem schlecht werden. Aber rausgeschmissen hat man ihn nicht. Morgen gehe ich in sein Zimmer und mache Ordnung. Mein elektrisches Bügeleisen habe ich mitgenommen. Wegen dem Schneemann wollte er sich die Jackenknöpfe abschneiden. Man muß kolossal auf ihn aufpassen. Die Frauen sind mächtig hinter Doktor Hagedorn her. Sie halten ihn für einen Thronfolger. Dabei ist er stellungslos und sagt, man könnte sich nicht in jede hübsche Frau verlieben. Das ginge zu weit.

Morgen lerne ich Skifahren. Privatim. Es brauchen nicht alle zu sehen, wenn ich lang hinschlage. Der Portier dachte erst, der Herr Geheimrat sei ein Hausierer. Das hat er davon.

Aber er findet so was ja nur komisch. Nun darf ich ihn wenigstens kennen und mit ihm sprechen. Ich bin sehr froh. Aber das schrieb ich schon einmal, wie ich gerade bemerke. Ich bin trotzdem sehr froh.

Wir waren in der Bar und haben einiges gehoben. Aber vom Sternhimmel sind wir dann wieder nüchtern geworden. Und vom Schneemann. Er steht vorm Hoteltor. Die Gäste werden morgen staunen.

Ich schreibe Ihnen bald wieder. Hoffentlich breche ich nichts Wesentliches. Skifahren ist ziemlich gefährlich. Wer soll sich um den Herrn Geheimrat kümmern, wenn ich bei irgendeinem Arzt in Gips liege! Na, ich werde schon aufpassen, daß ich ganz bleibe. Hoffentlich geht es Ihnen gut, liebes Fräulein Hilde. Haben Sie keine Sorgen um Ihren Vater. Auf mich können Sie sich verlassen. Das wissen Sie ja.

Grüßen Sie die Kunkel von mir. Und der Einfall mit dem Telefonieren sehe ihr ähnlich. Mehr habe ich ihr nicht zu sagen.

Von ganzem Herzen hochachtungsvoll und Ski Heil!

                              Ihr alter Johann Kesselhuth.«

Das neunte Kapitel
Drei Männer im Schnee

Früh gegen sieben Uhr polterten die ersten Gäste aus ihren Zimmern. Es klang, als marschierten Kolonnen von Tiefseetauchern durch die Korridore.

Der Frühstückssaal hallte wider von den Gesprächen und vom Gelächter hungriger, gesunder Menschen. Die Kellner balancierten üppig beladene Tabletts. Später schleppten sie Lunchpakete herbei und überreichten sie den Gästen, die erst am Nachmittag von größeren Skitouren zurückkehren wollten.

Heute zog auch Hoteldirektor Kühne wieder in die Berge. Als er, gestiefelt und gespornt, beim Portier vorüberkam, sagte er: »Herr Polter, sehen Sie zu, daß dieser Schulze keinen Quatsch macht! Der Kerl ist heimtückisch. Seine Ohrläppchen sind angewachsen. Und kümmern Sie sich um den kleinen Millionär!«

»Wie ein Vater«, erklärte Onkel Polter ernst. »Und dem Schulze werde ich irgendeine Nebenbeschäftigung verpassen. Damit er nicht übermütig wird.«

Karl der Kühne musterte das Barometer. »Ich bin vor dem Diner wieder da.« Fort war er.

»Na, wenn schon«, sagte der Portier und sortierte anschließend die Frühpost.

Herr Kesselhuth saß noch in der Wanne, als es klopfte. Er meldete sich nicht. Denn er hatte Seife in den Augen. Und Kopfschmerzen hatte er außerdem. »Das kommt vom Saufen«, sprach er zu sich selber. Und dann ließ er sich kaltes Wasser übers Genick laufen.

Da wurde die Badezimmertür geöffnet, und ein wilder, lokkiger Gebirgsbewohner trat ein. »Guten Morgen wünsch ich«, erklärte er. »Entschuldigen Sie, bittschön. Aber ich bin der Graswander Toni.«

»Da kann man nichts machen«, sagte der nackte Mann in der Wanne. »Wie geht's?«

»Danke der Nachfrage. Es geht.«

»Das freut mich«, versicherte Kesselhuth in gewinnender Manier.

»Und worum handelt sich's? Wollen Sie mir den Rücken abseifen?«

Anton Graswander zuckte die Achseln. »Schon, schon. Aber eigentlich komm ich wegen dem Skiunterricht.«

»Ach so!« rief Kesselhuth. Dann steckte er einen Fuß aus dem Wasser, bearbeitete ihn mit Bürste und Seife und fragte: »Wollen wir mit dem Skifahren nicht lieber warten, bis ich abgetrocknet bin?«

Der Toni sagte: »Please, Sir!« Er war ein internationaler Skilehrer. »Ich warte drunten in der Halle. Ich hab dem Herrn ein Paar Bretteln mitgebracht. Prima Eschenholz.« Dann ging er wieder.

Auch Hagedorns morgendlicher Schlummer erlitt eine Störung. Er träumte, daß ihn jemand rüttele und schüttele, und rollte sich gekränkt auf die andre Seite des breiten Betts. Aber der Jemand ließ sich nicht entmutigen. Er wanderte um das Bett herum, schlug die Steppdecke zurück, zog ihm den Pyjama vom Leibe, goß aus einer Flasche kühles Öl auf den Rücken des Schläfers und begann ihn mit riesigen Händen zu kneten und zu beklopfen.

»Lassen Sie den Blödsinn!« murmelte Hagedorn und haschte vergeblich nach der Decke. Dann lachte er plötzlich und rief: »Nicht kitzeln!« Endlich wachte er ein wenig auf, drehte den Kopf zur Seite, bemerkte einen großen Mann mit aufgerollten Hemdsärmeln und fragte erbost: »Sind Sie des Teufels, Herr?«

»Nein, der Masseur«, sagte der Fremde. »Ich bin bestellt. Mein Name ist Masseur Stünzner.«

»Ist Masseur Ihr Vorname?« fragte der junge Mann.

»Eher der Beruf«, antwortete der andre und verstärkte seine handgreiflichen Bemühungen. Es schien nicht ratsam, Herrn Stünzner zu reizen. ›Ich bin in seiner Gewalt‹, dachte der junge Mann. ›Er ist ein jähzorniger Masseur. Wenn ich ihn kränke, massiert er mich in Grund und Boden.‹

Alle Knochen taten ihm weh. Und das sollte gesund sein?

Geheimrat Tobler wurde nicht geweckt. Er schlief, in seinen uralten warmen Mantel gehüllt, turmhoch über allem irdischen Lärm. Fern von Masseuren und Skilehrern. Doch als er erwachte, war es noch dunkel.

Er blieb lange Zeit, im friedlichen Halbschlummer, liegen. Und er wunderte sich, in regelmäßigen Abständen, daß es nicht heller wurde.

Endlich kletterte er aus dem Bett und blickte auf die Taschenuhr. Die Leuchtziffern teilten mit, daß es zehn Uhr sei.

›Offensichtlich eine Art Sonnenfinsternis‹, dachte er und ging kurz entschlossen wieder ins Bett. Es war hundekalt im Zimmer.

Aber er konnte nicht wieder einschlafen. Und, vor sich hindösend, kam ihm eine Idee. Er stieg wieder aus dem Bett heraus, zündete ein Streichholz an und betrachtete das nahezu waagrechte Dachfenster. Das Fenster lag voller Schnee. ›Das ist also die Sonnenfinsternis!‹ dachte er. Er stemmte das Fenster hoch. Der größere Teil des auf dem Fenster liegenden, über Nacht gefallenen Schnees prasselte das Dach hinab. Der Rest, es waren immerhin einige Kilo, fiel in und auf Toblers Pantoffeln.

Er schimpfte. Aber es klang nicht sehr überzeugend.

Draußen schien die Sonne. Sie drang wärmend in die erstarrte Kammer. Herr Geheimrat Tobler zog den alten Mantel aus, stellte sich auf den Stuhl, steckte den Kopf durchs Fenster und nahm ein Sonnenbad. Die Nähe und der Horizont waren mit eisig glänzenden Berggipfeln und rosa schimmernden Felsschroffen angefüllt.

Schließlich stieg er wieder vom Stuhl herunter, wusch und rasierte sich, zog den violetten Anzug an, umgürtete die langen Hosenbeine mit einem Paar Wickelgamaschen, das aus dem Weltkrieg stammte, und ging in den Frühstückssaal hinunter.

Hier traf er Hagedorn. Sie begrüßten einander aufs herzlichste. Und der junge Mann sagte: »Herr Kesselhuth ist schon auf der Skiwiese.« Dann frühstückten sie gründlich.

Durch die großen Fenster blickte man in den Park. Die Bäume und Büsche sahen aus, als ob auf ihren Zweigen Schnee blühe, genau wie Blumen blühen. Darüber erhoben sich die Kämme und Gipfel der winterlichen Alpen. Und über allem, hoch oben, strahlte wolkenloser, tiefblauer Himmel.

»Es ist so schön, daß man aus der Haut fahren könnte!« sagte Hagedorn. »Was unternehmen wir heute?«

»Wir gehen spazieren«, meinte Schulze. »Es ist vollkommen gleichgültig, wohin.« Er breitete sehnsüchtig die Arme aus. Die zu kurzen Ärmel rutschten vor Schreck bis an die Ellbogen. Dann sagte er: »Ich warne Sie nur vor einem: Wagen Sie es nicht, mir unterwegs mitzuteilen, wie die einzelnen Berge heißen!«

Hagedorn lachte. »Keine Sorge, Schulze! Mir geht's wie Ihnen. Man soll die Schönheit nicht duzen!«

»Die Frauen ausgenommen«, erklärte Schulze aufs entschiedenste. »Wie Sie wünschen!« sagte der junge Mann. Dann bat er einen Kellner, er möge ihm doch aus der Küche einen großen leeren Marmeladeneimer besorgen. Der Kellner führte den merkwürdigen Auftrag aus, und die beiden Preisträger brachen auf.

Onkel Polter überlief eine Gänsehaut, als er Schulzes Wickelgamaschen erblickte. Auch über Hagedorns Marmeladeneimer konnte er sich nicht freuen. Es sah aus, als ob zwei erwachsene Männer fortgingen, um im Sand zu spielen.

Sie traten aus dem Hotel. »Kasimir ist über Nacht noch schöner geworden!« rief Hagedorn begeistert aus, lief zu dem Schneemann hinüber, stellte sich auf die Zehenspitzen und stülpte ihm den goldgelben Marmeladeneimer aufs Haupt.

Dann übte er, schmerzverzogenen Gesichts, Schulterrollen und sagte: »Dieser Stünzner hat mich völlig zugrunde gerichtet!«

»Welcher Stünzner?« fragte Schulze.

»Der Masseur Stünzner«, erklärte Hagedorn. »Ich komme mir vor, als hätte man mich durch eine Wringmaschine gedreht. Und das soll gesund sein? Das ist vorsätzliche Körperverletzung!«

»Es ist trotzdem gesund«, behauptete Schulze.

»Wenn er übermorgen wiederkommt«, sagte Hagedorn, »schicke ich ihn in Ihre Rumpelkammer. Soll er sich bei Ihnen austoben!« Da öffnete sich die Hoteltür, und Onkel Polter stapfte durch den Schnee. »Hier ist ein Brief, Herr Doktor. Und in dem anderen Kuvert sind ein paar ausländische Briefmarken.«

»Danke schön«, sagte der junge Mann. »Oh, ein Brief von meiner Mutter! Wie gefällt Ihnen übrigens Kasimir?«

»Darüber möchte ich mich lieber nicht äußern«, erwiderte der Portier.

»Erlauben Sie mal!« rief der junge Mann. »Kasimir gilt unter Fachleuten für den schönsten Schneemann zu Wasser und zu Lande!«

»Ach so«, sagte Onkel Polter. »Ich dachte, Kasimir sei der Vorname von Herrn Schulze.« Er verbeugte sich leicht und ging zur Hoteltür zurück. Dort drehte er sich noch einmal um. »Von Schneemännern verstehe ich nichts.«

Sie folgten einem Weg, der über verschneites, freies Gelände führte. Später kamen sie in einen Tannenwald und mußten steigen. Die Bäume waren uralt und riesengroß. Manchmal löste sich die schwere Schneelast von einem der Zweige und stäubte in dichten weißen Wolken auf die zwei Männer herab, die schweigend durch die märchenhafte Stille spazierten. Der Sonnenschein, der streifig über dem Bergpfad schwebte, sah aus, als habe ihn eine gütige Fee gekämmt. Als sie einer Bank begegneten, machten sie halt. Hagedorn schob den Schnee beiseite, und sie setzten sich. Ein schwarzes Eichhörnchen lief eilig über den Weg.

Nach einer Weile erhoben sie sich wortlos und gingen weiter. Der Wald war zu Ende. Sie gerieten auf freies Feld. Ihr Pfad schien im Himmel zu münden. In Wirklichkeit bog er rechts ab und führte zu einem baumlosen Hügel, auf dem sich zwei schwarze Punkte bewegten.

Hagedorn sagte: »Ich bin glücklich! Bis weit über die Grenzen des Erlaubten!« Er schüttelte befremdet den Kopf. »Wenn man's so bedenkt: Vorgestern noch in Berlin. Seit Jahren ohne Arbeit. Und in vierzehn Tagen wieder in Berlin ...«

»Glücklichsein ist keine Schande«, sagte Schulze, »sondern eine Seltenheit.«

Plötzlich entfernte sich der eine der schwarzen Punkte von dem anderen. Der Abstand wuchs. Der Punkt wuchs auch. Es war ein Skifahrer. Er kam mit unheimlicher Geschwindigkeit näher und hielt sich mit Mühe aufrecht.

»Da gehen jemandem die Schneeschuhe durch«, meinte Hagedorn. Ungefähr zwanzig Meter von ihnen tat der Skifahrer einen marionettenhaften Sprung, stürzte kopfüber in eine Schneewehe und war verschwunden.

»Spielen wir ein bißchen Feuerwehr!« rief Schulze. Dann liefen sie querfeldein, versanken wiederholt bis an die Hüften im Schnee und halfen einander, so gut es ging, vorwärts.

Endlich erblickten sie ein Paar zappelnde Beine und ein Paar Skibretter und zogen und zerrten an dem fremden Herrn, bis er, dem Schneemann Kasimir nicht unähnlich, zum Vorschein kam. Er hustete und prustete, spuckte pfundweise Schnee aus und sagte dann tieftraurig: »Guten Morgen, meine Herren.« Es war Johann Kesselhuth. Herr Schulze lachte Tränen. Doktor Hagedorn klopfte den Schnee vom Anzug des Verunglückten. Und Kesselhuth befühlte mißtrauisch seine Gliedmaßen. »Ich bin anscheinend noch ganz«, meinte er dann.

»Weshalb sind Sie denn in diesem Tempo den Hang heruntergefahren?« fragte Schulze.

Kesselhuth sagte ärgerlich: »Die Bretter sind gefahren. Ich doch nicht!«

Nun kam auch der Graswander Toni angesaust. Er fuhr einen eleganten Bogen und blieb mit einem Ruck stehen. »Aber, mein Herr!« rief er. »Schußfahren kommt doch erst in der fünften Stunde dran!«

Nach dem Mittagessen gingen die drei Männer auf die Hotelterrasse hinaus, legten sich in bequeme Liegestühle, schlossen die Augen und rauchten Zigarren. Die Sonne brannte heißer als im Sommer.

»In ein paar Tagen werden wir wie die Neger aussehen«, meinte Schulze. »Braune Gesichtsfarbe tut Wunder. Man blickt in den Spiegel und ist gesund.« Die anderen nickten zustimmend.

Nach einiger Zeit sagte Hagedorn: »Wissen Sie, wann meine Mutter den Brief geschrieben hat, der heute ankam? Während ich in Berlin beim Fleischer war, um Wurst für die Reise zu holen.«

»Wozu diese Überstürzung?« fragte Kesselhuth verständnislos.

»Damit ich bereits am ersten Tage Post von ihr hätte!«

»Aha!« sagte Schulze. »Ein sehr schöner Einfall.«

Die Sonne brannte. Die Zigarren brannten nicht mehr. Die drei Männer schliefen. Herr Kesselhuth träumte vom Skifahren. Der Graswander Toni stand auf dem einen Turm der Münchner Frauenkirche. Und er, Kesselhuth, auf dem andern Turm.

»Und jetzt eine kleine Schußfahrt«, sagte der Toni. »Über das Kirchendach, bitte schön. Und dann, mit einem stilreinen Sprung, in die Brienner Straße. Vorm Hofgarten, beim Annast, machen S' einen Stemmbogen und warten auf mich.«

»Ich fahre nicht«, erklärte Kesselhuth. »Das würde mir nicht einmal im Traum einfallen!« Hierbei fiel ihm ein, daß er träumte! Da wurde er mutig und sagte zum Toni: »Rutschen Sie mir in stilreinen Stemmbögen den Buckel runter!« Anschließend lächelte er im Schlaf.

Das zehnte Kapitel
Herrn Kesselhuths Aufregungen

Als Hagedorn erwachte, waren Schulze und Kesselhuth verschwunden. Aber an einem der kleinen Tische, nicht weit von ihm, saß Frau von Mallebré und trank Kaffee. »Ich habe Sie beobachtet, Herr Doktor«, sagte sie. »Sie haben Talent zum Schlafen!«

»Das will ich meinen!« gab er stolz zur Antwort. »Habe ich geschnarcht?«

Sie verneinte und lud ihn zu einer Tasse Kaffee ein. Er setzte sich zu ihr. Sie sprachen zunächst über das Hotel und die Alpen und über das Reisen. Dann sagte sie: »Ich habe das Gefühl, mich bei Ihnen entschuldigen zu müssen, daß ich eine so oberflächliche Frau bin. Ja, ja, ich bin oberflächlich. Es stimmt leider. Aber ich war nicht immer so. Mein Wesen wird jeweils von dem Manne bestimmt, mit dem ich zusammenlebe. Das ist bei vielen Frauen so. Wir passen uns an. Mein erster Mann war Biologe. Damals war ich sehr gebildet. Mein zweiter Mann war Rennfahrer, und in diesen zwei Jahren habe ich mich nur für Autos interessiert. Ich glaube, wenn ich mich in einen Turner verliebte, würde ich die Riesenwelle können.«

»Hoffentlich heiraten Sie niemals einen Feuerschlucker«, meinte Hagedorn. »Überdies soll es Männer geben, denen das Anpassungsbedürfnis der Frau auf die Nerven geht.«

»Es gibt überhaupt nur solche Männer«, sagte sie. »Aber ein, zwei Jahre lang findet es jeder reizend.« Sie machte eine Kunstpause. Dann fuhr sie fort: »Ich habe große Angst, daß meine Oberflächlichkeit chronisch wird. Aber ohne fremde Hilfe finde ich nicht heraus.«

»Wenn ich Sie richtig verstehe, halten Sie mich für einen besonders energischen und wertvollen Menschen.«

»Sie verstehen mich richtig«, erwiderte sie und sah ihn zärtlich an.

»Ihre Ansicht ehrt mich«, sagte er. »Aber ich bin doch schließlich kein Gesundbeter, gnädige Frau!«

»Das ist falsch ausgedrückt«, meinte sie leise. »Ich will doch nicht mit Ihnen beten!«

Er stand auf. »Ich muß leider fort und meine Bekannten suchen. Wir werden das Gespräch ein andermal fortsetzen.«

Sie gab ihm die Hand. Ihre Augen blickten verschleiert. »Schade, daß Sie schon gehen, lieber Doktor. Ich habe sehr großes Vertrauen zu Ihnen.«

Er machte sich aus dem Staube und suchte Schulze, um sich auszuweinen. Er suchte Schulze, fand aber Kesselhuth. Dieser sagte: »Vielleicht ist er in seinem Zimmer.« Sie begaben sich also ins fünfte Stockwerk. Sie klopften. Weil niemand antwortete, drückte Hagedorn auf die Klinke. Die Tür war nicht verschlossen. Sie traten ein. Das Zimmer war leer.

»Wer wohnt hier?« fragte Kesselhuth.

»Schulze«, antwortete der junge Mann. »Das heißt, von Wohnen kann natürlich gar keine Rede sein. Es ist seine Schlafstelle. Er kommt am späten Abend, zieht seinen Mantel an, setzt die rote Pudelmütze auf und legt sich ins Bett.«

Herr Kesselhuth schwieg. Er konnte es nicht fassen.

»Na, gehen wir wieder!« meinte Hagedorn.

»Ich komme nach«, sagte der andere. »Das Zimmer interessiert mich.«

Als der junge Mann gegangen war, begann Herr Kesselhuth aufzuräumen. Der Spankorb stand aufgeklappt auf dem Fußboden. Die Wäsche war durchwühlt. Der Mantel lag auf dem Bett. Schlipse, Röllchen und Socken häuften sich auf dem Tisch. Im Krug und im Waschbecken war kein frisches Wasser. Johann hatte Tränen in den Augen.

Nach zwanzig Minuten war Ordnung! Der Diener holte aus seinem eleganten Jackett ein Etui hervor und legte drei Zigarren und eine Schachtel Streichhölzer auf den Tisch.

Dann eilte er treppab, durchstöberte seine Koffer und Schränke und kehrte, über die Dienstbotentreppe schleichend, in die Dachkammer zurück. Er brachte ein Frottierhandtuch, einen Aschenbecher, eine Kamelhaardecke, eine Vase mit Tannengrün, eine Gummiwärmflasche und drei Äpfel angeschleppt. Nachdem er die verschiedenen Gaben aufgestellt und hingelegt hatte, blickte er sich noch einmal prüfend um, notierte einiges in seinem Notizbuch und ging, wieder über die Hintertreppe, in sein vornehm eingerichtetes Zimmer zurück. Er war niemandem begegnet.

Hagedorn, der im Spielsalon, im Spielzimmer, in der Bar, in der Bibliothek und sogar auf der Kegelbahn gesucht hatte, wußte sich keinen Rat mehr. Das Hotel lag wie ausgestorben. Die Gäste waren noch in den Bergen. Er ging in die Halle und fragte den Portier, ob er eine Ahnung habe, wo Herr Schulze stecke.

»Er ist auf der Eisbahn, Herr Doktor«, sagte Onkel Polter. »Hinterm Haus.«

Der junge Mann verließ das Hotel. Die Sonne ging unter. Es schimmerten nur noch die höchsten Gipfel. – Die Eisbahn befand sich auf dem Tennisgelände. Aber es lief niemand Schlittschuh. Die Eisfläche war hoch mit Schnee bedeckt. Am anderen Ende der Bahn schippten zwei Männer. Hagedorn hörte sie reden und lachen. Er ging an dem hohen Drahtgitter entlang, um den Platz herum. Als er nahe genug war, rief er: »Entschuldigen Sie, haben Sie einen großen Herrn gesehen, der Schlittschuh laufen wollte?«

Einer der beiden Arbeiter rief laut zurück: »Jawohl, mein Lieber! Der große ältere Herr schippt Schnee!«

»Schulze?« fragte Hagedorn. »Sind Sie's wirklich? Ihnen ist wohl die Sicherung durchgebrannt?«

»Keineswegs!« antwortete Schulze heiter. »Ich treibe Ausgleichsgymnastik!« Er hatte die rote Pudelmütze auf dem Kopf sitzen, trug die schwarzen Ohrenklappen, die dicken Strickhandschuhe und zwei Paar Pulswärmer. »Der Portier hat mich als technische Nothilfe eingesetzt.«

Hagedorn betrat, tastenden Schritts, die gekehrte Eisfläche und lief vorsichtig zu den beiden Männern hinüber.

Schulze schüttelte ihm die Hand.

»Aber das gibt's doch gar nicht«, meinte der junge Mann verstört. »So eine Unverschämtheit! Das Hotel hat doch Angestellte genug!«

Sepp, der Gärtner und Skihallenwächter, spuckte in die

Hände, schippte weiter und sagte: »Freilich hat es das. Es dürfte eine Schikane sein.«

»Ich kann das nicht finden«, erklärte Schulze. »Der Portier ist um meine Gesundheit besorgt.«

»Kommen Sie sofort hier weg!« sagte Hagedorn. »Ich werde den Kerl ohrfeigen, bis er weiße Mäuse sieht!«

»Mein Lieber«, sagte Schulze. »Ich bitte Sie noch einmal, sich nicht in diese Angelegenheit hineinzumischen.«

»Ist noch eine Schippe da?« fragte der junge Mann.

»Das schon«, meinte der Sepp. »Aber der halbe Platz ist gekehrt.

Das andere schaff ich allein. Gehen S' jausen, Herr Schulze!«

»War ich sehr im Wege?« fragte der ältere Herr schüchtern.

Der Sepp lachte. »Leicht! Studiert haben S' nicht auf das Schippen.«

Schulze lachte auch. Er verabschiedete sich kollegial, drückte dem Einheimischen ein paar Groschen in die Hand, lehnte sein Handwerkszeug ans Gitter und ging mit Hagedorn durch den Park ins Hotel zurück. »Morgen lauf ich Schlittschuh«, sagte er.

»Aber vielleicht kann ich's gar nicht mehr. Zu dumm, daß keine Wärmebude da ist. Das war immer das Schönste am Eislaufen.«

»Ich ärgere mich«, gestand Hagedorn. »Wenn Sie jetzt keinen Krach machen, werden Sie spätestens übermorgen die Treppen scheuern. Beschweren Sie sich wenigstens beim Direktor!«

»Der Direktor steckt doch auch dahinter. Man will mich hinausekeln. Ich finde es sehr spannend.« Schulze schob seinen Arm unter den des jungen Mannes. »Es ist eine Marotte von mir. Knurren Sie nicht! Vielleicht verstehen Sie mich später einmal!«

»Das glaube ich kaum«, antwortete Hagedorn.

»Sie sind zu gutmütig. Deshalb haben Sie's in Ihrem Leben zu nichts gebracht.«

Der andere mußte lächeln. »Genauso ist es. Ja, es kann nicht jeder Mensch Thronfolger von Albanien sein.« Er lachte. »Und nun erzählen Sie mir ein bißchen von Ihren Liebesaffären! Was wollte denn die dunkle Schönheit, die auf die Terrasse kam, um Ihren Schlaf zu bewachen?«

»Es ist eine Frau von Mallebré. Und ich soll sie unbedingt retten. Sie gehört nämlich zu den Frauen, die das Niveau des Mannes annehmen, in den sie gerade verliebt sind. Auf diesem Wege hat sie sich nun eine Oberflächlichkeit zugezogen, die sie endlich wieder loswerden will. Zu dieser Kur braucht sie umgehend einen gebildeten, geistig hochstehenden Menschen. Und der bin ich!«

»Sie Ärmster«, sagte Schulze. »Wenn die Person nur nicht so hübsch wäre! Na, und die Blondine aus Bremen, will die auch gerettet werden?«

»Nein. Frau Casparius ist für die einfachere Methode. Sie behauptet, wir zwei seien jung und unbeschäftigt; und es sei eine Sünde, wenn wir einander etwas abschlügen. Sie wollte sich bereits gestern abend die drei siamesischen Katzen ansehen.«

»Vorsicht, Vorsicht!« sagte Schulze. »Welche gefällt Ihnen besser?«

»Ich bin für Flirts zu schwerfällig. Und ich möchte so bleiben. Auf Erlebnisse, über die man sich hinterher ärgert, bin ich nicht mehr neugierig. Andererseits: Wenn sich Frauen etwas in den Kopf gesetzt haben, führen sie es meistens durch. Sagen Sie, Schulze, können Sie nicht ein bißchen auf mich aufpassen?«

»Wie eine Mutter«, erklärte der andere pathetisch. »Die bösen Frauen dürfen Ihnen nichts tun.«

»Verbindlichen Dank«, sagte Hagedorn.

»Als Belohnung kriege ich aber jetzt in Ihrem Salon einen Kognak. Schneeschippen macht durstig. Außerdem muß ich den kleinen Katzen Guten Tag sagen. Wie geht's ihnen denn?«

»Sie haben schon nach Ihnen gefragt«, erklärte der junge Mann.

Währenddessen saß der angebliche Schiffahrtslinienbesitzer Kesselhuth in seinem Zimmer und verfaßte einen verzweifelten Brief. Er schrieb:

»Liebes Fräulein Hildegard!

Ich habe mich wieder einmal zu früh gefreut. Ich dachte schon, es wäre alles soweit gut und schön. Aber als Doktor Hagedorn und ich heute nachmittag den Herrn Geheimrat suchten, fanden wir ihn nicht. Hagedorn hat natürlich keine blasse Ahnung, wer Herr Schulze in Wirklichkeit ist.

Wir suchten den Herrn Geheimrat in seinem Zimmer. Und das ist das Verheerendste, was sich denken läßt. Dieses Zimmer liegt im fünften Stock, hat lauter schiefe Wände und ist überhaupt kein Zimmer, sondern eine Rumpelkammer mit Bett. Es gibt keinen Ofen und nichts. Das Fenster ist direkt überm Kopf. Der Schnee tropft herein und wird zu kleinen Eiszapfen. Ein Schrank ist keiner da. Sondern die Wäsche liegt auf dem Tisch und in dem Spankorb, den Sie ja kennen.

Wenn Sie diese hundekalte, elende Bude sehen würden, fielen Sie sofort um. Von Frau Kunkel gar nicht zu reden.

Ich habe selbstverständlich sofort aufgeräumt. Und Zigarren und Äpfel auf den Tisch gelegt. Nebst einer Vase mit Tannenzweigen drin. Als Schmuck. Morgen kauf ich eine elektrische Heizsonne im Ort. Hoffentlich gibt es eine solche. Die stelle ich heimlich hin. Ein Kontakt ist da. Heute hat mich niemand gesehen. Das ist ein Glück. Denn der Geheimrat will nicht, daß ich hinaufkomme. Weil ich ein reicher Mann sein muß. Und weil ich nicht merken soll, wie er wohnt. Er hat mir nämlich erzählt, sein Zimmer sei reizend und luftig. Luftig ist es ja wirklich. Wenn er uns bloß nicht krank wird!

Nicht einmal die Zimmernummer hat er mir gesagt! Das Zimmer hat gar keine Nummer. Aber er verschwieg sie nicht nur deswegen, sondern auch, damit ich die Rumpelkammer nicht finde. Er hätte sie allerdings auch nicht sagen können, wenn er gewollt hätte. Doch er wollte ja gar nicht.

Ich weiß kaum, was ich machen soll. Denn wenn ich ihn bitte, umzuziehen oder abzureisen, wird er mich wieder beschimpfen. Oder ich muß sofort nach Berlin zurück, und was soll dann werden? Sie kennen ihn ja. Wenn auch nicht so lange wie ich. In dieser Rumpelkammer würde bestimmt kein Diener wohnen bleiben, sondern beim Arbeitsgericht klagen.

Über mich ist nichts weiter zu erzählen. Heute früh hatte ich die erste Skistunde. Die Bretteln sind sehr teuer. Doch mir kann es nur recht sein. Ich soll ja das Geld hinauswerfen. Der Skilehrer heißt Toni Graswander. Toni ist Anton. Ich habe ihn gefragt. – Er hat mir auf einer Übungswiese gezeigt, wie man's machen soll. Das Absatzheben und die Stöcke und andere Dinge. Leider lag die Wiese auf einem Berg. Und plötzlich fuhr ich ab, obwohl ich gar nicht wollte. Es hat sicher sehr komisch ausgesehen. Trotzdem hatte ich Angst, weil es so rasch fuhr. Ich bin, glaube ich, bloß vor Schreck nicht hingefallen. Zum Glück waren keine Bäume in der Gegend. Ich sauste sehr lange bergab. Dann fuhr ich über eine große Wurzel. Und sprang hoch. Und fiel mit dem Kopf in den Schnee. Mindestens einen Meter tief.

Später wurde ich von zwei Herren herausgezogen. Sonst wäre ich vielleicht erstickt. Die zwei Herren waren der Geheimrat und der Doktor Hagedorn. Das war sicher Schicksal. Finden Sie nicht auch? Morgen habe ich die zweite Stunde. Da hilft nun alles nichts. Liebes Fräulein Hilde, jetzt ziehe ich den Smoking an und gehe zum Abendessen. Vorläufig die herzlichsten Grüße. Ich lasse das Kuvert offen. Womöglich ist schon wieder etwas Neues eingetreten. Hoffentlich nein. Also bis nachher.«

Das Abendessen verlief ohne Störungen. Hagedorn bekam Nudeln mit Rindfleisch. Die Herrschaften, die an den Nachbartischen saßen und Hors d'œuvres und gestowte Rebhühner verzehrten, blickten auf Hagedorns Terrine, als sei Nudelsuppe mit Rindfleisch die ausgefallenste Delikatesse.

Schulze bekam einen Teller ab, weil er sagte, er esse es für sein Leben gern. Dann ging er schlafen. Er war müde. Als er in seine Dachkammer kam, staunte er nicht wenig. Er kannte sich nicht mehr aus, bewunderte die Ordnung, beschnupperte die Zigarren und Äpfel und streichelte die Tannenzweige. Die Gummiwärmflasche schob er verächtlich beiseite. Aber die Kamelhaardecke breitete er übers Bett. Er war über Johanns heimliche Fürsorge gerührt, nahm sich jedoch vor, Herrn Kesselhuth am nächsten Tag auszuzanken. Dann kleidete er sich zum

Schlafengehen an, holte einen der Äpfel vom Tisch, kroch ins Bett, löschte das Licht aus und biß begeistert in den Apfel hinein. Es war fast wie in der Kindheit. –

Hagedorn und Kesselhuth saßen noch in der Halle und rauchten Zigarren. Sie schauten dem eleganten Treiben zu. Karl der Kühne kam an den Tisch und erkundigte sich, ob die Herren den Tag angenehm verbracht hätten. Dann entfernte er sich wieder, um andere Gäste zu begrüßen und um sich in der Bar als Tänzer zu betätigen. Fräulein Marek tanzte mit ihm am liebsten.

Hagedorn erzählte sein Erlebnis von der Eisbahn. Herr Kesselhuth geriet vollkommen außer sich. Er war unfähig, sich noch zu unterhalten, entschuldigte sich und ging stracks in sein Zimmer.

Hagedorn wurde etwas später von einem schlesischen Fabrikanten ins Gespräch gezogen, der herausfinden wollte, ob der junge Millionär geneigt sei, sich mit etlichen hunderttausend Mark an der Wiedereröffnung einer vor Jahren stillgelegten Großspinnerei zu beteiligen. Hagedorn betonte unentwegt, daß er keinen Pfennig Geld besitze. Aber Herr Spalteholz hielt das für Ausflüchte und pries die Gewinnmöglichkeiten in immer glühenderen Farben. Schließlich lud er den Herrn Doktor in die Bar ein. Hagedorn lief geduldig mit. Um den reichlich zwecklosen Gesprächen zu entgehen, tanzte er abwechselnd mit Frau von Mallebré und Frau Casparius. Herr Spalteholz aus Gleiwitz saß meistens allein am Tisch und lächelte gewinnend.

Hagedorn merkte allmählich, daß es sich lohnte, bald mit der einen, bald mit der anderen Dame zu tanzen. Die Eifersucht wuchs. Die Rivalin trat in den Vordergrund. Und der Mann, um den sich's drehte, wurde Nebensache. Er verschwand, ohne sich lange zu verabschieden, besuchte rasch noch den Schneemann Kasimir, verschönte ihn durch einen Schnurrbart aus zwei Raubvogelfedern, die er im Walde gefunden hatte, und ging in sein Appartement. Auch er war müde.

Inzwischen beendete Johann den Brief an Fräulein Tobler. Der Schluß lautete folgendermaßen:

»Ich habe schon wieder etwas erfahren. Etwas Entsetzliches, gnädiges Fräulein! Am Nachmittag hat der Portier, ein widerlicher Kerl, den Herrn Geheimrat auf die Eisbahn geschickt. Dort mußte er mit einem gewissen Sepp Schnee schippen. Ist es nicht grauenhaft, daß ein so gebildeter Mann wie Ihr Herr Vater in einem Hotel als Straßenkehrer beschäftigt wird? Der Herr Geheimrat soll allerdings sehr gelacht haben. Und er hat dem Doktor Hagedorn verboten, etwas dagegen zu unternehmen. Dabei könnte der Herr Doktor sehr viel erreichen, da man ihn ja für den Millionär hält.

Ich bin restlos durcheinander, liebes Fräulein Hilde! Soll ich mich nicht hineinmischen? Ihr Herr Vater tut ja trotzdem, was er will. Schreiben Sie mir bitte doch umgehend! Falls Sie es für richtig halten sollten, werde ich mich mit dem Herrn Geheimrat furchtbar zanken und verlangen, daß er ein anderes Zimmer nimmt oder abreist oder sich zu erkennen gibt. Der Herr Doktor sagt selber: Wenn das so weitergeht, muß Schulze nächstens die Treppen scheuern und Kartoffeln schälen. Glauben Sie das auch? Der Herr Geheimrat soll in Bruckbeuren scheuern? Er hat doch keine Ahnung, wie das gemacht wird! Ich warte dringend auf Nachricht von Ihnen und verbleibe mit den besten Grüßen

Ihr unverbrüchlicher Johann Kesselhuth.«

Das elfte Kapitel
Der einsame Schlittschuhläufer

Am nächsten Morgen frühstückten die drei Männer gemeinsam. Der Tag war noch schöner als der vorige. Es hatte nachts nicht geschneit. Die Luft war frostklar. Die Sonne malte tiefblaue Schatten in den Schnee. Und der Oberkellner teilte mit, daß soeben vom Wolkenstein herrlichste Fernsicht gemeldet worden sei. Die Gäste wimmelten im Frühstückssaal wie ein Nomadenstamm, der zur Völkerwanderung aufbricht.

»Was unternimmt man heute?« fragte Schulze. Dann holte er, mit gespielter Umständlichkeit, eine Zigarre hervor, zündete sie an und musterte, über das brennende Streichholz hinweg, den edlen Spender.

Johann wurde rot. Er griff in die Tasche und legte drei Billetts auf den Tisch. »Wenn es Ihnen recht ist«, sagte er, »fahren wir mit der Drahtseilbahn auf den Wolkenstein. Ich habe mir erlaubt, Fahr- und Platzkarten zu besorgen. Der Andrang ist sehr groß. In einer halben Stunde sind wir dran. Allein möchte ich nicht fahren. Haben Sie Lust mitzukommen? Mittags muß ich allerdings wieder zurück. Wegen der zweiten Skistunde.«

Dreißig Minuten später schwebten sie in einem rhombischen Kasten, der fünfzehn Personen faßte, über den waldigen Hügeln, die dem Wolkenstein vorgelagert sind, und fuhren in einem ziemlich steilen Winkel in den Himmel empor.

So oft sie einen der betonierten Riesenmasten passierten, schwankte der Kasten bedenklich, und einige der eleganten Sportsleute wurden unter der braunen Gesichtsfarbe blaß. Die Landschaft, auf die man hinunterblickte, wurde immer gewagter. Und der Horizont wich immer weiter zurück. Die Abgründe vertieften sich. Die Baumgrenze wurde überquert. Sturzbäche fielen an schroffen Felswänden hinab ins Ungewisse.

Im Schnee sah man Wildspuren.

Endlich, nach dem siebenten Pfeiler, waren die Abgründe

überwunden. Die Erde kam wieder näher. Die Landschaft nahm, auf einer höheren Ebene, wieder gemäßigte Formen an. Und die sonnenüberglänzten, weißen Hänge wimmelten von Skifahrern.

»Es sieht aus wie weißer Musselin mit schwarzen Tupfen«, sagte eine Frau. Die meisten Fahrgäste lachten. Aber sie hatte recht.

Kurz darauf gab es einen letzten herzhaften Ruck, und die Endstation, zwölfhundert Meter über Bruckbeuren, war erreicht. Die Passagiere stolperten, von der Fahrt und der dünnen Luft benommen, ins Freie, bemächtigten sich ihrer Schneeschuhe, schulterten sie und kletterten zum Berghotel Wolkenstein hinauf, um von dort aus eine der gepriesenen fünfundvierzig Abfahrten in Angriff zu nehmen.

Wohin man sah, zogen Schneeschuhkarawanen. Noch an den fernsten Steilhängen sausten winzige Skirudel zu Tale. Vor den Veranden des Hotels standen Touristen in Scharen und bohnerten ihre Bretter; denn hier oben hatte es nachts Neuschnee gegeben.

Nur auf der großen hölzernen Sonnenterrasse ging es friedlich zu. Hier gab es lange Reihen von Liegestühlen. Und in diesen Liegestühlen schmorten eingeölte Gesichter und Unterarme.

»Fünfzehn Grad unter Null«, sagte das eine Gesicht. »Und trotzdem kriegt man den Sonnenstich.«

»Tun Sie, was Sie nicht lassen können«, erklärte ein anderes krebsrotes Gesicht.

Schulze hielt seine Begleiter fest. »Meine Herren«, meinte er, »jetzt kaufen wir uns ein Fläschchen Nußöl, salben alles, was aus dem Anzug herausguckt, und pflanzen uns hin.«

Hagedorn verschwand im Haus und besorgte Öl. Kesselhuth und Schulze annektierten drei Liegestühle. Dann fetteten sie sich ein und ließen sich rösten.

»Der reinste Grill-Room«, behauptete Schulze.

Wenn man die Augen halb öffnete, erblickte man unabsehbare Gipfelketten, in vielen Zackenreihen hintereinandergeschichtet, und dort, wo sie mit dem Firmament zusammenstießen, blitzte, durch die gesenkten Wimpern, ein eisiges Feuerwerk aus Gletschern und Sonne.

Eine Stunde hielten sie das Gebratenwerden aus, dann erhoben sie sich. Sie lobten wechselseitig ihre Hautfarbe, tranken Limonade und ergingen sich.

Kesselhuth ließ sich von einem steinalten Fernrohrbesitzer die bekanntesten Berge zeigen und ruhte nicht, bis er Gemsen gesehen hatte. Es konnte auch ein Irrtum gewesen sein.

Die unermüdliche Drahtseilbahn spie immer neue Skifahrer aus. Die schmalen, von hohen Schneemauern eingesäumten Wege waren belebter als die Straßen der Weltstädte. Und nachdem es einer schicken jungen Dame, die ihre Schneeschuhe geschultert trug, mit Hilfe einer unbedachten Wendung gelungen war, Herrn Schulze die Pudelmütze vom Kopf zu schlagen, gaben sie die Wanderung durch die Stille der Natur auf. Der Verkehr war lebensgefährlich.

Als sie in den Wagen der Drahtseilbahn steigen wollten, stießen sie mit Frau Casparius zusammen. Sie war eben angekommen.

Der dicke Herr Lenz schleppte seine und ihre Schneeschuhe und dampfte.

Die Bremer Blondine trat zu Hagedorn und brachte ihren schwungvollen Jumper zur Geltung. »Sie kommen doch heute abend zu dem Kostümfest?« sagte sie. Dann nickte sie und stiefelte betont burschikos bergan.

Nach dem Mittagessen wurde Kesselhuth feierlich vom Graswander Toni abgeholt.

»Bittschön«, sagte der Toni. »Es ist wegen der Regelmäßigkeit. Gehn wir!«

Johann nickte, trank einen Schluck Kaffee und zog an seiner Zigarre.

»Sie sollten über Tag nicht rauchen«, erklärte der Toni. »Das ist unsportlich, bittschön.«

Kesselhuth legte folgsam die Zigarre beiseite und stand auf.

»Please, Sir«, sagte der Toni und trollte sich.

Herr Kesselhuth verabschiedete sich traurig und trabte hinter dem Skilehrer her.

»Als ob er zur Schlachtbank geführt würde«, meinte Hagedorn. »Aber der Skianzug ist fabelhaft!«

»Kein Wunder«, sagte Schulze stolz. »Er ist ja auch bei meinem Schneider gearbeitet worden.«

Hagedorn lachte herzlich und fand die Bemerkung großartig.

Geheimrat Tobler war froh, daß seine unbedachte Äußerung als Witz aufgenommen worden war, und lachte, allerdings ein bißchen krampfhaft, mit. Dann blieb er jedoch nicht mehr lange sitzen und sagte: »Mahlzeit! Jetzt geht Papa Schlittschuh laufen.«

»Darf ich mitkommen?«

Schulze hob abwehrend die Hand. »Lieber nicht! Sollte sich wider Erwarten herausstellen, daß ich es überhaupt noch kann, führe ich morgen vor geladenem Publikum etliche Eistänze vor. Das mag Ihnen zum Trost gereichen.«

Der junge Mann wünschte Hals- und Beinbruch und zog sich ins Schreibzimmer zurück, um seiner Mutter einen ausführlichen Brief zu schreiben.

Herr Schulze holte seine Schlittschuhe aus der fünften Etage und begab sich zur Eisbahn. Er hatte Glück, er war der einzige Fahrgast. Mühsam schnallte er die rostigen Schlittschuhe an die schweren rindsledernen Stiefel. Dann stellte er sich auf die blitzblanke Fläche und wagte die ersten Schritte.

Es ging.

Er verschränkte die Hände auf dem Rücken und lief, noch etwas zaudernd, einmal rund um die Bahn. Dann blieb er aufatmend stehen und freute sich. Man war eben doch ein verfluchter Kerl. Nun wurde er wagemutiger. Er begann Bogen zu fahren. Der Rechtsbogen klappte besser als der linke. Aber das war schon so gewesen, als er noch in die Schule ging. Das war nicht mehr zu ändern.

Er überlegte sich, was er damals alles gekonnt hatte. Er holte mit dem linken Bein Schwung und fuhr eine Drei. Erst einen Auswärtsbogen, dann eine winzige Schleife und abschließend einen Rückwärtsbogen.

»Donnerwetter«, sagte er hochachtungsvoll zu sich selber. »Gelernt ist gelernt.«

Und nun riskierte er eine aus rechten Auswärts- und Einwärtsbögen zusammengestellte Acht. Das klappte auch! Die beiden Ziffern waren groß und deutlich in die Eisfläche graviert.

»Und jetzt eine Pirouette«, sagte er laut, holte mit dem linken Bein und beiden Armen Schwung, drehte sich etwa zehnmal wie ein Kreisel um sich selber, lachte übermütig, da zog ihm eine unsichtbare Macht die Füße vom Eis! Er gestikulierte, es half nichts, er schlug lang hin, der Hinterkopf dröhnte, das Eis knisterte, die Rippen schmerzten, Schulze lag still. Er lag mit offenen Augen und blickte verwundert himmelwärts.

Minutenlang rührte er sich nicht. Dann schnallte er die Schlittschuhe ab. Ihn fröstelte. Er stellte sich auf die Füße, hinkte übers Eis zur Gittertür, drehte sich noch einmal um, lächelte wehmütig und sagte: »Wenn's dem Esel zu wohl wird ...«

Am späten Nachmittag saßen die drei Männer im Lesezimmer, studierten die Zeitungen und sprachen über wichtige Ereignisse der letzten Zeit. Sie wurden von Professor Heltai, dem Tanzlehrer des Hotels, unterbrochen. Er trat an den Tisch und bat Herrn Schulze, ihm zu folgen. Schulze ging mit.

Nach einer Viertelstunde fragte Kesselhuth: »Wo bleibt eigentlich Schulze?«

»Vielleicht läßt er sich Unterricht in modernen Tänzen geben?«

»Nicht sehr wahrscheinlich«, meinte Kesselhuth. (Er hatte Hagedorns Bemerkung ernst genommen.)

Nach einer weiteren Viertelstunde brachen sie auf, Schulze zu entdecken. Sie fanden ihn, ohne größere Schwierigkeiten, in einem der Speisesäle.

Er stand spreizbeinig auf einer hohen Leiter, schlug gerade einen Nagel in die Wand und verknotete an diesem eine Wäscheleine. Dann kletterte er herunter und schleppte die Leiter voller Eifer an die Nebenwand.

»Haben Sie Fieber?« fragte Hagedorn besorgt.

Schulze stieg auf die Leiter, nahm einen Nagel aus dem Mund und den Hammer aus der Anzugtasche. »Ich bin gesund«, sagte er.

»Ihr Benehmen spricht dagegen.«

»Ich dekoriere«, erklärte Schulze und schlug mit dem Hammer auf seinen Daumen. Dann knotete er das andere Ende der Leine fest. Sie hing jetzt quer durch den Saal. »Eine allerliebste Beschäftigung«, meinte er und kletterte wieder herunter. »Ich bin dem Professor der Tanzkunst behilflich.«

Da rückte Heltai mit zwei Stubenmädchen an, die einen großen Korb trugen. Die Mädchen reichten Schulze alte, zerlöcherte Wäschestücke hinauf, und er hängte sie dekorativ über die Leine. Der Professor betrachtete die herabhängenden Hemden, Hosen, Strümpfe und Leibchen, kniff ein Auge zu, zwirbelte sein schwarzes Schnurrbärtchen und rief: »Sehr fesch, mein Lieber!«

Schulze schob in einem fort die Leiter durch den Saal, kletterte hinauf und herunter und hängte unermüdlich die dekorativen Fetzen auf. Die Stubenmädchen kicherten über die zerlöcherte, vorsintflutliche Unterwäsche. Sogar ein riesiges Fischbeinkorsett war dabei. Der Professor rieb sich die Hände. »Sie sind ein Künstler, mein Lieber. Wann haben Sie das gelernt?«

»Soeben, mein Lieber«, sagte Schulze.

Der Professor ließ, ob dieser burschikosen Entgegnung, seinen Schnurrbart los. »Andere Saalseite gleichfalls!« rief er. »Ich hole Luftschlangen und Ballons.« Er verschwand.

Schulze schäkerte mit den Zimmermädchen und tat überhaupt, als seien Hagedorn und Kesselhuth längst fort. Johann ertrug den Anblick nicht länger. Er trat auf die Leiter zu und sagte: »Lassen Sie mich hinauf!«

»Für zwei ist kein Platz«, erwiderte Schulze.

»Ich will allein hinauf«, sagte Kesselhuth.

»Das könnte Ihnen so passen«, antwortete Schulze hochmütig. »Spielen Sie lieber Bridge! Feine Leute können wir hier nicht gebrauchen!

Kesselhuth ging zu Hagedorn. »Wissen Sie keinen Rat, Herr Doktor?«

»Ich hab's ja kommen sehen«, meinte der junge Mann. »Passen Sie auf: Morgen läßt man ihn Kartoffeln schälen!« Dann gingen die beiden, betrübt und im Gleichschritt, ins Lesezimmer zurück.

Das zwölfte Kapitel
Der Lumpenball

Nach dem Abendessen, das eine Stunde früher als sonst stattgefunden hatte, eilten die Gäste in ihre Zimmer und verkleideten sich. Gegen zehn Uhr abends füllten sich die Säle, die Halle, die Bar und die Korridore mit Apachen, Bettlern, Zigeunerinnen, Leierkastenmännern, Indianerinnen, Einbrechern, Wilddieben, Zofen, Negern, Schulmädchen, Prinzessinnen, Schutzleuten, Menschenfressern, Spanierinnen, Vagabunden, hochbeinigen Pagen und Trappern.

Es trafen übrigens auch auswärtige Verbrecher, Gepäckträger und Wahrsagerinnen ein. Gäste anderer Hotels. Sie unterschieden sich von den andern dadurch, daß sie Eintritt zahlen mußten. Sie taten es gern. Die Kostümbälle im Grandhotel dauerten bis zum Morgengrauen.

Die Direktion hatte zwei dörfliche Kapellen engagiert. In sämtlichen Sälen erscholl Tanzmusik. Scharen von Einheimischen waren da, in ihren wunderschönen alten Trachten. Die Bauern sollten gegen Mitternacht bodenständige Tänze vorführen, Schuhplattler, Watschentänze und andere international berühmte Sitten und Gebräuche.

Die Tanzweisen vermischten sich, da in jedem Saal etwas anderes gespielt wurde, zu einem wilden, ohrenbetäubenden Lärm. Papierschlangen und Konfetti flogen durch die Luft. Bauernburschen trieben etliche Ziegen und ein schreckhaftes Schwein durch die Säle. Das Ferkel und die zur Lustigkeit entschlossenen Damen quiekten um die Wette.

In der Halle war eine Tombola errichtet. Alles, was überflüssig und entbehrlich ist, war in Pyramidenform vereinigt worden.

(Die Lose und die Gewinne bezog der Tanzlehrer seit Jahren von einer Münchner Firma. Und der Reingewinn der Lotterie fiel auf Grund eines Gewohnheitsrechtes an ihn.)

Kesselhuth hatte während des Abendessens mitgeteilt, daß im Großen Saal ein Tisch mit drei Stühlen reserviert sei.

Schulze und Hagedorn saßen, von verkleideten Menschen umgeben, an dem für sie bestellten Tisch und warteten auf den Besitzer der gutgehenden Schiffahrtslinie. Doktor Hagedorn war hemdsärmlig. Den Hals umschlang ein großes rotes Taschentuch. Auf dem Kopf trug er eine schief und tief ins Gesicht gezogene Reisemütze. Er stellte ganz offensichtlich einen Apachen dar. Schulze hatte sich noch weniger verwandelt. Er trug, diesmal allerdings innerhalb des Hotels, seine übliche sportliche Ausrüstung: den violetten Anzug, die Wickelgamaschen, die kleeblättrigen Manschettenknöpfe, die schwarzsamtenen Ohrenklappen und die feurig rote Pudelmütze. Ihm wurde langsam heiß.

»Wo sind die Schlittschuhe?« fragte Hagedorn.

»Hören Sie auf!« bat Schulze. »Erinnern Sie mich nicht an meinen Hinterkopf! Ich hatte völlig vergessen, wie hart so eine Eisbahn sein kann. Als Schlittschuhläufer werde ich nicht mehr auftreten.«

»Und Sie hatten sich so darauf gefreut«, sagte Hagedorn mitleidig.

»Das ist nicht weiter schlimm«, erklärte Schulze. »Ich hatte mich vorübergehend in meinem Alter geirrt.« Er lächelte freundlich. »Wie gefallen Ihnen aber meine Dekorationen, junger Freund?« Er schaute sich zufrieden um. Hagedorn erklärte, hingerissen zu sein. »Das ist recht«, sagte Schulze. »Doch wo steckt unser lieber Kesselhuth?«

In diesem Augenblick füllte jemand, der hinter ihnen stand, die drei Weingläser.

»Wir haben keinen Wein bestellt«, sagte Hagedorn erschrocken. »Ich möchte ein helles Bier haben.«

»Ich meinerseits auch«, meinte Schulze.

Da lachte der Kellner. Und als sie sich erstaunt umdrehten, war es gar kein Kellner, sondern Herr Johann Kesselhuth. Er trug die Toblersche Livree, seinen altgewohnten, geliebten Anzug, und blickte Herrn Schulze, um Entschuldigung bittend, in die Augen. »Großartig!« rief Hagedorn. »Ich will Sie nicht kränken, Herr Kesselhuth, aber Sie sehen wie der geborene herrschaftliche Diener aus!«

»Ich fühle mich nicht gekränkt, Herr Doktor«, sagte Kesselhuth. »Wenn ich nicht Alexander wäre, möchte ich Diogenes sein.«

Die drei Männer amüsierten sich königlich. Jeder auf seine Weise. Herr Kesselhuth beispielsweise stand, obwohl er schließlich Besitzer einer Schiffahrtslinie war, glückselig lächelnd hinter dem Stuhl, auf dem Schulze saß, und nannte den armen Kerl, der die Eisbahn hatte kehren müssen, bei jeder Gelegenheit »gnädiger Herr«. Und Schulze rief den Reeder Kesselhuth unentwegt beim Vornamen. »Johann, bitte Feuer!« und: »Johann, Sie trinken zuviel!« Und: »Johann, besorgen Sie uns drei Schinkenbrote!«

Hagedorn meinte: »Kinder, das klappt, als ob ihr die Rollen jahrelang einstudiert hättet.«

»Sie sind ein Schlaumeier«, sagte Schulze. Und Kesselhuth lachte geschmeichelt. Später kam der dicke Herr Lenz an den Tisch. Er hatte sich als Kaschemmenwirt verkleidet, trug eine halbleere Flasche Danziger Goldwasser unterm Arm und fragte Schulze, ob er sich denn nicht an der Prämiierung der drei gelungensten Lumpenkostüme vormerken lassen wollte. »Sie kriegen todsicher den ersten Preis«, sagte er. »So echt wie Sie können wir andern gar nicht aussehen! Wir sind ja bloß verkleidet.« Schulze ließ sich überreden und ging mit Lenz zu Professor Heltai, der die Startnummern für den Wettbewerb zu verteilen hatte. Doch der Tanzlehrer zwirbelte den Schnurrbart und sagte: »Tut mir leid, mein Lieber. Sie fallen nicht unter die Bestimmungen. Sie sind nicht kostümiert. Sie sehen nur so aus. Sie sind ein Professional.«

Lenz war, weil er Rheinländer war, leicht erregbar. Aber der Professor blieb hart. »Ich habe meine Anweisungen«, erklärte er abschließend.

»Na denn nicht, liebe Tante!« sagte Schulze und machte kehrt. Als er zum Tisch zurückkam, war Hagedorn verschwunden.

Johann hockte solo und sprach dem Alkohol zu. »Ein kleines Schulmädchen, in einem kurzen Rock und mit einem Ranzen auf dem Rücken, hat ihn weggeholt«, berichtete er. »Es war die Dame aus Bremen.«

Sie gingen auf die Suche und gerieten versehentlich an die Tombola. Johann kaufte, auf Toblers leisen Befehl, dreißig Lose. Acht Gewinne waren darunter! Und zwar eine gerahmte Alpenlandschaft, die von einem einheimischen Ölmaler stammte. Ein großer Teddybär, der »Muh!« sagen konnte. Eine Flasche Kölnischwasser. Noch ein Teddybär. Eine Rolle Papierschlangen. Ein Karton Briefpapier. Und noch eine Flasche Kölnischwasser.

Sie beluden sich mit den Gewinnen und ließen im Nebenraum eine Blitzlichtaufnahme machen. »Des Jägers Heimkehr«, meinte der Geheimrat. Und dann drängten sie sich weiter durch das Gewühl. Von Saal zu Saal. Durch alle Korridore. Aber Hagedorn war nicht zu finden.

»Wir müssen ihn finden, Johann«, sagte der Geheimrat. »Das Bremer Schulmädchen hat ihn natürlich verschleppt. Dabei hat er mich auf beiden Knien beschworen, ihm eine Art Mutter zu sein.« In der Bar war der verlorene Sohn auch nicht. Johann nahm die Gelegenheit wahr und begann, die Gewinne wegzuschenken. Das Kölnischwasser fand bei den Bauernmädchen reißenden Absatz. Eine der Holländerinnen bekam ungefragt die ölgemalte Alpenlandschaft in die Hand gedrückt und bedankte sich holländisch. »Wir verstehen dich ja doch nicht«, erwiderte Johann unwillig, gab ihr den Karton mit dem Briefpapier als Zugabe und sagte: »Kein Wort weiter!«

Sie kehrten an ihren Tisch zurück. Hagedorn war noch immer nicht da. Johann setzte die zwei Teddybären auf den dritten Stuhl. Der Geheimrat nahm die schwarzen Ohrenklappen ab.

»Es ist merkwürdig«, erklärte er. »Aber ohne Ohrenklappen schmeckt der Wein besser. Was, um alles in der Welt, hat das Gehör mit den Geschmacksnerven zu tun?«

»Nichts«, sagte Johann.

Anschließend begannen sie zu experimentieren. Sie hielten sich die Ohren zu und tranken. Sie hielten sich die Augen zu und tranken. »Fällt Ihnen etwas auf?« fragte Tobler.

»Jawohl«, antwortete Johann. »Sämtliche Leute starren herüber und halten uns für blödsinnig.«

»Was fällt Ihnen sonst noch auf?«

»Man kann machen, was man will, – der Wein schmeckt großartig. Prosit!«

Währenddem saß Frau Casparius, eine große Schleife im Haar und auch sonst als halbwüchsiges Schulmädchen verkleidet, mit dem Apachen Fritz Hagedorn in dem verqualmten, überfüllten Bierkeller. An ihrem Tisch saßen außerdem noch viele andere Gäste. Sie waren ebenfalls kostümiert, aber sie litten darunter.

Das rund dreißigjährige Schulkind klappte den Ranzen auf, holte eine Puderdose heraus und betupfte sich die freche Nase mit einer rosa Quaste.

Der junge Mann sah ihr zu. »Was machen die Schularbeiten, Kleine?«

»Ich brauche dringend ein paar Nachhilfestunden. Vor allem in Menschenkunde. Da tauge ich gar nichts.«

»Du mußt warten, bis du größer wirst«, rief er. »Auf diesem Gebiet lernt man nur durch Erfahrung.«

»Falsch«, sagte sie. »Wenn es danach ginge, müßte ich die Beste in der ganzen Klasse sein. Aber es geht nicht danach.«

»Schade. Dann war dein ganzer Fleiß vergeblich. Oh, du armes Kind!«

Sie nickte.

»Was willst du denn mal werden, wenn du aus der Schule kommst?«

»Straßenbahnschaffner«, sagte sie. »Oder Blumenförster. Oder, am allerliebsten, Spazierführer.«

»Aha. Das ist aber auch ein interessanter Beruf! Ich wollte eigentlich Schneemann werden. Schneeleute haben über ein halbes Jahr Ferien.«

»Heißt es nicht Schneemänner?«

»Es heißt Schneeleute. Aber als Schneemann braucht man das Abitur.«

»Und was sind Sie statt dessen geworden?« fragte sie.

»Erst war ich Tortenzeichner«, antwortete er. »Und jetzt bin ich Selbstbinder. Man hat sein Auskommen. Ich besitze einen eigenen Wagen. Einen Autobus. Wegen der großen Verwandtschaft. Wenn du einmal in Berlin bist, fahr ich dich herum. Ich habe Blumenkästen am Chassis.« Das Schulmädchen klatschte in die Hände. »Schön!« rief sie. »Mit Pelargonien?«

»Natürlich«, sagte er. »Andere Blumen passen überhaupt nicht zu Autobussen.«

Nun wurde es den anderen Leuten am Tisch endgültig zuviel. Sie zahlten und gingen fluchtartig ihrer Wege.

Das Schulkind freute sich und sagte: »Wenn wir noch lauter sprechen, haben wir in zehn Minuten das Lokal ganz für uns allein.«

Der Plan zerschlug sich. Erst kam Lenz, der Kaschemmenwirt. Seine Flasche Goldwasser war leer. Er bestellte Burgunder und sang rheinische Lieder. Und dann erschien Frau von Mallebré. Mit Baron Keller. Sie ging, weil sie schöne, schlanke Beine hatte, als Palastpage gekleidet. Keller trug seinen Frack. Man begrüßte einander so freundlich wie möglich.

»Im Frack?« fragte Hagedorn erstaunt.

Keller klemmte das Monokel noch fester. »Ich kostümiere mich nie. Es liegt mir nicht. Ich kann so was nicht komisch finden.«

»Aber im Frack zum Lumpenball!« meinte das kleine Schulmädchen.

»Warum denn nicht?« bemerkte der dicke Lenz. »Es gibt auch Lumpen im Frack!« Und dann lachte er ausschweifend.

Der Baron verzog den Mund. Und Hagedorn erklärte, leider gehen zu müssen.

»Bleiben Sie doch noch«, bat der Page. Und das Schulmädchen begann laut zu schluchzen.

»Ich habe mein Wort verpfändet«, meinte der junge Mann. »Wir Apachen sind ein emsiges Volk. Es handelt sich um einen Einbruch.«

»Was wollen Sie denn stehlen?« fragte Lenz.

»Einen größeren Posten linker Handschuhe«, sagte Hagedorn geheimnisvoll. Er legte einen Finger an den Mund und entfernte sich schnell.

Die beiden älteren Herren winkten, als sie ihn kommen sahen. »Wo waren Sie mit dem Schulmädchen?« fragte Schulze sittenstreng. »Habt ihr gut gefolgt?«

»Lieber, mütterlicher Freund«, sagte der junge Mann. »Wir haben nur davon gesprochen, was die Kleine, wenn sie aus der Schule kommt, werden will.«

»Pfui, Herr Doktor!« rief Kesselhuth.

»Na, und was will sie werden?« fragte Schulze.

»Sie weiß es noch nicht genau. Entweder Blumenförster oder Spazierführer.«

Die beiden älteren Herren versanken in Nachdenken. Dann sagte Kesselhuth, der sich wieder hinter Schulzes Stuhl gestellt hatte: »Na, denn Prost!« Sie tranken. Und er fuhr fort: »Gnädiger Herr, darf ich mir eine Bemerkung erlauben?«

»Ich bitte darum, Johann«, sagte Schulze.

»Wir sollten jetzt vors Hotel gehen und auf Kasimirs Wohl trinken.«

Der Vorschlag wurde einstimmig angenommen. Kesselhuth belud sich mit einer Flasche und drei Gläsern. Schulze übernahm die Teddybären. Dann spazierten die drei Männer im Gänsemarsch durch die Säle. Hagedorn schritt voran.

Im Grünen Saal störten sie die Preisverteilung für die gelungensten Kostüme. Im kleinen Saal behinderten sie durch ihren Vorbeimarsch die von Professor Heltai arrangierten Tanz- und Pfänderspiele. Würdig und ein wenig im Zickzack marschierend, bahnten sie sich unbeirrt ihren Weg.

Der Portier, den besonders waghalsige Ballbesucher mit Konfetti und Papierschlangen verziert hatten, verbeugte sich vor Hagedorn und blickte giftig zu Schulze hinüber, der die Teddybären emporhob und laut zu ihnen sagte: »Schaut euch einmal den bösen Onkel an! So etwas gibt's wirklich.«

Kasimir, der Husaren-Schneemann, sah wieder ganz reizend aus. Die drei Männer betrachteten ihn voller Liebe. Es schneite.

Schulze trat vor. »Bevor wir auf das Wohl unseres gemeinsamen Sohnes anstoßen«, sagte er feierlich, »möchte ich ein gutes Werk tun. Es ist bekanntlich nicht gut, daß der Mann allein sei. Auch der Schneemann nicht.« Er ging langsam in die Kniebeuge und setzte die Teddybären, einen zur Rechten und einen zur Linken Kasimirs, in den kalten Schnee. »Nun hat er wenigstens, auch wenn wir fern von ihm weilen, Gesellschaft.« Dann füllte Herr Kesselhuth die Gläser. Aber der Rest Wein, der in der Flasche war, reichte nicht aus. Und Johann verschwand im Hotel, um eine volle Flasche zu besorgen.

Nun standen Schulze und Hagedorn allein unterm Nachthimmel. Jeder hatte ein halbvolles Glas in der Hand. Sie schwiegen. Der Abend war sehr lustig gewesen. Aber die beiden Männer waren plötzlich ziemlich ernst. Ein sich leise bewegender Vorhang von Schneeflocken trennte sie.

Schulze hustete verlegen. Dann sagte er: »Seit ich im Krieg war, habe ich keinen Mann mehr geduzt. Frauen, na ja. Da gibt es Situationen, wo man schlecht Sie sagen kann. Ich möchte, wenn es dir recht ist, mein Junge, den Vorschlag machen, daß wir jetzt Brüderschaft trinken.«

Der junge Mann hustete gleichfalls. Dann antwortete er: »Ich habe seit der Universität keinen Freund mehr gehabt. Ich hätte mich nie getraut, Sie um Ihre Freundschaft zu bitten. Menschenskind, ich danke dir.«

»Ich heiße Eduard«, bemerkte Schulze.

»Ich heiße Fritz«, sagte Hagedorn.

Dann stießen sie mit den Gläsern an, tranken und drückten einander die Hand.

Kesselhuth, der, eine neue Flasche unterm Arm, aus der Tür trat, sah die beiden, ahnte die Bedeutung dieses Händedrucks, lächelte ernst, machte behutsam kehrt und ging in das lärmende Hotel zurück.

Das dreizehnte Kapitel
Der große Rucksack

Mutter Hagedorns Paket traf am nächsten Tag ein. Es enthielt die Reklamearbeiten, die der Sohn verlangt hatte, und einen Brief.

»Mein lieber guter Junge!« schrieb die Mutter. »Vielen Dank für die zwei Ansichtskarten. Ich bin auf dem Sprunge und will das Paket zum Bahnhof bringen, damit Du es schnell kriegst. Hoffentlich knicken die Ecken nicht um. Ich meine, bei den Paketen und Kunstdrucksachen. Und sage diesem Herrn Kesselhuth, wir möchten Deine Arbeiten gelegentlich zurückhaben. Solche Herrschaften sind meistens vor lauter Großartigkeit vergeßlich.

Herr Franke sagt, wenn es mit den Toblerwerken klappt, das wäre zum Blödsinnigwerden. Du weißt ja, daß er sich stets so ausschweifend ausdrückt. Er will für Dich die Daumen halten. Das finde ich, wo er nur zur Untermiete bei uns wohnt, sehr anständig von ihm. Ich halte nicht nur die Daumen, sondern auch die großen Zehen. Wenn trotzdem aus der Anstellung nichts werden sollte, haben wir uns wenigstens keine Vorwürfe zu machen. Das ist die Hauptsache. Man darf sich nicht aus der Ruhe bringen lassen. Und wer sich ein Bein ausreißt, hat es sich selber zuzuschreiben.

Daß der andere Preisträger ein netter Mensch ist, freut mich. Grüße ihn schön. Natürlich unbekannterweise. Und laßt Euch von den feinen Leuten nichts vormachen. Viele können sowieso nichts dafür, daß sie reich sind. Viele haben, glaube ich, nur deswegen Geld, weil der liebe Gott ein weiches Herz hat. Besser als gar nichts, hat er bei ihrer Erschaffung gedacht. Wirst du übrigens mit der Wäsche reichen? Sonst schicke mir rasch die schmutzige in einem Karton. In drei Tagen hast du sie wieder. Bei Heppners liegen sehr schöne Oberhemden im Fenster. Ich werde eins zurücklegen lassen. Ein blaues mit vornehmen Streifen. Wir holen es, wenn Du wieder zu Hause bist. Ich könnte Dir's mitschicken. Aber wer weiß, ob es Dir gefällt.

So mein Junge. Jetzt fahre ich mit dem Zug bis zum Potsdamer Bahnhof. Dann laufe ich bis zum Anhalter. Schneeluft ist gesund. Man kommt überhaupt zuwenig aus der Stube. Die Ansichtskarten gefallen mir gut. So ähnlich wie neulich im Kino, wo Du Fremdenloge verlangtest. Ich habe es Herrn Franke erzählt. Er hat gelacht.

Vergiß nicht, wenn Du im Wald bist, acht- bis zehnmal tief Atem zu holen. Nicht öfter. Sonst kriegt man Kopfschmerzen. Und was soll das.

Mir geht es ganz ausgezeichnet. Ich singe viel. In der Küche. Wenn ich esse, steht Deine Fotografie auf dem Tisch. Denn allein schmeckt's mir nicht. Hab ich recht? Hoffentlich kommt morgen ein Brief von Dir. Wo Du ausführlich schreibst. Vorläufig versteh ich nämlich manches noch nicht. Vielleicht bin ich mit der Zeit ein bißchen dumm geworden. Durch die Arterienverkalkung. Wieso hast Du zum Beispiel drei kleine Katzen im Zimmer? Und wieso hast Du zwei Zimmer und ein extra Bad? Und was soll das mit dem Ziegelstein? Das ist mir völlig unklar, mein lieber Junge. Herr Franke sagt, hoffentlich wäre es wirklich ein Hotel. Und nicht etwa ein Irrenhaus. Er ist ein schrecklicher Mensch. Hat denn der andere Preisträger auch so viele Räumlichkeiten und Katzen und einen Ziegelstein?

Der Roman in der Zeitung ist diesmal sehr spannend. Viel besser als der letzte. Besonders seit gestern. Herr Franke und ich sind ganz verschiedener Ansicht, wie die Geschichte weitergehen wird. Er versteht nichts von Romanen. Das wissen wir ja nun schon.

Und dann: mach keine Dummheiten! Ich meine Ausflüge auf gefährliche Berggipfel. Gibt es in Bruckbeuren Lawinen? Dann sieh Dich besonders vor! Sie fangen ganz harmlos an und plötzlich sind sie groß. Ausweichen hat dann keinen Zweck mehr.

Passe, bitte, gut auf! Ja? Auch mit den weiblichen Personen im Hotel. Entweder ist es nichts Genaues oder in festen Händen. Daß nicht wieder so ein Krach wird wie damals in der Schweiz. Da sitzt Du wieder da mit dem dicken Kopf. Sei so lieb. Sonst habe ich keine Ruhe.

Ich schreibe wieder einmal einen Brief, der nicht alle wird. Also Schluß! Antworte auf meine Fragen. Du vergißt es oft. Und nun zum Bahnhof.

Bleibe gesund und munter! Kein Tag, der vorüber ist, kommt wieder. Und benimm Dich! Du bist manchmal wirklich frech. Viele Grüße und Küsse von Deiner Dich über alles liebenden

     Mutter.«

Nach dem Lunch saßen die drei Männer auf der Terrasse, und Doktor Hagedorn zeigte seine gesammelten Werke. Schulze betrachtete sie eingehend. Er fand sie sehr gelungen, und sie unterhielten sich lebhaft darüber. Herr Kesselhuth rauchte eine dicke schwarze Zigarre, schenkte allen Kaffee ein und sonnte sich in jeder Beziehung. Schließlich meinte er: »Also, heute abend schicke ich das Paket an Geheimrat Tobler.«

»Und vergessen Sie, bitte, nicht, bei ihm anzufragen, ob er auch für Herrn Schulze einen Posten hat«, bat Hagedorn. »Es ist dir doch recht, Eduard?«

Schulze nickte. »Gewiß, mein Junge. Der olle Tobler soll sich mal anstrengen und was für uns beide tun.«

Kesselhuth nahm die Arbeiten an sich. »Ich werde nichts unversucht lassen, meine Herren.«

»Und er soll die Sachen, bitte, bestimmt zurückgeben«, erklärte der junge Mann. »Meine Mutter ist diesbezüglich sehr streng.«

»Selbstverständlich«, sagte Schulze, obwohl ihn das ja eigentlich nichts anging.

Kesselhuth zerdrückte den Rest seiner Zigarre im Aschenbecher, erhob sich ächzend, murmelte einiges und ging traurig davon. Denn im Rahmen der Hoteltür stand der Graswander Toni und hatte zwei Paar Schneeschuhe auf der Schulter. Die dritte Lehrstunde nahte. Das Geheimnis des Stemmbogens sollte enträtselt werden.

Eduard und Fritz brachen etwas später auf. Sie planten einen Spaziergang. Zunächst statteten sie jedoch ihrem Schneemann einen kurzen Besuch ab. Der Ärmste taute.

»Kasimir weint«, behauptete Hagedorn. »Das weiche Gemüt, Eduard, hat er von dir.«

»Er weint nicht«, widersprach Schulze. »Er macht eine Abmagerungskur.«

»Wenn wir Geld hätten«, meinte Hagedorn, »könnten wir ihm einen großen Sonnenschirm schenken, in den Boden stecken und über ihm aufspannen. Ohne Schirm wird er zugrunde gehen.«

»Mit dem Geld ist das so eine Sache«, meinte Schulze. »Auch wenn wir welches hätten, – spätestens Anfang März stünde hier nur noch ein Schirm herum, und Kasimir wäre verschwunden. Die Vorteile des Reichtums halten sich sehr in Grenzen.«

»Du sprichst, als ob du früher ein Bankkonto gehabt hättest«, sagte Hagedorn und lachte gutmütig. »Meine Mutter behauptet, Besitz sei häufig nichts anderes als ein Geschenk der Vorsehung an diejenigen, die im übrigen schlecht weggekommen sind.«

»Das wäre allzu gerecht«, erklärte Schulze.
»Und allzu einfach.«

Dann wanderten sie, in beträchtliche Gespräche vertieft, nach Schloß Kerms hinaus, sahen den Bauern beim Eisschießen zu, folgten quellwärts einem zugefrorenen Gebirgsbach, mußten steil bergan klettern, glitten aus, schimpften, lachten, atmeten schwer, schwiegen, kamen durch weiße Wälder und entfernten sich mit jedem Schritt mehr von allem, was an den letzten Schöpfungstag erinnert.

Schließlich war die Welt zu Ende. Es gab keinen Ausweg. Hohe Felswände behoben den letzten Zweifel. Dahinter befand sich, sozusagen offensichtlich, das leere Nichts.

Und von einem dieser Felsen stürzte ein Wasserfall herab. Nein, er stürzte nicht. Der Frost hatte ihn mit beiden Armen im Sturz aufgehalten. Er war vor Schreck erstarrt. Das Wasser hatte sich in Kristalle verwandelt. »Im Baedeker vergleicht man diesen Wasserfall mit einem Kronleuchter«, bemerkte Hagedorn.

Schulze setzte sich auf eine eisgekühlte Baumwurzel und sagte: »Ein Glück, daß die Natur nicht lesen kann.«

Nach dem Kaffeetrinken ging Hagedorn auf sein Zimmer. Schulze versprach bald nachzukommen. Wegen der kleinen Katzen und wegen eines großen Kognaks. Aber als er aus dem Lesesaal trat und auf die Treppe zusteuerte, wurde er von Onkel Polter gestört. »Sie sehen aus, als ob Sie sich langweilen«, meinte der Portier.

»Machen Sie sich meinetwegen kein Kopfzerbrechen!« bat Schulze. »Ich langweile mich niemals.« Er wollte gehen. Onkel Polter tippte ihm auf die Schulter. »Hier ist eine Liste! Den Rucksack bekommen Sie in der Küche.«

»Ich brauche keinen Rucksack«, meinte Schulze.

»Sagen Sie das nicht!« erklärte der Portier und lächelte grimmig. »Das Kind der Botenfrau hat die Masern.«

»Gute Besserung! Aber was hat das arme Kind in dem Rucksack zu suchen, den ich in der Küche holen soll?«

Der Portier schwieg und legte Briefe und Zeitungen in verschiedene Schlüsselfächer.

Schulze betrachtete die Liste, die vor ihm lag, und las staunend:

100 Karten Wolkenstein-Panorama à 15
  2 Tuben Gummiarabikum
  1 Rolle dunkelrote Nähseide
 50 Briefmarken à 25
  3 Dutzendpackungen Rasierklingen
  2 Meter schmales weißes Gummiband
  5 Riegel Wasserglasseife
  1 Packung Pyramidon, große Tabl.
  1 Flasche Füllfedertinte
  1 Paar Sockenhalter, schwarz
  1 Paar Schuhspanner, Größe 37
  1 Tüte Pfefferminztee
  1 Stahlbürste für Wildlederschuhe
  3 Schachteln Mentholdragees
  1 Hundeleine, grün, Lack
  4 Uhrreparaturen abholen
  1 Dutzend Schneebrillen

1 kl. Flasche Birkenwasser
 1 Aluminiumbrotkapsel für Touren.

Die Liste war keineswegs zu Ende. Aber Schulze hatte fürs erste genug. Er sah erschöpft hoch, lachte und sagte: »Ach, so ist das gemeint!«

Der Portier legte einige Geldscheine auf den Tisch. »Schreiben Sie hinter jeden Posten den Preis. Am Abend rechnen wir ab.«

Schulze steckte die Liste und das Geld ein. »Wo soll ich das Zeug holen?«

»Im Dorf«, befahl Onkel Polter. »In der Apotheke, beim Friseur, auf der Post, beim Uhrmacher, in der Drogerie, beim Kurzwarenhändler, im Schreibwarengeschäft. Beeilen Sie sich!«

Der andere zündete sich eine Zigarre an und sagte, während er sie in Zug brachte: »Ich hoffe, es hier noch weit zu bringen. Daß ich jemals Botenfrau würde, hätte ich noch vor einer Woche für ausgeschlossen gehalten.« Er nickte dem Portier freundlich zu. »Hoffentlich bilden Sie sich nicht ein, daß Sie mich auf diese Weise vor der Zeit aus Ihrem Hotel hinausgraulen.«

Onkel Polter antwortete nicht.

»Darf man schon wissen, was Sie morgen mit mir vorhaben?« fragte Schulze. »Wenn es Ihnen recht ist – ich möchte für mein Leben gern einmal Schornstein fegen! Wäre es Ihnen möglich zu veranlassen, daß der Schornsteinfeger morgen Zahnschmerzen kriegt?« Er ging strahlend seiner Wege.

Onkel Polter nagte über eine Stunde an der Unterlippe. Später fand er keine Zeit mehr dazu. Die Gäste kehrten in Scharen von den Skiwiesen und von Ausflügen heim. Schließlich kam sogar der Hoteldirektor Kühne nach Hause.

»Was ist denn mit Ihnen los?« fragte er besorgt. »Haben Sie die Gelbsucht?«

»Noch nicht«, sagte der Portier. »Aber es kann noch werden. Dieser Schulze benimmt sich unmöglich. Er wird immer unverschämter.«

»Streikt er?« fragte Karl der Kühne.

»Im Gegenteil«, meinte der Portier. »Es macht ihm Spaß!«
Der Direktor öffnete wortlos den Mund.
»Morgen möchte er Schornsteinfegen!« berichtete Polter. »Es sei ein alter Traum von ihm.«
Karl der Kühne sagte: »Einfach tierisch!« und ließ Herrn Polter in trübe Gedanken versunken zurück.

Geheimrat Tobler alias Herr Schulze brauchte zwei Stunden, bis er, von der Last des Rucksacks gebeugt, ins Hotel zurückkehrte. Er hatte sich übrigens nie so gut unterhalten wie während dieser von seltsamen Einkäufen ausgefüllten Zeit. Der Uhrmacher hatte ihn beispielsweise über die politische Lage in Ostasien weitestgehend aufgeklärt und über die wachsende wirtschaftliche Einflußnahme Japans auf dem Weltmarkt. Der Provisor in der Apotheke hatte die Homöopathie verteidigt und ihn für einen der nächsten Abende zu einem Viertel Roten in die Dorfschenke eingeladen. Das blonde Ladenfräulein beim Friseur hatte ihn für den Ehemann der Botenfrau gehalten. Und der Drogist hatte ihm, im Flüsterton, bei künftigen größeren Einkäufen Prozente in Aussicht gestellt.

Er lud den Rucksack in der Hotelküche ab und begab sich in den fünften Stock, um die Abrechnung für den Portier fertigzumachen. Er öffnete die Tür zu seinem Zimmer und mußte feststellen, daß er Besuch hatte! Ein fremder, gutgekleideter Herr lag, mit dem Kopf vorneweg, unter dem Waschtisch, hämmerte emsig und hatte anscheinend keine Ahnung, daß er nicht mehr allein war. Jetzt begann er sogar zu pfeifen. »Sie wünschen?« fragte Schulze laut und streng.

Der Eindringling fuhr hoch, stieß mit dem Hinterkopf gegen die Tischkante und kam, rückwärts kriechend, ans Tageslicht.

Es war Herr Kesselhuth! Er hockte auf dem Fußboden und machte ein schuldbewußtes Gesicht.

»Sie sind wohl nicht bei Troste!« sagte Schulze. »Stehen Sie gefälligst auf!«

Kesselhuth erhob sich und klopfte seine Beinkleider sauber. Mit der Hand, die übrigblieb, massierte er den Hinterkopf.

»Was haben Sie unter meinem Waschtisch zu suchen?« fragte Schulze energisch.

Der andere wies auf einen großen Karton, der auf dem Stuhl lag. »Es ist wegen der Steckdose, Herr Geheimrat«, sagte er verlegen. »Die war nicht ganz in Ordnung.«

»Ich brauche keine Steckdosen!«

»Doch, Herr Geheimrat«, antwortete Johann und öffnete den Karton. Es kam eine nickelglänzende elektrische Heizsonne zum Vorschein. »Sie erkälten sich sonst zu Tode.«

Er stellte das Gerät auf den Tisch, kroch erneut unter den Waschtisch, fügte den Stecker in den Kontakt, kam wieder hervor und wartete gespannt.

Allmählich begann das Drahtgitter zu erglühen, erst rosa, dann rot; und schon spürten sie, wie sich die eisige Dachkammer mit sanfter Wärme füllte. »Das Wasser in der Waschschüssel taut auf«, sagte Johann und schaute selig zu seinem Gebieter hinüber.

Tobler empfand diesen Blick, aber er erwiderte ihn nicht.

»Und hier ist ein Kistchen Zigarren«, erklärte Kesselhuth schüchtern. »Ein paar Blumen habe ich auch besorgt.«

»Nun aber nichts wie raus!« meinte der Geheimrat. »Sie hätten Weihnachtsmann werden sollen!«

Inzwischen hatte auch Doktor Hagedorn Besuch erhalten. Es hatte geklopft. Er hatte, müde auf dem Sofa liegend, »Herein!« gerufen und gefragt: »Warum kommst du so spät, Eduard?«

Aber der Besucher hatte geantwortet: »Ich heiße nicht Eduard, sondern Hortense.« Kurz und gut, es war Frau Casparius! Sie war erschienen, um mit den drei siamesischen Katzen zu spielen. Und das tat sie denn auch. Sie saß auf dem Teppich und stellte Gruppen. Schließlich fand sie, daß sie sich lange genug als Tierfreundin betätigt hatte, und wandte sich dem eigentlichen Zweck ihrer Anwesenheit zu. »Sie sind nun schon drei Tage hier«, sagte sie vorwurfsvoll. »Wollen wir morgen einen Ausflug machen? Wir nehmen den Lunch mit und gehen bis zur Lamberger Au. Dort legen wir uns in die Sonne. Und wer zuerst den Sonnenstich hat, darf sich was wünschen.«

»Ich wünsche mir gar nichts«, erklärte der junge Mann. »Nicht einmal den Sonnenstich.«

Sie hatte sich in einen geräumigen Lehnstuhl gesetzt, zog die Beine hoch und legte die Arme um die Knie. »Wir könnten auch folgendes unternehmen«, meinte sie leise. »Wir könnten die Koffer packen und ausreißen. Was halten Sie von Garmisch?«

»Garmisch ist meines Wissens ein reizender Ort«, sagte er. »Aber Eduard wird es wahrscheinlich nicht erlauben.«

»Was geht uns denn Eduard an?« fragte sie ärgerlich.

»Er vertritt Mutterstelle an mir.«

Sie wiegte mit dem Kopf. »Wir könnten mit dem Nachtzug fahren. Kommen Sie. Jede Stunde ist kostbar. An ein Fortleben nach dem Tode glaube ich nämlich nicht recht.«

»Also deswegen haben Sie's so eilig!« meinte er. Es klopfte. Er rief: »Herein!«

Die Tür ging auf. Schulze trat ein. »Entschuldige, Fritz. Ich hatte ein paar Besorgungen zu machen. Bist du allein?«

»Sofort!« sagte Frau Hortense Casparius, sah durch Herrn Schulze hindurch, als sei er aus Glas, und ging.

Das vierzehnte Kapitel
Die Liebe auf den ersten Blick

Am nächsten Nachmittag geschah etwas Außergewöhnliches: Hagedorn verliebte sich! Er tat dies im Hotelautobus, der neue Gäste vom Bahnhof brachte und den er, von einem kleinen Ausflug kommend, unterwegs bestieg. Einer der Passagiere war ein junges, herzhaftes Mädchen. Sie hatte eine besonders geradlinige Art, die Menschen anzuschauen. (Womit nicht nur gesagt werden soll, daß sie nicht schielte.) Neben ihr saß eine dicke, verstört gutmütige Frau, die von dem Mädchen »Tante Julchen« genannt wurde.

Hagedorn hätte Tante Julchens Nichte stundenlang anstarren können. Außerdem wurde er das Gefühl nicht los, das junge Mädchen schon einmal gesehen zu haben. Tante Julchen war ziemlich umständlich. Daß die Koffer auf dem Autobus verstaut worden waren, beschäftigte ihr Innenleben aufs lebhafteste. Bei jeder Kurve griff sie sich ans Herz und jammerte vor Schreck. Außerdem war ihr kein Berg zu niedrig, – sie wollte seinen Vor- und Zunamen wissen. Hagedorn machte sich nützlich und log zusammen, was ihm gerade einfiel. Einige Fahrgäste, welche die Gegend von früher her zu kennen schienen, musterten ihn mißtrauisch. Sie nahmen ihm seine frei erfundene Geographie ein bißchen übel.

Tante Julchen hingegen sagte: »Vielen Dank, mein Herr. Man kommt sich sonst vor wie in einer fremden Stadt bei Nacht. Jede Straße heißt anders, aber man kann die Schilder nicht lesen. Dabei war ich noch nie in den Alpen.«

Das junge Mädchen sah ihn, um Nachsicht bittend, an, und dieser Blick gab ihm den Rest. Er lächelte blöde, hätte sich ohrfeigen können und erwog den Plan, aufzustehen und während der Fahrt abzuspringen. Er blieb natürlich sitzen.

Vorm Hotel half er den beiden beim Aussteigen. Und da Tante Julchen das Abladen der Koffer aufs strengste überwachte, waren das junge Mädchen und er plötzlich allein. »Das ist aber ein schöner Schneemann«, rief sie.

»Gefällt er Ihnen?« fragte er stolz. »Den haben Eduard und ich errichtet. Und ein Bekannter, der eine große Schiffahrtslinie besitzt. Eduard ist mein Freund.«

»Aha!« sagte sie.

»Er hat leider seit gestern abgenommen.«

»Der Besitzer der Schiffahrtslinie oder Ihr Freund Eduard?«

»Der Schneemann«, erwiderte er. »Weil die Sonne so sehr schien.«

Sie betrachteten den Schneemann und schwiegen verlegen.

»Wir haben ihn Kasimir getauft«, erklärte er später. »Er hat nämlich einen Eierkopf. Und in solch einem Fall ist es ein wahres Glück, Kasimir zu heißen.«

Sie nickte verständnisvoll und zeigte auf die Teddybären, die neben Kasimir hockten. »Es sind Eisbären geworden. Ganz weiß. Wie nennt man das gleich?«

»Mimikry«, gab er zur Antwort.

»Ich bin so vergeßlich«, sagte sie. »Was die Bildung anbelangt.«

»Werden Sie lange hierbleiben?« fragte er.

Sie schüttelte den Kopf. »Ich muß bald wieder nach Berlin zurück.«

»Ich bin auch aus Berlin«, meinte er. »Welch ein Zufall.«

Geheimrat Tobler hielt, oben im fünften Stock, sein Nachmittagsschläfchen. In Bruckbeuren hatte er sich eigentlich, aus Hochachtung vor den Schönheiten der Natur, dieses Brauches entäußern wollen. Aber man war eben doch nicht mehr der jüngste. Und so hatte er Johanns Heizsonne in Betrieb gesetzt, sich ins Bett gelegt und schlief. Dann aber wurde die Tür aufgerissen. Er erwachte und blickte mißmutig auf. Hagedorn stand vor ihm, setzte sich aufs Bett und sagte: »Wo hast du denn die Heizsonne her, Eduard?«

»Das ist 'ne Stiftung«, bemerkte Schulze mit verschlafener Stimme. »Solltest du gekommen sein, um mich das zu fragen, so nennen wir uns wieder Sie!«

»Mensch! Schulze!« stieß Hagedorn hervor. »Ich muß es dir sofort sagen. Ich bin verloren. Ich habe mich soeben verliebt!«

»Ach, bleib mir mit deinen albernen Weibern vom Halse«, befahl Eduard und drehte sich zur Wand. »Gute Nacht, mein Junge!«

»Sie ist kein albernes Weib«, sagte Fritz streng. »Sie ist enorm hübsch. Und gescheit! Und Humor hat sie. Und ich glaube, ich gefalle ihr auch.«

»Du bist größenwahnsinnig!« murmelte Schulze. »Welche ist es denn? Die Mallebré oder die Circe aus Bremen?«

»Höre schon endlich mit denen auf!« rief Hagedorn entrüstet. »Es ist doch eine ganz andere! Sie ist doch nicht verheiratet! Das wird sie doch erst sein, wenn ich ihr Mann bin! Eine Tante ist mit dabei. Die hört auf den Namen Julchen.«

Schulze war nun wach geworden. »Du bist ein Wüstling!« sagte er. »Warte mit dem Heiraten wenigstens bis morgen! Du wirst dich doch nicht etwa in eine Gans vergaffen, die mit einer Tante namens Julchen auf Männerfang geht! Wir werden schon wen für dich finden.«

Hagedorn stand auf. »Eduard, ich verbiete dir, in einem derartigen Ton von meiner zukünftigen Gemahlin zu sprechen. Sie ist keine Gans. Und sie fängt keine Männer. Sehe ich vielleicht wie eine gute Partie aus?«

»Gott bewahre!« sagte Schulze. »Aber sie hat doch natürlich davon gehört, daß du ein Thronfolger bist!«

»Diesen Quatsch kann sie noch gar nicht gehört haben«, meinte der junge Mann. »Sie ist nämlich eben erst aus Berlin eingetroffen.«

»Und ich erlaube es ganz einfach nicht«, erklärte Schulze kategorisch. »Ich vertrete Mutterstelle an dir. Ich verbiete es dir. Damit basta! Ich werde dir schon eines schönen Tages die richtige Frau aussuchen.«

»Geliebter Eduard«, sagte Fritz. »Schau sie dir erst einmal an. Wenn du sie siehst, wird dir die Luft wegbleiben!«

Hagedorn setzte sich in die Halle und behielt den Lift und die Treppe im Auge. Seine erste Begeisterung wich, während er ungeduldig auf das junge Mädchen und auf die Zukunft wartete, einer tiefen Niedergeschlagenheit. Ihm war plötzlich eingefallen, daß man zum Heiraten Geld braucht und daß er keines hatte. Früher, als er Geld verdiente, war er an die verkehrten Fräulein geraten. Und jetzt, wo er Tante Julchens Nichte liebte, war er stellungslos und wurde für einen Thronfolger gehalten!

»Sie sehen aus, als wollten Sie ins Kloster gehen«, sagte jemand hinter ihm. Er fuhr hoch. Es war Tante Julchens Nichte. Er sprang auf. Sie setzte sich und fragte: »Was ist denn mit Ihnen los?«

Er blickte sie so lange an, bis sie die Lider senkte. Er hustete und meinte dann: »Außer Herrn Kesselhuth und Eduard weiß es in dem Hotel noch kein Mensch. Ihnen muß ich es aber sagen. Man hält mich für einen Millionär, oder, wie Eduard behauptet, für den Thronfolger von Albanien. Wieso, weiß ich nicht. In Wirklichkeit bin ich ein stellungsloser Akademiker.«

»Warum haben Sie denn das Mißverständnis nicht aufgeklärt?« fragte sie.

»Nicht wahr?« meinte er. »Ich hätte es tun sollen. Ich wollte es ja auch! Ach, ich bin ein Esel! Sind Sie mir sehr böse? Eduard meinte nämlich, ich solle den Irrtum auf sich beruhen lassen. Vor allem wegen der drei siamesischen Katzen. Weil er so gern mit ihnen spielt.«

»Wer ist denn nun eigentlich dieser Eduard?« fragte sie.

»Eduard und ich haben ein Preisausschreiben gewonnen. Dafür lassen wir uns hier gratis durchfüttern.«

»Von dem Preisausschreiben habe ich in der Zeitung gelesen«, meinte sie. »Es handelt sich um ein Ausschreiben der Toblerwerke, ja?«

Er nickte.

»Dann sind Sie Doktor Hagestolz?«

»Hagedorn«, verbesserte er. »Mein Vorname ist Fritz.«

Anschließend schwiegen sie. Dann wurde sie rot. Und dann sagte sie: »Ich heiße Hildegard.«

»Sehr angenehm«, antwortete er. »Der schönste Vorname, den ich je gehört habe!«

»Nein«, erklärte sie entschieden. »Fritz gefällt mir besser!«

»Ich meine die weiblichen Vornamen.«

Sie lächelte. »Dann sind wir uns ja einig.«

Er faßte nach ihrer Hand, ließ sie verlegen wieder los und sagte: »Das wäre wundervoll.«

Endlich trat Schulze aus dem Lift. Hagedorn nickte ihm schon von weitem zu und meinte zu Tante Julchens Nichte: »Jetzt kommt Eduard!«

Sie drehte sich nicht um.

Der junge Mann ging dem Freund entgegen und flüsterte: »Das ist sie.«

»Was du nicht sagst!« erwiderte Schulze spöttisch. »Ich dachte, es wäre schon die nächste.« Er trat an den Tisch. Das junge Mädchen hob den Kopf, lächelte ihm zu und meinte: »Das ist gewiß Ihr Freund Eduard, Herr Doktor. So hab ich ihn mir vorgestellt.«

Hagedorn nickte fröhlich. »Jawohl. Das ist Eduard. Ein goldnes Herz in rauher Schale. Und das ist ein gewisses Fräulein Hildegard.«

Schulze war wie vor den Kopf geschlagen und hoffte zu halluzinieren. Das Mädchen lud zum Sitzen ein. Er kam der Aufforderung völlig geistesabwesend nach und hätte sich beinahe neben den Stuhl gesetzt. Hagedorn lachte. »Sei nicht so albern, Fritz!« sagte Schulze mürrisch. Aber Fritz lachte weiter. »Was hast du denn, Eduard? Du siehst wie ein Schlafwandler aus, den man laut beim Namen gerufen hat.«

»Gar kein übler Vergleich«, meinte das junge Mädchen beifällig.

Sie erntete einen vernichtenden Blick von Schulze.

Hagedorn erschrak und dachte: ›Das kann ja heiter werden!‹ Anschließend redete er, fast ohne Atem zu holen, über den Lumpenball und weswegen Schulze keinen Kostümpreis erhalten hätte, und über Kesselhuths erste Skistunde, und über Berlin einerseits und die Natur andererseits, und daß seine Mutter geschrieben habe, ob es in Bruckbeuren Lawinen gebe, und –

»Tu mir einen Gefallen, mein Junge«, bat Eduard. »Hole mir doch aus meinem Zimmer das Fläschchen mit den Baldriantropfen! Ja? Es steht auf dem Waschtisch. Ich habe Magenschmerzen.«

Hagedorn sprang auf, winkte dem Liftboy und fuhr nach oben. »Sie haben Magenschmerzen?« fragte Tante Julchens Nichte.

»Halte den Schnabel!« befahl der Geheimrat wütend. »Bist du plötzlich übergeschnappt? Was willst du hier?«

»Ich wollte nur nachsehen, wie dir's geht, lieber Vater«, sagte Fräulein Hilde.

Der Geheimrat trommelte mit den Fingern auf der Tischplatte. »Dein Benehmen ist beispiellos! Erst informierst du, hinter meinem Rücken, die Hoteldirektion, und vier Tage später kommst du selber angerückt!«

»Aber Papa«, entgegnete seine Tochter. »Der Anruf nützte doch nichts. Man hielt doch Herrn Hagedorn für den Millionär!«

»Woher weißt du das?«

»Er hat mir's eben erzählt.«

»Und weil er dir das eben erzählt hat, bist du vorgestern in Berlin weggefahren?«

»Das klingt tatsächlich höchst unwahrscheinlich«, meinte sie nachdenklich.

»Und seit wann hast du eine Tante, die Julchen heißt?«

»Seit heute früh, lieber Vater. Willst du sie kennenlernen? Dort kommt sie gerade!«

Tobler wandte sich um. In ihrem zweitbesten Kleid kam, dick und kordial, Frau Kunkel treppab spaziert. Sie suchte Hilde und entdeckte sie. Dann erkannte sie den violett gekleideten Mann neben ihrer Nichte, wurde blaß, machte kehrt und steuerte schleunigst wieder auf die Treppe zu.

»Schaffe mir auf der Stelle diese idiotische Person herbei!« knurrte der Geheimrat.

Hilde holte die Kunkel auf den ersten Stufen ein und schleppte sie an den Tisch. »Darf ich die Herrschaften miteinander bekannt machen?« fragte das junge Mädchen belustigt. »Herr Schulze – Tante Julchen.«

Tobler mußte sich, aus Rücksicht auf den neugierig herüberschauenden Portier, erheben. Die Kunkel reichte ihm, ängstlich und glücklich zugleich, die Hand. Er verbeugte sich förmlich, setzte sich wieder und fragte: »Bei euch piept's wohl? Was?«

»Nur bei mir, Herr Geheimrat«, erwiderte Tante Julchen. »Gott sei Dank, Sie leben noch! Aber schlecht sehen Sie aus. Na, es ist ja auch kein Wunder.«

»Ruhe!« befahl Hilde.

Doch Frau Kunkel trat bereits aus den Ufern. »Auf Leitern klettern, die Eisbahn kehren, Kartoffeln schälen, in einer Rumpelkammer schlafen ...«

»Kartoffeln habe ich nicht geschält«, bemerkte Tobler. »Noch nicht.«

Die Kunkel war nicht mehr aufzuhalten. »Die Treppen scheuern, schiefe Wände haben Sie auch, und keinen Ofen im Zimmer, ich habe es ja kommen sehen! Wenn Sie jetzt eine doppelseitige Lungenentzündung hätten, kämen wir vielleicht schon zu spät, weil Sie schon tot wären! Es dreht sich einem das Herz im Leibe um. Aber natürlich, ob wir inzwischen in Berlin sitzen und jede Minute darauf warten, daß der Blitz einschlägt, Ihnen kann das ja egal sein. Aber uns nicht, Herr Geheimrat! Uns nicht! Ein Mann wie Sie macht hier den dummen August!« Sie hatte echte Tränen in den Augen. »Soll ich Ihnen einen Umschlag machen? Haben Sie irgendwo Schmerzen, Herr Geheimrat? Ich könnte das Hotel anzünden! Oh!« Sie schwieg und putzte sich geräuschvoll die Nase. Tobler sah Tante Julchen unwillig an. »So ist das also«, meinte er und nickte wütend. »Herr Kesselhuth hat geklatscht. Mit mir könnt ihr's ja machen.«

Seine Tochter sah ihn an. »Papa«, sagte sie leise. »Wir hatten solche Sorge um dich. Du darfst es uns nicht übelnehmen. Wir hatten keine ruhige Minute zu Hause. Verstehst du das denn nicht? Die Kunkel und der Johann und sogar ich, wir haben dich doch lieb.« Der Kunkel rollte aus jedem Auge je eine Träne über die knallroten Bäckchen. Sie schluchzte auf.

Geheimrat Tobler war unbehaglich zumute. »Lassen Sie die blöde Heulerei!« brummte er. »Ihr benehmt euch ja noch kindischer als ich!«

»Ein großes Wort«, behauptete seine Tochter.

»Kurz und gut«, sagte Tobler, »ihr macht hier alles kaputt. Daß ihr's nur wißt! Ich habe einen Freund gefunden. So etwas braucht ein Mann! Und nun kommt ihr angerückt. Er stellt mich meiner eigenen Tochter vor! Kurz vorher hat er oben in meinem Zimmer erklärt, daß er dieses Mädchen unbedingt heiraten wird!«

»Welches Mädchen?« erkundigte sich Hilde.

»Dich!« sagte der Vater. »Wie sollen wir dem Jungen nun auseinanderposamentieren, wie sehr wir ihn beschwindelt haben? Wenn er erfährt, wer Tante Julchen und deren Nichte und der Schiffahrtslinienbesitzer Kesselhuth und sein Freund Schulze in Wirklichkeit sind, guckt er uns doch überhaupt nicht mehr an!«

»Wer will Fräulein Hildegard heiraten?« fragte die Kunkel. Ihre Tränen waren versiegt.

»Fritz«, sagte Hilde hastig. »Ich meine, der junge Mann, der Ihnen im Autobus die Namen der Berge aufgezählt hat.«

»Aha«, bemerkte Tante Julchen. »Ein reizender Mensch. Aber Geld hat er keins.«

Das fünfzehnte Kapitel
Drei Fragen hinter der Tür

Als Hagedorn mit den Baldriantropfen anrückte, saßen die drei einträchtig beisammen. Sie einte die Besorgnis, er könne hinter ihr Geheimnis kommen.

»Tante Julchen ist auch da!« sagte er erfreut. »Sind die Koffer ausgepackt? Und wie gefällt Ihnen mein Freund Eduard?«

»Vorzüglich!« antwortete sie aus tiefster Seele.

»Eduard, hier sind die Tropfen«, meinte Hagedorn.

»Was für Tropfen?« fragte Schulze.

»Die Baldriantropfen natürlich!« erklärte Fritz. »Menschenskind, ich denke, du hast Magenschmerzen?«

»Ach richtig«, murmelte der andere, und dann mußte er wohl oder übel Baldriantropfen einnehmen. Mittels eines Kaffeelöffels. Hagedorn bestand darauf.

Hilde freute sich über die Gesichter, die ihr Vater schnitt. Tante Julchen, die nicht begriffen hatte, daß es sich um erfundene Magenschmerzen handelte, war schrecklich aufgeregt und wollte dem Kranken einen heißen Wickel machen. Schulze schwor, daß es ihm bereits viel, viel besser gehe.

»Das kennen wir!« sagte Tante Julchen mißtrauisch. »Das machen Sie immer so!«

Der Geheimrat und seine Tochter zuckten vor Schreck zusammen.

»Das machen sie immer so, die Männer!« fuhr die Tante geistesgegenwärtig fort. »Sie geben nie zu, daß ihnen etwas fehlt.«

Die Situation war gerettet. Frau Kunkels Gesicht grenzte an Größenwahn. So geschickt hatte sie sich noch nie aus der Affäre gezogen.

Ja, und dann kehrte Herr Kesselhuth von der vierten Skistunde zurück. Er hinkte aus Leibeskräften. Denn er war auf der Übungswiese versehentlich in den Graswander Toni hineingefahren. Und beide waren, als unentwirrbares Knäuel, in einem Wildbach gelandet.

Besonders tiefen Eindruck hatten dem grauhaarigen Skischüler die zahllosen ordinären Redensarten gemacht, mit denen er anschließend vom Herrn Anton Graswander belegt worden war. Sie waren auf keine Kuhhaut gegangen.

Onkel Polter erkundigte sich teilnahmsvoll, wie der Unglücksfall verlaufen war, und empfahl eine Firma, die den zerrissenen Sportanzug wieder ins Geschick bringen würde.

Kesselhuth sah sich suchend um. »Herr Doktor Hagedorn sitzt in der Halle«, sagte der Portier.

Kesselhuth humpelte weiter. Er entdeckte den Tisch, an dem Schulze und Hagedorn saßen. Als er, nur noch wenige Schritte entfernt, sah, wer die beiden Frauen waren, begann er leise mit den Zähnen zu klappern. Er fuhr sich entsetzt über die Augen. Das war doch wohl nicht möglich! Er blickte noch einmal hin. Dann wurde ihm übel. Er wäre für sein Leben gern im Boden versunken. Doch es gab weit und breit keine Versenkung. Er humpelte hinüber. Tante Julchen grinste schadenfroh.

»Was ist denn mit Ihnen geschehen?« fragte Schulze.

»Es ist nicht sehr gefährlich«, meinte Kesselhuth. »Es gab einen Zusammenstoß. Das ist alles. Ich habe aber das Gefühl, daß ich keinen Sport mehr treiben werde.«

Tante Julchen sah Hagedorn hypnotisch an. »Wollen Sie uns nicht vorstellen?«

Der junge Mann machte die Herrschaften miteinander bekannt. Händedrücke wurden getauscht. Es ging sehr förmlich zu. Kesselhuth wagte nicht zu sprechen. Jede Bemerkung konnte grundverkehrt sein.

»Sie sind bestimmt der Herr, dem die Schiffahrtslinie gehört?« fragte Hilde.

»So ist es«, sagte Kesselhuth betreten.

»Was gehört ihm?« fragte Tante Julchen und hielt, als sei sie schwerhörig, eine Hand hinters Ohr.

»Eine Schiffahrtslinie«, meinte Herr Schulze streng. »Sogar eine sehr große Linie! Nicht wahr?«

Kesselhuth war nervös. »Ich muß mich umziehen. Sonst hole ich mir den Schnupfen.« Er nieste dreimal. »Darf ich die Anwesenden bitten, nach dem Abendbrot in der Bar meine Gäste zu sein?«

»Genehmigt«, sagte Schulze. »Wir wollen sehen, wieviel Tante Julchen verträgt.«

Sie plusterte sich. »Ich trinke euch alle unter den Tisch. Als meine Schwester 1905 Hochzeit hatte, habe ich zwei Flaschen Johannisbeerwein ganz allein ausgetrunken.«

»Hoffentlich kriegen Sie Ihren Schwips diesmal etwas schneller«, meinte Kesselhuth, »sonst wird mir der Spaß zu teuer.« Dann hinkte er zur Treppe. Er glich einer geschlagenen Armee.

Hagedorn verzehrte Hilde mittlerweile mit seinen Blicken. Plötzlich lachte er auf. »Es ist zwar unwichtig, – aber ich weiß Ihren Familiennamen noch gar nicht.«

»Nein?« fragte sie. »Komisch, was? Stellen Sie sich vor: Ich heiße genauso wie Ihr Freund Eduard!«

»Eduard«, sagte der junge Mann, »wie heißt du? Ach so, entschuldige, ich glaube, bei mir ist heute ein Schräubchen locker. Sie heißen Schulze?«

»Seit wann siezt du mich denn wieder?« fragte Eduard.

»Er meinte doch mich«, erklärte Hilde. »Es stimmt schon, Herr Doktor. Ich heiße genau wie Ihr Freund.«

»Nein, so ein Zufall!« rief Hagedorn.

»Schulze ist ein sehr verbreiteter Name«, bemerkte Eduard und musterte Hilde ärgerlich.

»Trotzdem, trotzdem«, meinte Fritz gefühlvoll. »Dieser Zufall berührt mich merkwürdig. Es ist, als stecke das Schicksal dahinter. Vielleicht seid ihr miteinander verwandt und wißt es gar nicht?«

An dieser Gesprächsstelle bekam Tante Julchen einen Erstickungsanfall und mußte von Fräulein Hildegard schleunigst aufs Zimmer transportiert werden. Auf der Treppe sagte sie erschöpft: »Das ist die reinste Pferdekur. Konnten Sie sich denn keinen anderen Namen aussuchen?«

Hilde schüttelte energisch den Kopf. »Ich konnte ihn nicht belügen. Daß ich genauso wie sein Freund Eduard heiße, ist doch wahr.«

»Wenn das mal gut geht«, sagte die Kunkel.

»Ist das Mädchen nicht wundervoll?« fragte Fritz.

»Doch«, meinte Eduard mürrisch.

»Hast du gesehen, daß sie, wenn sie lacht, ein Grübchen hat?«

»Ja.«

»Und in den Pupillen hat sie golden schimmernde Pünktchen.«

»Das ist mir an ihr noch nie aufgefallen«, sagte Schulze.

»Für wie alt hältst du sie eigentlich?«

»Im August wird sie einundzwanzig Jahre.«

Fritz lachte. »Laß deine Witze, Eduard! Aber ungefähr wird es schon stimmen. Findest du nicht auch, daß ich sie heiraten muß?«

»Na ja«, sagte Schulze. »Meinetwegen.« Er bemerkte endlich, daß er faselte, und nahm sich zusammen. »Vielleicht hat sie keinen Pfennig Geld«, warf er ein.

»Höchstwahrscheinlich sogar«, sagte Hagedorn. »Ich habe ja auch keins! Ich werde sie morgen fragen, ob sie meine Frau werden will. Dann können wir uns umgehend verloben. Und sobald ich eine Anstellung gefunden habe, wird geheiratet. Willst du Trauzeuge sein?«

»Das ist doch selbstverständlich!« erklärte Schulze.

Hagedorn begann zu schwärmen. »Ich bin wie neugeboren. Menschenskind, werde ich jetzt aber bei den Berliner Firmen herumsausen! Ich werde sämtliche Generaldirektoren in Grund und Boden quatschen. Sie werden gar nicht auf die Idee kommen, mich hinauszuwerfen.«

»Vielleicht klappt es mit den Toblerwerken.«

»Wer weiß«, sagte Fritz skeptisch. »Mit Empfehlungen habe ich noch nie Glück gehabt. Nein, das machen wir anders. Wenn wir in Berlin sind, rücken wir dem ollen Tobler auf die Bude! Hast du 'ne Ahnung, wo er wohnt?«

»Irgendwo im Grunewald.«

»Die Adresse werden wir schon herauskriegen. Wir gehen ganz einfach hin, klingeln, schieben das Dienstmädchen beiseite, setzen uns in seine gute Stube und gehen nicht eher weg, bis er uns angestellt hat. Schlimmstenfalls übernachten wir dort. Ein paar Stullen nehmen wir mit. Ist das gut?«

»Eine grandiose Idee«, sagte Schulze, »Ich freue mich schon jetzt auf Toblers Gesicht. Wir zwei werden's dem ollen Knaben schon besorgen, was?«

»Worauf er sich verlassen kann!« bemerkte Hagedorn begeistert. »Herr Geheimrat – werden wir sagen – Sie besitzen zwar viele Millionen und verdienen jedes Jahr noch ein paar dazu, und somit ist es eigentlich überflüssig, daß zwei so talentierte Werbefachleute wie wir ausgerechnet zu Ihnen kommen. Wir sollten lieber für Werke arbeiten, denen es schlecht geht, damit sie wieder auf die Beine kommen. Aber, Herr Geheimrat, keine Reklame ist so gut, daß sie nicht mit Kosten verbunden wäre. Wir Propagandisten sind Feldherren; aber unsre Armeen liegen, sauber gebündelt, in Ihrem Geldschrank. Ohne Truppen kann der beste Stratege keine Schlacht gewinnen. Und Reklame ist Krieg! Es gilt, die Köpfe von Millionen Menschen zu erobern. Es gilt, diese Köpfe zum besetzten Gebiet zu machen! Herr Geheimrat Tobler! Man darf die Konkurrenz nicht erst auf dem Markt, man muß sie bereits im Gedankenkreis derer besiegen, die morgen kaufen wollen. Wir Werbefachleute bringen es fertig, aus einem Verkaufsartikel, der dem freien Wettbewerb unterliegt, mit Hilfe der Psychologie einen Monopolartikel zu machen! Geben Sie uns Bewegungsfreiheit, Sire!« Hagedorn holte Atem.

»Großartig!« meinte Schulze. »Bravo, bravo! Wenn uns der Tobler auch dann noch nicht engagiert, verdient er sein Glück überhaupt nicht.«

»Du sagst es«, erklärte Fritz pathetisch. »Aber so dämlich wird er ja nicht sein.«

Schulze zuckte zusammen.

»Vielleicht frag ich sie schon heute abend«, sagte Fritz entschlossen.

»Wen?«

»Hilde.«

»Was?«

»Ob sie meine Frau werden will.«

»Und wenn sie nicht will?«

»Auf diesen Gedanken bin ich noch gar nicht gekommen«,

sagte Hagedorn. Er war ehrlich erschrocken. »Mach mir keine Angst, Eduard!«

»Und wenn die Eltern nicht wollen?«

»Vielleicht hat sie keine mehr. Das wäre das bequemste.«

»Sei nicht so roh, Fritz! Na, und wenn der Bräutigam nicht will? Was dann?«

Hagedorn wurde blaß. »Du bist übergeschnappt. Meine Hilde hat doch keinen Bräutigam!«

»Ich verstehe dich nicht«, sagte Schulze. »Warum soll so ein hübsches, kluges, lustiges Mädchen, das ein Grübchen hat und in der Iris goldene Pünktchen – warum soll sie denn keinen Bräutigam haben? Meinst du, sie hat dich seit Jahren vorgeahnt?«

Fritz sprang auf. »Ich bringe dich um! Aber vorher gehe ich auf ihr Zimmer. Bleib sitzen, Eduard! Solltest du recht gehabt haben, werde ich dich nachher aufs Rad flechten. Besorge, bitte, inzwischen ein passendes Rad!« Und dann rannte Doktor Hagedorn treppauf.

Geheimrat Tobler sah ihm lächelnd nach.

Einige Minuten später kam Herr Johann Kesselhuth, bereits im Smoking, in die Halle zurück. Er hinkte noch immer ein bißchen. »Sind Sie mir böse, Herr Geheimrat?« fragte er bekümmert. »Ich hatte Fräulein Hildegard versprochen, jeden Tag über unser Befinden zu berichten. Wer konnte denn ahnen, daß sie hierherkämen? Daran ist aber nur die Kunkel schuld, dieser Trampel.«

»Schon gut, Johann«, sagte Tobler. »Es ist nicht mehr zu ändern. Wissen Sie schon das Neueste?«

»Ist es etwas mit der Wirtschaftskrise?«

»Nicht direkt, Johann. Nächstens gibt es eine Verlobung.«

»Wollen Sie sich wieder verheiraten, Herr Geheimrat?«

»Nein, Sie alter Esel. Doktor Hagedorn wird sich verloben!«

»Mit wem denn, wenn man fragen darf?«

»Mit Fräulein Hilde Schulze!«

Johann begann wie die aufgehende Sonne zu strahlen. »Das ist recht«, meinte er. »Da werden wir bald Großvater.«

Nach längerem Suchen fand Hagedorn die Zimmer von Tante Julchen und deren Nichte.

»Das gnädige Fräulein hat einundachtzig«, sagte das Stubenmädchen und knickste.

Er klopfte.

Er hörte Schritte. »Was gibt's?«

»Ich muß Sie dringend etwas fragen«, sagte er gepreßt.

»Das geht nicht«, antwortete Hildes Stimme. »Ich bin beim Umziehen.«

»Dann spielen wir die drei Fragen hinter der Tür«, meinte er.

»Also, schießen Sie los, Herr Doktor!« Sie legte ein Ohr an die Türfüllung, aber sie vernahm nur das laute, aufgeregte Klopfen ihres Herzens. »Wie lautet die erste Frage?«

»Genau wie die zweite«, sagte er.

»Und wie ist die zweite Frage?«

»Genau wie die dritte«, sagte er.

»Und wie heißt die dritte Frage?«

Er räusperte sich. »Haben Sie schon einen Bräutigam, Hilde?«

Sie schwieg lange. Er schloß die Augen. Dann hörte er, es schien eine Ewigkeit vergangen zu sein, die drei Worte: »Noch nicht, Fritz.«

»Hurra!« rief er, daß es im Korridor widerhallte. Dann rannte er davon.

Die Tür des Nebenzimmers öffnete sich vorsichtig. Tante Julchen spähte aus dem Spalt und murmelte: »Diese jungen Leute! Wie im Frieden!«

Das sechzehnte Kapitel
Auf dem Wolkenstein

Frau Kunkel hatte sich hinsichtlich ihrer Trinkfestigkeit geirrt. Vielleicht vertrug sie nichts, weil sie seit der Hochzeit ihrer Schwester, Anno 1905, aus der Übung gekommen war. Tatsache ist, daß sie am Tage nach ihrer Ankunft in Bruckbeuren mit einem katastrophalen Ölkopf aufwachte. Sie konnte sich an nichts mehr erinnern, und ihr Frühstück bestand aus Pyramidon.

»Wie war das eigentlich gestern nacht?« fragte sie. »Habe ich sehr viel Blödsinn geredet?«

»Das wäre nicht so schlimm gewesen«, meinte Hilde. »Aber Sie begannen die Wahrheit zu sagen! Deswegen mußte ich ununterbrochen mit Doktor Hagedorn tanzen.«

»Sie Ärmste!«

»Das nun wieder nicht. Aber meine weißen Halbschuhe drückten entsetzlich. Und das durfte ich mir nicht anmerken lassen. Sonst hätte er nicht mehr tanzen wollen, und dann wären sämtliche Geheimnisse, die wir vor ihm haben, herausgekommen.«

»Eines Tages wird er sie ja doch erfahren müssen!«

»Gewiß, meine Dame. Aber weder am ersten Abend, noch von meiner angetrunkenen Tante, die gar nicht meine Tante ist.«

Frau Kunkel rümpfte die Stirn. Sie fühlte sich beleidigt. »Und was geschah dann?« fragte sie unwillig.

»Dann hat Johann Sie ins Bett gebracht.«

»Um des Himmels willen!« rief Tante Julchen. »Das hat mir noch gefehlt!«

»Das hat Johann auch gesagt. Aber es mußte sein. Sie forderten nämlich einen Herrn nach dem andern zum Tanzen auf. Erst tanzten Sie mit Herrn Spalteholz, einem Fabrikanten aus Gleiwitz; dann mit Mister Sullivan, einem englischen Kolonialoffizier; dann mit Herrn Lenz, einem Kunsthändler aus Köln; schließlich machten Sie sogar vor dem Oberkellner einen Knicks, und da fanden wir's an der Zeit, Sie zu beseitigen.«

Frau Kunkel sah puterrot aus. »Habe ich schlecht getanzt?« fragte sie leise.

»Im Gegenteil. Sie haben die Herren mit Bravour herumgeschwenkt. Man war von Ihnen begeistert.«

Die alte, dicke Dame atmete auf. »Und hat sich der Doktor erklärt?«

»Wollen Sie sich deutlicher ausdrücken?« fragte Hilde.

»Hat er die vierte Frage hinter der Tür gestellt?«

»Ach so! Sie haben gestern nachmittag gehorcht! Nein, die vierte Frage hat er nicht gestellt.«

»Warum denn nicht?«

»Vielleicht war keine Tür da«, meinte Fräulein Tobler. »Außerdem waren wir ja nie allein.«

Frau Kunkel sagte: »Ich verstehe Sie ja nicht ganz, Fräulein Hilde.«

»Meines Wissens verlangt das auch kein Mensch.«

»So ein arbeitsloser Doktor, das ist doch kein Mann für Sie. Wenn ich bedenke, was für Partien Sie machen könnten!«

»Werden Sie jetzt nicht ulkig!« sagte Hilde. »Partien machen! Wenn ich das schon höre! Eine Ehe ist doch kein Ausflug!«

Sie stand auf, zog die Norwegerjacke an und ging zur Tür. »Kommen Sie! Sie sollen Ihren Willen haben. Wir werden eine Partie machen!«

Tante Julchen schusselte hinterher. Auf der Treppe mußte sie umkehren, weil sie die Tasche vergessen hatte. Als sie in der Halle eintraf, standen die andern schon vor der Hoteltür und warfen nach dem schönen Kasimir mit Schneebällen.

Sie trat ins Freie und fragte: »Wo soll denn die Reise hingehen?«

Herr Schulze zeigte auf die Berge. Und Hagedorn rief: »Auf den Wolkenstein!«

Tante Julchen schauderte. »Gehen Sie immer voraus!« bat sie. »Ich komme gleich nach. Ich habe die Handschuhe vergessen.«

Herr Kesselhuth lächelte schadenfroh und sagte: »Bleiben Sie nur hier. Ich borge Ihnen meine.«

Als Frau Kunkel die Talstation der Drahtseilbahn erblickte, riß sie sich los. Die Männer mußten sie wieder einfangen. Sie strampelte und jammerte, als man sie in den Wagen schob. Es war, als würde Vieh verladen. Die andern Fahrgäste lachten sie aus.

»Dort hinauf soll ich?« rief sie. »Wenn nun das Seil reißt?«
»Dieserhalb sind zwei Reserveseile da«, meinte der Schaffner.
»Und wenn die Reserveseile reißen?«
»Dann steigen wir auf freier Strecke aus«, behauptete Hagedorn.

Sie randalierte weiter, bis Hilde sagte: »Liebe Tante, willst du denn, daß wir andern ohne dich abstürzen?«

Frau Kunkel verstummte augenblicklich, blickte ihre Nichte und Herrn Schulze treuherzig an und schüttelte den Kopf. »Nein«, sagte sie sanft wie ein Lamm, »dann will ich auch nicht weiterleben.«

Der Wagen hob sich und glitt aus der Halle. Während der ersten zehn Minuten hielt Tante Julchen die Augen fest zugekniffen. Jedesmal, wenn man, schaukelnd und schwankend, einen der Pfeiler passierte, bewegte sie lautlos die Lippen.

Die Hälfte der Strecke war ungefähr vorüber. Sie hob vorsichtig die Lider und blinzelte durchs Fenster. Man schwebte gerade hoch über einem mit Felszacken, Eissäulen und erstarrten Sturzbächen reichhaltig ausgestatteten Abgrund. Die andern Fahrgäste schauten andächtig in die grandiose Tiefe. Tante Julchen stöhnte auf, und ihre Zähne schlugen gegeneinander.

»Sie sind aber ein Angsthase!« meinte Schulze ärgerlich.

Sie war empört. »Ich kann Angst haben, soviel ich will! Warum soll ich denn mutig sein? Wie komme ich dazu? Mut ist Geschmackssache. Habe ich recht, meine Herrschaften? Wenn ich General wäre, meinetwegen! Das ist etwas anderes. Aber so? Als meine Schwester und ich noch Kinder waren – meine Schwester ist in Halle an der Saale verheiratet, recht gut sogar, mit einem Oberpostinspektor, Kinder haben sie auch, zwei Stück, die sind nun auch schon lange aus der Schule, was wollte ich eigentlich sagen? Richtig, ich weiß schon wieder – damals waren wir in den großen Ferien auf einem Gut – es gehörte einem entfernten Onkel von unserem Vater, eigentlich waren sie nur Jugendfreunde und gar nicht verwandt, aber wir Mädchen nannten ihn Onkel, später mußte er das Gut verkaufen, denn die Landwirte haben es sehr schwer, aber das wissen Sie ja alle, vielleicht ist er auch schon tot, wahrscheinlich sogar, denn ich bin heute – natürlich muß er tot sein, denn hundertzwanzig Jahre alt wird doch kein Mensch, es gibt natürlich Ausnahmen, vor allem in der Türkei, habe ich gelesen. Oh, mein Kopf! Ich hätte gestern nacht nicht soviel trinken sollen, ich bin es nicht gewöhnt, außerdem habe ich fremde Herren zum Tanz engagiert. Sie können mich totschlagen, ich habe keine Ahnung mehr, es ist schauderhaft, was einem in so einem Zustande alles passieren kann ...«

Bums! Die Drahtseilbahn hielt. Man war an der Gipfelstation angelangt. Die Fahrgäste stiegen laut lachend aus. »Die alte Frau hat den Höhenrausch«, sagte ein Skifahrer.

»Ach wo«, antwortete ein anderer. »Sie ist noch von gestern abend besoffen!«

Tante Julchen und die beiden älteren Herren machten es sich in den Liegestühlen bequem.

»Willst du nicht erst das Panorama bewundern, liebe Tante?« fragte Hilde. Sie stand neben Hagedorn an der Brüstung und blickte in die Runde.

»Laßt mich mit euren Bergen zufrieden!« knurrte die Tante, faltete die Hände überm Kostümjackett und sagte: »Ich liege gut.«

»Ich glaube, wir stören«, flüsterte Hagedorn.

Schulze hatte scharfe Ohren. »Macht, daß ihr fortkommt!« befahl er. »Aber in einer Stunde seid ihr zurück, sonst raucht's! Kehrt, marsch!« Dann fiel ihm noch etwas ein. »Fritz! Vergiß nicht, daß ich Mutterstelle an dir vertrete!«

»Mein Gedächtnis hat seit gestern sehr gelitten«, erklärte der junge Mann. Dann folgte er Hilde. Doch er wurde noch einmal aufgehalten. Aus einem Liegestuhl streckte sich ihm eine Frauenhand entgegen. Es war die Mallebré.

»Servus, Herr Doktor!« sagte sie und ließ hierbei ihre schöne Altstimme vibrieren. Sie sah resigniert in seine Augen. »Darf ich Sie mit meinem Mann bekannt machen? Er kam heute morgen an.«

»Welch freudige Überraschung!« meinte Hagedorn und begrüßte einen eleganten Herrn mit schwarzem Schnurrbart und müdem Blick.

»Ich habe schon von Ihnen gehört«, sagte Herr von Mallebré. »Sie sind der Gesprächsstoff dieser Saison. Meine Verehrung!«

Hagedorn verabschiedete sich rasch und folgte Hilde, die am Fuß der Holztreppe im Schnee stand und wartete. »Schon wieder eine Anbeterin?« fragte sie.

Er zuckte die Achseln. »Sie wollte von mir gerettet werden«, berichtete er. »Sie leidet an chronischer Anpassungsfähigkeit. Da ihre letzten Liebhaber mehr oder weniger oberflächlicher Natur waren, entschloß sie sich, die Verwahrlosung ihres reichen Innenlebens befürchtend, zu einer Radikalkur. Sie wollte sich an einem wertvollen Menschen emporranken. Der wertvolle Mensch sollte ich sein. Aber nun ist ja der Gatte eingetroffen!«

Sie kreuzten den Weg, der zur Station hinunterführte. Der nächste Wagen war eben angekommen. Allen Fahrgästen voran kletterte Frau Casparius ins Freie. Dann steckte sie burschikos die Hände in die Hosentaschen und stiefelte eifrig zum Hotel empor. Hinter ihr, mit zwei Schneeschuhen bewaffnet, ächzte Lenz aus Köln.

Die blonde Bremerin entdeckte Hagedorn und Hilde, kriegte böse Augen und rief: »Herr Doktor! Was machen Ihre kleinen Katzen? Grüßen Sie sie von mir!« Sie verschwand mit Riesenschritten im Hotel.

Hildegard ging schweigend neben Fritz her. Erst als sie, nach einer Wegbiegung, allein waren, fragte sie: »Wollte diese impertinente Person ebenfalls gerettet werden?«

Hagedorns Herz klopfte. ›Sie ist schon eifersüchtig‹, dachte er gerührt. Dann sagte er: »Nein, sie hatte andere Pläne. Sie erklärte, daß wir jung, blühend und gesund seien. So etwas verpflichte. Platonische Vorreden seien auf ein Mindestmaß zu beschränken.«

»Und was wollte sie mit Ihren Katzen?«

»Vor einigen Tagen klopfte es an meiner Tür. Ich rief ›Herein!‹, weil ich dachte, es sei Eduard. Es war aber Frau Casparius. Sie legte sich auf den kostbaren Perserteppich und spielte mit den Kätzchen. Später kam dann Eduard, und da ging sie wieder. Sie heißt Hortense.«

»Das ist ja allerhand«, meinte Hildegard. »Ich glaube, Herr Doktor, auf Sie müßte jemand aufpassen. Sie machen sonst zuviel Dummheiten.«

Er nickte verzweifelt. »So geht es auf keinen Fall weiter. Das heißt: Eduard paßt ja auf mich auf.«

»Eduard?« fragte sie höhnisch. »Eduard ist nicht streng genug. Außerdem ist das keine Aufgabe für einen Mann!«

»Wie recht Sie haben!« rief er. »Aber wer soll es sonst tun?«

»Versuchen Sie's doch einmal mit einem Inserat«, schlug sie vor. »Kinderfrau gesucht!«

»Kinderfräulein«, verbesserte er gewissenhaft. »Kost und Logis gratis. Liebevolle Behandlung zugesichert.«

»Jawohl!« sagte sie zornig. »Mindestens sechzig Jahre alt! Besitz eines Waffenscheins Vorbedingung!« Sie verließ den Weg und stolperte, vor sich hin schimpfend, über ein blütenweißes Schneefeld. Er hatte Mühe, einigermaßen Schritt zu halten.

Einmal drehte sie sich um. »Lachen Sie nicht!« rief sie außer sich. »Sie Wüstling!« Dann rannte sie gehetzt weiter.

»Wollen Sie gleich stehenbleiben!« befahl er.

In demselben Augenblick brach sie im Schnee ein. Sie versank bis an die Hüften. Erst machte sie ein erschrockenes Gesicht. Dann begann sie wild zu strampeln. Aber sie glitt immer tiefer in den Schnee. Es sah aus, als gehe sie unter. Hagedorn eilte zu Hilfe. »Fassen Sie meine Hand an!« sagte er besorgt. »Ich ziehe Sie heraus.«

Sie schüttelte den Kopf. »Unterstehen Sie sich! Ich bin keine von denen, die sich retten lassen.« In ihren Augen standen Tränen.

Nun war er nicht mehr zu halten. Er bückte sich, packte zu, zog sie aus der Schneewehe, umfing sie mit beiden Armen und küßte sie auf den Mund.

Später sagte sie: »Du Schuft! Du Kanaille! Du Halunke! Du Mädchenhändler!« Und dann gab sie ihm den Kuß, ohne Abzüge, zurück. Hierbei hämmerte sie anfangs mit ihren kleinen Fäusten auf seinen Schultern herum. Später öffneten sich die Fäuste. Dafür schlossen sich, ganz allmählich, ihre Augen. Noch immer hingen kleine Tränen in den langen dunklen Wimpern.

»Na, wie war's«, fragte Schulze, als sie wiederkamen.

»Das läßt sich schwer beschreiben«, sagte Hagedorn.

»Ja, ja«, meinte Herr Kesselhuth verständnisvoll. »Diese Gletscher und Durchblicke und Schneefelder überall! Da fehlen einem die Worte.«

»Vor allem die Schneefelder!« bestätigte der junge Mann. Hilde sah ihn streng an.

Tante Julchen erwachte gerade. Ihr Gesicht war rot gebrannt. Sie gähnte und rieb sich die Augen.

Hilde setzte sich und sagte: »Komm, Fritz! Neben mir ist noch ein Platz frei.«

Die Tante fuhr elektrisiert hoch. »Was ist denn passiert?«

»Nichts Außergewöhnliches«, meinte das junge Mädchen.

»Aber du duzt ihn ja!« rief die alte Frau.

»Ich nehme das Ihrer Nichte nicht weiter übel«, bemerkte Hagedorn.

»Er duzt mich ja auch!« sagte Hilde.

»Es ist an dem«, erklärte Fritz, »Hilde und ich haben beschlossen, während der nächsten fünfzig Jahre zueinander du zu sagen.«

»Und dann?« fragte Tante Julchen.

»Dann lassen wir uns scheiden«, behauptete die Nichte.

»Meine herzlichsten Glückwünsche!« rief Herr Kesselhuth

erfreut. Während die Tante immer noch nach Luft rang, fragte Schulze: »Liebes Fräulein, haben Sie zufällig irgendwelche Angehörigen?«

»Ich bin so frei«, erklärte das junge Mädchen. »Ich bin zufällig im Besitz eines Vaters.«

Hagedorn fand das sehr gelungen. »Ist er wenigstens nett?« fragte er.

»Es läßt sich mit ihm auskommen«, meinte Hilde. »Er hat glücklicherweise sehr viele Fehler. Das hat seine väterliche Autorität restlos untergraben.«

»Und wenn er mich nun absolut nicht leiden kann?« fragte der junge Mann bekümmert. »Vielleicht will er, daß du einen Bankdirektor heiratest. Oder einen Tierarzt aus der Nachbarschaft. Oder einen Studienrat, der ihm jeden Morgen in der Straßenbahn gegenübersitzt. Das ist alles schon vorgekommen. Na, und wenn er erst hört, daß ich nicht einmal eine Anstellung habe!«

»Du wirst schon eine finden«, tröstete Hilde. »Und wenn er dann noch etwas dagegen hat, grüßen wir ihn auf der Straße nicht mehr. Das kann er nämlich nicht leiden.«

»Oder wir machen ihn so rasch wie möglich zum zehnfachen Großvater«, erwog Fritz. »Und dann stecken wir alle zehn Kinder in seinen Briefkasten. Das wirkt immer.«

Tante Julchen riß den Mund auf und hielt sich die Ohren zu. Schulze sagte: »So ist's recht! Ihr werdet ihn schon kleinkriegen, den ollen Kerl!«

Herr Kesselhuth hob abwehrend die Hand. »Sie sollten von Herrn Schulze nicht so abfällig sprechen, Herr Schulze!«

Tante Julchen wurde es zuviel. Sie stand auf und wollte nach Bruckbeuren zurück. »Aber mit der Drahtseilbahn fahre ich nicht!«

»Zu Fuß ist die Strecke noch viel gefährlicher«, sagte Hagedorn. »Außerdem dauert es vier Stunden.«

»Dann bleibe ich hier oben und warte bis zum Frühling«, erklärte die Tante kategorisch.

»Ich habe doch aber schon die Rückfahrkarten gelöst«, meinte Herr Kesselhuth. »Soll denn Ihr Billett verfallen?«

Tante Julchen rang mit sich. Es war ergreifend anzusehen. Endlich sagte sie: »Das ist natürlich etwas anderes.« Und dann schritt sie als erste zur Station.

Sparsamkeit macht Helden.

Das siebzehnte Kapitel
Hoffnungen und Entwürfe

Am frühen Nachmittag, während die älteren Herrschaften je ein Schläfchen absolvierten, gingen Hildegard und Fritz in den Wald. Sie faßten sich bei den Händen. Sie blickten einander von Zeit zu Zeit lächelnd an. Sie blieben manchmal stehen, küßten sich und strichen einander zärtlich übers Haar. Sie spielten Haschen. Sie schwiegen meist und hätten jede Tanne umarmen mögen. Das Glück lastete auf ihren Schultern wie viele Zentner Konfekt.

Fritz meinte nachdenklich: »Eigentlich sind wir doch zwei ziemlich gescheite Lebewesen. Ich unterstelle es jedenfalls als wahr. Wie kommt es dann, daß wir uns genauso albern benehmen wie andere Liebespaare? Wir halten uns an den Händchen. Wir stolpern Arm in Arm durch die kahle Natur. Wir bissen einander am liebsten die Nasenspitzen ab. Ist das nicht idiotisch! Frollein, ich bitte um Ihre unmaßgebliche Stellungnahme!«

Hilde kreuzte die Arme vor der Brust, verneigte sich dreimal und sagte: »Erhabener Sultan, gestatte deiner sehr unwürdigen Dienerin die Bemerkung, daß die Klugheit im Liebeskonzert der Völker noch nie die erste Geige spielte.«

»Stehen Sie auf, teuerste Gräfin!« rief er pathetisch, obwohl sie gar nicht kniete. »Stehen Sie auf! Wer so klug ist, daß er die Grenzen der Klugheit erkennt, muß belohnt werden. Ich ernenne Sie hiermit zu meiner Kammerzofe à la suite!«

Sie machte einen Hofknicks. »Ich werde sogleich vor Rührung weinen, Majestät, und bitte, in meinen Tränen baden zu dürfen.«

»Es sei!« erklärte er königlich. »Erkälten Sie sich aber nicht!«

»Keineswegs, Meister«, sagte sie. »Die Temperatur meiner Zähren pflegt erfahrungsgemäß zwischen sechsundzwanzig und achtundzwanzig Grad Celsius zu schwanken.«

»Wohlan!« rief er. »Und wann treten Sie Ihren Dienst an meinem Hofe an?«

»Sobald du willst«, erklärte sie. Dann begann sie plötzlich, trotz der Nagelschuhe, zu tanzen. »Es handelt sich um den sterbenden Schwan«, fügte sie erläuternd hinzu. »Ich bitte, besonders auf meinen langen Hals zu achten.«

»Tanzen Sie weiter!« meinte er. »Ich hole Sie abends wieder ab.«

Er ging. Sie kam laut heulend hinter ihm her und gab vor, sich zu fürchten. Er nahm sie bei der Hand und sagte: »Törichtes Kind!«

»Aber der Schwan ist doch gestorben«, erklärte sie eifrig. »Und mit einem so großen toten Vogel allein im Wald – huhuhu!«

Er gab ihr einen Klaps, und dann setzten sie den Weg fort. Nach einiger Zeit wurde er ernst. »Wieviel Geld muß ich verdienen, damit wir heiraten können? Bist du sehr anspruchsvoll? Was kostet der Ring, den du am Finger hast?«

»Zweitausend Mark.«

»Ach du grüne Neune«, rief er.

»Das ist doch schön«, meinte sie. »Den können wir versetzen!«

»Ich werde dich gleich übers Knie legen! Wir werden nicht von dem leben, was du versetzt, sondern von dem, was ich verdiene.«

Sie stemmte die Hände in die Hüften. »Aha! Das könnte dir so passen! Du widerwärtiger Egoist! Alle Männer sind Egoisten. Ich habe ein Buch gelesen. Da stand es drin. ›Das Wirtschaftsgeld und die Monogamie‹ hieß das Buch. Ihr seid ein heimtückisches, kleinliches Geschlecht, brrr!« Sie schüttelte sich wie ein nasser Pudel. »Vier Monate lang könnten wir von dem Ring leben! In einer Dreizimmerwohnung mit indirekter Beleuchtung! Zentralheizung und Fahrstuhl inklusive! Und sonntags könnten wir miteinander zum Fenster hinausgucken! Aber nein! Lieber stopfst du mich in eine Konservenbüchse wie junges Gemüse. Bis ich einen grauen Bart kriege. Ich bin aber kein junges Gemüse!«

»Doch«, wagte er zu bemerken.

»Ich schmeiße den blöden Ring in den Schnee!« rief sie. Und

sie tat es wirklich. Anschließend krochen sie auf allen vieren im Wald umher. Endlich fand er den Ring wieder.

»Ätsch!« machte sie. »Nun gehört er dir!«

Er steckte ihn an ihren Finger und sagte: »Ich borge ihn dir bis auf weiteres.« Nach einer Weile fragte er: »Du glaubst also, daß wir mit fünfhundert Mark im Monat auskommen?«

»Na klar.«

»Und wenn ich weniger verdiene?«

»Dann kommen wir mit weniger aus«, meinte sie überzeugt. »Du darfst das Geld nicht so ernst nehmen, Fritz. Wenn alle Stränge reißen, pumpen wir meinen Vater an. Damit er weiß, wozu er auf der Welt ist.«

»Du bist wahnwitzig«, sagte er. »Du verstehst nichts von Geld. Und von Männern verstehst du noch weniger. Dein Vater könnte der Schah von Persien sein – ich nähme keinen Pfennig von ihm geschenkt.«

Sie hob sich auf Zehenspitzen und flüsterte ihm ins Ohr: »Liebling, mein Vater ist doch aber gar nicht der Schah von Persien!«

»Da haben wir's«, sagte er. »Da siehst du wieder einmal, daß ich immer recht habe.«

»Du bist ein Dickschädel«, erwiderte sie. »Zur Strafe fällt Klein-Hildegard nunmehr in eine tiefe Ohnmacht.« Sie machte sich stocksteif, kippte in seine ausgebreiteten Arme, blinzelte vorsichtig durch die gesenkten Lider und spitzte die Lippen. (Nicht etwa, um zu pfeifen.)

Inzwischen hatten die älteren Herrschaften das Nachmittagsschläfchen erfolgreich beendet. Johann stieg, über die Dienstbotentreppe, ins fünfte Stockwerk und brachte Blumen, eine Kiste Zigarren, frische Rasierklingen sowie Geheimrat Toblers violette Hose, die er gebügelt hatte. Der Geheimrat stand ohne Beinkleider in seinem elektrisch geheizten Dachstübchen und sagte: »Deswegen suche ich wie ein Irrer! Ich wollte gerade in Unterhosen zum Fünfuhrtee gehen!«

»Ich habe die Hose, während Sie schliefen, aus Ihrem Zimmer geholt. Sie sah skandalös aus.«

»Hauptsache, daß sie Ihnen jetzt gefällt«, meinte Tobler. Er kleidete sich an. Johann bürstete ihm Jackett und Schuhe. Dann gingen sie und klopften unterwegs an Frau Kunkels Zimmer. Tante Julchen rauschte imposant in den Korridor.

»Sie haben sich ja geschminkt!« meinte Johann.

»Ein ganz kleines bißchen«, sagte sie. »Man fällt sonst aus dem Rahmen. Wir können schließlich nicht alle miteinander wie die Vagabunden herumlaufen! Herr Geheimrat, ich habe ein paar Anzüge mitgebracht. Wollen Sie sich nicht endlich umziehen? Heute früh haben die Leute oben auf dem hohen Berg gräßliche Bemerkungen gemacht.«

»Halten Sie den Mund, Kunkel!« befahl Tobler. »Es ist egal!«

»Ein Herr mit einer Hornbrille hat gesagt: ›Wenn man den Kerl ins Kornfeld stellt, fliegen die Vögel fort!‹ Und eine Dame …«

»Sie sollen den Mund halten!« knurrte Johann.

»Die Dame sagte: ›So etwas müßte der Verkehrsverein narkotisieren und heimschicken.‹«

»Ein rohes Frauenzimmer!« meinte der Geheimrat. »Aber so sind die Menschen.«

Dann tranken sie in der Halle Kaffee. Frau Kunkel aß Torte und sah den Tanzpaaren zu. Die beiden Männer lasen Zeitung und rauchten schwarze Zigarren.

Plötzlich trat ein Boy an den Tisch und sagte: »Herr Schulze, Sie sollen mal zum Portier kommen!«

Tobler, der, in Gedanken versunken, Zeitung las, meinte: »Johann, sehen Sie nach, was er will!«

»Schrecklich gern«, flüsterte Herr Kesselhuth. »Aber das geht doch nicht.«

Der Geheimrat legte das Blatt beiseite. »Das geht wirklich nicht.« Er blickte den Boy an. »Einen schönen Gruß, und ich läse Zeitung. Wenn der Herr Portier etwas von mir will, soll er herkommen.«

Der Junge machte ein dämliches Gesicht und verschwand. Der Geheimrat griff erneut zur Zeitung. Frau Kunkel und Johann blickten gespannt zur Portierloge hinüber. Kurz darauf kam Onkel Polter an. »Ich höre, daß Sie sehr beschäftigt sind«, meinte er mürrisch.

Tobler nickte gleichmütig und las weiter. »Wie lange kann das dauern?« fragte der Portier und bekam rote Backen.

»Schwer zu sagen«, meinte Tobler. »Ich bin erst beim Leitartikel.«

Der Portier schwitzte schon. »Die Hoteldirektion wollte Sie um eine kleine Gefälligkeit bitten.«

»Oh, darf ich endlich den Schornstein fegen?«

»Sie sollen für ein paar Stunden die Skihalle beaufsichtigen. Bis die letzten Gäste herein sind. Der Sepp ist verhindert.«

»Hat er die Masern?« fragte der andere. »Sollte ihn das Kind der Botenfrau angesteckt haben?«

Der Portier knirschte mit den Zähnen. »Die Gründe tun nichts zur Sache. Dürfen wir auf Sie zählen?«

Herr Schulze schüttelte den Kopf. Er schien die Absage selber zu bedauern. »Ich mag heute nicht. Vielleicht ein andermal.«

Die Umstehenden spitzten die Ohren. Frau Casparius, die an einem der Nebentische saß, reckte den Hals.

Onkel Polter senkte die Stimme. »Ist das Ihr letztes Wort?«

»In der Tat«, versicherte Schulze. »Sie wissen, wie gern ich Ihrem offensichtlichen Personalmangel abhelfe. Aber heute bin ich nicht in der richtigen Stimmung. Ich glaube, das Barometer fällt. Ich bin ein sensibler Mensch. Guten Abend!«

Der Portier trat noch einen Schritt näher. »Folgen Sie mir endlich!« Hierbei legte er seine Rechte auf Schulzes Schulter. »Ein bißchen plötzlich, bitte!«

Da aber drehte sich Schulze herum und schlug dem Portier energisch auf die Finger. »Nehmen Sie sofort Ihre Hand von meinem Anzug!« fügte er drohend hinzu. »Ich möchte Sie darauf aufmerksam machen, daß ich jähzornig bin.«

Der Portier bekam Fäuste. Sein Atem pfiff.

Er erinnerte an eine Kaffeemaschine, die den Siedepunkt erreicht hat. Aber er sagte nur: »Wir sprechen uns noch.« Dann ging er. An den Nebentischen wurde erregt geflüstert. Die Augen der Bremer Blondine schillerten giftig.

»Hätten Sie ihm doch eine geklebt«, meinte Tante Julchen. »Es ist immer dasselbe, Herr Geheimrat. Sie sind zu gutmütig.«

»Ruhe!« flüsterte Tobler. »Die Kinder kommen.«

Als sich Doktor Hagedorn fürs Abendessen umkleidete, brachte der Liftboy einen Einschreibebrief und, mit Empfehlungen vom Portier, ein paar ausländische Briefmarken. Fritz quittierte. Dann öffnete er den Umschlag. Wer schickte ihm denn Einschreibebriefe nach Bruckbeuren? Er stolperte lesend über den Teppich. Er fiel aufs Sofa, mitten zwischen die drei spielenden Katzen, und starrte hypnotisiert auf das Schreiben. Dann drehte er das Kuvert um. Ein Stück Papier rutschte heraus. Ein Scheck über fünfhundert Mark! Er fuhr sich aufgeregt durchs Haar.

Eine der Katzen kletterte auf seine Schulter, rieb ihren Kopf an seinem Ohr und schnurrte. Er stand auf, hielt sich, weil ihm schwindelte, am Tisch fest und trat langsam zum Fenster. Vor ihm lagen der verschneite Park, die spiegelglatte Eisbahn, die Skihalle mit dem weißen Dach. Ein paar Liegestühle waren vergessen worden. Hagedorn sah nichts von alledem.

Die Katze krallte sich ängstlich in dem blauen Jackett fest. Sie machte einen Buckel. Er lief kreuz und quer durchs Zimmer. Sie miaute kläglich. Er nahm sie von seiner Schulter, setzte sie auf den Rauchtisch und ging weiter. Er bückte sich, nahm den Scheck hoch, den Brief auch. Dann sagte er: »Nun ist der Bart ab!« Etwas Passenderes fiel ihm nicht ein.

Plötzlich rannte er aus dem Zimmer. Im Korridor begegnete ihm das Stubenmädchen. Sie blickte ihn lächelnd an, wünschte Guten Abend und fragte: »Haben der Herr Doktor absichtlich keine Krawatte umgebunden?«

Er blieb stehen. »Wie bitte? Ach so. Nein. Danke schön.« Er ging in seine Gemächer zurück. Hier begann er zu pfeifen. Etwas später begab er sich, die Tür weit offenlassend, zum Portier hinunter und verlangte ein Telegrammformular.

»Entschuldigung, Herr Doktor. Haben Sie absichtlich keine Krawatte umgebunden?«

»Wieso?« fragte Hagedorn. »Ich war doch extra deswegen

noch einmal in meinem Zimmer!« Er griff sich an den Hemdkragen und schüttelte den Kopf. »Tatsächlich! Na, erst muß ich depeschieren.« Er beugte sich über das Formular und adressierte es an: »Fleischerei Kuchenbuch, Charlottenburg, Mommsenstraße 7.« Dann schrieb er: »Anrufe Dienstag 10 Uhr stop erbitte Mutter ans Telefon stop vorbereitet freudige Mitteilung. Fritz Hagedorn.«

Er reichte das Formular über den Tisch. »Wenn meine Mutter eine Depesche kriegt, denkt sie, ich bin unter eine Lawine gekommen. Drum depeschiere ich dem Fleischer von nebenan. Der Mann hat Gemüt.«

Der Portier nickte höflich, obwohl er nicht verstand, worum es sich handelte.

Hagedorn ging in den Speisesaal. Die anderen saßen schon bei Tisch. Er sagte: »Mahlzeit!« und nahm Platz.

»Haben Sie absichtlich keine Krawatte umgebunden?« fragte Tante Julchen.

»Ich bitte um Nachsicht«, meinte er. »Ich habe heute einen Webefehler.«

»Wovon denn, mein Junge?« erkundigte sich Schulze.

Hagedorn klopfte mit einem Löffel ans Glas. »Wißt ihr, was los ist? Ich bin engagiert! Ich habe vom nächsten Ersten ab eine Anstellung! Mit achthundert Mark im Monat! Es ist zum Überschnappen! Eduard, hast du noch keinen Brief bekommen? Nein? Dann kriegst du ihn noch. Verlaß dich drauf! Man schreibt mir, wir zwei hätten künftig geschäftlich miteinander zu tun! Freust du dich, oller Knabe? Hach, ist das Leben schön!« Er blickte den Schiffahrtsbesitzer Johann Kesselhuth an. »Haben Sie vielen Dank! Ich bin so glücklich!« Er drückte dem soignierten alten Herrn gerührt die Hand. »Eduard, bedanke dich auch!«

Schulze lachte. »Das hätte ich fast vergessen. Also, besten Dank, mein Herr!«

Kesselhuth rutschte verlegen auf seinem Stuhl hin und her. Tante Julchen sah verständnislos von einem zum anderen.

Hagedorn griff in die Tasche und legte den Scheck über fünf hundert Mark neben Hildes Teller. »Eine Sondergratifikation!

Kinder, ist das eine noble Firma! Fünfhundert Mark, noch ehe man den kleinen Finger krumm gemacht hat! Der Abteilungschef schreibt, ich möge mich im Interesse des Unternehmens bestens erholen. Bestens! Was sagt ihr dazu?«

»Prächtig, prächtig«, meinte Hilde. »Da kannst du morgen gleich deiner Mutter etwas schicken, nicht?«

Er nickte. »Jawohl! Zweihundert Mark! Außerdem kommt sie früh zu Kuchenbuchs. Ich erzähle ihr alles am Telefon.«

»Kuchenbuchs?« fragte Eduard.

»Das ist der Fleischer, bei dem wir kaufen. Ich habe ihm eben eine Depesche geschickt. Er soll meine Mutter schonend vorbereiten. Sonst erschrickt sie zu Tode.«

Hilde sagte: »Ich gratuliere dir zu deiner Anstellung von ganzem Herzen.«

»Ich dir auch«, antwortete er fröhlich. »Nun kriegst du endlich einen Mann.«

»Wen denn?« fragte Tante Julchen. »Ach so, ich weiß schon. Na ja. Damit Sie's wissen, Herr Doktor, ich bin nicht sehr dafür.«

»Es tut mir leid«, sagte er. »Aber ich kann leider auf Hildes Tanten keine Rücksicht nehmen. Das würde zu weit führen. Liebling, ob dein Vater einverstanden sein wird? Achthundert Mark sind doch 'ne Stange Geld?« Frau Kunkel lachte despektierlich.

»Paß mal auf«, sagte Hilde. »Wir werden sogar sparen. Wir brauchen kein Dienstmädchen, sondern ich lasse dreimal in der Woche eine Aufwartefrau kommen.«

»Aber wenn der Junge da ist, nehmen wir ein Dienstmädchen«, erklärte Hagedorn besorgt.

»Welcher Junge«, fragte die Tante.

»Unser Junge!« sagte Hilde stolz.

»Wir werden ihn Eduard nennen«, bemerkte der künftige Papa. »Im Hinblick auf meinen Freund.«

»Und wenn es ein Mädchen ist?« fragte Schulze besorgt.

»Für diesen Fall möchte ich Eduardine vorschlagen«, erklärte Herr Kesselhuth.

»Sie sind ein findiger Kopf«, sagte Schulze anerkennend.

»Es wird bestimmt ein Junge«, versicherte Hagedorn.

Hilde meinte: »Ich habe auch so das Gefühl.« Und dann wurde sie rot bis über die Ohren.

Tante Julchen rang nach neuem Gesprächsstoff. Sie fragte: »Welche Firma hat Sie denn engagiert?«

Hagedorn warf sich in die Brust: »Sie werden staunen, Tantchen. Die Toblerwerke!«

Tante Julchen staunte wirklich. Sie staunte so sehr, daß ihr ein Hühnerknochen in die Speiseröhre geriet. Die Augen traten ihr faustdick aus dem Kopf. Sie hustete aus tiefster Seele.

Man flößte ihr Wasser ein. Man hielt ihr die Arme hoch. Sie riß sich los, warf einen gequälten Blick auf Herrn Schulze und entwich.

»Hat sie das häufig?« fragte Fritz, als sie fort war.

›Seit sie meine Tante ist‹, wollte Hilde eigentlich sagen. Aber sie sah die Augen ihres Vaters und die des Dieners Johann auf sich gerichtet und erklärte: »Die Freude wird sie überwältigt haben.«

Am gleichen Abend fand, eine Stunde später, ein Gespräch statt, das nicht ohne Folgen bleiben sollte. Frau Casparius kam zu Onkel Polter, der hinter seinem Ladentisch saß und eine englische Zeitung überflog. »Ich habe mit Ihnen zu reden«, erklärte sie.

Er stand langsam auf. Die Füße taten ihm weh.

»Wir kennen einander seit fünf Jahren, nicht wahr?«

»Jawohl, gnädige Frau. Als Sie das erstemal bei uns waren, wohnten gerade die akademischen Skiläufer im Hotel.« Das klang etwas anzüglich.

Sie lächelte, griff in ihre kleine Brokattasche und gab ihm ein Bündel Banknoten. »Es sind fünfhundert Mark«, erklärte sie obenhin. »Ich habe die Summe gerade übrig.«

Er nahm das Geld. »Gnädige Frau, verfügen Sie über mich!«

Sie holte eine Zigarette aus dem goldenen Etui. Er gab ihr Feuer. Sie rauchte und blickte ihn prüfend an. »Hat sich eigentlich noch keiner der Gäste über Herrn Schulze beschwert?«

»O doch«, sagte er. »Man hat sich wiederholt erkundigt,

wieso ein derartig abgerissen gekleideter Mensch ausgerechnet in unserem Hotel wohnt. Dazu kommt ja noch, daß sich der Mann im höchsten Grade unverschämt auffführt. Ich selber hatte heute nachmittag einen Auftritt mit ihm, der jeder Beschreibung spottet.«

»Diese Beschreibung wäre zudem überflüssig«, erklärte sie. »Ich saß am Nebentisch. Es war skandalös! Sie sollten sich eine solche Unverfrorenheit nicht bieten lassen. Das untergräbt den guten Ruf ihres Hotels.«

Der Portier zuckte die Achseln. »Was kann ich dagegen tun, gnädige Frau? Gast bleibt Gast.«

»Hören Sie zu! Mir liegt daran, daß Herr Schulze umgehend verschwindet. Die Gründe tun nichts zur Sache.«

Er verzog keine Miene.

»Sie sind ein intelligenter Mensch«, sagte sie. »Beeinflussen Sie den Hoteldirektor! Übertreiben Sie die Beschwerden, die gegen Schulze geführt wurden. Fügen Sie hinzu, daß ich niemals wieder hierherkomme, falls nichts unternommen wird. Herr Lenz geht übrigens mit mir d'accord.«

»Und was soll praktisch geschehen?«

»Herr Kühne soll morgen dem Schulze vorschlagen, im Interesse der Gäste und des Hotels abzureisen. Der Mann ist offensichtlich sehr bedürftig. Bieten Sie ihm eine pekuniäre Entschädigung an! Die Höhe der Summe ist mir gleichgültig. Geben Sie ihm dreihundert Mark. Das ist für ihn ein Vermögen.«

»Ich verstehe«, meinte der Portier.

»Um so besser«, meinte sie hochmütig. »Was Sie von den fünfhundert Mark übrigbehalten, gehört selbstverständlich Ihnen.«

Er verbeugte sich dankend. »Ich werde tun, was in meinen Kräften steht, gnädige Frau.«

»Noch eins«, sagte sie. »Wenn dieser Herr Schulze morgen nachmittag nicht verschwunden sein sollte, reise ich mit dem Abendzug nach Sankt Moritz. Auch das wollen Sie, bitte, Ihrem Direktor ausrichten!« Sie nickte flüchtig und ging in die Bar. Das Abendkleid rauschte. Es klang, als flüstere es in einem fort seinen Preis.

Das achtzehnte Kapitel
Zerstörte Illusionen

Am nächsten Morgen kurz nach acht Uhr klingelte es bei Frau Hagedorn in der Mommsenstraße. Die alte Dame öffnete.

Draußen stand der Lehrling vom Fleischermeister Kuchenbuch. Er war fast zwei Meter groß und wurde Karlchen genannt. »Einen schönen Gruß vom Meister«, sagte Karlchen. »Und um zehn Uhr würde der Doktor Hagedorn aus den Alpen anrufen. Sie brauchten aber nicht zu erschrecken.«

»Da soll man nicht erschrecken?« fragte die alte Dame.

»Nein. Er hat uns gestern abend ein Telegramm geschickt, und wir sollten Sie, bitte, auf ein freudiges Ereignis vorbereiten.«

»Das sieht ihm ähnlich«, sagte die Mutter. »Ein freudiges Ereignis? Ha! Ich komme gleich hinunter. Moment mal, ich hole Ihnen einen Sechser. Für den Weg.«

Sie verschwand, brachte ein Fünfpfennigstück und gab es Karlchen. Er bedankte sich und rannte polternd treppab.

Punkt neun Uhr erschien Frau Hagedorn bei Kuchenbuchs im Laden.

»Karlchen hat natürlich wieder einmal Quatsch gemacht«, meinte die Frau des Fleischermeisters. »Sie kommen eine Stunde zu früh.«

»Ich weiß«, sagte Mutter Hagedorn. »Aber ich habe zu Hause keine Ruhe. Vielleicht telefoniert er früher. Ich werde Sie gar nicht stören.«

Frau Kuchenbuch lachte gutmütig. Von Stören könne keine Rede sein.

Dann gab sie der alten Dame die Depesche und lud sie zum Sitzen ein.

»Wie er sich hat!« meinte Frau Hagedorn gereizt. »Er tut ja gerade, als ob ich eine Zimttüte wäre. So schnell erschrecke ich nun wirklich nicht.«

»Was mag er nur wollen?« fragte die Meistersfrau.

»Ich bin schrecklich aufgeregt«, stellte die alte Dame fest. Dann kamen Kunden, und sie mußte den Mund halten. Sie blickte jede Minute dreimal auf die Wanduhr, die über den Zervelat- und Salamiwürsten hing. Kalt war's im Laden. Und die Steinfliesen waren feucht. Draußen war Matschwetter.

Als kurz nach zehn Uhr das Telefon klingelte, war sie bereits völlig aufgelöst. Sie lief zittrig hinter den Ladentisch, schob sich am Hackblock vorbei, preßte den Hörer krampfhaft ans Ohr und sagte zu Frau Kuchenbuch: »Hoffentlich verstehe ich ihn deutlich. Er ist so weit weg!« Dann schwieg sie und lauschte angespannt. Plötzlich erstrahlte ihr Gesicht. Wie ein Festsaal, der eben noch im Dunkeln lag. »Ja?« rief sie mit heller Stimme.

»Hier Hagedorn! Fritz, bist du's? Hast du dir ein Bein gebrochen? Nein? Das ist recht. Oder einen Arm? Auch nicht? Da bin ich aber froh, mein Junge. Bist du bestimmt gesund? Wie? Was sagst du? Ich soll ruhig zuhören? Fritz, benimm dich. So spricht man nicht mit seiner Mutter. Nicht einmal telefonisch. Was gibt's?«

Sie schwieg ziemlich lange, hörte angespannt zu und tat unvermittelt einen kleinen Luftsprung.

»Junge, Junge! Mache keine Witze! Achthundert Mark im Monat? Hier in Berlin? Das ist aber schön. Stelle dir vor, du müßtest nach Königsberg oder Köln, und ich säße in der Mommsenstraße und finge Fliegen. Was soll ich mich? Sprich lauter, Fritz! Es ist jemand im Laden. Ach so, festhalten soll ich mich! Gern, mein Junge. Wozu denn? Was hast du dich? Du hast dich verlobt? Schreck, laß nach! Hildegard Schulze? Kenne ich nicht. Weshalb denn gleich verloben? Dazu muß man sich doch erst näher kennen. Widersprich nicht. Das weiß ich besser. Ich war schon verlobt, da warst du noch gar nicht auf der Welt. Wieso willst du das hoffen? Ach so!«

Sie lachte.

»Na, ich werde das Fräulein mal unter die Lupe nehmen. Wenn sie mir nicht gefällt, erlaube ich's nicht. Abwarten und Tee trinken. Tee trinken, habe ich gesagt. Lade sie zum Abendessen bei uns ein! Ist sie verwöhnt? Nein? Dein Glück! Was hast du abgeschickt? Zweihundert Mark? Ich brauche doch nichts. Also gut. Ich kaufe ein paar Oberhemden und was du sonst noch brauchst. Müssen wir nicht aufhören, Fritz? Es wird sonst zu teuer. Was ich noch fragen wollte: Reicht die Wäsche? Habt ihr schönes Wetter? Dort taut es auch? Das ist aber schade. Und grüße das Mädchen von mir. Nicht vergessen! Und deinen Freund. Du, der heißt doch auch Schulze! Sie ist wohl seine Tochter? Gar nicht miteinander verwandt? Soso.«

Nun hörte die alte Dame wieder längere Zeit zu. Dann fuhr sie fort: »Also, mein lieber Junge, auf frohes Wiedersehen! Bleib mir gesund! Komme nicht unter die Straßenbahn. Weiß ich ja. Es gibt gar keine in eurem Kuhdorf.« Sie lachte. »Mir geht's ausgezeichnet. Und vielen Dank für den Anruf. Das war sehr lieb von dir. Weißt du schon, ob du günstige Fahrverbindung zum Büro hast? Weißt du noch nicht? Aha. Wie heißt denn die Firma? Toblerwerke? Die dir den Preis verliehen haben? Da wird sich aber Herr Franke freuen. Natürlich grüß ich ihn. Selbstverständlich. So, nun wollen wir hinhängen. Sonst kostet es das Doppelte. Auf Wiedersehen, mein Junge. Ja. Natürlich. Ja, ja. Ja! Auf Wiedersehen!«

»Das waren aber gute Nachrichten«, meinte Frau Kuchenbuch anerkennend.

»Achthundert Mark im Monat«, sagte die alte Dame. »Und vorher jahrelang keinen Pfennig!«

»Achthundert Mark und eine Braut!«

Frau Hagedorn nickte. »Ein bißchen viel aufs Mal, wie? Aber dazu sind die Kinder ja schließlich da, daß sie später Eltern werden.«

»Und wir Großeltern.«

»Das wollen wir stark hoffen«, meinte die alte Dame. Sie musterte den Ladentisch.

»Geben Sie mir, bitte, ein Viertelpfund Hochrippe. Und ein paar Knochen extra. Und ein Achtel gekochten Schinken. Der Tag muß gefeiert werden.«

Fritz war früh auf der Bank gewesen und hatte den Scheck eingelöst. Dann hatte er im Postamt das Telefongespräch mit Berlin angemeldet und, während er auf die Verbindung wartete, für seine Mutter zweihundert Mark eingezahlt.

Jetzt, nach dem Gespräch, bummelte er guter Laune durch den kleinen, altertümlichen Ort und machte Einkäufe. Das ist, wenn man jahrelang jeden Pfennig zehnmal hatte umdrehen müssen, ein ergreifendes Vergnügen. Jahrelang hatte man die Zähne zusammengebissen. Und nun das Glück wie der Blitz eingeschlagen hat, möchte man am liebsten heulen. Na, Schwamm drüber!

Für Herrn Kesselhuth, seinen Gönner, besorgte Doktor Hagedorn eine Kiste kostbarer Havannazigarren. Für Eduard kaufte er in einem Antiquitätengeschäft einen alten Zinnkrug. Für Hilde erstand er ein seltsam traubenförmiges Ohrgehänge. Es war aus Jade, mattem Gold und Halbedelsteinen. Im Blumenladen bestellte er schließlich für Tante Julchen einen imposanten Strauß und bat die Verkäuferin, die Geschenke ins Hotel zu schicken. Sich selber schenkte er nichts.

Anderthalb Stunden war er im Ort. Als er zurückkam, lag Kasimir, der unvergleichliche Schneemann, in den letzten Zügen. Der Konfitüreneimer, Kasimirs Helm, saß auf den Schultern. Augen, Nase, Mund und Schnurrbart waren dem geliebten Husaren auf die Heldenbrust gerutscht. Aber noch stand er aufrecht. Er starb im Stehen, wie es sich für einen Soldaten geziemt.

»Fahr wohl, teurer Kasimir!« sagte Hagedorn. »Ohne Kopf kann keiner aus dem Fenster gucken.« Dann betrat er das Grandhotel. Hier war inzwischen mancherlei geschehen.

Das Unheil hatte harmloserweise damit begonnen, daß Geheimrat Tobler, seine Tochter, die Kunkel und Johann frühstückten.

Sie saßen im Verandasaal, aßen Brötchen und sprachen über das Tauwetter. »Wenn wir einen Wagen mithätten«, sagte Hilde, »könnten wir nach München fahren.«

»Du darfst nicht vergessen, daß ich ein armer Mann bin«, meinte ihr Vater. »Wir werden eine Stunde Kegelschieben. Das beruhigt die Nerven. Wo steckt übrigens mein Schwiegersohn?«

»Auf der Bank und auf der Post«, berichtete Hilde. »Wie haben Sie geschlafen, Kunkel?«

»Miserabel«, sagte Tante Julchen. »Ich habe entsetzlich geträumt. Das hätten Sie aber auch nicht mit mir machen dürfen!«

»Was denn?« fragte Johann.

»Als Doktor Hagedorn erzählte, daß ihn die Toblerwerke engagiert hätten, ihn und den Herrn Schulze dazu, und der Hühnerknochen war so spitz, ich habe oben im Zimmer Tafelöl getrunken, es war abscheulich.«

»Wenn wir wieder einmal eine Überraschung für Sie haben«, sagte Johann, »kriegen Sie Haferflocken.«

»Das hat alles keinen Zweck«, erklärte der Geheimrat. »Dann verschluckt sie den Löffel.«

»Den Löffel legen wir vorher an die Kette«, meinte Hilde.

Frau Kunkel war wieder einmal gekränkt.

Aber viel Zeit blieb ihr nicht dazu. Denn der Portier und der Direktor Kühne traten feierlich in den Saal und näherten sich dem Tisch.

»Die beiden sehen wie Sekundanten aus, die eine Duellforderung überbringen«, behauptete der Geheimrat.

Johann konnte eben noch »Dicke Luft!« murmeln. Da machte Karl der Kühne schon seine Verbeugung und sagte: »Herr Schulze, wir möchten Sie eine Minute sprechen.«

Schulze meinte: »Eine Minute? Meinetwegen.«

»Wir erwarten Sie nebenan im Schreibzimmer«, erklärte der Portier.

»Da können Sie lange warten«, behauptete Schulze.

Hilde sah auf ihre Armbanduhr. »Die Minute ist gleich um.«

Herr Kühne und Onkel Polter wechselten Blicke. Dann gestand der Direktor, daß es sich um eine delikate Angelegenheit handle.

»Das trifft sich großartig«, sagte Tante Julchen. »Für so etwas schwärme ich. Hildegard, halte dir die Ohren zu!«

»Wie Sie wünschen«, meinte der Direktor. »Ich wollte Herrn Schulze die Gegenwart von Zeugen ersparen. Kurz und gut, die Hotelbetriebsgesellschaft, deren hiesiger Direktor ich bin, ersucht Sie, unser Haus zu verlassen. Einige unserer Stammgäste haben Anstoß genommen. Seit gestern haben sich die Beschwerden gehäuft. Ein Gast, der begreiflicherweise nicht genannt sein will, hat eine beträchtliche Summe ausgeworfen. Wieviel war es?«

»Zweihundert Mark«, sagte Onkel Polter gütig.

»Diese zweihundert Mark«, meinte der Direktor, »werden Ihnen ausgehändigt, sobald Sie das Feld räumen. Ich nehme an, daß Ihnen das Geld nicht ungelegen kommt.«

»Warum wirft man mich eigentlich hinaus?« fragte Schulze. Er war um einen Schein blasser geworden. Das Erlebnis ging ihm nahe.

»Von Hinauswerfen kann keine Rede sein«, sagte Herr Kühne. »Wir ersuchen Sie, wir bitten Sie, wenn Sie so wollen. Uns liegt daran, die anderen Gäste zufriedenzustellen.«

»Ich bin ein Schandfleck, wie?« fragte Schulze.

»Ein Mißton«, erwiderte der Portier.

Geheimrat Tobler, einer der reichsten Männer Europas, meinte ergriffen: »Armut ist also doch eine Schande.«

Aber Onkel Polter zerstörte die Illusion. »Sie verstehen das Ganze falsch«, erklärte er. »Wenn ein Millionär mit drei Schrankkoffern ins Armenhaus zöge und dort dauernd im Frack herumliefe, wäre Reichtum eine Schande! Es kommt auf den Standpunkt an.«

»Alles zu seiner Zeit und am rechten Ort«, behauptete Herr Kühne.

»Und Sie sind nicht am rechten Ort«, sagte Onkel Polter.

Da erhob sich Tante Julchen, trat dicht an Onkel Polter heran, wedelte unmißverständlich mit der rechten Hand und meinte: »Machen Sie, daß Sie fortkommen, sonst knallt's!«

»Lassen Sie den Portier in Ruhe!« befahl Schulze. Er stand auf. »Also gut. Ich reise. Herr Kesselhuth, würden Sie die Güte haben und ein Leihauto bestellen? In zwanzig Minuten fahre ich.«

»Ich komme natürlich mit«, sagte Herr Kesselhuth. »Portier, meine Rechnung. Aber ein bißchen plötzlich!« Er verschwand im Laufschritt.

»Mein Herr!« rief der Direktor hinterher. »Warum wollen Sie uns denn verlassen?«

Tante Julchen lachte böse. »Sie sind ja wirklich das Dümmste, was 'raus ist! Hoffentlich hebt sich das mit der Zeit. Für meine Nichte und mich die Rechnung! Aber ein bißchen plötzlich!« Sie rauschte davon und stolperte über die Schwelle.

Der Direktor murmelte: »Einfach tierisch!«

»Wo sind die zweihundert Mark?« fragte Herr Schulze.

»Sofort!« murmelte der Portier, holte die Brieftasche heraus und legte zwei Scheine auf den Tisch.

Schulze nahm das Geld, winkte dem Ober, der an der Tür stand, und gab ihm die zweihundert Mark. »Die Hälfte davon bekommt der Sepp, mit dem ich die Eisbahn gekehrt habe«, sagte er. »Werden Sie das nicht vergessen?«

Der Kellner hatte die Sprache verloren. Er schüttelte nur den Kopf.

»Dann ist's gut«, meinte Schulze. Er sah den Direktor und den Portier kalt an. »Entfernen Sie sich!« Die beiden folgten wie die Schulkinder. Geheimrat Tobler und Hilde waren allein.

»Und was wird mit Fritz?« fragte Fräulein Tobler.

Ihr Vater blickte den entschwindenden Gestalten nach. Er sagte: »Morgen kaufe ich das Hotel. Übermorgen fliegen die beiden hinaus.«

»Und was wird mit Fritz?« fragte Hilde weinerlich.

»Das erledigen wir in Berlin«, erklärte der Geheimrat. »Glaub mir, es ist die beste Lösung. Sollen wir ihm in dieser unmöglichen Situation erzählen, wer wir eigentlich sind?«

Zwanzig Minuten später fuhr eine große Limousine vor. Sie gehörte dem Lechner Leopold, einem Fuhrhalter aus Bruckbeuren, und er saß persönlich am Steuer. Die Hausdiener brachten aus dem Nebeneingang des Hotels mehrere Koffer und schnallten sie auf dem Klapprost des Wagens fest.

Der Direktor und der Portier standen vor dem Portal und waren sich nicht im klaren.

»Einfach tierisch«, sagte Herr Kühne. »Der Mann schmeißt zweihundert Mark zum Fenster hinaus. Er läßt seine Freifahrkarte verfallen und fährt im Auto nach München. Drei Gäste, die er erst seit ein paar Tagen kennt, schließen sich an. Ich fürchte, wir haben uns da eine sehr heiße Suppe eingebrockt.«

»Und das alles wegen dieser mannstollen Casparius!« meinte Onkel Polter. »Sie will den Schulze doch nur forthaben, damit sie besser an den kleinen Millionär heran kann.«

»Ja, warum haben Sie mir denn das nicht früher mitgeteilt?« fragte Karl der Kühne empört.

Der Portier dachte an die dreihundert Mark, die er bei der Transaktion eingesteckt hatte, und steckte den Vorwurf dazu.

Dann kamen Tante Julchen und ihre Nichte. Sie waren mit Hutschachteln, Schirmen und Taschen beladen. Der Direktor wollte ihnen beispringen. »Lassen Sie die Finger davon!« befahl die Tante. »Ich war nur zwei Tage hier. Aber mir hat's genügt. Ich werde Sie, wo ich kann, weiterempfehlen.«

»Ich bin untröstlich«, erklärte Herr Kühne.

»Mein Beileid«, sagte die Tante.

Der Portier fragte: »Meine Damen, warum verlassen Sie uns denn so plötzlich?«

»Er kommt aus dem Mustopf«, meinte Tante Julchen.

»Hier ist ein Brief für Doktor Hagedorn«, sagte Hilde. Onkel Polter nahm ihn ehrfürchtig in Empfang. Das junge Mädchen wandte sich an den Direktor. »Ehe ich's vergesse: wir haben vor sechs Tagen miteinander telefoniert.«

»Nicht daß ich's wüßte, gnädiges Fräulein!«

»Ich bereitete sie damals auf einen verkleideten Millionär vor.«

»Sie waren das?« fragte der Portier. »Und jetzt lassen Sie Herrn Doktor Hagedorn allein?«

»Wie kann ein einzelner Mensch nur so dämlich sein!« meinte Tante Julchen und schüttelte das Haupt.

Hilde sagte: »Tantchen, jetzt keine Fachsimpeleien! Guten Tag, die Herren. Ich glaube, Sie werden lange an den Fehler denken, den Sie heute gemacht haben.« Die beiden Damen stiegen in Lechners Limousine.

Bald danach erschienen Schulze und Kesselhuth. Schulze legte einen Brief für Fritz auf den Portiertisch.

Der Direktor und Onkel Polter verbeugten sich. Sie wurden aber übersehen. Das Auto füllte sich. Johann hielt die elektrische Heizsonne auf dem Schoß. Die Koffer waren voll gewesen.

Der Lechner Leopold wollte schon anfahren, als Sepp, der Skihallenhüter, angaloppiert kam. Er gab gutturale Laute der Rührung von sich, ergriff Schulzes Hand und schien entschlossen, sie abreißen zu wollen.

»Schon gut, Sepp«, sagte Schulze. »Es ist gern geschehen. Sie waren beim Eisbahnkehren sehr nett zu mir.«

Kesselhuth zeigte auf die kläglichen Reste des getauten Schneemanns. »Der schöne Kasimir ist hin.«

Schulze lächelte. Er entsann sich jener gestirnten Nacht, in der Kasimir zur Welt gekommen war. »Schön war's doch«, murmelte er. Dann fuhr der Wagen davon. Die Schneepfützen spritzten.

Als Hagedorn ins Hotel zurückkam, übergab ihm der Portier zwei Briefe. »Nanu«, sagte Fritz, setzte sich in die Halle und riß die Kuverts auf.

Das erste Schreiben lautete: »Mein lieber Junge! Ich muß, unerwartet und sofort, nach Berlin zurück. Es tut mir leid. Auf baldiges Wiedersehen. Herzliche Grüße. Dein Freund Eduard.«

Auf dem zweiten Briefbogen stand: »Mein Liebling! Wenn Du diese Zeilen liest, ist Dein Fräulein Braut durchgegangen. Sie wird es bestimmt nicht wieder tun. Sobald Du sie gefunden hast, darfst Du sie so lange an den Ohren ziehen, bis diese rechtwinklig abstehen. Vielleicht ist es kleidsam. Komme, bitte, bald nach Berlin, wo nicht nur meine Ohren auf Dich warten, sondern auch der Mund Deiner zukünftigen Gattin Hilde Hagedorn.«

Fritz stieß einen gräßlichen Fluch aus und rannte zum Portier hinüber. »Was soll das denn bedeuten?« fragte er fassungslos. »Schulze ist abgereist! Meine Braut ist abgereist! Und Tante Julchen?«

»Abgereist«, sagte der Portier.

»Und Herr Kesselhuth?«

»Abgereist«, flüsterte der Portier.

Hagedorn musterte das Armesündergesicht Onkel Polters. »Hier stimmt doch etwas nicht! Warum sind die vier fort? Erzählen Sie mir jetzt keine Märchen! Sonst könnte ich heftig werden!« Der Portier sagte: »Warum die beiden Damen und Herr Kesselhuth fort sind, weiß ich nicht.«

»Und Herr Schulze?«

»Einige Gäste haben sich beschwert. Herr Schulze störe die Harmonie. Die Direktion bat ihn, abzureisen. Er trug der Bitte sofort Rechnung. Daß zu guter Letzt vier Personen abfuhren, hatten wir nicht erwartet.«

»Nur vier?« fragte Doktor Hagedorn. Er trat vor den Fahrplan, der an der Wand hing. »Ich fahre natürlich auch. In einer Stunde geht mein Zug.« Er rannte zur Treppe. Der Portier war dem Zusammenbruch nahe. Er schleppte sich ins Büro, sank dort in einen Stuhl und meldete Karl dem Kühnen das neueste Unglück.

»Hagedorns Abreise muß verhindert werden!« behauptete der Direktor. »So ein verstimmter Millionär kann uns derartig in Verruf bringen, daß wir in der nächsten Saison die Bude zumachen können.«

Sie stiegen ins erste Stockwerk und klopften an Appartement 7. Aber Hagedorn antwortete nicht. Herr Kühne drückte auf die Klinke. Die Tür war abgeriegelt. Sie hörten es bis auf den Korridor hinaus, wie im Zimmer Schubkästen aufgezogen und Schranktüren zugeknallt wurden. »Er packt sehr laut«, sagte der Portier beklommen. Sie gingen traurig in die Halle hinunter und warteten, daß der junge Mann erschiene.

Er erschien. »Den Koffer bringt der Hausdiener zur Bahn. Ich gehe zu Fuß.«

Die beiden liefen neben ihm her. »Herr Doktor«, flehte Karl der Kühne, »das dürfen Sie uns nicht antun.«

»Strengen Sie sich nicht unnötig an!« sagte Hagedorn.

An der Tür stieß er mit der Verkäuferin aus dem Blumenladen zusammen. Sie brachte die Geschenke, die er vor knapp zwei Stunden eingekauft hatte. »Ich habe mich etwas verspätet«, meinte sie.

»Ein wahres Wort«, sagte er.

»Der Strauß ist dafür besonders schön geworden«, versicherte sie.

Er lachte ärgerlich. »Das Bukett können Sie sich ins Knopfloch stecken! Behalten Sie das Gemüse!« Sie staunte, knickste und entfernte sich eilends.

Nun stand Fritz mit einem Zinnkrug, einer Kiste Zigarren und einem originellen Ohrgehänge allein in Bruckbeuren.

Der Direktor fragte: »Dürfen wir Sie wenigstens bitten, in Ihren Kreisen über den höchst bedauerlichen Zwischenfall zu schweigen?«

»Der Ruf unseres Hotels steht auf dem Spiele«, bemerkte Onkel Polter ergänzend.

»In meinen Kreisen?« meinte Hagedorn verwundert. Dann lachte er. »Ach richtig! Ich bin Ihnen noch eine Erklärung schuldig! Sie halten mich ja für einen Millionär, nicht wahr? Damit ist es allerdings Essig. Vor meinen Kreisen ist Bruckbeuren zeitlebens sicher. Ich war bis gestern arbeitslos. Da staunen Sie! Irgend jemand hat Sie zum Narren gehalten. Guten Tag, meine Herren!« Das Portal schloß sich hinter ihm.

»Er ist gar kein Millionär?« fragte der Direktor heiser. »Glück muß der Mensch haben, Polter! Menschenskind, das junge Mädchen hat uns verkohlt? Gott sei Dank! Wir waren bloß die Dummen? Einfach tierisch!«

Der Portier winkte aufgeregt ab. Plötzlich schlug er sich vor die Stirn. Es sah aus, als wolle er einen Ochsen töten. »Grauenhaft! Grauenhaft!« rief er. »Das beste ist, wir bringen uns um!«

»Gern«, erklärte der Direktor, noch immer obenauf. »Aber wozu, bittschön? Es sind einige Gäste vor der Zeit weggefahren. Und? Ein junges Mädchen hat uns auf den Besen geladen. Das kann ich verschmerzen.«

»Die Geschichte bricht uns das Genick«, sagte der Portier. »Wir waren komplette Idioten!«

»Na, na«, machte Karl der Kühne. »Sie tun mir unrecht.«

Onkel Polter erhob lehrhaft den Zeigefinger. »Hagedorn war kein Millionär. Aber das junge Mädchen hat nicht gelogen. Es war ein verkleideter Millionär hier! Oh, das war furchtbar. Wir sind erschossen.«

»Nun wird mir's zu bunt!« rief der Direktor nervös. »Drücken Sie sich endlich deutlicher aus!«

»Der verkleidete Millionär wurde von uns vor einer Stunde hinausgeworfen«, sagte der Portier mit Grabesstimme. »Er hieß Schulze!«

Herr Kühne schwieg.

Der Portier verfiel zusehends. »Und diesen Mann habe ich die Eisbahn kehren lassen! Mit dem Rucksack mußte er ins Dorf hinunter, weil das Kind der Botenfrau die Masern hatte! Der Heltai hat ihn auf die Bockleiter geschickt! Oh.«

»Einfach tierisch!« murmelte der Hoteldirektor. »Ich muß mich legen, sonst trifft mich der Schlag im Stehen.«

Am Nachmittag wurde der bettlägerige Herr Kühne von einem Boy gestört.

»Eine Empfehlung vom Herrn Portier«, sagte der Junge. »Ich soll Ihnen mitteilen, daß Frau Casparius mit dem Abendzug fährt.«

Der Direktor stöhnte weidwund.

»Sie kämen nie wieder nach Bruckbeuren, läßt der Portier sagen. Ach so, und Herr Lenz aus Köln reist auch.«

Der Direktor drehte sich ächzend um und biß knirschend ins Kopfkissen.

Das neunzehnte Kapitel
Vielerlei Schulzes

In München hatte Doktor Hagedorn volle sechs Stunden Aufenthalt. Er gab seinen Vulkanfiberkoffer am Handgepäckschalter ab. Dann ging er über den Stachus, die Kaufingerstraße entlang, bog links ein und nahm gegenüber der Theatinerkirche Aufstellung. Damit begann jeder seiner Münchner Besuche. Er liebte diese Kirchenfassade seit der Studentenzeit.

Heute stand er hier wie die Kuh vorm neuen Tor. Er dachte immerzu an Hilde. An Eduard natürlich auch. Das Bild der Kirche drang nur bis zur Netzhaut.

Er steckte die Hände in den abgeschabten Mantel, lief in die Stadt zurück, saß, ehe er sich dessen versah, in einem Münchner Postamt und blätterte im Berliner Adreßbuch. Er studierte die Rubrik »Schulze«. Neben ihm lagen Notizblock und Bleistift.

Einen Werbefachmann Eduard Schulze gab es nicht. Vielleicht hatte sich Eduard als »Kaufmann« eingetragen? Hagedorn schrieb sich die einschlägigen Adressen auf. Was Hildegard anbetraf, war der Fall noch schwieriger. Welchen Vornamen hatte, um alles in der Welt, sein künftiger Schwiegervater? Und welchen Beruf? Man konnte doch unmöglich zu allen in Berlin wohnhaften Schulzes laufen und fragen: »Haben Sie erstens eine Tochter, und ist diese zweitens meine Braut?« Das war ja eine Lebensaufgabe!

Später sah sich Hagedorn ein Filmlustspiel an. So oft er lachte, ärgerte er sich. Glücklicherweise bot der Film nur wenige Möglichkeiten zum Lachen. Sonst wäre der junge Mann bestimmt innerlich mit sich zerfallen.

Anschließend aß er in einem Bräu Rostwürstchen mit Kraut. Dann begab er sich zum Bahnhof zurück und hockte, Paulaner trinkend, im Wartesaal. Er war entschlossen, kühne Einfälle für künftige Reklamefeldzüge zu finden. Es fiel ihm aber auch nicht das mindeste ein. Immerzu dachte er an Hilde.

Wenn er sie nun nicht fand? Und wenn sie nichts mehr von sich hören ließ? Was dann?

Der Zug war nur schwach besetzt. Fritz hatte ein Abteil für sich allein. Bis Landshut lief er in dem Kupee wie in einem Käfig hin und her. Dann legte er sich lang, schlief sofort ein und träumte wilde Sachen. Einer der Träume spielte auf dem Berliner Einwohnermeldeamt.

An den Türen standen, alphabetisch geordnet, alle möglichen Familiennamen. Vor dem Türschild »Schnabel bis Schütze« machte Hagedorn halt, klopfte an und trat ein. Hinter der Barriere saß der Schneemann Kasimir. Er trug einen Schupohelm und fragte: »Sie wünschen?« Hierbei strich er sich den Schnurrbart und sah überhaupt sehr streng aus.

»Haben Sie die Schulzes unter sich?« fragte Fritz.

Kasimir sagte: »Alle Schulzen.«

»Wie kommen Sie zu diesem Plural?« fragte Fritz.

»Verfügung des Präsidiums«, meinte Kasimir barsch.

»Verzeihung«, sagte Fritz. »Ich suche ein Fräulein Hildegard Schulze. Wenn sie lacht, kriegt sie ein Grübchen. Nicht zwei, wie andere Mädchen. Und in ihren Pupillen hat sie goldene Pünktchen.«

Kasimir blätterte umständlich in etlichen Karteikästen. Dann nickte er. »Die gibt's. Sie hat früher auf dem Funkturm gewohnt. Dann hat sie sich nach den Alpen abgemeldet.«

»Sie muß aber wieder in Berlin sein«, behauptete Fritz.

»Dem Funkturm ist davon nichts bekannt«, sagte der Schneemann. »Sie scheint überhaupt nicht zu wohnen. Vielleicht ist sie abgegeben worden. Folgen Sie mir unauffällig!«

Sie stiegen in den Keller. Hier standen in langen Reihen viele Schränke. Kasimir schloß einen nach dem anderen auf. In jedem Schrank waren vier Fächer. Und in jedem Fach stand ein Mensch. Das waren die Leute, die polizeilich nicht gemeldet waren, und andere, die total vergessen hatten, wo sie wohnten. Und schließlich Kinder, die nicht mehr wußten, wie sie hießen.

»Das ist ja allerhand«, meinte Hagedorn erschrocken. Die Erwachsenen standen verärgert oder auch versonnen in ihren Fächern. Die Kinder weinten. Es war ein ausgesprochen trauriger Anblick. In einem Fach stand ein alter Gelehrter, ein Historiker übrigens; der hielt sich für einen vergessenen Regenschirm und verlangte von Kasimir, man solle ihn endlich zumachen. Er hatte die Arme ausgebreitet und die Beine gespreizt. Und er sagte fortwährend: »Es regnet doch gar nicht mehr!« Fritz schlug die Tür zu.

Sie hatten schon fast in alle Schränke geguckt. Aber Hildegard hatten sie noch immer nicht gefunden.

Fritz hielt plötzlich die Hand hinters Ohr. »Im letzten Schrank heult ein Fräulein!«

Der Schneemann schloß die Tür auf. In der äußersten Ecke, mit dem Rücken zum Beschauer, stand ein junges Mädchen und weinte heftig.

Hagedorn stieß einen Freudenschrei aus. Dann sagte er gerührt: »Herr Schneepo, das ist sie.«

»Sie steht verkehrt«, knurrte Kasimir. »Ich sehe keine Grübchen.«

»Hilde!« rief Fritz. »Schau uns, bitte, an! Sonst mußt du hierbleiben.« Hilde drehte sich um. Das kleine hübsche Gesicht war total verheult.

»Ich sehe keine Grübchen«, sagte der Schneemann. »Ich schließe wieder zu.«

»Hildchen!« rief Fritz. »Lach doch mal! Der Onkel will nicht glauben, daß du ein Grübchen hast. Tanze ihm den sterbenden Schwan vor! Stehen Sie auf, teuerste Gräfin! Morgen versetzen wir deinen Ring und fahren für zweitausend Mark Achterbahn! Aber lache! Lache!«

Es war vergebens. Hilde erkannte ihn nicht. Sie lächelte nicht und lachte nicht. Sie stand in der Ecke und weinte. Kasimir steckte den Schlüssel ins Türschloß. Fritz fiel ihm in den Arm. Der Schneemann packte den jungen Mann am Schopf und schüttelte ihn.

»Unterlassen Sie das!« rief Hagedorn wütend.

»Na, na, na«, sagte jemand. »Kommen Sie zu sich!«

Vor ihm stand der Zugschaffner. »Bitte, die Fahrkarten!« Und draußen dämmerte der Tag.

Am Morgen klingelte es bei Frau Hagedorn in der Mommsenstraße. Die alte Dame öffnete. Draußen stand Karlchen, der Lehrling des Fleischermeisters Kuchenbuch.

»Hallo!« sagte sie. »Telefoniert mein Sohn schon wieder?« Karlchen schüttelte den Kopf. »Einen schönen Gruß von meinem Meister, und heute wäre die Überraschung noch größer als vorgestern. Und Sie sollen, bitte, nicht erschrecken. Sie bekommen Besuch.«

»Besuch?« meinte die alte Dame. »Über Besuch erschrickt man nicht! Wer kommt denn?«

Von der Treppe her rief es: »Kuckuck! Kuckuck!«

Mutter Hagedorn schlug die Hände überm Kopf zusammen. Sie lief ins Treppenhaus und blickte um die Ecke. Eine Etage tiefer saß ihr Junge auf den Stufen und nickte ihr zu.

»Da hört sich doch alles auf!« sagte sie. »Was willst du denn in Berlin, du Lausejunge? Du gehörst doch nach Bruckbeuren! Steh auf, Fritz! Die Stufen sind zu kalt.«

»Muß ich gleich wieder zurückfahren?« fragte er. »Oder kriege ich erst 'ne Tasse Kaffee?«

»Marsch in die gute Stube«, befahl sie.

Er kam langsam herauf und schlich mit seinem Koffer an ihr vorbei, als habe er Angst. Karlchen lachte naiv und verzog sich. Mutter und Sohn spazierten Arm in Arm in die Wohnung. Während sie frühstückten, berichtete Fritz ausführlich von den Ereignissen des Vortags. Dann las er die beiden Abschiedsbriefe vor. »Da stimmt etwas nicht, mein armer Junge«, meinte die Mutter tiefsinnig. »Du bist mit deiner Vertrauensseligkeit wieder einmal hineingefallen. Wollen wir wetten?«

»Nein«, erwiderte er.

»Du bildest dir immer ein, man merkte auf den ersten Blick, ob an einem Menschen etwas dran ist oder nicht«, sagte sie. »Wenn du recht hättest, müßte die Welt ein bißchen anders aussehen. Wenn alle ehrlichen Leute ehrlich ausschauten und alle Strolche wie Strolche, dann könnten wir lachen. Die schöne Reise haben sie dir verdorben. Am nächsten Ersten mußt du ins Büro. Eine Woche zu früh bist du abgereist. Man könnte mit dem Fuß aufstampfen!«

»Aber gerade deswegen hat sich Eduard wahrscheinlich

nicht von mir verabschiedet!« rief er. »Er fürchtete, ich käme mit, und er wollte, ich solle in Bruckbeuren bleiben! Er dachte doch nicht, daß ich erführe, wie abscheulich man ihn behandelt hat.«

»Dann konnte er wenigstens seine Berliner Adresse dazuschreiben«, sagte die Mutter. »Ein Mann mit Herzensbildung hätte das getan. Da kannst du reden, was du willst. Und warum hat sich das Fräulein nicht von dir verabschiedet? Und warum hat denn sie keine Adresse angegeben? Von einem Mädchen, das du heiraten willst, können wir das verlangen! Alles, was recht ist.«

»Du kennst die zwei nicht«, entgegnete er. »Sonst würdest du das alles ebensowenig verstehen wie ich. Man kann sich in den Menschen täuschen. Aber so sehr in ihnen täuschen, das kann man nicht.«

»Und was wird nun?« fragte sie. »Was wirst du tun?«

Er stand auf, nahm Hut und Mantel und sagte: »Die beiden suchen!«

Sie schaute ihm vom Fenster aus nach. Er ging über die Straße.

›Er geht krumm‹, dachte sie. ›Wenn er krumm geht, ist er traurig.‹

Während der nächsten fünf Stunden hatte Doktor Hagedorn anstrengenden Dienst. Er besuchte Leute, die Eduard Schulze hießen. Es war eine vollkommen blödsinnige Beschäftigung. So oft der Familienvorstand selber öffnete, mochte es noch angehen. Dann wußte Fritz wenigstens sofort, daß er wieder umkehren konnte. Er brauchte nur zu fragen, ob etwa eine Tochter namens Hildegard vorhanden sei.

Wenn aber eine Frau Schulze auf der Bildfläche erschien, war die Sache zum Auswachsen. Man konnte schließlich nicht einfach fragen: »War Ihr Herr Gemahl bis gestern in Bruckbeuren? Haben Sie eine Tochter? Ja? Heißt sie Hilde? Nein? Guten Tag!«

Er versuchte es auf jede Weise. Trotzdem hatte er den Eindruck, überall für verrückt gehalten zu werden.

Besonders schlimm war es in der Prager Straße und auf der Masurenallee.

In der Prager Straße rief die dortige Frau Schulze empört: »Also in Bruckbeuren war der Lump? Mir macht er weis, er käme aus Magdeburg. Hatte er ein Frauenzimmer mit? Eine dicke Rotblonde?«

»Nein«, sagte Fritz. »Es war gar nicht Ihr Mann. Sie tun ihm unrecht.«

»Und wieso kommen Sie dann hierher? Nein, nein, mein Lieber! Sie bleiben hübsch hier und warten, bis mein Eduard nach Hause kommt! Dem werde ich helfen!«

Hagedorn mußte sich mit aller Kraft losreißen. Er floh. Sie schimpfte hinter ihm her, daß das Treppenhaus wackelte.

Ja, und bei den Schulzes auf der Masurenallee existierte eine Tochter, die Hildegard hieß! Sie war zwar nicht zu Hause. Aber der Vater war da. Er bat Fritz in den Salon.

»Sie kennen meine Tochter?« fragte der Mann.

»Ich weiß nicht recht«, sagte Fritz verlegen. »Vielleicht ist sie's. Vielleicht ist sie's nicht. Haben Sie zufällig eine Fotografie der jungen Dame zur Hand?«

Herr Schulze lachte bedrohlich. »Ich will nicht hoffen, daß Sie meine Tochter nur im Dunkeln zu treffen pflegen!«

»Keineswegs«, erklärte Fritz. »Ich möchte nur feststellen, ob Ihr Fräulein Tochter und meine Hilde identisch sind.«

»Ihre Absichten sind doch ernst?« fragte Schulze streng.

Der junge Mann nickte.

»Das freut mich«, sagte der Vater. »Haben Sie ein gutes Einkommen? Trinken Sie?«

»Nein«, meinte Fritz. »Das heißt, ich bin kein Trinker. Das Gehalt ist anständig. Bitte, zeigen Sie mir eine Fotografie!«

Herr Schulze stand auf. »Nehmen Sie mir's nicht übel! Aber ich glaube, Sie haben einen Stich.« Er trat zum Klavier, nahm ein Bild herunter und sagte: »Da!«

Hagedorn erblickte ein mageres, häßliches Fräulein. Es war eine Aufnahme von einem Kostümfest. Hilde Schulze war als Pierrot verkleidet und lächelte neckisch. Daß sie schielte, konnte am Fotografen liegen. Aber daß sie krumme Beine hatte, war nicht seine Schuld. »Allmächtiger!« flüsterte er. »Hier liegt ein Irrtum vor. Verzeihen Sie die Störung!« Er stürzte in den Korridor, geriet statt auf die Treppe in ein Schlafzimmer, machte kehrt, sah Herrn Schulze wie einen rächenden Engel nahen, öffnete glücklicherweise die richtige Tür und raste die Treppe hinunter. Nach diesem Erlebnis fuhr er mit der Straßenbahn heim. Dreiundzwanzig Schulzes hatte er absolviert.

Er hatte noch gute fünf Tage zu tun.

Seine Mutter kam ihm aufgeregt entgegen: »Was glaubst du, wer hier war?«

Er wurde lebendig. »Hilde?« fragte er. »Oder Eduard?«

»Ach wo«, entgegnete sie.

»Ich gehe schlafen«, meinte er müde. »Spätestens in drei Tagen nehme ich einen Detektiv.«

»Tu das, mein Junge. Aber heute abend gehen wir aus. Wir sind eingeladen. Ich habe dir ein bildschönes Oberhemd besorgt. Und eine Krawatte. Blau und rot gestreift.«

»Vielen Dank«, sagte er und sank auf einen Stuhl. »Wo sind wir denn eingeladen?«

Sie faßte seine Hand. »Bei Geheimrat Tobler.«

Er zuckte zusammen.

»Ist das nicht großartig?« fragte sie eifrig. »Denke dir an! Es klingelte dreimal. Ich gehe hinaus. Wer steht draußen? Ein Chauffeur in Livree. Er fragt, wann du aus Bruckbeuren zurückkämst? ›Mein Sohn ist schon da‹, sage ich. ›Er kam heute früh an.‹ Er verbeugt sich und sagt ›Geheimrat Tobler bittet Sie und Ihren Herrn Sohn, heute abend seine Gäste zu sein. Es handelt sich um ein einfaches Abendbrot. Der Geheimrat möchte seinen neuen Mitarbeiter kennenlernen.‹ Dann druckste er ein bißchen herum. Endlich meinte er: ›Kommen Sie, bitte, nicht in großer Toilette. Der Herr Geheimrat mag das nicht besonders. Ist Ihnen acht Uhr abends recht?‹ Ein reizender Mensch. Er wollte uns im Auto abholen. Ich habe aber gesagt, wir führen lieber mit der Straßenbahn. Die 176 und die 76 halten ja ganz in der Nähe. Und große Toiletten, habe ich gesagt, hätten wir sowieso nicht, da brauchten sie keine Bange zu haben.« Sie sah ihren Sohn erwartungsvoll an.

»Da müssen wir ja wohl hingehen«, meinte er.

Frau Hagedorn traute ihren Ohren nicht. »Deinen Kummer in allen Ehren, mein Junge«, sagte sie dann. »Aber du solltest dich wirklich ein bißchen zusammennehmen!« Sie fuhr ihm sanft übers Haar. »Kopf hoch, Fritz! Heute gehen wir zu Toblers! Ich finde es sehr aufmerksam von dem Mann. Eigentlich hat er es doch gar nicht nötig, wie? Ein Multimillionär, der einen Konzern besitzt, sicher hat er tausend Angestellte. Wenn der mit allen Angestellten Abendbrot essen wollte! Es ist schließlich eine Ehre. Heute erledigen wir das Geschäftliche. Ich ziehe das Schwarzseidene an. Eine alte Frau braucht nicht modern herumzulaufen. Wenn ich ihm nicht fein genug bin, kann ich ihm auch nicht helfen.«

»Natürlich, Muttchen«, sagte er.

»Siehst du wohl«, meinte sie. »Zerbrich dir wegen deiner zwei Schulzes nicht den Kopf, mein Junge! Morgen ist auch noch ein Tag.«

Er lächelte bekümmert. »Und was für ein Tag!« sagte er. Dann ging er aus dem Zimmer.

Das zwanzigste Kapitel
Das dicke Ende

Fritz Hagedorn und seine Mutter folgten dem Diener, der ihnen das Parktor geöffnet hatte. Zwischen den kahlen Bäumen schimmerten in regelmäßigen Abständen große Kandelaber. Auf der Freitreppe flüsterte die Mutter: »Du, das ist ja ein Schloß!«

In der Halle nahm ihnen der Diener die Hüte und die Mäntel ab. Er wollte der alten Dame beim Ausziehen der Überschuhe behilflich sein. Sie setzte sich, drückte ihm den Schirm in die Hand und sagte: »Das fehlte gerade noch!«

Sie stiegen ins erste Stockwerk. Er schritt voraus. In einer Treppennische stand ein römischer Krieger aus Bronze. Mutter Hagedorn deutete hinüber. »Der paßt auf, daß nichts wegkommt.«

Der Diener öffnete eine Tür. Sie traten ein. Die Tür schloß sich geräuschlos. Sie standen in einem kleinen Biedermeiersalon. Am Fenster saß ein Herr. Jetzt erhob er sich.

»Eduard!« rief Fritz und stürzte auf ihn los. »Gott sei Dank, daß du wieder da bist! Der olle Tobler hat dich auch eingeladen? Das finde ich ja großartig. Mutter, das ist er! Das ist mein Freund Schulze. Und das ist meine Mutter.«

Die beiden begrüßten sich. Fritz war aus dem Häuschen. »Ich habe dich wie eine Stecknadel gesucht. Sag mal, stehst du überhaupt im Adreßbuch? Und weißt du, wo Hilde wohnt? Schämst du dich denn gar nicht, daß du mich in Bruckbeuren hast sitzenlassen? Und wieso sind Hilde und Tante Julchen mitgefahren? Und Herr Kesselhuth auch? Einen schönen Anzug hast du an. Auf Verdacht oder auf Vorschuß, wie?« Der junge Mann klopfte seinem alten Freund fröhlich auf die Schulter.

Eduard kam nicht zu Worte. Er lächelte unsicher. Sein Konzept war ihm verdorben worden. Fritz hielt ihn noch immer für Schulze! Es war zum Davonlaufen!

Mutter Hagedorn setzte sich und zog einen Halbschuh aus.

»Es gibt anderes Wetter«, sagte sie erläuternd. »Herr Schulze, ich freue mich, Sie kennenzulernen. Einen hätten wir also, mein Junge. Das Fräulein Braut werden wir auch noch finden.«

Es klopfte. Der Diener trat ein. »Fräulein Tobler läßt fragen, ob die gnädige Frau vor dem Essen ein wenig mit ihr plaudern möchte.«

»Was denn für eine gnädige Frau?« erkundigte sich die alte Dame.

»Wahrscheinlich sind Sie gemeint«, sagte Eduard.

»Das wollen wir aber nicht einführen«, knurrte sie. »Ich bin Frau Hagedorn. Das klingt fein genug. Na schön, gehen wir plaudern. Schließlich ist das Fräulein die Tochter eures Chefs.« Sie zog ihren Schuh wieder an, schnitt ein Gesicht, nickte den zwei Männern vergnügt zu und folgte dem Diener.

»Warum bist du denn schon wieder in Berlin?« fragte Eduard.

»Erlaube mal!« sagte Fritz beleidigt. »Als mir der Türhüter Polter mitteilte, was vorgefallen war, gab es doch für Hagedorn kein Halten mehr.«

»Die Casparius ließ mir durch den Direktor zweihundert Mark anbieten, falls ich sofort verschwände.«

»So ein freches Frauenzimmer«, meinte Fritz. »Sie wollte mich verführen. Das liegt auf der Hand. Du warst ihrem Triebleben im Wege. Menschenskind, die wird Augen gemacht haben, als ich weg war!« Er sah seinen Freund liebevoll an. »Daß ich dich erwischt habe! Nun fehlt mir nur noch Hilde. Dann ist das Dutzend voll. – Warum ist sie eigentlich auch getürmt? Hat sie dir ihre Adresse gegeben?« Es klopfte. Die Tür zum Nebenzimmer öffnete sich. Der Diener erschien und verschwand. Eduard stand auf und ging hinüber. Fritz folgte vorsichtig.

»Aha!« sagte er. »Der Arbeitsraum des Wirtschaftsführers. Da wird er wohl bald persönlich auftauchen. Eduard, mach keine Witze! Gleich setzt du dich auf einen anderen Stuhl!«

Eduard hatte sich nämlich hinter den Schreibtisch gesetzt.

Fritz war ärgerlich. »Wenn der olle Tobler keinen Spaß versteht, fliegen wir raus! Setz dich woanders hin! Ich will doch heiraten, Eduard!«

Aber der andere blieb hinterm Schreibtisch sitzen. »Nun höre, bitte, mal zu«, bat er. »Ich habe dich in Bruckbeuren ein bißchen belogen. Es war mir gar nicht angenehm. Ich lüge ungern. Höchst ungern! Aber in dem verdammten Hotel hatte ich nicht die Courage zur Wahrheit. Ich hatte Angst, du könntest mich mißverstehen.«

»Eduard«, sagte der junge Mann. »Nun wirst du albern! Quatsch keine Opern! Heraus mit der Sprache! Inwiefern hast du mich beschwindelt? Setze dich aber, ehe du antwortest, auf einen anderen Stuhl. Es macht mich nervös.«

»Die Sache ist die«, fing Eduard an. »Mit dem Stuhl hängt es auch zusammen. Es fällt mir schrecklich schwer. Also …«

Da klopfte es wieder einmal. Der Diener trat ein, sagte: »Es ist serviert, Herr Geheimrat!« und ging.

»Was ist los?« fragte Hagedorn und stand auf. »Was hat der Lakai zu dir gesagt? Geheimrat?«

Eduard zuckte verlegen die Achseln. »Stell dir vor!« meinte er. »Ich kann's nicht ändern, Fritz. Sei mir nicht böse, ja? Ich bin der olle Tobler.«

Der junge Mann faßte sich an den Kopf. »Du bist Tobler? Du warst der Millionär, für den man mich gehalten hat? Deinetwegen hatte ich drei Katzen im Zimmer und Ziegelsteine im Bett?«

Der Geheimrat nickte. »So ist es. Meine Tochter hatte hinter meinem Rücken telefoniert. Und als du und ich ankamen, wurden wir verwechselt. Ich konnte mein Inkognito nicht aufgeben. Ich hatte das Preisausschreiben doch unter dem Namen Schulze gewonnen! Siehst du das ein?«

Hagedorn machte eine steife Verbeugung. »Herr Geheimrat, unter diesen Umständen möchte ich Sie bitten …«

Tobler sagte: »Fritz, sprich nicht weiter! Ich bitte dich darum. Rede jetzt keinen Unsinn, ja? Ich verbiete es dir!«

Er trat zu dem jungen Mann, der ein störrisches Gesicht machte.

»Was fällt dir eigentlich ein? Ist dir unsere Freundschaft so wenig wert, daß du sie ganz einfach wegwerfen willst? Bloß, weil ich Geld habe? Das ist doch keine Schande!« Er packte den jungen Mann am Arm und ging mit ihm im Zimmer auf und ab. »Schau her! Daß ich mich als armer Mann verkleidete, das war wenig mehr als ein Scherz. Ich wollte einmal ohne den fatalen Nimbus des Millionärs unter Menschen gehen. Ich wollte ihnen näherkommen. Ich wollte erleben, wie sie sich zu einem armen Mann benehmen. Nun, der kleine Scherz ist erledigt. Was ich erleben wollte, hat wenig zu bedeuten, wenn ich's mit dem vergleiche, was ich erlebt habe. Ich habe einen Freund gefunden. Endlich einen Freund, mein Junge! Komm, gib dem ollen Tobler die Hand!« Der Geheimrat streckte Fritz die Hand entgegen. »Donnerwetter noch einmal, du Dickschädel! Wird's bald?«

Fritz ergriff die dargebotene Hand. »Geht in Ordnung, Eduard«, sagte er. »Und nichts für ungut.«

Als sie das Speisezimmer betraten, meinte der Geheimrat: »Wir sind natürlich die ersten. Daß die Frauen immer so lange klatschen müssen!«

»Ja, richtig«, sagte Hagedorn. »Du hast eine Tochter. Wie alt ist denn das Ganze?«

Tobler schmunzelte. »Sie befindet sich im heiratsfähigen Alter und ist seit ein paar Tagen verlobt.«

»Fein«, meinte Fritz. »Ich gratuliere. Nun aber ernsthaft: Weißt du wirklich nicht, wo Hilde wohnt?«

»Sie hat mir keine Adresse angegeben«, erwiderte der Geheimrat diplomatisch. »Aber du wirst sie schon noch kriegen. Die Hilde und die Adresse.«

»Ich habe auch so das Gefühl«, sagte der junge Mann. »Aber wenn ich sie erwische, kann sie was erleben! Sonst denkt sie womöglich, ich lasse mich in der Ehe auf den Arm nehmen. Da muß man rechtzeitig durchgreifen. Findest du nicht auch?«

Durch eine Tür, die sich öffnete, rollte ein Servierwagen. Ein grauhaariger Diener folgte. Er schob den mit Schüsseln beladenen Wagen vor sich her und hielt den Kopf gesenkt. Als das Fahrzeug stillstand, hob er das Gesicht und sagte: »Guten Abend, Herr Doktor.«

»'n Abend«, entgegnete Hagedorn. Dann aber sprang er hoch. »Herr Kesselhuth!«

Der Diener nickte. »In der Tat, Herr Doktor.«

»Und die Reederei?«

»War Rederei«, erklärte der Geheimrat. »Johann ist mein alter Diener. Ich wollte nicht allein nach Bruckbeuren fahren. Deshalb mußte er den Schiffahrtsbesitzer spielen. Er hat seine Rolle glänzend gespielt.«

»Es war nicht leicht«, sagte Johann bescheiden.

Fritz fragte: »Widerspricht es Ihrer Berufsauffassung, wenn ich Ihnen herzhaft die Hand schüttle?«

Johann sagte: »Im vorliegenden Fall darf ich, glaube ich, eine Ausnahme machen.«

Fritz drückte ihm die Hand. »Jetzt begreife ich erst, warum Sie über Eduards Zimmer so entsetzt waren. Ihr habt mich ja schön angeschmiert!«

Johann sagte: »Es war kein Zimmer, sondern eine Zumutung.«

Fritz setzte sich wieder. Der alte, vornehme Diener tat die Schüsseln auf den Tisch. Der junge Mann meinte lachend: »Wenn ich bedenke, daß ich mich deinetwegen habe massieren lassen müssen, dann müßte ich von Rechts wegen unversöhnlich sein. Ach, ich habe dir übrigens einen alten Zinnkrug gekauft. Und Ihnen, Johann, eine Kiste Havanna. Und für Hilde ein Paar Ohrgehänge. Die kann ich mir jetzt durch die Nase ziehen.«

»Vielen Dank für die Zigarren, Herr Doktor«, meinte Johann. Hagedorn schlug auf den Tisch. »Ach, das wißt ihr ja noch gar nicht! Bevor ich wegfuhr, habe ich doch dem Hoteldirektor und dem Portier mitgeteilt, daß ich gar kein verkleideter Millionär wäre! So lange Gesichter, wie es da zu sehen gab, sind selten.«

Tobler fragte: »Johann, hat Generaldirektor Tiedemann angerufen?«

»Noch nicht, Herr Geheimrat.« Der Diener wandte sich an Hagedorn. »Der Toblerkonzern wird heute oder morgen das Grandhotel Bruckbeuren kaufen. Und dann fliegen die beiden Herren hinaus.«

»Aber Eduard«, sagte Fritz. »Du kannst doch zwei Angestellte nicht für den Hochmut der Gäste büßen lassen! Es waren zwei Kotzbrocken, zugegeben. Doch dein Einfall, als eingebildeter Armer in einem Luxushotel aufzutreten, war auch reichlich schwachsinnig.«

»Johann, hat er recht?« fragte der Geheimrat.

»So ziemlich«, gab der Diener zu. »Der Ausdruck ›schwachsinnig‹ erscheint mir allerdings etwas hart.«

Die Herren lachten.

Da kam Hagedorns Mutter hereinspaziert. »Wo man lacht, da laß dich ruhig nieder«, sagte sie. Fritz sah sie fragend an. »Ich weiß Bescheid, mein Junge, Fräulein Tobler hat mich eingeweiht. Sie hat große Angst vor dir. Sie ist daran schuld, daß du ein paar Tage Millionär warst. Übrigens ein bezauberndes Mädchen, Herr Geheimrat!«

»Ich heiße Tobler«, erwiderte er. »Sonst nenne ich Sie gnädige Frau!«

»Ein bezauberndes Mädchen, Herr Tobler!« meinte die alte Dame. »Schade, daß ihr beiden schon verlobt seid, Fritz!«

»Wir könnten ja Doppelhochzeit feiern«, schlug Hagedorn vor.

»Das wird sich schlecht machen lassen«, sagte der Geheimrat.

Plötzlich klatschte Fritzens Mutter dreimal in die Hände. Daraufhin öffnete sich die Tür. Ein junges Mädchen und eine alte Dame traten ein. Der junge Mann stieß unartikulierte Laute aus, riß einen Stuhl um, rannte auf das Fräulein los und umarmte sie. »Endlich«, flüsterte er nach einer Weile. »Mein Liebling«, sagte Hildegard. »Bist du mir sehr böse?« Er preßte sie noch fester an sich.

»Machen Sie Ihre Braut nicht kaputt«, meinte die Dame neben ihm. »Es nimmt sie Ihnen ja keiner weg.«

Er trat einen Schritt zurück. »Tante Julchen? Wie kommt ihr denn eigentlich hierher? Ach so, Eduard hat euch eingeladen, um mich zu überraschen.«

Das junge Mädchen sah ihn an. Mit ihrem kerzengeraden Blick.

»Es liegt anders, Fritz. Erinnerst du dich, was ich dir in Bruckbeuren antwortete, als du mich nach meinem Namen fragtest?«

»Klar«, meinte er. »Du sagtest, du heißt Schulze.

»Du irrst dich. Ich sagte, ich hieße genauso wie dein Freund Eduard.«

»Na ja! Eduard hieß doch Schulze!«

»Und wie heißt er jetzt?«

Fritz blickte von ihr zu dem Tisch hinüber. Dann sagte er: »Du bist seine Tochter? Ach, du liebes bißchen!«

Sie nickte. »Wir hatten solche Angst. Und da fuhr ich mit Frau Kunkel los. Wir wußten durch Johanns Briefe, wie sehr Vater schikaniert wurde.«

»So ist das«, meinte er. »Und Tante Julchen ist gar nicht deine Tante?«

»O nein«, sagte die Kunkel. »Ich bin die Hausdame. Mir genügt's.«

»Mir auch«, meinte Hagedorn. »Keiner war der, der er schien. Und ich Riesenroß habe alles geglaubt. Ein Glück, daß ich nicht Detektiv geworden bin!« Er gab der Kunkel die Hand. »Ich bin sehr froh, daß Sie nicht die Tante sind. Die Übersicht könnte darunter leiden. Ich habe bereits einen Freund, der mein Schwiegervater wird. Und meine zukünftige Frau ist die Tochter meines Schwiegervaters, nein, meines Freundes. Und außerdem ist mein Freund mein Chef.«

»Vergiß nicht, dir deine Arbeiten wiedergeben zu lassen«, mahnte die Mutter.

»Sie liegen schon in meinem Büro«, sagte Tobler. »Ich kann dir nicht helfen, mein Junge. Du wirst Direktor unserer Propagandazentrale. Später mußt du dich auch in die übrige Materie einarbeiten. Ich brauche einen Nachfolger. Und zwar einen, der sich mehr um den Konzern kümmert, als ich es getan habe. Ich werde nur noch Briefmarken sammeln und mich mit deiner Mutter für unsere Enkelkinder interessieren.«

»Nur nicht drängeln«, sagte Hilde. »Wenn du Fritz mit dem Konzern verheiratest, gehe ich ins Kloster. Dann könnt ihr sehen, wo ihr bleibt.«

»Die Enkel sind mir wichtiger«, meinte Mutter Hagedorn. Der Geheimrat tröstete die alte Dame. »Abends hat er Zeit.« Sie setzten sich alle. Hilde und Fritz rückten eng zusammen. Johann öffnete die dampfende Terrine.

»Was gibt's denn?« fragte Tobler.

Die Kunkel faltete die Hände überm Kleid und sagte: »Nudeln mit Rindfleisch.«

Als sie nach dem Essen Kaffee und Kognak tranken, klingelte das Telefon. Johann ging an den Apparat. »Generaldirektor Tiedemann möchte Sie sprechen, Herr Geheimrat.« Er hielt Tobler den Hörer entgegen. »Es ist sicher wegen des Hotelkaufs.«

»Eduard!« rief Fritz. »Sei so lieb und schmeiße den Portier und den Direktor nicht hinaus!«

»Wozu hat er denn dann das Hotel kaufen lassen?« fragte Frau Kunkel. »Die Kerls fliegen. Wurst wider Wurst.«

Der Geheimrat stand am Telefon. »'n Abend, Tiedemann. Ich dachte mir's schon. Ja, wegen des Hotels. Nun und? Was? Der Besitzer will es nicht verkaufen? Zu gar keinem Preis?«

Die anderen saßen am Tisch und lauschten gespannt.

Der Geheimrat zog ein erstauntes Gesicht. »Nur mir will er's nicht verkaufen? Ja, warum denn nicht?« Eine Sekunde später begann Tobler laut zu lachen. Er legte den Hörer auf die Gabel, kam lachend zum Tisch zurück, setzte sich und lachte weiter.

Die anderen wußten nicht, was sie davon halten sollten.

»Nun rede schon!« bat Fritz. »Warum kannst du das Hotel nicht kaufen?«

Der Geheimrat sagte: »Weil es schon mir gehört.«

DIE VERSCHWUNDENE MINIATUR

Das erste Kapitel
Papa Külz ißt einen Aufschnitt

Jener Platz in Kopenhagen, an dem die Königliche Oper steht, heißt der Kongens Nytorv. Es ist ein außerordentlich freundlicher, geräumiger Platz. Und will man ihn mit der Muße betrachten, auf die er Anspruch hat, setzt man sich am besten vors Hotel d'Angleterre.

Unter freiem Himmel, vor der Front des Hotels, stehen in langen Reihen Stühle und Tische. Gäste aus aller Welt sitzen nebeneinander, lassen sich sorgfältig bedienen und finden sich notgedrungen mit den Annehmlichkeiten des Lebens ab. Übrigens kehren kein Stuhl und kein Gast dem Platz den Rücken. Man sitzt wie im Parterre eines vornehm bewirtschafteten Freilichttheaters, blickt gemeinschaftlich zur Fassade des Opernhauses hinüber und ergötzt sich an dem heiteren Treiben, das die Kopenhagener Bürger ihren Fremden darzubieten gewohnt sind.

Es ist schon recht sonderbar mit diesem Kongens Nytorv! Man mag jahrelang nicht mehr in Dänemark gewesen sein, und inzwischen gab's auf jeden Fall in etlichen Staaten Revolution, vielleicht wurde der Usurpator von Afghanistan von den Parteigängern seines Cousins aufgeknüpft, und in Japan stürzten bei einem Erdbeben mindestens zehntausend Häuser ein, als seien sie aus Altenburger Skatkarten erbaut gewesen – wenn man dann wieder aus der Amagergade herauskommt, sich nach links wendet und zum d'Angleterre blickt, sitzen noch immer jene eleganten Frauen und distinguierten Fremden, in fünf Reihen gestaffelt, vorm Hotel, unterhalten sich in einem Dutzend Sprachen, mustern geduldig das fröhliche Treiben und verbergen mühsam hinter der Gelassenheit ihrer Mienen, wie gut die dänische Küche schmeckt.

Am Kongens Nytorv steht die Zeit still.

Infolge dieses Umstandes erübrigt es sich begreiflicherweise, den Zeitpunkt näher zu bestimmen, an dem Fleischermeister

Oskar Külz den Platz überquerte und aufs Hotel d'Angleterre zusteuerte.

Külz trug einen grünen imprägnierten Lodenanzug, einen braunen Velourhut und einen buschigen, graumelierten Schnurrbart. In der rechten Hand hielt er einen knorrigen Spazierstock, in der linken Griebens Reiseführer für »Kopenhagen und Umgebung«.

Vor der Balustrade, hinter der die vordersten Tische standen, machte er halt und blickte nachdenklich und zögernd über die an den Stuhlketten aufgereihten Gäste hin. Hierbei bemerkte er, daß sich eine sehr geputzte und lackierte Dame flüsternd zu ihrem Begleiter beugte, und daß dieser ihn musterte und milde belächelte, als gelte es etwas zu verzeihen.

Das war entscheidend. Hätte jener Herr nicht gelächelt, so wäre Fleischermeister Külz weitergegangen. Und dann hätte die Geschichte, die jetzt allmählich beginnt, einen anderen Verlauf nehmen müssen, als sie schließlich und tatsächlich nahm.

So aber murmelte Külz das Wort »Schafszipfel« und setzte sich protzig und breitspurig an ein freies Tischchen. Damit geriet er in das Räderwerk von Ereignissen, die ihn zwar nichts angingen und die ihn doch in kürzester Zeit fünf Pfund seines Lebendgewichts kosten sollten.

Als Külz sich setzte, stöhnte der zierliche Stuhl vor Schmerz auf. Ein Pikkolo flitzte herbei und fragte: »Please, Sir?«

Der Gast schob den Velourhut ins Genick. »Menschenskind, ich kann kein Dänisch. Bring mir ein Töpfchen Helles! Aber ein großes Töpfchen.«

Der Pikkolo verstand nichts, verneigte sich und verschwand im Hotel. Külz rieb sich die Hände. Dann tauchte ein befrackter Kellner auf. »Womit kann ich Ihnen dienen, mein Herr?«

Der Gast blickte mißtrauisch hoch. »Mit einem großen Pilsner«, erklärte er. »Schicken Sie mir nun noch den Geschäftsführer auf den Hals, oder ist es Ihnen lieber, wenn ich ein schriftliches Gesuch einreiche?«

»Ein Pilsner, sehr wohl!«

»Und was zum Essen. Einen kleinen Aufschnitt, wenn's nicht zuviel Umstände macht. Mit verschiedenen Wurstsorten.

Mich interessiert eure dänische Wurst beruflich. Ich bin ein Berliner Fleischermeister.«

Der Kellner verriet nicht, was er dachte, verneigte sich statt dessen und verschwand.

Külz stellte seinen Spazierstock an die Balustrade, stülpte den braunen Velourhut auf den vergilbten Horngriff und lehnte sich wohlgemut zurück.

Die Stuhllehne ächzte.

Er betrachtete Stuhl und Tisch und sagte bekümmert: »Die reinsten Konfirmandenmöbel!«

Diese Bemerkung brachte es mit sich, daß ein Fräulein, das allein am Nebentisch saß, lachen mußte.

Oskar Külz war überrascht. Er drehte den Oberkörper halbrechts, machte eine ungeschickte Verbeugung und sagte: »Entschuldigen Sie vielmals!«

Das Fräulein nickte ihm munter zu. »Wieso? Ich bin auch aus Berlin.«

»Aha!« erwiderte er. »Deshalb sprechen Sie deutsch!« Anschließend wurde ihm die bodenlose Tiefsinnigkeit seiner Schlußfolgerung klar. Er schüttelte, ärgerlich über sich selber, den Kopf und stellte sich, da ihm nichts Klügeres einfiel, vor. »Mein Name ist Külz«, sagte er.

Sie schlug die Hände zusammen. »Sie sind Herr Külz? Nein, das ist lustig! Dann kaufen wir ja unser Fleisch bei Ihnen!«

»Bei Oskar Külz?«

»Das weiß ich nicht. Gibt es denn mehrere Külze?«

»Das kann man wohl sagen.«

»Am Kaiserdamm.«

»Das ist Otto, mein Jüngster.«

»Eine ausgezeichnete Fleischerei«, versicherte sie.

»Doch, doch. Aber von Leberwurst versteht er nichts. Da sollten Sie mal bei Hugo Leberwurst kaufen! Das ist mein zweiter Junge. In der Schloßstraße in Steglitz. Der macht Leberwurst! Meine Herren!«

»Ein bißchen weit, wenn man am Kaiserdamm wohnt«, meinte sie. »Trotz seiner Leberwurst.«

»Dafür hat Hugo nun wieder keine blasse Ahnung von

Fleischsalat. Der ist ihm nicht beizubringen« erklärte Vater Külz streng.

»So, so«, sagte das Fräulein.

»Fleischsalat, das ist die Spezialität von Erwin. Dem Mann meiner ältesten Tochter. In der Landsberger Allee. Erwin macht Ihnen eine Mayonnaise – dafür lassen Sie alles andere stehen und liegen, Fräulein!«

»Und wo ist Ihr eigenes Geschäft?« fragte sie eingeschüchtert. Die vielen Fleischermeister begannen ihr langsam über den Kopf zu wachsen.

»In der Yorckstraße«, sagte er. »Im vorigen Oktober hatte ich das dreißigjährige Jubiläum. Mein Bruder Karl hat's im nächsten Jahr. Im April. Nein, im Mai.«

»Ihr Herr Bruder ist auch Fleischer?« fragte sie besorgt.

»Natürlich! Mit drei Schaufenstern! Am Spittelmarkt. Und Arno, mein Ältester, auch. Der hat seinen Laden am Breitenbachplatz. Na, und Georg, mein andrer Schwiegersohn, hat sein Geschäft in der Uhlandstraße. Dabei wollte Hedwig, meine zweite Tochter, alles andre eher heiraten – einen Lehrer oder einen Klavierspieler oder einen Feuerwehrmann, nur keinen Fleischer! Und dann hat sie doch den Georg genommen. Der war bei mir zwei Jahre lang erster Geselle.«

»Um alles in der Welt!« sagte das Fräulein erschöpft. »Lauter Fleischer! Davon kann man ja träumen!«

»Es ist Schicksal!« meinte Külz. »Mein Großvater war Fleischer. Mein Vater war Fleischer. Mein Schwiegervater war Fleischer. Uns liegt das Wurstmachen gewissermaßen im Blut.«

»Ein schönes Bild«, behauptete das Fräulein.

In diesem Augenblick kam der Oberkellner. Er schob einen Rolltisch, behutsam wie einen Kinderwagen für Zwillinge, vor sich her. Auf dem Rolltisch befanden sich ein Glas Bier und eine Platte mit Wurst und Braten.

Wenn ein Fleischermeister beim Anblick einer Wurstplatte erschrickt, muß das besondere Gründe haben.

Külz erschrak sehr. »Das ist wohl ein Mißverständnis«, sagte er. »Ich habe einen kleinen Aufschnitt bestellt, und Sie bringen eine Platte für zwölf Personen!«

Der Kellner zuckte die Achseln. »Der Herr wollte die dänische Wurst studieren.«

»Aber doch nicht bis Weihnachten!« knurrte Külz.

Seine Nachbarin lachte und meinte: »Sie sind ein Opfer Ihres Berufs. Beißen Sie die Zähne zusammen, lieber Herr Külz, und lassen Sie sich's gut schmecken!«

Auf dem Kongens Nytorv trippelten Tauben. Blau, grau und silbergrün war ihr Gefieder. Sie nickten eifrig mit den Köpfen. Weswegen sie mit den Köpfen nickten, läßt sich schwer beurteilen. Vielleicht war es nur eine schlechte Angewohnheit? Wenn ein Auto des Wegs kam, flogen sie auf. Wie Wolken, die zum Himmel heimkehren.

Fleischermeister Külz ergriff Messer und Gabel. »Dazu bin ich nun ausgerissen«, murmelte er erschüttert.

Etliche Reihen weiter hinten, neben dem Hoteleingang, saßen zwei Herren und lasen. Vielleicht hielten sie die Zeitungen auch aus anderen Gründen vors Gesicht. Man hat sich seit Gutenbergs epochaler Erfindung zu sehr daran gewöhnt, anzunehmen, daß alle Leute, die etwas Gedrucktes vors Gesicht halten, tatsächlich lesen. Ja, wenn das so wäre!

Im vorliegenden Falle war es jedenfalls nicht so. Die beiden Herren lasen keineswegs, sondern benutzten die Zeitungen als Versteck. Über den Rand der Blätter hinweg beobachteten sie Fleischermeister Külz und das Berliner Fräulein. Der eine der Herren sah ungefähr wie ein Heldentenor aus, der sich seit seinem vierzigsten Jahre mit Rotwein statt mit Gesang beschäftigt hat. Nicht mit dem Anbau des Rotweins, sondern mit dessen Verbrauch. Die Nase konnte – will man sich eines musikalischen Ausdrucks bedienen – ein Lied davon singen. Sie war blaurot und erinnerte an Frostbeulen.

Der andere Herr war klein und unterernährt. Auch sein Gesicht war nicht mehr ganz neu. Die Ohren saßen ungewöhnlich hoch am Kopf. Wie bei einer Eule. Zudem standen sie ab, und der Sonnenschein machte sie transparent.

»Sicher eine bestellte Sache«, meinte der Tenor. Seine Stimme klang genau so, wie seine Nase aussah.

Der Kleine schwieg.

»Es soll wie ein zufälliges Zusammentreffen wirken«, fuhr der andere fort. »Ich glaube nicht an Zufälle.«

Der kleine Herr mit den verrutschten Ohren schüttelte den Kopf. »Es ist trotzdem Zufall«, meinte er. »Daß der alte Steinhövel dem Mädchen jemanden schickt, ist denkbar. Daß er einen Riesen schickt, der in Kopenhagen als Tiroler auftritt, ist Blödsinn. Ebenso gut könnte er dem Kerl ein Schild umhängen und draufschreiben, worum sich's handelt.«

»Wäre mir entschieden lieber«, sagte der Rotweinspezialist. »Immer diese Unklarheiten.«

Der Kleine lachte. »Du kannst ja rübergehen und fragen.«

Der andere knurrte, trank sein Glas leer und füllte es wieder. »Und warum hat sie ihr Hotelzimmer noch nicht gekündigt?«

»Weil sie erst morgen abreist.«

»Und weil sie auf den Tiroler gewartet hat! Paß auf, ich habe recht! So wahr ich Philipp Achtel heiße!«

»Ach, du himmlische Güte!« Der Kleine kicherte. »So wahr du Philipp Achtel heißt? Nur genau so wahr?«

Herr Achtel wurde ärgerlich. »Laß deine Anspielungen!« sagte er. Seine Stimme klang noch verrosteter als vorher. Und er fuhr sich nervös mit der Hand übers Haar.

»Es ist schon ganz hübsch nachgewachsen«, erklärte der Kleine und zwinkerte belustigt. »Man sieht dir wirklich nicht an, daß du noch gar nicht lange aus dem Sanatorium zurück bist.«

»Halte deine Schandschnauze!« sagte Herr Achtel. »Der Tiroler frißt übrigens wie ein Scheunendrescher.«

Der Kleine stand auf. »Ich rufe den Chef an. Mal hören, was er von Scheunendreschern hält.«

Beharrlich vertilgte Fleischermeister Külz eine Scheibe Wurst nach der andern. Aber es war eine Sisyphusarbeit. Schließlich legte er Besteck und Serviette beiseite, blickte unfreundlich auf die Platte, die noch reich beladen war, und zuckte die Achseln. »Ich geb's auf!« murmelte er und lächelte dem hübschen Fräulein zu.

»Hat's geschmeckt?«

Er nickte ermattet. »Alles, was recht ist. Die Dänen verstehen was von Wurst.«

Der Oberkellner kam und räumte ab.

Külz holte eine Zigarre hervor und rauchte sie voller Empfindung an. Dann schlug er ein Bein übers andre und meinte: »Wenn mich meine Alte hier sitzen sähe!«

»Warum haben Sie denn Ihre Frau Gemahlin nicht mitgebracht?« erkundigte sich das Fräulein. »Mußte sie im Geschäft bleiben?«

»Nein, es war eigentlich anders«, erwiderte Külz elegisch. »Sie weiß gar nicht, daß ich in Kopenhagen bin.«

Das Fräulein blickte ihn erstaunt an.

»Meine Söhne wissen auch nichts davon«, fuhr er verlegen fort. »Meine Töchter auch nicht. Meine Schwiegersöhne auch nicht. Meine Schwiegertöchter auch nicht. Meine Geschwister auch nicht. Meine Enkel auch nicht.« Er machte eine Atempause. »Ich bin einfach getürmt. Schrecklich, was?«

Das Fräulein hielt mit ihrem Urteil zurück.

»Ich konnte plötzlich nicht mehr«, gestand Herr Külz. »Am Sonnabend abend ging's los. Wieso, weiß ich selber nicht. Wir hatten im Laden viel zu tun. Ich ging über den Hof und wollte im Schlachthaus einen Spieß Altdeutsche holen. Ich blieb vor den Schlachthausfenstern stehen. Der zweite Geselle drehte Rindfleisch durch den Wolf. Wir verkaufen nämlich sehr viel Geschabtes. Ja, und da sang eine Amsel.« Er strich sich den buschigen Schnurrbart. »Vielleicht war gar nicht die Amsel daran schuld. Aber mit einem Male fiel mir mein Leben ein. Als hätte der liebe Gott auf einen Knopf gedrückt. Zentnerschwer legten sich alle Kalbslenden, Rollschinken, Hammelkeulen und Schweinsfüße der letzten dreißig Jahre auf meine Seele. Mir blieb die Luft weg!« Er zog nachdenklich an der Zigarre. »Mein Leben ist natürlich nichts Besonderes. Aber mir hat's genügt. Immer wenn man dachte: ›Nun hast du dir ein paar Groschen gespart‹, wollte eines der Kinder heiraten. Und dann mußte man einem der Jungen oder einem der Schwiegersöhne ein Geschäft kaufen. Oder es kam der Bruder oder ein Schwager und hielt die Hand hin. Nie habe ich für mich selber Zeit gehabt.« Er senkte den grauen Schädel. »Na ja, und gerade als mir das einfiel, sang dieses Mistvieh von einer Amsel. Sehen Sie, Fräulein, so ein langes Leben – und weit und breit nichts als Wurstspeiler, Eisschränke, Hackklötze, Darmbestellungen und Pökelfässer! Das hält kein Schwein aus, geschweige ein Fleischer!« Der alte Mann hob müde die Hände und ließ sie wieder sinken. Und sein treuherziges Gesicht war voller Trauer.

»Und dann?« fragte das Fräulein behutsam.

»Dann holte ich erst einmal den Spieß Altdeutsche nach vorn. Und nach Geschäftsschluß rechneten wir ab. Es war genau wie an jedem Sonnabend. Aber ich tat alles wie ein aufgezogener Automat. Und später fuhren wir zu Hedwig und Georg. Otto und seine Frau waren auch da. Und wir sprachen vom Umsatz, von den Engrospreisen und von den Kindern. Fritz hätte aus der Schule den Keuchhusten mitgebracht. Und der kleine Kurt hätte gesagt, wenn er erst groß wäre, würde er Obermeister der Fleischerinnung.«

Oskar Külz zog sein Taschentuch hervor und trocknete sich die Stirn, auf der sich die Längsfalten wie unbeschriebene Notenlinien ausnahmen. »Ich liebe meine Familie«, sagte er, »und meinen Beruf liebe ich auch. Aber plötzlich hing mir das alles zum Hals heraus. Die Wurstmaschine, die ich geworden bin, blieb mit einem Ruck stehen. Kurzschluß! Aus! Soll man wirklich nur arbeiten? Und soll man wirklich nur an andere denken? Ist die Welt dazu schön, damit man, ohne sich umzudrehen, vom Schlachthof geradenwegs auf den Friedhof galoppiert? Jeder Mensch denkt gelegentlich einmal an sich selber. Und nur der olle Külz soll das nicht dürfen?«

Er schüttelte den Kopf. »Vielleicht sollte man den Amseln polizeilich das Singen verbieten. Kann sein. Kann sein, auch nicht. Das ist nicht mein Gebiet. Am Sonntag morgen, früh um fünf Uhr, stand ich jedenfalls auf. Sagte Emilie, meiner Frau, ich wolle in Bernau Selbmann besuchen. (Er und ich, wir waren seinerzeit miteinander bei Schmitz in Potsdam Gesellen.) Dann steckte ich mir Geld ein und fuhr auf den Stettiner Bahnhof. Dort sah ich nach, wann ein Schnellzug führe. Möglichst weit weg. Und am Sonntag nachmittag war ich in Kopenhagen.« Er lächelte in der Erinnerung an seine Flucht. Er lächelte wie ein Junge, der die Schule geschwänzt hat. Das wirkte, vor allem im Hinblick auf seinen buschigen grauen Schnurrbart, wie ein Lächeln mit sehr, sehr viel Verspätung.

»Herr Külz«, meinte das Fräulein, »Sie sind ein alter Sünder.«

»Nicht doch!«

»Haben Sie sich wenigstens tüchtig umgeschaut?« fragte sie.

»O ja«, sagte er. »Es reicht. Ich war im Roeskilde. Ich war drüben in Malmö. Ich war an Hamlets Grab. Obwohl es sehr zweifelhaft ist, ob er drinliegt. Ich war oben in Gilleleje und habe im Meer gebadet. Liebes Fräulein, daß man nicht früher angefangen hat, sich die Welt anzusehen – ich könnte mich stundenlang backpfeifen.«

»Und wie oft«, fragte sie, »haben Sie Ihrer Familie geschrieben?« »Überhaupt nicht«, erklärte er. »Die werden sich wundern, wie lange ich in Bernau bleibe!«

»Entschuldigen Sie«, sagte das Fräulein ernst, »aber das geht entschieden zu weit! Ihre Frau hat doch spätestens am Montag früh in Bernau angerufen und erfahren, daß Sie gar nicht dort waren!«

»Glauben Sie?« fragte er. »Das sähe Emilie ähnlich.«

»Vielleicht glaubt man, daß Ihnen ein Unglück zugestoßen ist! Ihre Familie wird in tausend Ängsten schweben.«

»Soll sie schweben!« bemerkte er gelassen. »Külz will auch mal seine Ruhe haben. Man ist ja schließlich kein Weihnachtsmann!« Das Fräulein schwieg eine Weile. Dann sagte sie: »Ich weiß natürlich nicht genau, wie einem als Fleischermeister und Großvater zumute ist.«

»Eben«, meinte er.

»Aber eines weiß ich. Daß Sie jetzt schleunigst eine Ansichtskarte besorgen und Ihrer Frau schreiben. In der Hotelhalle gibt es Karten.«

Külz blickte das Fräulein von der Seite an.

Sie sagte: »Ich bitte darum.«

Er gab sich einen Ruck, stand auf, schritt ins Hotel und murmelte: »Schon wieder unterm Pantoffel!«

In der Hotelhalle war ein Kiosk. Külz holte die Lesebrille aus dem Futteral, setzte sie auf und musterte die Ansichtskarten. Nach längerem Suchen entschied er sich für eine prachtvolle Hafenansicht, hielt die Karte der Verkäuferin entgegen und sagte: »Dazu eine Sechspfennigmarke. Oder kostet es nach Deutschland mehr?«

Die Verkäuferin hing an seinen Lippen.

»Eine Sechspfennigmarke«, knurrte er. »Ein bißchen dalli!«

Da meinte neben ihm ein kleiner Herr, der sich durch viel zu hoch gelegene Ohren auszeichnete: »Sechspfennigmarken werden Sie hier kaum bekommen. Sie würden Ihnen auch nicht viel nützen.«

»Dann muß sie mir eben eine Zwölf- oder Fünfzehnpfennigmarke geben!«

Der kleine Herr schüttelte den Kopf. »Die gibt's hier auch nicht.«

»Das ist mir unverständlich. Wer Postkarten verkauft, hat auch Briefmarken zu haben.«

Der kleine Herr lächelte, und dabei rutschten seine Ohren noch höher. »Marken gibt's hier schon«, sagte er. »Aber keine deutschen. – Vielleicht versuchen Sie's mal mit dänischen?«

Das zweite Kapitel
Irene Trübner hat Angst

Der kleine Herr war sehr hilfsbereit gewesen. Guten Menschen bereitet es ja immer Vergnügen, anderen zu helfen. Sie sind Epikuräer und befriedigen, indem sie Gutes tun, ihre moralische Lust.

Wie dem auch sei – Fleischermeister Külz hatte die angemessen frankierte prächtige Hafenansicht in der Hand und unterhielt sich mit dem kleinen Herrn. Sie sprachen schon seit fünf Minuten miteinander. Es geht nichts über die Sympathie zwischen reifen Männern.

Schließlich zeigte Külz dem fremden Herrn seine Brieftasche und ließ sich über die Kaufkraft der dänischen Banknoten, besonders im Vergleich zum deutschen Geld, ausführlich unterrichten. Der kleine Herr hätte fast vergessen, die Brieftasche zurückzugeben. Darüber mußten beide Männer herzlich lachen.

»Nun muß ich aber wieder an meinen Tisch«, meinte der Berliner. »Mein Name ist Külz. Es hat mich sehr gefreut.«

»Ganz meinerseits«, erwiderte der kleine Herr. »Ich heiße Storm.« Sie schüttelten einander die Hand.

Im selben Augenblick fuhr vorm Hotel ein Zeitungsbote vor, sprang vom Rad und rannte mit einem Packen Zeitungen durchs Portal in die Halle. Das Fräulein im Kiosk blickte auf die Schlagzeilen und bekam auf den Backen runde rote Flecke. Der Bote lief rasch zu seinem Rad zurück und fuhr hastig weiter. Auf der Straße blieben die Passanten stehen und blickten gemeinsam in die neuen Blätter.

Die Gäste in der Halle spürten, daß etwas los war. Sie drängten zum Kiosk und kauften Zeitungen. Sie lasen die Nachrichten und redeten in sämtlichen Weltsprachen durcheinander.

»Es ist wie beim Turmbau zu Babel«, stellte Külz fest, »Ich bin eigentlich gar nicht böse darüber, daß ich kein Wort von diesem Spektakel verstehe.«

Der kleine Herr nickte höflich. »Zweifellos. Unkenntnis ist eine Gabe Gottes. Wer viel weiß, hat viel Ärger.« Er kaufte eine Zeitung und überflog die erste Seite.

»Nun werde ich doch neugierig«, sagte Külz. »Was ist denn geschehen? Gibt's Krieg?«

»Nein«, meinte Storm. »Es sind Kunstgegenstände verschwunden. Im Werte von einer Million Kronen.«

»Aha«, sagte Külz. »Na, dann will ich mal meine Ansichtskarte schreiben.« Er gab Herrn Storm freundlich die Hand und ging.

Der kleine Herr blickte ihm verdutzt nach. Dann trat er vors Portal und setzte sich zu Herrn Philipp Achtel. Auch dieser las das eben erschienene Blatt. Er studierte die erste Seite aufs genaueste. Dann sagte er: »Was es so alles gibt!«

»Von den Tätern fehlt vorläufig jede Spur«, meinte Herr Storm. »Hoffentlich erwischt man sie bald.«

»Bevor sie noch mehr mausen.« »Eben.«

Sie lächelten dezent und schwiegen eine Weile. Dann fragte Herr Achtel: »Und was ist mit dem Tiroler?«

Storm blinzelte unwirsch zu Külz hinüber, der den Rücken beugte und seine Karte schrieb. »Erst dachte ich, der Mann sei dumm. Aber ich glaub's nicht mehr. So dumm kann man ja gar nicht sein! Er verstellt sich. Ich finde es übrigens ausgesprochen plump, sich derartig dämlich zu stellen.«

»Nicht die schlechteste Taktik! Und was meint der Chef?«

»Ich soll ihm folgen. Und dir schickt er den Karsten!« Storm wies mit dem Kopf zu Külz hin. »Er fragte mich, was in der Zeitung stünde. Ich sagte es ihm. Er antwortete: ›Aha! Na, da will ich mal meine Ansichtskarte schreiben.‹ Merkwürdig, was?«

»Ein gefährlicher Großvater«, entgegnete Herr Achtel. »Die Harmlosen sind die Schlimmsten.«

Oskar Külz schob die Ansichtskarte beiseite, steckte den Bleistift ins Notizbuch zurück und atmete erleichtert auf. Dann wandte er sich dem Fräulein zu. »Würden Sie sich unterschreiben?« fragte er. »Dann wird nämlich meine Emilie eifersüchtig, und das wirkt immer so komisch.« Er lachte gutmütig.

Das Fräulein schrieb eine Zeile und legte die Karte wieder auf den Tisch zurück.

Er nahm die Karte und las, was seine Nachbarin geschrieben hatte. »Besten Dank!« sagte er dann. »Besten Dank, Fräulein Trübner.«

»Bitte sehr.«

»Sie müssen bald heiraten«, meinte er nachdenklich.

»Warum denn?«

»Weil Sie einen so traurigen Namen haben! Ich kannte einen Mann, der hieß Schmerz. Das war einer der unglücklichsten Menschen, die es jemals gegeben hat.«

»Weil er Schmerz hieß?«

»Sicher! Dem hat nicht einmal das Heiraten geholfen!«

»Wahrscheinlich weil er auch noch nach der Hochzeit Schmerz hieß«, bemerkte sie scharfsinnig. »Aber davon abgesehen: Ich kann doch nicht den ersten besten Mann heiraten, bloß weil er Fröhlich oder Lustig heißt!«

Der alte Fleischermeister wiegte den grauen Schädel.

Sie meinte: »Außerdem bin ich nicht entfernt so trübsinnig, wie mein Name es verlangt.«

»Doch«, sagte er. »Doch, doch! Besonders seit ich die Ansichtskarte besorgt habe. Wieso eigentlich?«

Über ihrer Nasenwurzel bildete sich eine schmale senkrechte Falte. »Das hat seinen guten Grund, Herr Külz.«

»Haben Sie Ärger?«

»Nein«, sagte sie. »Aber Angst.« Sie tippte mit einem Finger auf die erschienene Zeitung. »In dem Blatt steht eine Nachricht, die mich sehr erschreckt hat.«

»Doch nicht etwa die Geschichte von dem geraubten Kunstkram? Und von der Million?«

»Ganz recht. Diese Geschichte!«

»Ja, was geht denn das Sie an?« fragte er leise.

Sie blickte sich behutsam um. Dann zuckte sie die Achseln. »Das kann ich Ihnen hier nicht erzählen.«

In demselben Augenblick schritt ein junger Mann an ihnen vorüber. Er war groß und schlank und schien viel Zeit zu haben. Er machte vor dem Portier, der an der Treppe stand, halt, legte zum Gruß einen Finger an die Hutkrempe und fragte: »Wohnt hier im Hotel ein Fräulein Trübner aus Berlin?«

»Jawohl«, erwiderte der Portier. »Sie sitzt gerade dort vorn an der Balustrade. Neben dem großen, dicken Touristen.«

»Das trifft sich ja großartig!« meinte der schlanke Herr. »Dankeschön!« Er legte zum Gruß einen Finger an die Hutkrempe und kehrte um.

Der Portier salutierte und blickte hinter ihm her.

Der junge Mann ging auf die Balustrade zu. Aber er blieb keineswegs an dem Tisch Fräulein Trübners stehen. Er sah die Dame, nach der er sich eben erst erkundigt hatte, nicht einmal an! Sondern er schlenderte gleichgültig an ihr vorüber, trat auf die Straße hinaus und verschwand im Gewühl.

Der Portier riß die Augen auf. Und obwohl er von Berufs wegen so manches verstand – das verstand er nicht.

»Würden Sie mir einen großen Gefallen erweisen?« fragte Fräulein Trübner.

»Für eine Kundin von meinem Otto tu ich alles«, erklärte Fleischermeister Külz. »Mit Ausnahme von Mord und Totschlag.«

»Das wird sich hoffentlich vermeiden lassen«, sagte sie ernst. »Begleiten Sie mich, bitte! Ich muß etwas besorgen. Und unterwegs will ich Ihnen erzählen, worum sich's handelt. Ich habe das Gefühl, daß man uns beobachtet.«

»Das sind die Nerven«, bemerkte er. »Hedwig, meine zweite Tochter, hat das früher auch gehabt. Nach dem ersten Kind verliert sich das für gewöhnlich.«

»So lange kann ich unmöglich warten«, meinte Fräulein Trübner. »Kommen Sie! Lassen Sie uns gehen!«

»Na schön!« brummte der alte Külz. Er winkte dem Oberkellner und bezahlte.

»Eure Wurst ist großartig«, sagte er anerkennend. »Besonders die Dauerwurst.«

Der Ober verneigte sich. »Sehr liebenswürdig. Ich werde es dem Küchenchef mitteilen.«

»Wissen Sie zufällig, woher Sie die Fettdärme beziehen?«

»Ich weiß es zufällig nicht«, sagte der Ober. »Als Kellner hat man mit Wurst nur flüchtig zu tun.«

»Sie Glücklicher«, meinte Külz.

Fräulein Trübner zahlte auch.

Dann standen die beiden auf und traten gemeinsam auf die Straße. Es war ein seltsames Paar: die junge, schlanke, schneidig gekleidete Dame und der dicke, breite, kolossale Lodentourist.

Die vorm Hotel sitzenden Gäste starrten neugierig hinter ihnen her.

Herr Storm und Herr Philipp Achtel erhoben sich eilig, legten ein paar Münzen auf den Tisch und steuerten dem Ausgang zu.

Külz blieb an der Bordkante stehen und deutete auf einige Tauben, die über das Pflaster trippelten. »Das sind Koburger Lerchen«, erklärte er. »Mein Bruder züchtet Tauben. Ich habe ihm gesagt, er soll das lassen. Ein Mensch, der Kälber totschlagen muß, sollte keine Tauben streicheln. Das ist geschmacklos. Aber er läßt es sich nicht ausreden.«

»Kommen Sie, Herr Külz!« bat sie leise.

Achtel und Storm schoben sich durch die Tischreihen. An der Balustrade stieß der Kleine den andern mit dem Ellbogen an und trat zu dem Tisch, an dem Külz gesessen hatte.

Er beugte sich über den Tisch und entnahm dem Streichholzständer ein Zündholz. Dann brannte er sich eine Zigarette an. Dann legte er das niedergebrannte Zündholz in den Aschenbecher.

Achtel wartete ungeduldig. Auf der Straße fragte er ärgerlich: »Was war denn los?«

Storm zog lächelnd eine Ansichtskarte hervor. »Mein Freund Külz hat das da auf dem Tisch liegenlassen.«

Sie beugten sich über die Karte und lasen sie.

Auf der Karte stand: »Liebe Emilie! Entschuldige mein plötzliches Verschwinden. Ich erkläre es Dir, wenn ich wieder zu Hause bin. Habe eben eine Kundin von Otto getroffen. So ein

Zufall, was? Na ja, wenn Gott will, schießt ein Besen. Macht Euch wegen mir keine Sorge. Unkraut verdirbt nicht. – Herzlichst Dein Oskar.«

Und unter dieser ungelenken Handschrift stand in schlanken, flotten Buchstaben: »Unbekannterweise grüßt Irene Trübner.«

Die beiden Herren sahen einander unschlüssig an.

»Hat der Kerl die Karte aus Versehen liegenlassen?« fragte Storm.

»Blödsinn!« sagte Achtel. »Schau dir doch den Text an! Dieser Tiroler ist ein ganz ausgekochter Junge. Er hat 'ne Kundin von Otto getroffen! Das ist natürlich eine Anspielung. Erst mimt er den Dummen. Und dann macht er sich mit Hilfe einer Ansichtskarte über uns lustig. Eine unglaubliche Frechheit!«

Herrn Storms zu weit oben angebrachte Ohren, die von der Hutkrempe herabgedrückt und rechtwinklig abgebogen wurden, sahen aus, als wollten sie sich sträuben.

»Wenn Gott will, schießt ein Besen«, wiederholte Philipp Achtel böse. »Und da kommt Karsten.«

Sie begrüßten ihren Kollegen und schritten in gemessenem Abstand hinter Fräulein Trübner und Herrn Külz her. Storm zerriß die an Frau Emilie Külz in Berlin adressierte Kopenhagener Hafenansicht in viele kleine Stücke und streute sie aufs Pflaster. Die junge Dame und Fleischermeister Oskar Külz hatten keine Ahnung, daß ihnen drei Männer folgten, die sich außerordentlich für sie interessierten.

Den drei Männern folgte, wiederum in gemessenem Abstand, ein großer, junger Mann.

Die drei Männer hatten keine Ahnung, daß auch ihnen jemand folgte, der sich außerordentlich für sie interessierte.

Wie das Leben so spielt!

Das dritte Kapitel
Von Kunst ist die Rede

»Die Sache ist die«, begann Fräulein Trübner. Sie saßen in einem Hof der Amalienborg auf einer Bank. Zwischen den Steinplatten vor den ehrwürdig freundlichen Fassaden der Schloßgebäude wuchs Gras. Im Hafen drüben tuteten Dampfer, die in den Sund gelotst wurden. Sonst war es still.

Eine hohe alte Mauer trennte den Schloßhof von der Straße draußen. Nur in der Mitte war die Mauer unterbrochen. An dieser Stelle befand sich ein mächtiges eisengeschmiedetes Gittertor, das gewiß seit Jahrzehnten nicht mehr geöffnet worden war. Wer die Straße entlang kam, der konnte hier stehenbleiben und zwischen kunstvoll verrankten eisernen Ornamenten, Figürchen und Rosetten hindurch in den altertümlichen Hof blicken.

So, wie gerade jetzt ein gewisser Herr Karsten!

Zwei gute Bekannte von ihm gingen auf der andern Seite der Straße langsam auf und ab. Sie sprachen wenig und warteten auf ihn.

Fräulein Trübner und Herr Külz hatten keine Ahnung, daß man sie beobachtete. Sie kehrten der Straße den Rücken und betrachteten die Fenster und Tore des Schlosses.

»Die Sache ist die«, sagte das Fräulein. »Ich bin bei einem reichen und in der ganzen Welt anerkannten Kunstsammler, der in Berlin wohnt und Steinhövel heißt, Privatsekretärin. Vorige Woche war nun in Kopenhagen die Versteigerung einer der größten Sammlungen, die es gibt. Die Sammlung gehörte ursprünglich einem Amerikaner, der seinen Lebensabend in Dänemark verbrachte und kürzlich gestorben ist. Wissen Sie, was eine Kunstauktion ist?«

»Nicht direkt«, sagte Külz. »Aber es wird dabei wohl genau so zugehen wie auf andren Versteigerungen. Es wird dauernd gebrüllt und mit dem Hammer geklopft. Und bei wem dreimal geklopft worden ist, der muß den Kitt behalten.«

Sie nickte. »Herr Steinhövel sammelt vor allem Miniaturen.

Miniaturen sind winzige Gemälde. Oft sind sie aufs kostbarste eingefaßt. Alte Miniaturen sind sehr teuer. Herr Steinhövel zahlt für Miniaturen jede Summe.«

»So hat jeder seinen Klaps«, stellte Herr Külz fest. »Es ist genau wie mit meinem Bruder und seinen Tauben. Was sie dem schon alles angedreht haben! Und zu welchen Preisen! Einer alleine glaubt das gar nicht! Einmal hat er ein Taubenpärchen gekauft, weil es so merkwürdig gezeichnet war. Er wollte es auf der Geflügelausstellung prämiieren lassen. Aber kurz vorher regnete es leider. Und in dem Regen ging den Biestern die Farbe aus. Sie waren angemalt gewesen, und mein Bruder war angeschmiert worden.«

»Kennen Sie Holbein den Jüngeren?«

»Wenn ich ehrlich sein soll: nein! Den Älteren auch nicht.«

»Holbein der Jüngere war einer der berühmtesten deutschen Maler. Er lebte eine Zeitlang am Hofe Heinrichs VIII.«

»Den kenn ich«, meinte Külz erfreut. »Das ist der, der einen Tag lang barfuß im Schnee stand.«

»Nein. Das war Heinrich der IV.«

»Aber ungefähr hat's gestimmt, was?«

»Ziemlich. Heinrich IV. war ein deutscher Kaiser und Heinrich VIII. war König von England. – Am bekanntesten wurde er dadurch, daß er häufig heiratete und etliche seiner Frauen hinrichten ließ.«

»Das waren Zeiten!« sagte Herr Külz und schnalzte mit der Zunge.

»Er ließ seine Frauen aber nicht nur hinrichten, sondern auch malen.«

»Hoffentlich vorher!« Külz lachte laut und schlug sich auf die grüne imprägnierte Hose.

»Jawohl«, sagte Fräulein Trübner. »Vorher! Die erste Frau, die er köpfen ließ, hieß Ann Boleyn. Holbein malte sie, ohne Wissen des Königs, kurz vor der Hochzeit, und sie schenkte ihm diese Miniatur, von wundervollen Edelsteinen umrahmt, zum Geburtstag.«

»Heute läßt man sich fotografieren«, meinte Külz. »Das geht schneller und ist billiger.«

»Auf der Rückseite der Miniatur steht eine liebevolle Widmung von Ann Boleyns eigner Hand.«

»Aha«, sagte Külz. »Jetzt geht mir ein Seifensieder auf. Diese Miniatur wurde in Kopenhagen versteigert, und Herr Steinhövel hat sie gekauft.«

»So ist es. Für die Kleinigkeit von sechshunderttausend Kronen.«

»Schreck, laß nach!«

»Herr Steinhövel fuhr gestern nach Brüssel weiter, um dort eine Miniatur Karls IV. zu besichtigen. Ein Kinderbild des Luxemburgers, als er am französischen Hofe lebte. Und mich hat der Chef beauftragt, die englische Miniatur von Kopenhagen nach Berlin zu bringen.«

»Mein herzlichstes Beileid!«

»Herr Steinhövel wollte sie nicht nach Brüssel mitnehmen. Und überdies dachte er, bei mir sei sie sicherer aufgehoben. Denn ihn kennt man. Seine Privatsekretärin kennt man nicht. – Und nun kommt die heutige Zeitungsmeldung!«

Herr Külz kratzte sich am Kopf.

»Kunstgegenstände im Werte von einer Million sind geraubt worden.« Sie war außer sich. »Es handelt sich ausnahmslos um Gegenstände, die auf der Auktion versteigert worden sind. Und von den Tätern fehlt jede Spur. Wenn ich nun morgen mit der Miniatur Ann Boleyns nach Berlin fahre, kann es mir passieren, daß die Miniatur verschwindet. Es wird mir sogar todsicher passieren! Ich fühle das schon seit heute mittag. Sie behaupten zwar, daß meine Ahnungen nach dem ersten Kind verschwinden würden. Aber ich sagte Ihnen bereits ...«

»Daß Sie unmöglich so lange warten können. Das leuchtet mir langsam ein. Was soll nun aber werden? Hierbleiben können Sie nicht. Fortfahren können Sie nicht. Und etwas Drittes gibt es nicht.«

»Doch«, sagte Fräulein Trübner leise. »Ich habe mir folgendes gedacht!«

Karsten entfernte sich vorsichtig von dem eisernen Portal und ging über die Straße. Seine zwei Freunde blieben stehen und blickten ihn erwartungsvoll an.

»Es hat keinen Sinn«, brummte Karsten. »Man versteht kein Wort.«

»Ich gratuliere«, sagte Philipp Achtel. »Dazu bleibst du Rindvieh eine Viertelstunde dort drüben stehen? Nur um uns dann mitzuteilen, du hättest nichts gehört?«

»Ich dachte, der Wind würde umschlagen«, erklärte Karsten gekränkt.

Philipp Achtel lachte abfällig.

Storm ergriff das Wort. »Einmal wird sich ja wohl das taufrische Geschöpf von meinem Tiroler verabschieden. Kurz darauf werde ich ihm zufällig begegnen. Dann geh ich mit ihm ins ›Vierblättrige Hufeisen‹. Und dann wollen wir sehen, wer mehr Aquavit verträgt!«

»Aquavit ist eine gute Idee«, sagte Philipp Achtel. »Dort an der Ecke ist eine Kneipe. Wollen wir solange untertreten, bis das Paar aus dem Hof herauskommt?«

»Untertreten?« fragte Karsten. »Es regnet doch gar nicht!«

Herr Achtel streckte die Hand aus. »Diese Trockenheit!«

Auf der anderen Straßenseite näherte sich ein großer, schlanker Herr. Er blieb vor dem Gitter stehen, zog einen Reiseführer aus der Tasche, blätterte darin, betrachtete das Schloß und den Hof und ging gemütlich weiter.

»Ich habe mir folgendes gedacht«, sagte Fräulein Trübner leise. »Ich habe mir gedacht, Sie könnten mir helfen.«

»Mach ich«, meinte Külz. »Ich weiß nur nicht, wie.«

»Sie fahren morgen mittag mit mir nach Berlin.«

»Schon?«

»Ihre Frau wird sich sehr freuen!«

»Das ist doch kein Grund!«

»Es gehört aber zu meinem Plan, Herr Külz!«

»Das ist etwas anderes«, sagte er. »Also schön! Wir reisen morgen mittag. Ich fahre aber dritter Klasse.«

»Wundervoll!« rief sie. »Und ich fahre zweiter Klasse!«

»Wieso das wundervoll ist, verstehe ich nicht. Wenn wir nicht im selben Abteil fahren, brauche ich ja gar nicht erst mitzukommen!«

Er war beinahe beleidigt.

Sie beugte sich vor. »Falls man mir die Miniatur stehlen will, und ich zweifle keinen Augenblick daran – dann wird man es während der Fahrt versuchen. Ich reise zweiter Klasse. Man wird mich im Auge behalten. Man wird mir vielleicht den Koffer stehlen.« Sie klatschte in die Hände. Wie ein Kind.

Er betrachtete sie ängstlich. »Sind Sie übergeschnappt? Freuen sich, daß man Ihnen die Miniatur klaut!«

»Doch nur die Koffer, Herr Külz!«

»So. Und die Miniatur ist nicht in Ihren Koffern?«

»Nein.«

»Wo ist sie denn?«

Im Gepäck eines Herrn, der dritter Klasse fährt und bei dem die Bande eine Miniatur Ann Boleyns bestimmt nicht vermutet!«

»Und wer ist der Herr?« fragte er. Dann schlug er sich mit der flachen Hand vor die Stirn. »Ach so!«

»Jawohl«, sagte sie. »Ich gebe Ihnen morgen am Bahnhof die Miniatur. Und in Berlin geben Sie sie mir zurück.«

»Donnerwetter!« rief er. »Raffiniert!«

»Wir gehen, ohne einander zu kennen, durch die Sperre. Und ich drücke Ihnen heimlich ein Päckchen in die Hand. Niemand wird etwas merken. Wir reisen getrennt. Wenn man mich berauben will, wird man nichts finden.«

»Und wenn die Bande noch schlauer ist und mir das Päckchen stiehlt?«

»Ausgeschlossen!« erklärte sie. »Auf die Idee kommt keiner!«

»Wie Sie meinen, Fräulein Trübner. Ich lehne aber von vornherein jede Verantwortung ab.«

»Selbstverständlich, lieber Herr Külz.« Sie stand auf. »Mir fällt ein Stein vom Herzen. Ich danke Ihnen, daß Sie mir helfen wollen.«

Sie schüttelte ihm die Hand.

Er schüttelte wieder.

»So«, sagte sie. »Und nun wollen wir uns trennen. Sonst fällt es womöglich auf.«

»Wie Sie wünschen. Also morgen mittag am Hauptbahnhof vor der Sperre.«

»Wir reden nicht miteinander. Wir sehen einander nicht an. Sie nehmen unauffällig das Päckchen an sich und verstauen es in Ihrem Koffer. Und in Berlin, am Stettiner Bahnhof, erkennen wir einander ganz plötzlich wieder! Einverstanden?«

»Ich werde Blut schwitzen«, befürchtete er. »Aber für Sie ist mir keine Wurst zu teuer.«

»Auf Wiedersehen«, sagte sie. »Herr Steinhövel darf künftig nur noch bei Ihnen Fleisch kaufen lassen. Sonst kündige ich am Ersten.«

»Lieber bei Otto«, meinte Fleischermeister Külz. »Otto braucht es nötiger.«

»Gemacht! Und nun gehe ich stadtwärts. Sie entfernen sich, bitte, in der anderen Richtung. Sonst könnten wir auffallen. Bis morgen, Papa Külz!« Sie lächelte ihm dankbar zu und schritt von dannen.

»Bis morgen«, sagte er. Er blickte hinter ihr her. Sie passierte einen Torbogen und verschwand. »Ich bin ein alter Esel«, murmelte er. Und davon war er lange Zeit nicht abzubringen.

Nachdem er die Amalienborg verlassen hatte, geriet er in die Bredgade. In dieser Straße befinden sich sehr viele Antiquitätengeschäfte. Da Külz, wenn auch noch nicht lange, mit Miniaturen zu tun hatte, hielt er es für seine Pflicht, sich mit Kunst zu befassen. Er betrachtete geduldig alle Schaufenster. Er erblickte Kupferstiche, gestickte Ornate, silberne Leuchter, Madonnen aus bemaltem Holz, japanische Aquarelle, Negergötzen, alte Kalender, polynesische Tanzmasken, Elfenbeinschnitzereien, Ruppiner Bilderbögen und vieles mehr. Das meiste gefiel ihm nicht.

Vor einem der Läden stand der kleine Herr, der ihm den Unterschied zwischen deutschen und dänischen Briefmarken erläutert hatte. Storm war andächtig in irgendeinem Anblick versunken.

Schopenhauer hatte bekanntlich die wunschlose Betrachtung von Kunstwerken, auch Kontemplation genannt, als eine der beachtlichsten Leistungen hingestellt. Der Wille und die Besitzgier schweigen. Dem Nirwana nahe, bleibt der wesentliche Mensch übrig. Schopenhauer war ein Menschenkenner. – Soviel über Herrn Storm.

»Glück muß man haben!« rief Oskar Külz und klopfte dem andern auf die Schulter.

Aus begierdeloser Anschauung herausgerissen, sah Storm auf. Er lächelte verwirrt und stammelte: »Nein, so ein Zufall, Herr … Wie war doch gleich der werte Name?«

»Der werte Name war Külz«, erklärte der andere vergnügt. »Ich mopse mich schrecklich, lieber Herr Storm. Mein ganzes Leben lang habe ich es mir gewünscht, einmal ein paar Tage allein zu sein! Und nun ist mein Wunsch in Erfüllung gegangen. Ich kann Ihnen nur sagen: Einfach gräßlich!«

»Das ist Übungssache«, meinte Storm. »Mir fällt das Alleinsein nicht schwer.«

»Waren Sie manchmal lange allein?«

Der kleine Herr schlug die Augen nieder. Derartig anzügliche Fragen waren ihm zuwider. Vor allem von Leuten, die sich dumm stellten. Er überhörte also die Bemerkung und kam auf die Kunst zu sprechen.

»Ich verstehe nichts davon«, sagte Külz.

»Mir geht es nicht anders«, entgegnete Storm. »Ich habe aber eine unglückliche Liebe für solche Dinge. Wenn ich in Kopenhagen bin, bummle ich regelmäßig einmal durch die Straße. Und da ich voraussichtlich morgen nach Berlin reise, bin ich heute hier.«

»Sie fahren morgen nach Berlin?«

»Wenn nichts dazwischenkommt, ja.«

»Großartig! Ich auch! Dritter Klasse?«

»Freilich. Da können wir einander Gesellschaft leisten.«

Herr Külz war glücklich. Sie schritten fürbaß und plauderten. Vor dem nächsten Schaufenster machte Herr Storm halt.

»Sehen Sie nur!« flüsterte er. »Dieser Heilige Sebastian! 13. Jahrhundert. Kölner Schule.«

»Das reinste Scheibenschießen«, meinte Külz.

»Und diese Miniatur! Delikat, nicht?«

»Aha«, sagte Külz. »Das also ist eine Miniatur! So sehen die Dinger aus!«

Der andere wäre beinahe kopfüber ins Fenster gefallen.

»So 'n kleines Bild!« stellte Külz fest. »Das ist doch höchstens Visitformat. Was kann das denn kosten?«

»Ich verstehe, wie gesagt, nicht viel davon«, antwortete der kleine Herr. »Aber fünfhundert Kronen wird man schon anlegen müssen.«

Külz musterte die Miniatur geringschätzig. »Es gibt aber auch viel teurere, nicht?«

»O ja«, sagte Storm und wurde blaß.

Fräulein Irene Trübner ging zur selben Zeit durch die Innenstadt. Sie suchte ein Schuhgeschäft, in dessen Auslagen ihr vor Tagen ein Paar Sandaletten aufgefallen war. Heute wollte sie nun die Schuhe kaufen. Vorausgesetzt, daß man ihre Schuhgröße vorrätig hätte. Sie hatte nämlich Größe 35, und es gibt, von wirklichen Übeln abgesehen, keinen größeren Kummer, als eine so winzige Schuhnummer zu haben. Welche hübschen Schuhe man auch haben möchte – und welche möchte man nicht haben – in Größe 35 sind sie nie vorhanden!

In einigem Abstand folgten ihr zwei Herren. »Man sollte das Herzchen anquatschen«, meinte der eine, ein gewisser Herr Achtel. »Wer weiß, wozu es gut ist.«

»Na schön«, sagte Karsten. »Hau sie an!«

Philipp Achtel zögerte. »Meine Nase eignet sich nicht zum Flirten. Sie widerspricht dem Goldenen Schnitt. Sei so gut, und erledige das kleine Geschäft!«

»Sei's drum!« erwiderte Karsten und zupfte an der Krawatte. »Und du?«

»Ich folge euch wie ein Schatten.«

»Aber geh nicht saufen«, erwiderte Karsten. »Sonst drückt dir der Chef den Hut ein.« Dann brachte er sich in eine schnellere Gangart und schloß zu Fräulein Trübner auf. Er war nur noch wenige Schritte hinter ihr her.

Da wurde er von einem großen schlanken Herrn überholt! Dieser Herr tippte der jungen Dame auf die Schulter und rief erstaunt: »Hallo, Irene! Wie kommst denn du nach Kopenhagen?«

Irene Trübner zuckte zusammen und drehte sich um.

Das vierte Kapitel
Das Symposion im »Vierblättrigen Hufeisen«

Karsten zog sich, seiner Aufgabe als Schwerenöter ledig, zurück. Philipp Achtel grinste boshaft und sagte: »Armer Kleiner! Du hast kein Glück bei Frauen!«

»Quatsch keine Opern!« knurrte Karsten. »Der Kerl kennt sie. Er rief sie bei ihrem Vornamen.«

»Die Hilfstruppen, die der alte Steinhövel seiner Privatsekretärin schickt, gehen mir nachgerade auf die Nerven«, gestand Achtel. »Oder glaubst du, daß es Leute von der Konkurrenz sind? Das wäre natürlich noch viel scharmanter.«

»Glaub ich nicht«, meinte Karsten. »Er rief ihren Vornamen, und da drehte sie sich um. Wie ein Blitz.«

»Blitze, die sich umdrehen, sind gefährlich«, sagte Philipp Achtel.

»Was wünschen Sie?« fragte Fräulein Trübner streng. Daß sie erschrocken war, ließ sie sich kaum anmerken. »Und wie kommen Sie dazu, mich beim Vornamen zu rufen?«

»Was denn? Sie heißen auch Irene?« Der schlanke Herr war perplex. Dann zog er den Hut. »Ich bitte um Vergebung. Aber Sie erinnerten mich in der Gangart unglaublich an eine Cousine aus Leipzig.« Er lächelte gewinnend. »En face sind Sie allerdings hübscher als meine Cousine.«

»Komisch, daß Ihre Cousine ebenfalls Irene heißt!«

»Das kann vorkommen«, sagte er. »Ich selbst heiße Rudi.«

Fräulein Trübner wandte ihm den Rücken und setzte ihren Weg fort.

»Es ist keine Seltenheit«, bemerkte der Herr, der Rudi hieß, »daß Menschen mit gleichem Vornamen einander ähnlich sehen.«

Fräulein Trübner lachte spitz. »Ich habe heute bereits hören müssen, daß der Charakter des Familiennamens das Gemüt des Besitzers beeinflußt. Man lernt nicht aus.«

»So ist es«, sagte der Herr. »Apropos, Familiennamen: ich heiße Struve. Rudi Struve.«

Sie beschleunigte ihre Schritte.

Er hielt sich an ihrer Seite. »Eigentlich bin ich froh, daß Sie nicht meine Cousine sind.«

»Warum?«

»Meine Cousine kenne ich schon«, meinte er tiefsinnig.

Sie musterte angelegentlich die Schaufenster, an denen sie vorbeikamen.

»Es ist sonderbar«, begann er wieder, »und es gibt zu denken: ich habe noch niemanden getroffen, der jemand anderer sein möchte. Mancher möchte zwar das Geld von Rockefeller haben. Andre möchten wie die Garbo aussehen. Vor allem die Frauen.« Er lachte. »Aber kein Mensch möchte mit Haut und Haar ein andrer sein. Keiner! Auch nicht, wenn er einen Bukkel hat und im Keller wohnt. Ist das nicht seltsam? Was halten Sie davon?«

»Nicht das mindeste«, erklärte die junge Dame und machte große Schritte.

Er wich nicht von ihrer Seite.

Plötzlich blieb sie stehen, zeigte mit dem Finger selbstvergessen auf ein Schaufenster, sagte: »Da sind sie ja!« und verschwand im Laden.

Es war ein Schuhgeschäft.

Der junge Mann betrachtete längere Zeit die Auslagen. Als er in der spiegelnden Rückwand eines Schaukastens zwei Passanten bemerkte, die auf der andern Straßenseite warteten, trat er in den Laden.

Fräulein Trübner hockte in einem Klubsessel. Vor ihr kniete eine Verkäuferin und probierte am rechten Fuß der Kundin einen Halbschuh.

»Zu groß!« behauptete die junge Dame. »In dem Schuh kann ich ja kehrtmachen! Ich brauche die kleinste Nummer.«

Die Verkäuferin erhob sich aus ihrer Kniebeuge und öffnete einen neuen Karton.

Auch dieser Schuh war zu groß.

Die Verkäuferin ging zu einem Regal, erstieg eine Leiter und kam mit einem neuen Karton zurück.

Fräulein Trübner ließ sich den Schuh anziehen, trat mehrmals fest auf und meinte erstaunt: »Er paßt!«

»Wie angegossen!« sagte jemand neben ihr.

Sie blickte hoch. Es war der lästige Mensch, der Rudi hieß. Er nickte ihr freundlich zu. »Ich gehe gern mit Frauen einkaufen. Es lenkt auf so angenehme Weise von wichtigeren Dingen ab.«

Die junge Dame fragte die Verkäuferin nach dem Preis. Das Geschäft war perfekt. Sie zog den alten Schuh an und zahlte an der Kasse.

Die Verkäuferin überreichte inzwischen dem Herrn das Schuhpaket. Er nahm es in Empfang, als sei das ganz selbstverständlich.

»Wo sind die Schuhe?« fragte Fräulein Trübner, als sie ihr Geld in der Handtasche untergebracht hatte.

Er hob das Päckchen hoch. »Hier!«

Die Verkäuferin öffnete die Ladentür.

»Guten Tag«, sagte er, ließ die junge Dame vorangehen und folgte ihr auf die Straße.

Sie schritten längere Zeit stumm nebeneinander her. Der junge Mann hatte den Eindruck, daß es falsch sei, eine Unterhaltung vom Zaun zu brechen. Die Vermutung war richtig. Vorm Absalon-Haus am Rathausplatz blieb Fräulein Trübner stehen und sagte: »Darf ich Sie bitten, mir meine Schuhe zu geben?«

»Selbstverständlich«, erklärte er. »Hier sind die Stiefelchen.« Er überreichte ihr den Karton.

»Und nun hielte ich's für angemessen, wenn Sie das Weite suchten.«

»Wo doch das Gute so nah liegt«, meinte er gebildet.

»Genug geschwätzt!« sagte sie. »Ich weiß nicht, warum Sie mich belästigen. Guten Tag, mein Herr.«

Er zog den Hut. »Guten Tag, meine Dame.« Dann drehte er ihr den Rücken und ging.

Sie war einigermaßen verblüfft und blieb ein paar Sekunden stehen. Dann warf sie stolz den Kopf zurück und entfernte sich in der entgegengesetzten Richtung. ›So ruppig brauchte er nun auch nicht zu sein‹, dachte sie gekränkt. Sie hätte sich gern umgedreht. Aber da sie wußte, was sich ziemt, unterließ sie's.

Sonst hätte sie gesehen, daß er, die Hände in den Taschen, lächelnd hinter ihr herspazierte.

Zwei Herren, die drüben am »Frascati« standen, besprachen den Fall.

»Was hältst du davon?« fragte Karsten.

Herr Achtel rümpfte die voluminöse Nase. »Eine ganz gewöhnliche Liebesgeschichte!«

»Scheußlich!« sagte Karsten.

Anschließend folgten sie dem großen schlanken Herrn, der Rudi hieß.

Und Rudi folgte der jungen Dame, die den gleichen Vornamen wie seine Leipziger Cousine hatte.

Das »Vierblättrige Hufeisen« ist eine obskure Matrosenkneipe. Nicht weit vom Nyhavn. In einer Nebengasse. Man muß etliche schiefgetretene Stufen hinunterklettern. Und später dieselben Stufen wieder hinauf! Das ist der schwierigere Teil der Kletterpartie.

Aber noch war es nicht soweit.

Oskar Külz saß in einer Nische. Storm, der Mann mit den hochgerutschten Ohren, hockte neben ihm. Sie waren vorgerückter Laune und tranken einander zu. Manchmal mit Tuborg Öl. Manchmal mit Aquavit. An den anderen Tischen saßen Männer in blauen Schifferjoppen und tranken ebenfalls.

»Eine schöne Stadt«, erklärte Külz.

Storm hob sein Schnapsglas hoch.

Külz auch.

»Prost!« riefen beide und tranken die Gläser leer.

»Eine wunderschöne Stadt«, sagte Külz.

»Eine fabelhafte Stadt«, meinte Storm.

»Eine der schönsten Städte überhaupt«, behauptete Külz.

Es klang wie Skat mit Zahlenreizen.

Dann tranken sie wieder. Diesmal Bier. Der Kellner brachte, ohne direkt aufgefordert worden zu sein, zwei Gläser Aquavit.

»Eine herrliche Stadt«, murmelte Külz.

Storm nickte gerührt. »Und morgen müssen wir sie verlassen!«

Der Berliner Fleischermeister schüttelte traurig den grauen Kopf.

»Ein Glück, daß Sie mitfahren. Allein wäre mir die Sache zu gewagt. Prost, Storm!«

»Prost Külz!«

»Es kann gefährlich werden, Storm. Sehr gefährlich kann es werden! Haben Sie Mumm in den Knochen?«

»Glaube schon, Sie oller Tiroler! Und wieso gefährlich?«

»Sag ich nicht! Die Kunst soll leben!«

»Hoch, höher, am höchsten!« Storm ertappte sich plötzlich beim Singen. Und er spürte erschrocken, daß er nur noch ein Bier und zwei Schnäpse zu konsumieren brauchte, um so betrunken zu sein, daß es keinen praktischen Wert mehr hatte, ob der andere noch besoffener als er selber wäre.

»Prost!« rief Külz und trank aus.

»Prost!« Storm griff daneben.

Der andere drückte ihm väterlich das Glas in die Hand.

»Kellner, noch zwei Korn! Und zwei Flaschen Helles!«

Der Kellner brachte die neue Lage.

»Menschenskind, kriegt man beim Saufen Durst«, sagte Külz. »Ein Glück, daß ich vorher einen kleinen Aufschnitt für zwölf Personen verdrückt habe.« Er lachte in der Erinnerung an die Wurstplatte. Dann meinte er: »Wenn ich gründlich vorgelegt habe, kann ich vierundzwanzig Stunden trinken. Prost Störmchen!«

Storm trat der kalte Schweiß auf die Stirn. Es flimmerte vor seinen Augen, als tanzten Mücken. »Komme nach«, flüsterte er heiser und kippte das Bier hinunter.

Külz füllte nach. »Es war Schicksal, daß wir uns begegnet sind. Nun können sie kommen!«

»Wer kann kommen?«

»Es gibt ja so schlechte Menschen auf der Welt!« Külz

schlug dem kleinen Storm auf die Schulter, daß der fast vom Stuhl sank. »Und niemand weiß genau, warum sie schlecht sind. Könnten sie's nicht im Guten versuchen? Wie? Warum sind sie schlecht? Da weiß nicht mal der Pastor einen Vers drauf.«

»Ich bin auch schlecht«, stammelte Storm. »Nein, mir ist auch schlecht!« Sein Kopf schwebte im Nebel.

»Da hilft nur Schnaps!« behauptete Külz energisch. »Kellner, zwei Korn!«

Der Kellner rannte und brachte das Gewünschte.

Storm spürte, wie man ihm Aquavit einflößte. Er war nicht mehr fähig, sich zu sträuben. Er dachte eben noch: ›Wenn dieser Kerl mich hineingelegt haben sollte ...‹ Dann sackte er vom Stuhl.

»Prost, alter Knabe«, sagte Külz. »Der Teufel soll die schlechten Menschen holen.« Da erst merkte er, daß er allein am Tisch saß.

Vor einem Haus in der Oesterbrogade hielt ein Taxi. Ein Mann im Lodenanzug kletterte heraus, trat, ein wenig schwankend, an die Haustür und las das Schild, das dort angebracht war.

»Hurra«, sagte er. »Pension Curtius! Ein Glück, daß der Junge nicht vergessen hat, wo er wohnt.« Er ging zum Auto zurück, zerrte ein unbewegliches Lebewesen vom Sitz und hob es auf seine Schulter. Der Chauffeur wollte helfen.

»Nicht nötig«, meinte der Tourist. »Ich habe schon schwerere Ochsen geschleppt. Alles Übungssache!« An der Haustür drehte er sich um und rief: »Warten Sie auf mich, Herr Direktor!« Dann trat er ins Haus und stapfte ächzend die Treppe hoch.

Die Pension Curtius lag im ersten Stock. Der Tourist klingelte.

Es rührte sich nichts. Er klingelte Alarm.

Endlich schlurften Schritte über den Korridor. Jemand starrte lange durchs Guckloch.

»Nun machen Sie schon auf!« brummte der Mann.

Es wurde mit Schlüsseln manipuliert. Die Tür öffnete sich.

Ein vornehmer alter Herr, der einen weißen Vollbart und eine dunkle Brille trug, kam zum Vorschein und fragte: »Sie wünschen?«

»Ich möchte einen gewissen Herrn Storm abgeben.«

»Leider wohne ich erst seit gestern hier«, sagte der alte Herr sanft. »Und ich bin ganz allein in der Wohnung. Was fehlt denn dem Herrn auf Ihrer Schulter? Ist er tot?«

»Nein. Besoffen.«

»So, so.«

»Soll ich Herrn Storm in den Briefkasten stecken?« erkundigte sich der Tourist. »Oder wissen Sie einen anderen Ausweg?«

Der alte Herr trat in den Korridor zurück. »Sie könnten ihn vielleicht im Speisezimmer aufs Sofa legen.« Er ging voraus.

Ganz hinten im Flur schlug eine Tür zu.

»Es zieht«, erklärte der alte Herr. »Ich habe mein Zimmer offen gelassen.« Er öffnete eine Tür und machte Licht. Sie befanden sich im Speisezimmer. Der riesige Mann im grünen Lodenanzug legte seine Last behutsam aufs Sofa und breitete eine Kamelhaardecke darüber. Dann zog er sein Jackett glatt, blickte dem bleichen Storm bekümmert ins Gesicht und meinte: »Hoffentlich ist er morgen pünktlich am Bahnhof.«

»Will er denn verreisen?«

»Jawohl. Wir fahren gemeinsam nach Berlin.«

»Ich werde dem Wirt Bescheid sagen.« Der feine alte Herr lächelte milde. »Er wird Herrn Storm rechtzeitig wecken.«

»Damit tun Sie mir einen großen Gefallen«, erwiderte der Tourist. »Es ist nämlich von größter Wichtigkeit.«

»Darf ich wissen ...«

»Nein«, sagte der Mann. »Herr Storm weiß es auch nicht.« Er ging einigermaßen schaukelnd durchs Zimmer und drehte sich um. »Das weiß nicht mal ich selber ganz genau!« Er lachte, wirbelte den Stock durch die Luft und rief fidel: »Es lebe die Kunst!«

Draußen im Korridor polterte er gegen den Garderobenständer. Dann schlug die Tür.

Kaum war er fort, belebte sich das Speisezimmer. Mindestens ein Dutzend Menschen umstand das Sofa, auf dem Herr Storm schlummerte. Eine Pension, in der nur ein einzelner alter Herr anwesend ist, dürfte selten so bewohnt gewesen sein!

Der alte Herr hatte die dunkle Brille und einen großen Teil seiner Sanftmut abgelegt. »Was ist das für eine Schweinerei?« fragte er aufgebracht. Er schielte vor Wut. »Wer kann mir das erklären?«

»Ich«, sagte jemand. Es war der Herr Philipp Achtel, der Rotweinspezialist.

»Also? Wird's bald?«

»Storm hat sich doch mit dem Mann angefreundet, der im d'Angleterre neben Steinhövels Sekretärin saß. Und vor der Amalienborg beschloß er, ihn zufällig wiederzutreffen und unter Aquavit zu setzen. Um Näheres zu erfahren.«

»Und?«

Herr Achtel grinste. »Und diesen Plan scheint er durchgeführt zu haben.«

»Und wer war der Bernhardiner, der uns Storm hergeschleppt hat?«

Achtel sagte: »Das war ja eben jener Külz, von dem wir noch immer nicht wissen, ob er wirklich so dumm ist, wie er tut, oder ob er sich verstellt.«

»Saufen kann er jedenfalls«, behauptete jemand und lachte.

Ein anderer Pensionär sagte: »Ich finde das großartig! Storm will den Mann eintunken, um ihn auszuhorchen, und statt dessen bringt der ihn über der Schulter zu uns ins Haus. Wie ein Postbote ein Nachnahmepaket!«

»Ironie des Schicksals«, sagte Philipp Achtel salbungsvoll.

»Ruhe!« befahl der alte feine Herr und trat dicht ans Sofa. »Eines kann ich euch jetzt schon verraten. Wenn sich herausstellen sollte, daß Storm Blödsinn gemacht hat, kann er etwas erleben, was er nicht mehr erleben wird!«

Storm wälzte sich auf die andre Seite und sagte plötzlich ganz laut: »Prost, Külzchen!«

Das fünfte Kapitel
Abschied von Kopenhagen

Am kommenden Mittag war Külz als Erster am Bahnhof. Er patrouillierte in der Halle auf und ab und hielt nach Fräulein Trübner und nach Herrn Storm Ausschau. Außerdem hatte er jene Art Durst, die man Brand nennt, und wäre gern in die Bahnhofswirtschaft gegangen, um ein Glas Bier zu trinken. Mindestens ein Glas! Doch er traute sich nicht von seinem Posten weg, sondern blockierte die Sperre vom Bahnsteig 4, als schöbe er Wache.

Am Hauptportal erschien eine größere Gruppe Herren mit Koffern, Plaids und Taschen. Herr Karsten, der mit von der Partie war, sagte: »Da steht ja schon unser Tiroler!«

Anschließend entfernten sich einige seiner Begleiter und spazierten, an Fleischermeister Külz vorüber, durch die Sperre.

Papa Külz merkte begreiflicherweise nichts von alledem. Er merkte nur, daß Storm und Fräulein Trübner nicht kamen. ›Das hat mir gerade gefehlt‹, dachte er. ›Zum Schluß fahre ich allein nach Berlin! Das hat man von seiner Gutmütigkeit! Was soll ich eigentlich schon zu Hause? Emilie und die Kinder wissen ja, daß ich nicht in Bernau bei Selbmann bin, sondern in Dänemark. Wann mögen sie denn die Karte mit der schönen Hafenansicht gekriegt haben?‹

In diesem Moment fiel ihm ein, daß er die Karte gar nicht in den Kasten gesteckt, sondern im Hotel d'Angleterre liegengelassen hatte! ›Ich mache aber auch alles verkehrt‹, dachte er enttäuscht. ›Das ist die Verkalkung. Na, ewig kann der Mensch nicht leben.‹

Dann unterbrach er abrupt den Denkprozeß. Denn im Portal erschien Fräulein Trübner. Und sie kam nicht allein. Sondern sie schritt zwischen zwei großen, starken Männern einher, die steife schwarze Hüte trugen und auch sonst der Vorstellung entsprachen, die man sich gemeinhin von Kriminalbeamten in Zivil macht.

Oskar Külz bemühte sich krampfhaft, Fräulein Trübner, der

Verabredung gemäß, nicht zu kennen. Das fiel ihm so schwer, daß er sich der Einfachheit halber wegzusehen entschloß. Andrerseits war es nötig, die junge Dame im Auge zu behalten. Denn wie sollte er es sonst einrichten, gleichzeitig mit ihr durch die Sperre zu drängen?

Er hob seinen Koffer auf, faßte den Stock fester, stellte sich marschbereit und lugte, so unauffällig wie möglich, über die Schulter.

Das Fräulein verabschiedete sich gerade von den beiden Begleitern mit einem freundlichen Kopfnicken.

Külz schob sich also breit in die Sperre und setzte, um Zeit zu gewinnen, seinen Koffer nieder. »Einen Augenblick, Herr Schaffner«, sagte er zu dem Schalterbeamten. »Ich muß nur noch mein Billett suchen!« Er wühlte in etlichen Taschen, obwohl er den Fahrschein längst gefunden hatte, und drehte sich flugs um. ›Na, endlich‹, dachte er. ›Da kommt sie ja!‹

Jetzt stand Fräulein Trübner hinter ihm. Külz reichte dem Beamten das Billett, spürte, wie man ihm ein Päckchen in die andre Hand drückte, griff tapsig zu, nahm den gelochten Fahrschein in Empfang, hob den Koffer hoch, verlor den Spazierstock, bückte sich danach und wand sich endlich aus der Sperre heraus.

Herr Karsten, der hinter den beiden herkam, unterdrückte ein mephistophelisches Lächeln.

Auf Bahnsteig 4 war reger Betrieb.

Külz hatte das heimlich empfangene Päckchen verstaut und den Koffer sorgfältig abgeschlossen. Das Päckchen war zwar leicht gewesen, aber der Koffer war mit einem Male so schwer, als ob er einen Doppelzentner wöge! Külz stapfte den Zug entlang und suchte die Wagen dritter Klasse.

»Hallo!« rief jemand hinter ihm. Es war Herr Storm.

»Endlich«, meinte Külz erleichtert. »Ich hatte schon Angst, Sie hätten es verschlafen. Wie geht's dem Kater?«

Storm, der noch reichlich grün aussah, winkte ab. Dann bedankte er sich, daß ihn der andere in der Pension Curtius abgeliefert hatte. »Ich erfuhr erst heute früh davon.«

»Gerne geschehen, mein Lieber.«

»Meine Wirtsleute waren gar nicht da, habe ich gehört.«

»Stimmt. Nur ein alter Herr mit einer dunklen Brille.«

»Kenn ich nicht.«

»Er sagte, daß er erst einen Tag dort wohnt.«

»Drum.«

Külz blieb vor einem Abteil dritter Klasse stehen. »Hier ist Platz!«

Aber Herr Storm wollte nicht. »Ich kann alte Frauen nicht leiden«, murmelte er. Er meinte eine weißhaarige Dame, die am Fenster saß. »Alte Frauen bringen mir Unglück.«

Sie gingen weiter.

Plötzlich machte Storm halt, sah zu einem Herrn hoch, der aus einem Coupé herausschaute, und fragte: »Entschuldigen Sie, ist in Ihrem Abteil noch für zwei Personen Platz?«

Der Herr, der übrigens einem ehemaligen Tenor glich und eine sehr gerötete Nase besaß, blickte ins Abteil, sah wieder auf den Perron hinaus und sagte: »Es wird sich machen lassen.«

Storm stieg ein, wandte sich um und nahm seinem Reisegefährten den Koffer ab.

»Vorsicht!« knurrte Külz besorgt. Dann kletterte er ächzend hinterher. Der Herr mit der roten Nase war ihm behilflich. Es waren überhaupt, nach dem ersten Eindruck zu urteilen, ganz reizende Leute im Coupé.

Zufälligerweise lauter Männer.

Sie rückten bereitwillig zusammen und machten freundliche Bemerkungen.

Storm fragte den Herrn mit der roten Nase, ob er auch nach Berlin fahre.

»Nein, nur bis Warnemünde«, antwortete der Herr höflich. »Meine Gattin ist mit den Kindern dort. Zur Erholung.«

»Die lieben Kleinen«, sagte ein Mann, der in der Ecke saß, und kicherte albern. Die anderen Fahrgäste blickten ihn höchst erstaunt an. Da wurde er verlegen und versteckte sich hinter einer Zeitung.

»Vielleicht bleibe ich einige Tage in Warnemünde«, fuhr der

Reisende fort, der die rote Nase hatte. »Obwohl mich dringende Geschäfte nach Berlin rufen.«

Ein anderer Fahrgast meinte, die Nordsee gefalle ihm besser. Das Wasser sei härter. Die Luft sei salzhaltiger. Besonders Sylt habe es ihm angetan.

Külz setzte eine Zigarre in Brand und sah nach, ob sein Koffer noch im Gepäcknetz läge.

Der Koffer lag noch dort.

Bald unterhielten sich alle Fahrgäste miteinander, als seien sie lauter gute alte Bekannte. (Und so war's ja auch.)

Fräulein Irene Trübner fand ein Abteil zweiter Klasse, das ziemlich leer war. Nur die Fensterplätze waren besetzt. Von einem sehr jungen amerikanischen Ehepaar, das Zeitungen und Magazine las und diese gelegentlich austauschte.

Sie setzte sich in eine der Gang-Ecken und blickte sehr oft auf ihre Armbanduhr.

Draußen im Gang lehnten Fahrgäste aus den Fenstern und unterhielten sich mit Angehörigen und Bekannten, die in Kopenhagen zurückblieben. Einige holten bereits die Taschentücher hervor.

Dann ruckte der Zug an. Die Taschentücher wurden wild geschwenkt. Das amerikanische Ehepaar blickte von der Lektüre hoch. Sie lächelten einander zu, brachen das Lächeln automatisch wieder ab und lasen weiter.

Fräulein Trübner fühlte sich beobachtet. Sie sah sich um.

Draußen im Gang stand der große schlanke Herr, der Rudi hieß! Er nickte ihr zu und zog den Hut.

Dann kam er ins Abteil, setzte sich ihr gegenüber und fragte: »Wollen wir uns wieder vertragen?«

Sie schwieg.

»Oh«, sagte er. »Sie haben die neuen Schuhe an! Reizend! Sie machen einen so kleinen Fuß.«

Fräulein Trübner schwieg.

»Die Absätze könnten etwas niedriger sein«, meinte er. »Niedrige Absätze sind gesünder.«

»Sind Sie Orthopäde?« fragte sie.

»Nein. Aber ich habe einen Vetter, der Arzt ist.«
»In Leipzig?«
»Wieso in Leipzig?«
Sie zog die Mundwinkel hoch. »Ich vermute stark, daß es sich um einen Bruder Ihrer Cousine Irene handelt.«
Er lachte. Er hatte ein entwaffnendes Lachen. Es klang, als lache eine ganze Oberprima.
»Sie unterschätzen die Struves«, sagte er dann. »Nicht, daß ich renommieren will. Aber wir sind eine sehr fleißige, weitverbreitete Familie.«
»Interessant.«
»Mein Vetter beispielsweise lebt in Hannover. Er ist Hals-, Nasen- und Ohrenspezialist.«
»Aha. Deswegen weiß er so gut über Absätze Bescheid!«
»Eben, eben!« Er lehnte sich zurück, schlug gemächlich ein Bein übers andre, holte eine Zeitung heraus und sagte: »Ich lasse jetzt aus Schüchternheit eine Pause eintreten. Auf Wiederhören in einer Stunde.« Dann begann er angestrengt zu lesen.
Der Zug fuhr durch die Insel Seeland. Nach Süden. Es war eine Reise durch Gärten.
Fräulein Trübner klemmte die große Handtasche energisch unter den Arm und sah, an dem amerikanischen Ehepaar vorbei, aus dem Fenster.

Fleischermeister Külz blickte, in seinem Abteil, ebenfalls hinaus. Wenigstens mit dem einen Auge. Mit dem andern hütete er seinen Koffer und dessen Geheimnis.
›Man hat's nicht leicht‹, dachte er. Und beinahe hätte er's auch laut gesagt.
Er trocknete sich die Stirn.
»Ist es Ihnen zu heiß?« fragte Storm besorgt.
Und ehe Külz noch antworten konnte, sprang ein andrer Fahrgast auf und ließ die Fensterscheibe herunter.
»Sehr freundlich«, sagte Külz und betrachtete die Runde. So viele liebenswürdige, vertrauenerweckende Menschen hatte er selten beisammengesehen. Da hatte er wirklich Glück gehabt! – Er deutete mit der Hand zum Fenster hinaus. »Es fiel mir

schon auf der Herreise auf«, meinte er. »Das dänische Vieh ist erstklassig. So etwas habe ich noch nicht gesehen!«

Eine Herde brauner Rinder schien zu spüren, daß von ihnen die Rede war. Die Tiere blickten aufmerksam herüber, und ein Kälbchen lief ein paar Schritte neben dem Zuge her.

»Sie interessieren sich für Viehzucht?« fragte der Herr, dem die rote Nase gehörte.

»Versteht sich«, sagte Külz. »Ich bin Fleischermeister. Seit dreißig Jahren!«

»Dann allerdings«, meinte der Herr zuvorkommend.

»Im Augenblick gefällt mir mein Beruf freilich nicht besonders«, fuhr Külz fort. »Es geht einem eines Tages eben doch auf die Nerven, dauernd von Ochsen umgeben zu sein!« Er lachte behäbig.

Die Mitreisenden lächelten süßsauer.

»Das soll hoffentlich keine Anzüglichkeit sein?« fragte Herr Storm bescheiden.

Als Fleischermeister Külz die Frage endlich begriffen hatte, bemächtigte sich seiner eine gelinde Verzweiflung. »Wie können Sie so etwas von mir glauben?« rief er außer sich. »Ich habe doch nicht Sie gemeint, meine Herren! Ich sprach von richtigen Ochsen! Nicht von Ihnen! Wenn Sie wüßten, wie peinlich mir dieses Mißverständnis ist! Ich würde mir so etwas nie erlauben.« Er war außer Rand und Band.

»Es war ja nur ein Scherz von mir«, erklärte Herr Storm.

»Wirklich?« fragte Külz erleichtert.

Die anderen nickten.

»Gott sei Dank!« meinte Külz. »Mir fällt ein Stein vom Herzen. So etwas würde ich wirklich nie laut sagen!«

Der Herr, der Rudi hieß, hatte sich ins Polster zurückgelehnt. Er lag mit geschlossenen Augen und atmete friedlich.

Irene Trübner betrachtete sein Gesicht. Sie betrachtete es sehr nachdenklich und dachte bei sich: ›Jedes Wort, das er bis jetzt zu mir gesagt hat, war vermutlich eine Lüge. Warum folgt er mir seit gestern? Und wenn er's schon tut, warum belügt er mich? Dabei hat er ein Gesicht wie der Erzengel Michael, dieser gemeine Schuft! Mit dem gepriesenen Zusammenhang zwischen Physiognomie und Charakter ist es Essig!‹

Sie wandte sich brüsk zum Fenster und starrte einige Minuten hinaus. Dann aber zog es ihr wieder den Kopf herum.

›Diese ausdrucksvollen Hände!‹ dachte sie selbstvergessen. ›Und er ist doch eine Kanaille! Nun, er soll sich an mir die Zähne ausbeißen, der Rudi!‹ Sie korrigierte ihre Gedanken: ›Der Herr Rudi! – Diese Schlafmütze, ha!‹

In dem letzten Punkt irrte sie sich. Der Herr Rudi schlief gar nicht. Es sah nur so aus. Hinter den tiefgesenkten Wimpern betrachtete er das junge Mädchen ununterbrochen. Er war empört. ›Ausgerechnet diese Irene Trübner‹, dachte er, ›ausgerechnet sie muß so ein hübscher Kerl sein! Warum ist sie keine Schreckschraube? Seit Jahren wünscht man sich's, so eine Person zu treffen. Und wenn sie einem endlich in die Arme läuft, kommt sie ungelegen. Der Teufel hole den jüngeren Holbein und sämtliche Frauen Heinrichs VIII., die geköpften und die ungeköpften! Ach, ist das Leben kompliziert!‹

Sie beugte sich weit vor und sah ihn sonderbar an. Ihm war, als würden ihre Augen immer größer und nachdenklicher. Was gab es an ihm schon zu sehen? Plötzlich schlug sie die Augen nieder und wurde rot wie ein Schulmädel.

Darüber verlor er die Selbstbeherrschung und erwachte. »Ist die Stunde um?« fragte er.

Sie fuhr zusammen und strich sich das Haar glatt. »Welche Stunde?«

»Die geplante Gesprächspause«, sagte er. »Ich war das meiner Verwandtschaft schuldig.«

»Ach so.« Sie blickte auf die Uhr und meinte: »Sie haben noch Zeit. Gute Nacht!«

»Habe ich denn geschlafen?«

»Hoffentlich«, sagte sie.

»Wurde geschnarcht?«

»Nein.«

»So etwas von Vergeßlichkeit!«

In diesem Augenblick passierte ein Herr den Gang. Ein Herr, der einen weißen Bart und eine dunkle Brille trug. Er blickte ins Abteil und schritt langsam weiter.

Fräulein Trübner fragte: »Kennen Sie diesen Herrn?«

»Nein«, erwiderte Herr Struve. »Aber ich habe das dumpfe Gefühl, als ob ich seine werte Bekanntschaft sehr bald machen würde.«

Er sollte recht behalten.

Als er auf der Fähre zwischen den Inseln Seeland und Laaland das Abteil verließ, um sich die Füße zu vertreten, traf er den Herrn wieder. Dieser blieb gerade vor einem der Passagiere stehen und bat um Feuer. Jemandem, der mißtrauisch war, mußte auffallen, daß der Mann, der seine Zigarette hinhielt, dem weißen Vollbart etwas zuflüsterte.

Bemerkungen zwischen Fremden pflegen nicht geflüstert zu werden. Auch zuviel Vorsicht ist Leichtsinn.

Der alte Herr schritt weiter.

Rudi Struve pilgerte hinterdrein.

Der alte Herr musterte die Abteilfenster.

Struve folgte diesem Blick und bemerkte hierbei einen Mann, der aus einem Coupé dritter Klasse herausschaute und, als der alte Herr vorüberkam, ein Auge zukniff.

Und dieser Mann hatte unterhalb des Auges, das er zukniff, eine auffällig rote Nase.

Struve kam die Nase bekannt vor. Er trat an die Reling und betrachtete fünf Minuten lang die Ostsee, die Silbermöven und die Bojen, welche die Trajektrinne markieren ... Dann drehte er sich um und beobachtete das Coupé dritter Klasse, das es ihm angetan hatte.

Neben dem Mann mit der roten Nase entdeckte er den kleinen Herrn mit den hochgerutschten Ohren. Und den Dritten auch, den er vor der Amalienborg gesehen hatte.

Und ihnen gegenüber, zwischen lauter Galgengesichtern, hockte der gutmütige riesenhafte Lodentourist, der mit Irene Trübner im d'Angleterre zusammengesessen hatte.

Diese Gruppierung begriff Rudi Struve nicht. Was hatte der

athletische Biedermann zwischen so vielen Gaunern zu suchen? Oder sollte er gar kein Biedermann sein?

Struve trat schleunigst den Rückzug an. Er eilte im Dauerlauf zu seinem Coupé. Hoffentlich war in seiner Abwesenheit keine Überraschung eingetreten! Er sprang die Wagenstiege hoch und eilte durch den Gang. Kurz vor dem Abteil bremste er und zwang sich eine gemütliche Gehweise auf.

Fräulein Trübner saß noch am alten Fleck und sinnierte.

Er setzte sich in seine Ecke.

Sie wandte ihm ihr Gesicht zu und hob plötzlich den Blick über seinen Kopf hinweg.

Er folgte ihren Augen und betrachtete das Gepäcknetz. Nein, der Koffer war noch da.

Sie lächelte und fragte: »Spielen Sie mit sich selber Saalpost?«

Er begriff nicht, was sie wollte.

»Es handelt sich um Ihren Hut«, sagte sie.

Er nahm ihn ab. In seinem Hutband steckte ein Briefumschlag. »Komisch«, meinte er, nahm den Brief und öffnete ihn.

Auf dem Briefbogen stand, in großen Blockletten geschrieben: »WER SICH IN GEFAHR BEGIBT, KOMMT DARIN UM!«

Er faltete den Bogen zusammen, steckte ihn in die Jackentasche und runzelte die Augenbrauen.

»Etwas Unangenehmes?« fragte sie.

»Ach wo«, sagte er und war bemüht, harmlos zu lächeln. »Ein Scherz von einem alten Bekannten!«

Das sechste Kapitel
O, diese Zollbeamten

Gjedser war längst passiert. Die Zoll- und Paßkontrolle war schon vorm Betreten des Trajekts erledigt worden. Der Dampfer und die Eisenbahnwagen drunten im Schiffsbauch schwammen in der Ostsee, und die dänische Küste wurde blaß.

Fleischermeister Külz stand auf und griff nach seinem Koffer.

»Wo wollen Sie denn hin?« fragte Storm.

»In den Speisesaal. Ich habe Hunger. Kommen Sie mit, Herr Storm? Ich spendiere eine Runde Aquavit!« Külz lachte väterlich.

»Sie müssen sich noch einen Augenblick gedulden, meine Herren«, sagte einer der Fahrgäste. »Der Schiffszoll war noch nicht da.«

»Nanu!« rief Storm und tat sehr erstaunt.

»Aber wir haben doch die Zollkontrolle schon hinter uns!« meinte Külz.

»Auf dem Trajekt wird noch einmal kontrolliert«, erklärte der gut informierte Fahrgast.

»Das kapier ich nicht«, sagte Külz. »Auf der Herfahrt wurde das nicht gemacht.«

»Sind Sie auf dem deutschen Trajekt gekommen?« fragte ein andrer Mitreisender.

»Jawoll, auf dem deutschen!«

»Da haben Sie's«, sagte der gut Informierte. »Und jetzt fahren wir auf dem dänischen. Da ist man gründlicher.«

»Diese verdammten Bürokraten!« knurrte Philipp Achtel.

»Doppelte Buchführung«, meinte ein andrer Fahrgast ironisch.

»Also schön«, sagte Külz und setzte sich resigniert auf die grünen Hosen. »Abwarten und Tee trinken.«

Herr Achtel hob seinen Koffer herunter, stellte ihn auf die Sitzbank und öffnete ihn. »Hoffentlich geht's rasch. Ich habe Durst.«

Herr Karsten blickte zum Fenster hinaus und sagte nach einer Weile: »Dort kommt jemand in Uniform. Das scheint der Betreffende zu sein.«

Die Coupétür öffnete sich. Ein Mann stieg ein. Er trug eine blaue Schiffermütze mit Goldborten und einen weiten Radmantel. Er salutierte und gab längere Erklärungen in einer fremden Sprache ab.

Philipp Achtel antwortete ihm, schüttelte den Kopf und zeigte einladend auf seinen Koffer.

Der Zollbeamte wühlte darin herum, machte ein ziemlich böses Gesicht und salutierte wieder. Nun öffneten die anderen Fahrgäste ihre Koffer und Taschen. Der Uniformierte waltete seines Amtes.

»Haben Sie etwa Zigaretten oder Schokolade geschmuggelt?« fragte Storm flüsternd.

»Nein«, sagte Külz und schloß schweren Herzens seinen Koffer auf. Der Beamte trat zu ihm und fragte Verschiedenes in seiner Sprache. Herr Achtel sprang in die Bresche und redete lebhaft auf den Mann ein. Dabei legte er seinen Arm um Külzens Schulter.

Der Beamte griff in den Koffer, holte einen weißleinenen großen Knäuel hervor und fragte etwas.

»Er will wissen, was das ist«, meinte Philipp Achtel.

»Das ist mein Nachthemd, wenn er nichts dagegen hat«, antwortete Külz gereizt.

Die anderen lachten. Achtel erklärte dem Beamten die Bedeutung des Linnengewandes. Der Mann stopfte es in den Koffer, klappte dann den Kofferdeckel zu, blickte die Fahrgäste streng an, salutierte kurz und kletterte wieder aus dem Wagen.

Külz atmete auf, schloß erleichtert seinen Koffer zu und verwahrte den Schlüssel sorgfältig im Portemonnaie. »Ein unangenehmer Kerl«, sagte er. »Ich bin Ihnen sehr dankbar, daß Sie mir so beigestanden haben. Ich dachte schon, er würde mein Nachthemd beschlagnahmen!«

»Und nun können Sie in den Speisesaal gehen, lieber Külz«, meinte der kleine Storm. »Ich bleibe hier unten. Ich kann heute kein Wasser sehen. Und Aquavit schon gar nicht!«

»Wir reservieren Ihnen Ihren Platz«, meinte Karsten.

»Vielen Dank«, sagte Külz. »Sie sind alle so furchtbar nett zu mir. Ich komme mir schon wie Ihr Großvater vor.« Er nahm seinen Koffer und öffnete die Wagentür. Ehe er hinunterstieg, griff er in die Jackentasche, holte eine Schachtel hervor und lächelte schadenfroh. »Sehen Sie«, meinte er, »und ich habe doch Zigaretten geschmuggelt!«

»Sie sind ein Mordskerl!« rief Herr Storm anerkennend. Und Papa Külz kletterte stolz aus dem Abteil auf die Schiffsplanken.

Die Fahrgäste der ersten und zweiten Klasse hatten in dem eleganten und lichten Speisesaal Platz genommen oder standen in tätiger Bewunderung vor den langgestreckten Tafeln, auf denen vom Hummer angefangen bis zu den Schwedenfrüchten mit süßer Sahne alles zu finden war, was Herz und Magen begehren. Sie beluden ihre Porzellanteller mit den Herrlichkeiten, die sich darboten, und kehrten lüstern an ihre Tische zurück.

Dieser Weg wurde von vielen des öfteren zurückgelegt. Denn ob man nichts oder ein Fuder aß – der Preis war der gleiche.

Die Ostsee schlug Wellen. Manchmal tauchte im Rahmen der Fenster der Himmel auf und manchmal das Meer. Besonders empfindsame Reisende legten Messer und Gabel müde aus den Händen und preßten die Lippen fest aufeinander. Welch ein Jammer!

Doch im allgemeinen ging es ohne Zwischenfälle ab. –

Herr Struve hatte sich zu Irene Trübner gesetzt, obwohl sie, als er sich ihrem Tisch näherte, nicht gerade einladend dreinschaute. Nun aß er eifrig. Sie stocherte mit der Gabel in etlichen Salaten herum.

»Angst um die schlanke Linie?« fragte er.

»Nein«, erwiderte sie. »Ich habe überhaupt keine Angst.«

»Das ist viel wert«, sagte er.

Sie betrachteten einander prüfend, schwiegen und aßen weiter. Da erschien Fleischermeister Külz auf der Bildfläche, samt Knotenstock und Koffer, und sah sich suchend um. Als er

Fräulein Trübner entdeckte, leuchteten seine Züge auf. Er wanderte vorsichtig über das spiegelglatte Parkett, bis er vor ihrem Tische stand. Er verbeugte sich und fragte, ob es gestattet sei.

Sie lächelte behutsam und nickte.

»Külz«, sagte der alte Tiroler und lüftete den Velourhut.

»Struve«, erklärte der junge Mann.

Der Fleischermeister nahm Platz und sah sich in der Gegend um. »Aha! Hier ist Selbstbedienung. Wie in der Volksküche.« Er erhob sich wieder. »Darf ich Sie bitten, gut auf meinen Koffer zu achten?« fragte er die junge Dame und zwinkerte bedeutsam mit den Augen. Dann entfernte er sich.

»Sie kennen den Mann?« fragte Struve.

»Seit gestern. Ein hochanständiger Mensch.«

»Mir gegenüber sind Sie weniger vertrauensselig.«

Sie setzte sich kerzengerade und sagte hoheitsvoll: »Alles zu seiner Zeit!«

Er schwieg und beschäftigte sich mit seinem Geflügelsalat.

Dann kehrte Papa Külz zurück. Er balancierte einen schwer beladenen Teller, schielte nach seinem Koffer und sank erschöpft in den Stuhl. »Das reinste Delikatessengeschäft«, behauptete er. »Ich fürchtete schon, ich käme wegen der blöden zweiten Zollkontrolle überhaupt nicht mehr zum Essen!«

»Weswegen?« fragte der junge Mann.

»Wegen der zweiten Zollkontrolle«, sagte Külz. »Auf den deutschen Dampfern gibt's das nicht. Nur auf den dänischen. Na ja, das macht die Bürokratie. Und die doppelte Buchführung.« Er lachte gutgelaunt und verlegte sich aufs Essen.

»Eine zweite Zollkontrolle?« fragte Struve. »Wann denn?«

Külz kaute. »Vor zehn Minuten. Ein Mensch mit einem abscheulichen Gesicht war's. Er hatte eine Pelerine um. War er denn nicht auch bei Ihnen?«

»Nein«, flüsterte Fräulein Trübner. »Bei uns war er nicht, Herr Külz.«

»Hier scheint man individuell behandelt zu werden«, stellte Rudi Struve fest. »Ich beginne zu glauben, daß die zweite Kontrolle in einem einzigen Abteil stattgefunden hat.«

Herrn Külz blieb die Gänseleberpastete im Munde stecken. Er würgte den Bissen mühevoll hinunter und fragte: »Was wollen Sie damit sagen?«

»Daß man sich für das Gepäck in Ihrem Coupé mehr als für die Koffer der übrigen Passagiere interessiert hat«, erklärte der junge Mann. »Ich weiß natürlich nicht, weswegen. Aber irgendeinen Grund dürfte es schon gehabt haben.«

Külz starrte Fräulein Trübner an und bewegte lautlos die Lippen. Sein buschiger grauer Schnurrbart zitterte wie Espenlaub. Hastig griff er nach seinem Koffer, legte ihn auf die Knie, zog das Portemonnaie hervor und holte die Kofferschlüssel heraus.

»Nicht hier!« sagte Fräulein Trübner. Es klang wie ein Befehl. Herr Struve blickte nervös von einem zum andern.

»Ich werde verrückt«, murmelte Külz. »Wenn der Herr recht hat, kann ich mich aufhängen.«

»Nun verlieren Sie nicht den Kopf!« sagte Fräulein Trübner und stand auf. »Ich setze mich draußen in einen Liegestuhl. Sie, lieber Herr Külz, vergewissern sich irgendwo, wo Sie unbeobachtet sind, ob die zweite Zollkontrolle – normal verlaufen ist. Und dann kommen Sie, bitte, sofort zu mir an Deck!«

Fleischermeister Külz erhob sich, nahm den Koffer und verließ den pompösen Speisesaal mit müden Schritten. Sein mit schmackhaften Gerichten garnierter Teller blieb als Waise zurück.

Irene Trübner entfernte sich durch die Seitentür, die zum Promenadendeck führte.

Der junge Herr, der Rudi hieß, folgte Külz in einigem Abstand, postierte sich vor der Waschtoilette und wartete.

Fräulein Trübner hatte an Deck Platz genommen. Die Stühle neben ihr waren leer. Der Wind pfiff, und die Wolken hatten es eilig. Am Horizont schwankte ein Fischkutter. Manchmal verschwand er hinter glasgrünen Wellenbergen. Manchmal wurde er hoch emporgehoben. Bis an den Himmel hinan.

Schwere Schritte näherten sich. Sie wandte den Kopf.

Es waren Külz und Struve.

Der junge Mann hatte den alten Mann untergefaßt, als führe er einen Kranken. Den Koffer trug er außerdem. Ein Stück weißes Leinen schaute heraus.

Külz setzte sich neben die junge Dame. »Fort!« sagte er nur. »Fort!«

»Man muß augenblicklich den Kapitän verständigen«, meinte Herr Struve energisch. »Die zweite Zollkontrolle war ein Bluff. Herr Külz ist bestohlen worden. Niemand darf in Warnemünde das Schiff verlassen, bevor er von der Polizei untersucht worden ist.«

»Mischen Sie sich, bitte, nicht in meine Angelegenheiten!« sagte Fräulein Trübner.

»Wieso in Ihre Angelegenheiten?« fragte er. »Herr Külz ist bestohlen worden, nicht Sie!«

»Doch sie!« murmelte der Fleischermeister. »Doch das Fräulein! Die Miniatur gehörte doch ihr!«

»Die Miniatur?«

»Für sechshunderttausend Kronen«, stammelte der alte Mann verzweifelt. »Das kann ich Ihnen nie ersetzen. Niemals, mein Fräulein.«

»Davon ist ja auch gar nicht die Rede«, sagte sie. »Die Verantwortung trage ich allein.«

»Großartig!« erklärte Herr Struve. »Und Sie weigern sich trotzdem, daß ich den Kapitän verständige?«

»Ich weigere mich ganz entschieden!«

Papa Külz hatte die Hände vors Gesicht gelegt und schüttelte den Kopf. »O, sind die Menschen schlecht«, stöhnte er. »Mich so zu betrügen! Der Zollbeamte war falsch! Und der Fahrgast, der von der zweiten Kontrolle zu reden anfing, war falsch!«

»Beruhigen Sie sich, lieber Herr Külz«, sagte Fräulein Irene Trübner. »Die Miniatur war auch falsch!«

Das siebente Kapitel
Der Koffer und die Zigarren

Sie lehnten zu dritt an der Reling. Irene Trübner stand zwischen den beiden Männern. Papa Külz hatte den braunen Velourhut abgenommen, ließ sich den Sturm durch das graue Haar wehen und blickte ungläubig lächelnd aufs Meer. Ihm war zumute, als sei er sehr krank gewesen und als habe der Arzt eben gesagt: ›Nun können Sie wieder aufstehen, Meister!‹

Der Herr, der Rudi hieß, musterte das junge Mädchen, das neben ihm lehnte, und wußte nicht, was er im besonderen und im allgemeinen von der Sache halten sollte.

»Entschuldigen Sie, liebes Fräulein«, sagte Herr Külz. »Ich bin noch völlig durcheinander. Erst der Schreck und nun die Freude. Eins verstehe ich am allerwenigsten. Wenn die Miniatur, die mir diese Mausehaken geklaut haben, falsch war, brauchten Sie mir doch nicht einzureden, sie sei echt!«

»Doch, Papa Külz! Das mußte ich Ihnen einreden«, erwiderte sie. »Sind Sie mir deshalb böse?«

»Nicht im Traum«, sagte er. »Sie haben mich zwar mächtig auf den Arm genommen. Aber böse sein, nein, böse sein kann man Ihnen wirklich nicht. Und warum«, fragte er das Mädchen, »warum mußten Sie mir einreden, daß die falsche Miniatur echt sei?«

»Aus einem höchst einfachen Grunde! Weil es zwei Miniaturen gibt! Eine falsche und eine echte!«

Die beiden Männer verloren beinahe die Balance.

»Jawohl«, sagte Irene Trübner. »Der amerikanische Sammler, dem das Original gehörte, ließ schon vor Jahren eine Kopie anfertigen. Von einem amerikanischen Holbein-Kopisten. Sie wurde auf Ausstellungen statt der echten Miniatur gezeigt, ohne daß jemand davon wußte. Die echte selbst auszustellen, war zu riskant. Informiert waren nur der Sammler und sein Kustos. Und neuerdings der Auktionator. Herr Steinhövel erwarb die Kopie automatisch mit dem Original und deponierte beides in einem Kopenhagener Banktresor.«

»Und die Männer, die Sie bis zum Bahnsteig brachten?« fragte Külz.

»Das waren Bankdetektive. Ist nun alles klar?«

»Nein«, antwortete Herr Struve. »Es geht mich absolut nichts an, aber ich wüßte gern, warum Sie nun eigentlich Herrn Külz die Kopie gaben und ihm einschärften, es sei das Original.«

»Mich geht es zwar sehr viel an«, brummte Külz. »Aber ich wüßte es auch ganz gern.«

Fräulein Trübner sagte mit einem mißtrauischen Seitenblick auf Struve: »Seit gestern mittag hatte ich das untrügliche Empfinden, daß man mich beobachtet und auf Schritt und Tritt verfolgt. Herr Külz meinte allerdings, daß ich nur nervös sei ...«

»Und daß sich das nach dem ersten Kind legen würde«, erzählte Külz schmunzelnd. »Aber Fräulein Trübner meinte, so lange könne sie nicht warten.«

»Diese Meinung entspricht durchaus den Tatsachen«, bemerkte der junge Mann.

Irene Trübner überhörte das und fuhr fort: »Am Nachmittag brachten die Zeitungen die Meldung, daß Kunstgegenstände im Werte von einer Million Kronen verschwunden waren. Es unterlag keinem Zweifel: ich saß in der Falle. Ich wußte mir keinen Rat. Bis ich auf dem Gedanken verfiel, Herrn Külz um Hilfe zu bitten.« Sie legte ihre Hand dankbar auf den Lodenärmel des alten Herrn. »Wir blieben lange Zeit im Hotel sitzen. Wenn man mich, wie ich annahm, beobachtete, mußte das auffallen. Wir gingen in die Amalienborg und setzten uns auf eine Bank, wo wir nicht belauscht, aber beobachtet werden konnten. Wahrscheinlich ist man uns gefolgt.«

»Und ob!« sagte Herr Struve. Und als ihn die beiden anderen neugierig ansahen, verbesserte er sich. »Todsicher ist man Ihnen gefolgt! Das geht ja aus dem Raub der Kopie eindeutig hervor!«

»Wenn man uns aber gefolgt war«, fuhr Fräulein Trübner fort, »dann mußte unsre nächste Begegnung doppelt gründlich beobachtet werden. Damit war zu rechnen. Und deshalb bestimmte ich den Bahnhof als Treffpunkt. Dort konnte sich mühelos ein Dutzend Spitzel aufhalten. Sie mußten sehen, daß ich tat, als ob ich Herrn Külz nicht kennte. Und sie mußten sehen, daß ich ihm betont heimlich ein Päckchen zusteckte! Das konnte, ihrer Meinung nach, nur die Miniatur sein. Also mußten sie Herrn Külz bestehlen.« Sie kicherte selig wie ein Backfisch. »Nun, meine Rechnung hat gestimmt. Herr Külz wurde bestohlen! Die Miniatur ist fort! Glücklicherweise die falsche!«

»Wenn Sie mir wenigstens die Wahrheit gesagt hätten!« meinte Külz. »Dann hätte ich vorhin nicht so einen Schreck gekriegt.«

»Lieber Herr Külz«, sagte die junge Dame, »wenn ich Ihnen die Wahrheit vorher gesagt hätte, wäre der Bluff mißlungen. Denn Sie sind ein viel zu ehrlicher Mensch, als daß Sie sich verstellen könnten. Die Diebe hätten Ihnen an der Nasenspitze angesehen, daß wir sie hineinlegen wollten.«

»Ehrt mich«, meinte Külz. »Fahren Sie fort! Was wird nun?«

»Nun ist die Bande davon überzeugt, die echte Miniatur zu besitzen. Und vor Berlin wird man von unserm Schachzug nichts merken.«

»Entschuldigen Sie, daß ich mich einmische«, sagte Struve. »Aber Sie müssen natürlich so tun, als wüßten Sie von dem Diebstahl nicht das geringste.«

»Das ist die Hauptsache«, bestätigte das junge Mädchen. »Sonst war alles vergeblich.«

Herr Struve dachte nach. Dann meinte er: »Somit käme für Herrn Külz erst jetzt der schwerste Teil seiner Aufgabe.«

Irene Trübner nickte.

»Nun macht aber einen Punkt!« rief der Fleischermeister. »Ich bin ein gutmütiger alter Esel. Zugegeben. Ich freue mich, daß ich mich nützlich machen konnte. Vorläufig habe ich aber genug vom Indianerspielen. Mir ist schauderhaft zumute. Und außerdem habe ich Hunger.«

»Essen können Sie natürlich, bevor Sie …«

»Bevor ich was tue?« fragte Külz. »Soll ich mir jetzt vielleicht einen langen schwarzen Bart umhängen? Oder über Bord springen und geduckt hinter dem Schiff herlaufen?«

»Die Aufgabe ist schwieriger«, erklärte der junge Mann. »Sie müssen wieder in Ihr Coupé!«

Külz trat erschrocken einen Schritt zurück und hob abwehrend beide Arme.

»Und Sie müssen sich mit den Fahrgästen unterhalten, als sei nicht das mindeste geschehen.«

»Dann springe ich schon lieber über Bord«, sagte Herr Külz dumpf.

»Sie müssen zurück!«

»Gut«, erwiderte der alte Riese. »Wie Sie wünschen. Dann drehe ich aber leider dem Halunken, der mir das von der zweiten Zollkontrolle vorgequatscht hat, den Hals um. Darauf können Sie Gift nehmen, meine Herrschaften! Mit so einem Strolch soll ich mich freundlich unterhalten? Lächeln soll ich womöglich auch noch?«

»Selbstverständlich«, sagte Rudi Struve. »Sehr viel lächeln!«

»Das Genick brech ich ihm!«

»Lieber, guter Herr Külz«, bat Irene Trübner. »Lassen Sie mich jetzt nicht im Stich! Bitte, bitte! Sonst war alles, was wir erreicht haben, zwecklos.«

Külz stand unentschlossen da und kämpfte mit sich. Dann drehte er sich um und schritt zur Treppe.

Herr Külz!« rief Rudi Struve. Der Fleischermeister hielt inne.

»Aus Ihrem Koffer schaut ein Zipfel heraus. Den müssen Sie wegstecken, ehe Sie in den Zug steigen! Sonst weiß man, daß Sie Bescheid wissen.«

Külz senkte den Blick. »Ach so«, sagte er. »Mein Nachthemd!« Dann kletterte er melancholisch treppab.

Philipp Achtel trat vom Coupéfenster zurück und flüsterte: »Achtung, er kommt!«

Die anderen setzten sich zwanglos in Positur und zogen bemüht harmlose Gesichter.

»Was machen wir, wenn er etwas gemerkt hat?« fragte Karsten.

»Der hat nichts gemerkt«, meinte der kleine Herr Storm. »Das liegt dem nicht.«

»Und wenn er es zufällig gemerkt hat?« fragte Karsten. »Es soll ja schließlich schon vorgekommen sein, daß man in seinem Koffer etwas sucht, auch wenn nichts drin fehlt.«

»Das wird sich zeigen«, behauptete Achtel. »Er kann sich nicht verstellen! Und wenn er etwas gemerkt hat, dann werden wir tun, was der Chef befohlen hat.«

»Trinken kann er!« murmelte Storm. »Aber Salzwasser ist kein Aquavit.«

Da öffnete sich die Tür. Und der Mann, von dem so reizend gesprochen wurde, kam schnaufend ins Abteil.

»Herzlich willkommen!« rief Herr Achtel. »Hat das Essen geschmeckt?«

»Das kalte Büfett dort oben ist prima«, sagte Külz. »Ich könnte schon wieder essen!« Ihm lief das Wasser im Munde zusammen. Er dachte betrübt an die Vorspeisen, die er im Speisesaal verlassen hatte, und hustete geräuschvoll, damit man seinen Magen nicht knurren hörte. Dann hob er den Koffer behutsam hoch und legte ihn so zartfühlend aufs Gepäcknetz, als enthalte er dänische Frischeier.

Die anderen lächelten einander zu. ›Wenn er wüßte!‹ dachten sie. Der kleine Herr Storm grinste wie ein Teufel.

Papa Külz setzte sich, streckte die Beine aus und griff in die Brusttasche. Nachdenklich zog er die Hand zurück. Dann schüttelte er ärgerlich den Kopf und stand umständlich wieder auf.

»Was suchen Sie denn?« fragte Storm nervös.

»Ach, nur mein Zigarrenetui«, antwortete Külz. »Es liegt im Koffer.«

Die anderen saßen wie vom Blitz getroffen da. ›Jetzt nimmt das Unglück seinen Lauf‹, dachten sie.

Oskar Külz holte das Portemonnaie aus der Tasche und brachte den Kofferschlüssel zum Vorschein.

Herr Achtel faßte sich als erster. »Wozu denn die Umstände?« rief er jovial. Er reichte sein Etui hinüber. »Rauchen Sie doch einmal eine Zigarre von mir!«

»Oder von mir!« fiel Karsten ein.

Ein anderer fragte: »Zigaretten rauchen Sie wohl gar nicht? Wie wär's mit einer Lucky Strike?«

Papa Külz betrachtete die Etuis und Schachteln, die sich ihm entgegenstreckten, nicht ohne Rührung. »Außerordentlich liebenswürdig, meine Herren! Aber das kann ich doch gar nicht annehmen!«

Herr Philipp Achtel schien gekränkt. »Wollen Sie uns beleidigen?«

»Behüte!« sagte der alte Mann erschrocken und steckte Schlüssel und Portemonnaie wieder weg. »Zigaretten habe ich selber. Die hab ich aber doch für meine Kinder geschmuggelt.« Er schielte zu Achtels Etui hinüber, zögerte und griff endlich zu. »Ich bin so frei.«

Drei Passagiere gaben ihm Feuer.

Külz setzte sich und betrachtete die Runde voller Rührung. Das heißt, den Halunken, der ihn mit der Zollkontrolle angeschwindelt hatte, den ließ er aus. »So viele reizende Leute«, sagte er, und dann schmauchte er gemütlich vor sich hin.

Die anderen atmeten auf und lächelten gewinnend.

»Eine ausgezeichnete Zigarre«, meinte der Fleischermeister. »Nicht zu kräftig und nicht zu mild. Darf ich fragen, was Sie dafür bezahlt haben?«

Herr Achtel nannte den Preis. Anschließend rechnete Herr Storm geschwind vor, wieviel deutsche Reichspfennige dreißig Öre seien.

»Das werde ich nie lernen«, stellte Papa Külz fest. »Gestern verlangte ich doch in Kopenhagen tatsächlich eine Sechspfennigmarke! Wenn mein Freund Storm nicht war, wäre ich glatt aufgeschmissen gewesen.« Er lachte. Die anderen lachten mit.

»Übrigens habe ich die Karte im Hotel liegenlassen«, gestand Herr Külz treuherzig. »Meine Emilie wird denken, ich bin gestorben!«

»So rasch stirbt man nicht«, meinte Philipp Achtel.

»Na«, sagte Herr Storm. »Das geht manchmal sehr schnell.« Er schwieg und verschränkte die Hände, daß die Finger knackten. »Ich habe einen Mann gekannt, der war Kassierer bei einer großen Bank ...«

Papa Külz blickte seinen Freund Storm mit großen Augen an. »Und?« fragte er besorgt.

Der kleine Herr Storm winkte ab. »Wozu an alten Wunden rühren?« meinte er ergriffen. »Der Mann war mein Freund.«
»Verkalkung?« fragte Külz.
»Nein. Er wurde, als er Bankgelder bei sich hatte, auf der Straße angesprochen. Man bat ihn um Feuer, wenn ich nicht irre. Und dann fiel er um.«
»Herzschlag?« fragte Külz.
»Nein. Eine Stricknadel. Spitzgefeilt. Zwischen die Rippen gestoßen.«
Papa Külz schauderte.
»Was es so alles gibt!« meinte Herr Achtel und konnte es kaum fassen. »Es gibt so schlechte Menschen!«
»Ja«, sagte Külz. »Da haben Sie recht.« Er warf einen vernichtenden Blick in jene Ecke, in der sein Feind saß. Dann besann er sich. »Aber die meisten Menschen sind glücklicherweise anständig.«
Die anderen nickten.
»Zweifellos«, erklärte Herr Achtel. »Was sollten wir sonst anfangen?«
Die anderen musterten ihn mißbilligend.
Külz blickte aus dem Fenster und zuckte zusammen.
Denn an der Reling stand der weißbärtige Herr aus der Pension Curtius und schaute herüber.

Das achte Kapitel
Das Märchen vom braven Mann

Die Sonne schob die Wolken wie Flügeltüren auseinander und beleuchtete das Trajekt »Danmark« und die übrige Welt. Sie beschien, einem alten Brauche folgend, Gerechte und Ungerechte und machte keine Ausnahme.

›Ist das nun wirklich pure Großzügigkeit, daß sie alle bescheint?‹ fragte sich der Herr, der Rudi hieß. ›Es wird Bequemlichkeit sein, weiter nichts. Wenn man sich vorstellt, sie beschiene nur die Guten, und die Bösen nicht, – welche Mühe und welche Verwicklungen!‹ Er hatte die Augen geschlossen und lag der Länge nach in einem Bordstuhl. ›Für die Hüter der Ordnung‹, meditierte er, ›wäre es freilich praktischer, wenn's anders wäre. Sie gingen dann einfach bei Sonnenschein auf die Straßen und Plätze und verhafteten kurzerhand alle Menschen, die von der Sonne nicht beschienen würden! Es ist allerdings fraglich, ob die Verbrecher unter solchen Umständen bei Sonnenschein noch spazierengingen.‹

Er streckte die Arme aus und räkelte sich. Und er dachte: ›Wahrscheinlich gingen sie nur noch nachts aus. Und bei strömendem Regen. – Dadurch nähmen die Länder mit sechsmonatiger Regenzeit einen ungeahnten Aufschwung. Dank des Fremdenzustroms. Auch jene Gegenden, in denen monatelang keine Sonne scheint, würden aufblühen. Denn wie viele Menschen könnten sich dann noch ohne Bedenken in die Sonne wagen?‹

Er lächelte spitzbübisch vor sich hin und malte sich, mit Sorgfalt und Hingabe, die logischen Folgen seiner schwachsinnigen Hypothese aus.

Irene Trübner, die neben ihm saß, musterte ihn kritisch. Ihre Stirnfalte reichte bis unter das flotte Hütchen. Würde es sich rächen, daß er ihr Geheimnis erfahren hatte? Und wenn er ein dunkler Ehrenmann war – warum gab er ihr und Papa Külz nützliche Ratschläge? Ihr Geheimnis wußte er nun. Aber wie hieß das seine?

Plötzlich lachte Herr Struve schallend und schlug die Augen auf.

»Ihnen geht's wohl zu gut?« fragte sie.

»Aufrichtig gesprochen, nein. Aber ich stellte mir gerade vor, wie die Welt aussähe, wenn die Sonne nur die Gerechten beschiene und die Ungerechten ausließe.«

»Wie dann die Welt aussähe? Ich wüßte lieber, wie dann Sie aussähen.«

»Nun, was glauben Sie? Strahlend weiß oder wie bei einer Sonnenfinsternis?«

»Vielleicht kariert«, meinte sie.

»Fragen Sie Ihren Instinkt!« riet er. Und pathetisch fügte er hinzu: »Der Zug des Herzens ist des Schicksals Stimme.«

»Daß ich nicht lache!« sagte sie streng.

»Behüte!« Er wechselte das Thema. »Hoffentlich stiftet Ihr sonniger Herr Külz in seinem Coupé kein Unheil.«

»Herrn Külz sieht man auf den ersten Blick an, daß er ein anständiger Mensch ist!« erklärte sie und musterte ihren Nachbar vorwurfsvoll.

»Kunststück! Wenn ich dreißig Jahre älter bin, haben sich meine vorzüglichen Eigenschaften auch allmählich von der Seele bis ins Gesicht durchgesprochen! ›Rudi‹, werden Sie dann sagen, ›ich hab dir damals bitter unrecht getan. Kannst du mir verzeihen?‹ Wer weiß, ob ich's tue.«

»Glauben Sie wirklich, daß er Unheil anrichten wird?« fragte sie.

Der junge Mann erwiderte: »Ich liebe diesen prächtigen alten Mann. Aber Dummheit ist unberechenbar.«

Irene Trübner machte ein besorgtes Gesicht.

»Nur Mut«, sagte er. »Die Sache wird schon schiefgehen.« Dann schloß er von neuem die Augen und widmete sich dem Sonnenschein, der zwischen Gerechten und Ungerechten keinen Unterschied macht. Darüber schlief er ein.

Er erwachte dadurch, daß ihn jemand rüttelte. Es war Irene Trübner. »Verzeihen Sie«, flüsterte sie. »Aber Herr Külz behauptet, den Herrn mit dem weißen Bart und der dunklen Brille bereits gestern abend in Kopenhagen kennengelernt zu haben.«

Oskar Külz, der sich in einen freien Stuhl gesetzt und den Koffer gewissenhaft danebengestellt hatte, nickte schwerfällig. »Jawohl. In der Pension Curtius. Auf der Osterbrötchengade, oder wie die Straße heißt.«

»Irgendwo muß schließlich jeder Mensch wohnen«, behauptete Struve. »Warum also soll er nicht mit Ihnen in der gleichen Pension gewohnt haben?«

»Ich habe nicht in der Pension Curtius gewohnt. Ich ging nur hin, um Herrn Storm dort abzugeben.«

»Wer ist Herr Storm?« fragte der junge Mann.

»Ein Bekannter von mir. Ein sehr netter Mensch. Ich lernte ihn gestern in dem Hotel kennen, in dem ich auch Fräulein Trübner kennenlernte. Er half mir am Kiosk, als ich Briefmarken verlangte. Die Karte habe ich dann vergessen, in den Kasten zu stecken.«

»O je«, sagte Fräulein Trübner. »Ihre arme Frau!«

Rudi Struve setzte sich neugierig auf. »Trafen Sie Herrn Storm wieder, lieber Herr Külz?«

»Ja. Gegen Abend. Ganz zufällig. Er stand vor einem Kunstgeschäft. Und ich sprach ihn an. Er behauptete, der Aquavit sei in Kopenhagen besser als anderswo. Und dann lud er mich ein.«

»Und dann trank er Sie unter den Tisch?«

»Unterm Tisch lag zum Schluß, wenn ich ehrlich sein soll, Herr Storm. Als ich ihm zutrinken wollte, war er weg. Er saß neben seinem Stuhl und war nicht mehr ganz beisammen. Erst als ihm der Kellner kaltes Wasser über den Kopf goß, fiel ihm seine Adresse wieder ein.«

»Die besagte Pension Curtius.«

»Ganz recht«, meinte Külz. »Ich lieferte ihn dort ab. Die Wirtsleute waren ausgegangen. Nur ein einzelner Herr war da. Ein Mieter. Mit einem weißen Bart und einer dunklen Brille. Er wohnte erst einen Tag dort und wußte deshalb nicht, ob Storm tatsächlich in der Pension wohnt. Ich lud Storm auf dem Sofa im Speisezimmer ab und fuhr in mein Hotel.«

»Was irritiert Sie eigentlich?« fragte Struve. »Warum soll der Herr mit Bart und Brille nicht nach Berlin reisen, wenn's ihm Spaß macht?«

»Sie sind plötzlich so gutgläubig geworden«, sagte Fräulein Trübner ärgerlich.

»Ich möchte Ihnen gefallen«, entgegnete Rudi Struve. »Ich weiß, Sie schätzen das.« »Lassen Sie den Unsinn!« bat sie.

»Na schön.« Struve wandte sich an Külz. »Sie trafen Herrn Storm vermutlich heute auf dem Bahnhof wieder.«

»Wir hatten es so verabredet«, sagte Külz. »Ich war froh, nicht allein reisen zu müssen, sondern mit einem Bekannten. Vor allem wegen der Miniatur in meinem Koffer.«

»Hatten Sie ihm davon erzählt?«

»Erlauben Sie! Wenn nicht der Kerl am Fenster die Geschichte mit der zweiten Zollkontrolle aufgetischt hätte, wäre alles gutgegangen. Aber auf diesen Schwindel sind natürlich alle anderen im Abteil hereingefallen!«

»Lauter nette Leute, was?« erkundigte sich Struve.

»Ganz reizende Menschen«, bestätigte Külz.

»Natürlich«, sagte Struve. »Eine Frage, lieber Herr Külz. Wie kamen Sie eigentlich in das nette Coupé? Wollten Sie hinein? Oder Ihr Bekannter?«

»Ich wollte eigentlich erst in ein andres Abteil. Doch da saß eine alte Dame drin. Und Herr Storm ist abergläubisch. Alte Damen bringen ihm Unglück. Darauf mußte ich Rücksicht nehmen.«

»Selbstverständlich«, meinte Struve.

»Unser Coupé fand dann Herr Storm. Er fragte einen Herrn, der aus dem Fenster sah, ob noch Platz sei.«

»Und es waren gerade noch zwei Plätze frei?«

»Jawohl.«

»Und der Herr, der aus dem Fenster blickte, hatte eine kupferrote Nase«, vermutete Struve. »Stimmt's?«

Fräulein Trübner staunte.

»Und ob!« rief Papa Külz. »Einen tollen Zinken! Auch ein sehr reizender Mensch. Er reist nach Warnemünde. Dort besucht er seine Gattin und seine beiden Kinder.«

»Die lieben Kleinen.« Rudi Struve lachte.

»Das ist aber merkwürdig«, stellte Külz fest. »Genau dasselbe sagte der Kerl, der uns mit der Zollkontrolle hineingelegt hat!«

»Der ausgeprägte Familiensinn rotnasiger Männer scheint auf dieser Reise nicht sehr ernst genommen zu werden. Und nun noch eine bescheidene Frage, lieber Herr Külz.«

»Bitte schön.«

»Die Insassen Ihres Coupés kennen einander ganz gewiß nicht!«

»Bewahre! Es ist eine richtige, bunt zusammengewürfelte Reisegesellschaft. Aber, wie gesagt, sie sind alle reizend! Und so liebenswürdig! Vorhin wollte ich mein Zigarrenetui aus dem Koffer holen. Glauben Sie, sie hätten das zugelassen? Ausgeschlossen! Alle boten mir, wie auf Kommando, Zigarren und Zigaretten an. Schade, daß Sie das nicht gesehen haben. Ich war von Etuis und Zigarettenschachteln geradezu belagert! Es war rührend!«

Rudi Struve konnte nicht mehr ernst bleiben. Er lachte sein helles, aufreizend vergnügtes Primanerlachen.

Papa Külz war entrüstet. »Was gibt's denn da zu lachen? Bloß weil wildfremde Menschen höflich und zuvorkommend sind? Sehr fein ist das nicht, junger Mann.«

»Nein«, erwiderte Struve. »Fein ist das nicht, aber verständlich.« Er war wieder ernst geworden. »Gnädiges Fräulein, ich halte es für dringend notwendig, Herrn Külz ins Bild zu setzen. Wer weiß, was sonst noch alles passiert.«

Irene Trübner nickte unmerklich mit dem Kopfe.

»Lieber Herr Külz«, sagte Struve. »Ich muß Ihnen eine Geschichte erzählen, die Sie noch nicht kennen.«

»Schießen Sie los!«

»Also – es war einmal ein Mann, der grundanständig war und deswegen alle anderen Menschen für genauso anständig hielt.«

»Es war einmal?« fragte Külz. »Das klingt ja wie ein Märchen!«

»Es ist auch eines«, erwiderte der junge Mann freundlich. »Der brave Mann, von dem die Rede ist, kam eines Tages in einer fremden Stadt in ein fremdes Hotel und lernte dort eine schöne Prinzessin kennen, die ihn um Hilfe bat. Da er ein braver Mann war, war er natürlich sofort einverstanden. Die schöne Prinzessin wurde von einer Räuberbande verfolgt, die es auf einen kostbaren Schmuck abgesehen hatte, den sie besaß. Einige Räuber beobachteten das Gespräch zwischen ihr und dem braven Mann von ferne. Sie dachten sich ihr Teil und beschlossen, sich mit ihm anzufreunden. Deshalb sprach ihn einer von den Räubern an. Ein Mensch, der sich durch seltsam durchsichtige und hochgerutschte Ohren auszeichnete. Der brave Mann fand, der andere sei ebenfalls ein braver Mann. Aber als der wirklich brave Mann mit der verfolgten Prinzessin das Hotel verließ, ging der Strolch mit zwei seiner Kumpane hinter dem Paare her. Interessiert Sie das Märchen?«

»Doch, doch«, sagte Herr Külz. »Schöne Prinzessinnen waren schon immer eine Schwäche von mir.«

»Nun gut. Als sich der brave Mann von der Prinzessin verabschiedet hatte, beschloß der kleine Kerl, den anderen betrunken zu machen. Denn die Räuber hofften, von dem braven Mann, wäre er erst betrunken, die Pläne der Prinzessin zu erfahren. Der Kerl mit den verrutschten Ohren lief also dem braven Mann zufällig in den Weg. Und sie wanderten selbander ins Wirtshaus. Nun begab es sich aber, daß der brave Mann mehr Schnaps vertrug als der kleine Gauner. Und so kam es, daß der treuherzige, brave Mann den Räuber in dessen Wohnung ablieferte. Die Wirtsleute waren nicht da, weil die Wohnung gar keine Wirtsleute hatte, sondern eine Räuberhöhle war. Der Herr mit dem weißen Bart und der dunklen Brille, der die Tür aufschloß, war der Räuberhauptmann. Und in allen Zimmern hockten seine Untergebenen. – Der brave Mann lieferte den betrunkenen Räuber ab und ging nach Hause. Daß er gesund und lebendig davonkam, lag einmal daran, daß ihn die Bande noch brauchte, und zum andern daran, daß solch brave Männer im Märchen sehr einflußreiche Schutzengel haben.«

Papa Külz saß stumm im Stuhl. Sein Mund stand ziemlich weit offen, und der graue buschige Schnurrbart zitterte.

»Tags darauf«, berichtete Struve, »übergab die schöne Prinzessin dem braven Mann den Schmuck, den die Räuberbande rauben wollte. Einige Räuber sahen das. Kurz darauf tauchte der Dieb, der so seltsame Ohren hatte, auf, und sie suchten ein passendes Eisenbahnabteil. Sie setzten sich natürlich nicht in das Abteil, in das der brave Mann wollte, sondern in jenes, aus dem ein Mensch mit einer roten Nase heraussah. Das war kein Wunder. Denn der Mensch mit der roten Nase gehörte zu der gleichen Bande wie der Dieb mit den verrutschten Ohren. Und nicht nur diese beiden gehörten dazu, sondern sämtliche Männer, die in dem Eisenbahnabteil saßen und so taten, als seien sie fremd miteinander.«

»Das dürfen Sie nicht sagen!« Herr Külz flüsterte es nur. Aber als ihn der andere mit freundlichem Bedauern lange anschaute, ließ er den Kopf sinken, als schäme er sich für jene Leute.

Der junge Mann fuhr mit seinem Märchen fort. »Sie hatten einen Plan gemacht. Der Plan war nicht schlecht. Denn er war auf einem gar mächtigen Fundament erbaut. Auf der Leichtgläubigkeit des braven Mannes. Einer der Bande erschien als Zöllner. Sie öffneten das Gepäck, und so stahl er den Schmuck aus dem Koffer, ohne daß der brave Mann Verdacht schöpfte. Nur als er, weil er Hunger hatte, das Abteil verließ, wurden sie unruhig. Den Schmuck, den hatten sie zwar. Aber wenn der brave Mann nun in ihrer Abwesenheit zufällig den Koffer öffnete und den Diebstahl bemerkte? Sie waren, wie alle Menschen ihres Schlags, aufs äußerste gefaßt. Raub und Mord sind eng verschwistert. Doch der brave Mann kehrte zurück und war nach wie vor freundlich zu ihnen. Also konnte er nichts von alledem wissen. Nur als er aufstand und aus seinem Koffer Zigarren herausnehmen wollte – da durchfuhr sie ein gewaltiger Schreck. Er durfte den Koffer um keinen Preis öffnen! Deswegen beeilten sie sich alle und boten dem Manne Zigarren und Zigaretten an. Und er war, weil er ein braver Mann war, von soviel Liebenswürdigkeit bis zu Tränen gerührt.«

Herr Struve machte eine Pause.

Fleischermeister Oskar Külz aus Berlin saß vornübergeneigt. Sein Gesicht war blutrot, und die Fäuste lagen wie Hämmer auf den Knien.

»Bis hierher reicht das Märchen«, berichtete Struve. »Aber es ist noch nicht zu Ende.«

»Doch!« Herr Külz stand auf. »Das Märchen ist aus!« Er ergriff seinen Stock und ging, ohne mehr zu sagen, mit schweren Schritten zur Treppe.

Die jungen Leute blickten dem alten, gebeugten Riesen erstaunt nach. Dann sprangen sie im selben Augenblick auf und rannten hinter ihm her.

»Wo wollen Sie hin?« fragte Irene Trübner ängstlich.

Er schob ihre Hand unsanft beiseite. »Ins Coupé!«

»Und was wollen Sie dort tun?« fragte Struve.

»Abrechnen!« sagte der alte Mann. »Ich schlage die Lumpen tot. Mit der flachen Hand. Lassen Sie mich los!«

»Nein«, erwiderte der junge Mann. »Und wenn ich mich mit Ihnen hier auf Deck herumprügeln sollte, obwohl Sie mir sehr sympathisch sind! Und wenn man uns anschließend ins Krankenhaus bringen sollte! In Ihr Coupé lasse ich Sie in dieser Verfassung nicht!«

Herr Külz, dieser gutmütige Mensch, hob die Faust, um den Herrn, der Rudi hieß, zu schlagen.

Da trat Irene Trübner zwischen beide und sagte: »Papa Külz! Was fällt Ihnen denn ein! Ich denke, Sie wollen mir helfen?«

»Es hat alles seine Grenzen«, knurrte er. »Außer meiner Dummheit, versteht sich.« Dann ließ er die erhobene Faust sinken und sagte zu dem anderen: »Entschuldigen Sie vielmals!«

»Bitte sehr.«

Fräulein Trübner hakte sich bei dem jähzornigen Riesen unter und zog ihn Schritt um Schritt zu den Bordstühlen hin. »Alle Räuber werden Sie doch nicht totschlagen können.«

»Nein. Nur die im Coupé.«

Rudi Struve lachte. Dann meinte er skeptisch: »Mit zehn Fingern gegen zehn Revolver kämpfen ist Geschmackssache.« Er drückte den braven Mann in einen Stuhl.

Sie saßen lange Zeit wortlos beisammen. Irene Trübner zeigte mit der Hand nach dem Horizont. Die deutsche Küste kam in Sicht.

»Es geht nicht!« meinte Külz nach einer Weile. »Ich kann mit den Kerlen nicht zusammenbleiben. Es geht tatsächlich nicht! Ich steige in Warnemünde aus. Sonst passiert ein Unglück. Ich muß sofort vom Schiff herunter!«

Das neunte Kapitel
Külz lernt endlich seine Frau kennen

In Warnemünde hatte der Zug den Dampfer verlassen. Und nun fuhr er wieder, wie sich's für Eisenbahnen gehört, zwischen Wiesen und Feldern hin und an Dörfern und Viehherden vorüber. Ein Reisender, der kurz nach Kopenhagen eingeschlafen und jetzt erst erwacht wäre, hätte kaum erraten können, ob er sich noch in Dänemark oder schon in Mecklenburg befand. Die beiden Landschaften sind einander zum Verwechseln ähnlich.

In einem Abteil zweiter Klasse unterhielt sich ein weißbärtiger Herr, der eine dunkle Brille trug, mit einem Krefelder Textilfabrikanten über den europäischen Außenhandel. Sie erörterten die durch den Weltkrieg geschaffene neue Lage. Sie sprachen darüber, daß die Jahre, in denen Europa seinen großangelegten Selbstmordversuch unternahm, von den übrigen Kontinenten, den früheren Käufern europäischer Waren, klug benutzt worden waren. Die anderen Kontinente hatten sich industriell unabhängig gemacht.

Die beiden Männer erwogen die Gefahren, die einem Kontinent wie Europa dadurch erwachsen, daß er Rohstoffe importieren muß und nichts mehr ausführen kann, es sei denn bares Geld.

Da ging ein kleiner Herr draußen im Gang vorüber. Ein Herr, der sich durch hochgerutschte Ohren auszeichnete. Er blickte keineswegs in das Coupé herein.

Doch das Interesse des weißbärtigen Herrn spaltete sich. Die Anteilnahme am europäischen Handel schwand rapide. Schließlich erhob er sich, murmelte eine Entschuldigung und begab sich eilig auf den Gang.

Der kleine Herr stand am Ende des Waggons und schaute, als ob er selbstvergessen träume, aus dem Fenster auf die schöne deutsche Landschaft hinaus.

Der Weißbärtige trat neben ihn. »Ich habe euch doch gesagt, daß ihr nicht hierherkommen sollt!« flüsterte er ärgerlich.

»Ich kann ja wieder gehen«, schlug der Kleine vor.

»Was gibt's?«

»Külz ist verschwunden!«

»Bestimmt?«

»Außer, er steht auf der Lokomotive. Aber dort wollten wir nicht nachsehen.

»Laß deine blöden Witze!«

»Steinhövels Sekretärin ist auch fort.«

Der andere strich sich den weißen Bart.

»Und der junge Mann, der dem Mädchen seit gestern am Rock hing –«

»Der ist auch weg?«

»Der ist auch weg!«

Sie blickten in die Landschaft hinaus. Drüben stand eine verfallene Windmühle. Auf einem sanften grünen Hügel. Ringsum wogten die Felder. Der Wind streichelte sie.

»Ob sie was gemerkt haben?« fragte der kleine Herr leise.

»Dann wäre die Polizei schon da.«

»Vielleicht wartet sie in Berlin am Bahnhof.«

Der weißbärtige Herr runzelte die hohe Stirn. Dann sagte er: »Alles in Rostock aussteigen! Ich wohne im Hotel Blücher. Als Professor Horn. Klettert nicht alle aus dem gleichen Wagen! Verteilt euch, und setzt euch ins Café Flint. In den ersten Stock. Stellt einen Posten aus! Ich komme vorbei und gebe neue Anweisungen.«

»Gut, Chef!« meinte Storm. »Wird gemacht.« Dann kehrte er in seinen Waggon zurück.

Der andere blieb noch eine Weile am Fenster stehen. Die Schrebergärten Rostocks zogen vorüber. Die großen neuen Kliniken kamen in Sicht. Der Herr ging in sein Abteil und hob den Koffer aus dem Gepäcknetz.

»Nanu!« meinte der Krefelder Fabrikant. »Ich dachte, Sie führen auch nach Berlin?«

Der andere drückte den Hut auf den Kopf, legte den Paletot sorgfältig über den Arm und sagte: »Ich habe mir's anders überlegt. Ich will mir wieder einmal Rostock ansehen. Vor allem die alte Alma Mater. Ich habe hier drei Semester studiert. So etwas hakt sich im Gefühl fest. Eben sah ich die alten ehrwürdigen Backsteinkirchen auftauchen. Nein, ich kann nicht weiterfahren. Wer weiß, was einen in Berlin erwartet!« Er lachte. »So eine romantische norddeutsche Kleinstadt spricht eben doch mehr zum Herzen.«

»Vivat, crescat, floreat!« behauptete der Krefelder Fabrikant.

»Zweifellos«, sagte Herr Professor Horn. »Et pereat mundus!« Er lüftete den Hut und trat in den Gang hinaus.

Kurz darauf hielt der Zug. Der Herr Professor stieg aus, verließ den Bahnhof und schlenderte durch die Villenstraßen. Später winkte er einem Taxi, kletterte hinein und sagte zum Chauffeur: »Hotel Blücher!«

Er lehnte sich in den Fond zurück und dachte: ›Steinhövels Leute sind verschwunden. Die Polizei hat uns nicht behelligt. Was soll das heißen?‹ Auf seinen Knien lag der Koffer. Er betrachtete ihn aufs zärtlichste und schien zufrieden.

Das Hotel Beringer in Warnemünde liegt an der schönen breiten Strandpromenade und dicht am Leuchtturm, der sich vor der langgestreckten steinernen Mole erhebt.

In diesem renommierten Gasthof waren soeben drei neue Gäste abgestiegen. Sie hatten drei nebeneinanderliegende Zimmer genommen und trafen sich, nachdem sie sich von dem sprichwörtlich gewordenen Reisestaub befreit hatten, in der Hotelhalle.

»Da wären wir denn!« stellte Rudi Struve fest. »Ich habe davor gewarnt, auszusteigen. Sie haben es trotzdem getan. Was machen wir nun?«

»Einen Ausflug«, schlug Irene Trübner vor.

»Der Fehler liegt an mir«, sagte Fleischermeister Külz. »Ich habe mich albern benommen. Zugegeben. Doch es gibt nun einmal Fälle, wo ich rot sehe. Ich bin wirklich, ohne mich loben zu wollen, eine Seele von Mensch. Aber was zuviel ist, ist zuviel.«

»Nun machen Sie sich, bitte, keine Vorwürfe, Papa Külz!

Herr Struve sieht Gespenster. Unsere Räuberbande ist sicher heilfroh, daß sie Ihnen die Miniatur gestohlen hat. Und sie wartet bloß darauf, in Berlin untertauchen zu können.«

»Ganz wie Sie wünschen«, erklärte Rudi Struve höflich.

Irene Trübner blickte froh zum Hotelfenster hinaus. »Hier bin ich, hier bleib ich. Morgen fahren wir mit dem ersten Zug nach Berlin. Das ist früh genug.« Sie wandte sich an den jungen Mann. »Oder werden Sie in Berlin erwartet?«

»Höchstens von meiner Wirtin«, sagte er. »Sie hat sicher Angst wegen der Miete. Im übrigen bin ich ein völlig alleinstehender Waisenknabe. Ohne Weib und Kind.«

Die junge Dame beeilte sich, das Thema zu wechseln. »Lieber Herr Külz, ich habe eine Bitte an Sie.«

»Schon erfüllt!« sagte er.

»Rufen Sie Ihre Gattin an!« bat das Mädchen. »Seit Sonntag ist Ihre Familie in Unruhe. Niemand weiß, wo Sie sind. Die Ansichtskarte haben Sie in Kopenhagen liegenlassen. Ich kann das nicht länger mit ansehen.«

Külz zog eine Grimasse.

»Wenn Sie nicht telefonieren, tue ich's«, sagte sie und wollte sich erheben.

»Bloß nicht!« Külz hob abwehrend die Arme hoch. »Wenn eine junge Dame meiner Frau telefonisch mitteilt, daß ich in Dänemark war und im Ostseebad Warnemünde Station gemacht habe, fahre ich überhaupt nicht wieder nach Berlin!«

»Haben Sie Angst vor Ihrer Frau?« fragte der junge Mann.

»Nein, aber vor den Begleiterscheinungen! Sie kennen meine Emilie nicht. Sonst würden Sie nicht so überflüssige Fragen stellen. Emilie kann sehr laut sein.«

Irene Trübner blickte ihn abwartend an.

Er erhob sich stöhnend. »Na schön. Was der Mensch braucht, muß er haben.« Nach dieser grundsätzlichen Bemerkung begab er sich ins Hotelbüro und meldete ein Ferngespräch nach Berlin an.

Die beiden jungen Leute waren allein.

»Wo wohnen Sie eigentlich?« fragte Rudi Struve.

»Im Hotel Beringer.«

»Nicht möglich«, sagte er. »Ich meinte allerdings, wo Sie in Berlin wohnen.«
»Ach so. Am Kaiserdamm.«
»Sowas gibt es?« erklärte er.
»Jawohl.«
»Ich wohne nämlich in der Holtzendorffstraße. Da haben wir's gar nicht weit zueinander.«

Papa Külz stand trüben Sinns in einer Telefonzelle und wartete mürrisch auf den Anschluß mit Berlin.
In regelmäßigen Abständen rief er: »Hallo, hallo!« Am liebsten hätte er wieder aufgehängt. Den Krach, der ihn erwartete, konnte er getrost bis morgen aufheben. Er war schon halb entschlossen, den Hörer auf die Gabel zurückzulegen.
Da gab es einen Knacks. Und in Berlin rief jemand: »Hallo? Hier Fleischerei Külz, Yorckstraße!«
»Bist du's, Emilie?« fragte er.
Er erhielt keine Antwort.
»Hier ist Oskar«, sagte er. »Ich wollte euch bloß mitteilen, daß ich morgen nach Hause komme. Damit ihr euch nicht unnötig sorgt.«
Wieder keine Antwort.
»Ich war ein paar Tage in Dänemark. Und jetzt bin ich in Warnemünde. Na, das erzähl ich euch alles später.«
Noch immer keine Antwort.
›Das ist die Ruhe vor dem Sturm‹, dachte er und suchte neuen Gesprächsstoff. »Wie geht das Geschäft? Und was macht Fritzchens Keuchhusten?« Was konnte er nur noch fragen? Ihm fiel nichts mehr ein. »Hallo, Emilie! Hast du die Sprache verloren?«
»Oskar«, sagte da seine Frau mit zitternder Stimme, »Oskar, wie konntest du uns das antun?«
Er traute seinen Ohren nicht. Sie weinte! Auf alles andere war er gefaßt gewesen. Wenn es möglich gewesen wäre, Töpfe und Teller telefonisch zu übermitteln, hätte er eher erwartet, daß ihm Geschirr an den Kopf fliegen würde! Statt dessen weinte seine Emilie?

»Aber, aber«, sagte er. Und: »Na, na, du altes Gemäuer.«
Sie schluchzte hartnäckig weiter.

»Nun laß schon die Heulerei!« brummte er. Er war selber ganz gerührt. So eine Überraschung! Er hatte gar nicht gewußt, daß seine Frau weinen konnte. Obwohl sie seit fünfunddreißig Jahren verheiratet waren.

Frau Külz schluchzte, als wolle sie all die versäumten Gelegenheiten nachholen.

»Laß gut sein«, tröstete er. »Morgen bin ich ja wieder zu Hause. Und was soll denn die Kundschaft denken, wenn du verheult hinter der Ladentafel stehst! Halte einen Lappen unters kalte Wasser und lege ihn dir auf die Augen.«

Sie schneuzte sich und setzte zum Sprechen an. Doch dann besann sie sich und weinte weiter.

»Ich glaube, im Laden hat's geklingelt«, behauptete er. »Na, dann leb wohl, Emilie! Also bis morgen. 'n Gruß an die Kinder!« Rasch hängte er den Hörer ein.

Draußen vor der Telefonzelle blieb er stehen und rieb sich nachdenklich das Kinn.

›Vor zwanzig Jahren hätte ich das schon machen sollen‹, dachte er. ›Nun ist es zu spät. Jetzt hilft kein Heulen mehr.‹ Dann ging er langsam in die Hotelhalle zurück. Zu dem Tisch, an dem die beiden jungen Leute saßen.

Um die gleiche Zeit ließ sich ein weißbärtiger Herr vor dem Café Flint in Rostock von einem Mann, der dort stand, Feuer geben und sagte: »Storm soll auf der Stelle zwei Mann im Auto nach Warnemünde schicken. Fünf andere müssen hier am Bahnhof alle Züge kontrollieren, die von Warnemünde hereinkommen.«

»Gut, Chef«, antwortete der Mann.

»Und wer die Drei entdeckt, ruft sofort Professor Horn im Hotel Blücher an! Gehe hinauf und laß dich ablösen. Du fährst mit nach Warnemünde.«

»Was ist denn los?«

»Halt's Maul!« erwiderte Professor Horn, zog höflich vor dem andern den Hut und ging über die Straße.

Das zehnte Kapitel
Saalpost in der Tanzdiele

Obwohl es schon gegen Abend war, bestand Irene Trübner auf dem von ihr geplanten Ausflug.

Sie ließen sich mit der Fähre über die Warnow setzen und fuhren dann mit der Straßenbahn, deren Geleise unmittelbar hinter der Meeresküste durch Moor und Heide laufen, bis nach Markgrafenheide, der Endstation.

Von hier spazierten sie auf einsamen Wegen durch den Wald. Es war still wie in einer Kirche, wenn kein Gottesdienst ist. Aber droben über den Wipfeln brauste der Wind, der von der See kam.

Es ist merkwürdig. Im Wald denkt man mehr als anderswo an seine Kindheit. Damals erschienen einem die Bäume viel, viel höher als sie waren. Und das Dickicht der Büsche viel, viel undurchdringlicher und unheimlicher als heute. Damals glaubte man noch, daß Rotkäppchen ganz in der Nähe dem bösen Wolf begegnet sein müsse. Und wenn man einem Holzfäller und seiner Frau begegnete, träumte man nachts, man habe die Eltern von Hänsel und Gretel getroffen. Jene Eltern, die ihre beiden Kinder im Walde aussetzten, weil das Einkommen zurückging. In diesem Alter sieht man im Wald die Wohnstätte von Elfen und Zwergen. Dann folgen Jahre, da gilt er als Umschlagplatz für heimliche Zärtlichkeiten. Und schließlich kommt die Zeit, da erinnert er einen nur noch an die Bretter, die in Schneidemühlen aus seinen Bäumen fabriziert werden, und daran, daß kein Mensch mehr als vier Bretter benötigt, um wohlverwahrt, wenn auch ohne Fenster, die letzte Reise anzutreten.

Und immer werden die Wälder rauschen. Und immer wird der Wind leichtfüßig über die Wipfel laufen. – Oh, es wäre viel wert, wenn man an die Seelenwanderung zu glauben vermöchte. Doch wer hat die Kraft dazu?

Auf einer Wiese dicht am Rande der Heide setzte sich Irene Trübner ins grüne Gras. Dann legte sie sich sogar um und starrte durch das Gitterwerk der Halme und Blättchen hinauf in den blauen Himmel. Die beiden Männer hockten sich notgedrungen auf den Rasen und saßen dort, als seien sie bei Chinesen zu Besuch.

Die Grillen stimmten ihre Mandolinen. Die Heuhüpfer übten Weitsprung. Und ein leichtgläubiger Zitronenfalter – oder war er nur kurzsichtig? – setzte sich auf die Stoffblume, die an Fräulein Trübners Hut festgenäht war. Es dauerte Minuten, bis er den Betrug merkte und enttäuscht und ohne Honig davonflatterte.

Rudi Struve sagte: »Man sollte hierbleiben. Wir könnten uns drei Hütten bauen. Was halten Sie davon? Herr Külz würde aus wilden Kaninchen Kalbsleberwurst machen und Wiener Schnitzel. Fräulein Trübner könnte Blaubeeren pflücken und Lindenblütentee kochen. Und aus Bucheckern, hab ich gehört, kann man sogar Brötchen backen.«

»Und Sie«, fragte Irene Trübner, »wollen Sie denn gar nichts tun?«

»Ich brächte Aale und Flundern heim.«

»Können Sie denn angeln?« fragte Külz.

»Nein. Ich führe jeden Tag mit der Straßenbahn nach Warnemünde und kaufte die Fische in der Räucherei.«

Sie lachten und waren lustig.

Bis sie merkten, daß sie in einem Ameisenhaufen saßen.

Als sie in Warnemünde anlangten, war es dunkel. Sie gingen noch auf die Mole hinaus und lehnten lange an der steinernen Brüstung, die Land und Meer streng voneinander scheidet.

Es ist schade, daß dieses Schauspiel allen Menschen zugänglich ist. Manche sind seiner nicht wert.

Als die Drei auf dem Rückweg am Leuchtturm vorbeikamen, begegneten sie einem Mann, der Herrn Struve bekannt vorkam. Er wußte nicht recht, wo er den Kerl hintun sollte, und sagte seinen Begleitern nichts davon.

Vor einer Tanzdiele blieb Fräulein Trübner stehen und studierte die Schilder, die im Vorgarten angebracht waren. Auf diesen Schildern wurde den Kurgästen mitgeteilt, daß am Abend ein Kostümball stattfände. Übrigens unter dem Motto: »Eine Nacht in St. Pauli.« Kostüme, so hieß es, seien zwar erwünscht, aber keineswegs unerläßliche Bedingung.

»Zu diesem Ball gehen wir!« entschied Fräulein Trübner.

»Lieber nicht«, riet Papa Külz. »Ich glaube, wir sollten uns bis morgen möglichst unsichtbar machen.«

Rudi Struve pflichtete ihm bei. »Tanzen können wir auch in Berlin«, meinte er.

Fräulein Trübner widersprach aufs lebhafteste und nannte die beiden Männer Spaßverderber.

»Sie sind ein kleines Kind«, sagte Külz. »Wir werden gemütlich Abendbrot essen, einen Schoppen trinken und in die Klappe gehen. Morgen früh müssen wir zeitig aufstehen.«

Es war nichts zu wollen. Sie drohte schließlich, sie werde mutterseelenallein gehen. Ihre Schuld sei es nicht.

»Schrecklich, schrecklich!« sagte Külz. »Es kommt nämlich dazu, daß ich, sobald ich Musik höre, einschlafe. Besonders nach dem Abendbrot. Ich habe mein Leben lang früh um fünf aufstehen müssen. Außerdem bin ich unmusikalisch wie ein Nilpferd.«

Aber was blieb den Männern übrig? Sie gaben selbstverständlich nach.

Als sie im Hotel Beringer angekommen waren, trennten sie sich für kurze Zeit. Dann aßen sie in der Veranda gemeinsam zu Abend. »Wir haben ganz vergessen«, meinte Rudi Struve, »uns nach dem Ergebnis des Telefongesprächs zu erkundigen, das Sie mit Ihrer Gattin geführt haben.«

Papa Külz wußte zunächst gar nicht, von wem die Rede war. »Ach so!« rief er endlich. »Sobald jemand von meiner Emilie sagt, sie sei meine Gattin, wird sie mir ganz fremd. Warum sagen Sie denn nicht gleich ›Gemahlin‹? Emilie ist meine Frau! Alles andre ist übertrieben.«

»Hat sie sehr geschimpft?« fragte Fräulein Trübner. »War es sehr arg?«

»Das ist es ja«, meinte Külz. »Ich kann's noch immer nicht glauben. Emilie hat überhaupt nicht geschimpft. Das erste Mal seit unsrer Hochzeit!«

»Was hat sie denn getan?«

Papa Külz wurde verlegen und trank einen Schluck, ehe er sich näher ausließ. »Geweint hat sie!« sagte er dann. »Sie hat das erste Mal geweint.«

»Vor Freude?« fragte Struve.

Der alte Mann nickte. »Unheimlich, nicht? Ich war zu Tode erschrocken. Aber sie hat tatsächlich geweint. Wie 'n Kind. Sie brachte kein Wort heraus.«

»Da haben wir's!« erklärte Herr Struve. »Wenn Sie vor zwanzig Jahren zum ersten Male davongelaufen wären, hätte Ihre Gattin – Entschuldigung! – Ihre Frau schon damals vor Freude geweint.«

»Genau dasselbe habe ich mir gedacht, als ich den Hörer wieder hingehängt hatte«, entgegnete Külz. »Das ganze Leben wäre anders geworden.«

»Schöner«, meinte der junge Mann.

Der Fleischermeister trank wieder einen Schluck und sagte hierauf: »Behüt dich Gott, es hat nicht sollen sein. Na, es war ja auch so, wie's war, ganz ulkig!«

Der junge Mann blieb beim Thema. »Immerhin!« wandte er ein. »Man muß den Fall exemplarisch betrachten. Man muß eine Nutzanwendung daraus ziehen.«

»Zum Beispiel?« fragte Irene Trübner gespannt.

»Wenn ich jemals heiraten sollte«, sagte Rudi Struve, »dann werde ich, sobald meine Gattin – Entschuldigung! – meine Frau Streit sucht, nach Kopenhagen fahren.«

Die junge Dame erhob sich. »Ich scheine im Augenblick überflüssig zu sein. Derartigen Lebensweisheiten bin ich nicht gewachsen. – In fünf Minuten hole ich die Herren ab. Zum Ball!« Sie verneigte sich und ging auf ihr Zimmer. Die zwei Männer hoben die Gläser hoch und zwinkerten einander lustig zu.

»Solche Gespräche können die Frauen nicht vertragen«, meinte Külz. »Aber ganz im Ernst, mein Lieber: Wenn Sie verheiratet sein werden, dann fahren Sie ja nach Kopenhagen, ehe es zu spät ist!«

»Muß es unbedingt Kopenhagen sein?«

»Bewahre! Meinetwegen an den Nordpol! Die Frauen merken erst, was sie an uns haben, wenn wir nicht zu Hause sind.«

»Soviel über die Geographie der Ehe«, sagte der junge Mann. »Darf ich Sie auffordern, unseren nur allzu begreiflichen Kummer mit Beaujolais zu begießen?«

»Sie dürfen«, erwiderte Oskar Külz. »Prost, junger Mann!«

»Prost, alter Herr!« rief Struve. »Wenn die Frauen nicht wären, gäb's für uns keine Aufregungen. Und was wäre ein Leben ohne Aufregungen!«

Über die Chaussee, die von Rostock nach Warnemünde führt, raste eine Kette von Autos. Es waren sechs Rostocker Taxen. Im ersten Wagen, der mit seinen Scheinwerfern die nächtliche Straße ableuchtete, saß ein einzelner Fahrgast. Weißbärtig und mit dunkler Brille. Er öffnete das Schiebefenster, das ihn vom Chauffeur trennte. »Schneller!« kommandierte er. »Soviel Zeit wie Sie hat nicht jeder.«

»Wenn wir gegen einen Baum fahren, sind wir auch nicht rascher in Warnemünde«, bemerkte der Chauffeur.

»Schneller!« befahl der Herr. »Ohne Widerrede! Ich ersetze Ihnen den Baum.« Er blickte durch die kleine Scheibe in der Wagenrückwand. Die fünf anderen Autos fuhren im Gänsemarsch hinter ihm her.

Im zweiten Wagen saßen die Herren Storm, Achtel und Karsten. Und ein Vierter, der wie ein Ringkämpfer aussah. Groß und bullig. Mit einem Nacken wie ein Baumstumpf. Sie rauchten und unterhielten sich leise.

»Eine gräßliche Angewohnheit vom Chef!« stellte Philipp Achtel fest. »Wenn man mich schon durch die Nacht sprengt, will ich wenigstens wissen, warum und wozu!«

Karsten sagte: »Er wird schon seine Gründe haben. Zum Spaß schmeißt er das Programm nicht um.«

Der Ringkämpfer nickte schwerfällig. »Ich habe das Gefühl, als sollte es heute nacht noch eine kleine Keilerei geben.«

»Meinetwegen«, knurrte Herr Achtel. »Aber ich bin ein denkender Mensch und verlange, die Zusammenhänge zu kennen! Man ist ja schließlich kein Polizist!«

»Ganz im Gegenteil!« Storm lachte.

»Weshalb ich wen transportunfähig mache, ist mir egal«, erklärte der Ringkämpfer. »Hauptsache, daß ich mein Honorar kriege.«

»Prolet!« sagte Herr Achtel.

»Nun laß ja nicht deinen Vogel raus!« rief Karsten. »Der Chef weiß, was er will. Ob er dir's nun auf die Nase bindet oder nicht.«

»Auf so 'ne rote Nase sollte man überhaupt nichts binden«, sagte Storm.

In der Tanzdiele in Warnemünde ging es hoch her. Die Kurgäste waren in allerlei Verkleidungen erschienen. Manche kamen spanisch. Andere als Matrosen. Wieder andere antik. Auch Edelleute aus dem Zeitalter des Rokoko trafen ein.

Über die elektrischen Beleuchtungskörper war buntes Seidenpapier gespannt. Luftschlangen flogen aus den zahlreichen Ecken, Logen und Nischen aufs Parkett. Das Lokal war dem Anschein nach von einem sehr romantischen Architekten erbaut worden. Überall wimmelte es von kleinen Treppen, lauschigen Winkeln und zierlichen Säulen. Man hätte Verstecken spielen können.

Die Kapelle war sehr temperamentvoll. Und obwohl Irene Trübner einen Tisch ausgesucht hatte, der vom Orchester weit entfernt lag, kämpfte Fleischermeister Külz, kaum daß er sich gesetzt hatte, schon mit dem Schlaf.

Die jungen Leute saßen lächelnd neben ihm und waren entschlossen, seinen Schlaf zu behüten.

»Ich habe euch gewarnt«, sagte der alte Mann. »Ich weiß nicht, wie's zusammenhängt. Aber wenn ich Musik höre, bin ich erledigt.«

»Ich glaube gar nicht, daß das an mangelndem Musikverständnis liegt«, bemerkte Struve höflich. »Ich bin viel eher der Überzeugung, daß Sie vor lauter Musikalität müde werden!«

»Stimmt!« meinte Külz erfreut. »So ist es! Je lauter die Musikalität ist, um so müder werde ich. – So, und nun schert euch aufs Parkett!«

»Sollen wir Ihnen nicht lieber Gesellschaft leisten?« fragte das junge Mädchen.

»Nein, das sollt ihr nicht. Marsch, fort mit euch!«

Sie standen auf und schlängelten sich, an Tischen vorbei, über Stufen stolpernd und sich in Ecken verirrend, bis zum Parkett. Sie tanzten einen langsamen Walzer miteinander.

Rudi Struve meinte: »Dieses Lokal scheint ein Gotiker des zwanzigsten Jahrhunderts erbaut zu haben.«

»Verstehen Sie etwas von Gotik?« fragte sie.

»Nein. Vom zwanzigsten Jahrhundert verstehe ich aber auch nichts.«

Der langsame Walzer fand kein Ende. Als die Kapelle erstaunlicherweise doch Schluß machte, wurde solange applaudiert, bis sie einen Tango folgen ließ. Der Mann am Schlagzeug sang hierzu einen Text, der fraglos dadurch entstanden war, daß der Autor ein Dutzend ältere Schlager durcheinandergequirlt hatte. Irene Trübner sagte: »Es klingt wie Irish Stew.«

»Das muß so sein«, behauptete er. »Das Publikum will die alten Lieder immer wieder hören. Deshalb darf der Schlagerfabrikant nichts wirklich Neues schreiben. Sogar wenn er's könnte.«

Als der Tango zu Ende war, wanderten sie zu dem Tische zurück. Papa Külz schlief. Beim Ausatmen sträubten sich jedesmal seine Schnurrbarthaare. Sie sahen und hörten ihm ein Weilchen zu.

Dann meinte Struve: »Wollen wir ihn ins Bettchen bringen?«

In demselben Augenblick riß Külz die Augen auf und musterte erstaunt die vergnügungssüchtige Umgebung.

»Ach so«, sagte er dann. »Ich wußte erst gar nicht, wo ich bin!« Er wollte weitersprechen. Doch plötzlich wurden seine Augen groß und rund wie bei einer Puppe. Er starrte entgeistert auf den Tisch.

Die jungen Leute folgten seinem Blick. Fräulein Trübner wurde weiß wie eine Kalkwand und flüsterte heiser: »Das ist doch nicht möglich.«

Auf dem Tisch lag ein Päckchen!

Es war das gleiche Päckchen, das sie mittags in Kopenhagen Herrn Külz zugesteckt hatte, als sie durch die Bahnsperre gingen! Und es war dasselbe Päckchen, das Herrn Külz auf dem Trajekt »Danmark« von einem falschen Zollbeamten gestohlen worden war!

Der alte Mann griff sich an den Kopf. »Schlafe ich noch?« fragte er.

»Nein«, sagte Rudi Struve. »Aber warum sind Sie denn so aufgeregt?«

Külz beugte sich zu ihm herüber, zeigte auf das unheimliche Päckchen und raunte: »Das ist doch die falsche Miniatur!« Struve sah Fräulein Trübner an. Sie nickte.

»Und ein Brief liegt daneben«, sagte Külz. Er griff danach.

Der junge Mann rief den Kellner, der an einer Säule lehnte. »War in den letzten Minuten eine fremde Person an unserm Tisch?«

»Mir ist nichts aufgefallen, mein Herr.«

»Oder hat ein Bote etwas abgegeben?«

»Nicht, daß ich wüßte, mein Herr.«

»Es ist gut«, erklärte Struve. »Ich danke.«

Der Kellner zog sich zurück.

Fleischermeister Külz holte die Lesebrille aus dem Jackett und öffnete den Briefumschlag. Als er die Brille aufsetzte und den Briefbogen aus dem Kuvert zog, zitterten ihm die Finger. Er faltete den Bogen auseinander und las, was auf dem Bogen stand.

»*Wir sind zwar*«, hieß es in dem Schreiben, »*an Frechheiten jeden Grades gewöhnt. Aber was Sie sich uns gegenüber geleistet haben, ist fraglos der Gipfel der Unverschämtheit. Und Sie wollen ein anständiger Mensch sein? Schämen Sie sich! Auf Wiedersehen!*«

Er reichte den Brief den beiden andern.

Rudi Struve mußte, trotz der ernsten Situation, lachen. »Die Gauner sind moralisch entrüstet!« sagte er. »Auch das noch. Es wird immer schöner.«

Irene Trübner saß blaß und schweigsam in ihrer Ecke, preßte die Handtasche eng an sich und blickte mit ängstlich irrenden Augen um sich.

Herr Külz war empört. »Ich soll mich schämen?« fragte er wütend. »Das hat mir in meinem ganzen Leben noch kein Mensch zu sagen gewagt. Und ausgerechnet diese Strolche sind die ersten!« Er dachte nach. Dann meinte er treuherzig: »Außerdem hab ich doch selber geglaubt, es sei die echte!«

»Das können Sie ja Ihren Bekannten aus dem Coupé erzählen, wenn wir ihnen das nächstemal begegnen«, schlug Rudi Struve lächelnd vor. »Unsre Herren Räuber lieben es, Briefe zu schreiben.« Er nickte Papa Külz munter zu. »Mit mir haben sie auch schon korrespondiert.«

»Wann denn?«

»Während ich mir heute mittag auf dem Trajekt Ihr Coupé ein bißchen näher betrachtete, steckten sie mir heimlich ein Sträußchen an den Hut.«

Fräulein Trübner erschrak. »Das war es also!«

»Hat man Sie auch beschimpft?« fragte Oskar Külz.

»Nein, nur gewarnt.«

»Warum haben Sie mir nicht schon im Zug die Wahrheit gesagt?« fragte Irene Trübner.

»Wozu denn?« Er lächelte. »Sie hätten sich doch nur um mich gesorgt. Oder etwa nicht, schöne Prinzessin?«

»Ich will ins Hotel«, erklärte Fräulein Trübner aufgeregt. »Ich will auf der Stelle ins Hotel. Ich bleibe keine Minute länger hier!«

»Das geht leider nicht«, sagte Rudi Struve. »Glauben Sie denn, die Kerle haben uns nur die falsche Miniatur zurückgebracht und sind dann nach Berlin gefahren?«

»Was glauben Sie denn?« fragte Külz.

»Was steht als letzte Bemerkung in dem Brief, den Sie eben erhalten haben?« fragte Struve.

Fleischermeister Külz faltete den Bogen noch einmal auseinander, blickte hinein und las: »Auf Wiedersehen!«

»Eben! Wir können keinen Schritt vor die Tür tun, ohne daß mindestens ein Dutzend starker Männer über uns herfällt.«

»Viel Vergnügen«, sagte Külz. »Und ich habe meinen Stock im Hotel gelassen!« Er beugte sich zu Fräulein Trübner und fragte leise: »Wo ist die echte Miniatur?«

»Ich – ich habe sie bei mir.« Sie biß die Zähne zusammen, um nicht zu weinen.

»Du kriegst die Motten«, erklärte Külz. »Ich komme mir vor wie in einer belagerten Festung.«

»Ein Glück, daß unsre Festung Restaurationsbetrieb hat«, sagte Struve. »Für Essen und Trinken ist fürs erste gesorgt.«

»Wenn ich nur meinen Spazierstock nicht vergessen hätte!« meinte Papa Külz wieder.

»Der Stock würde Ihnen auch nicht helfen«, antwortete Rudi Struve und begann, die Gesichter der übrigen Gäste einer sorgfältigen Prüfung zu unterziehen. »Wenn man wenigstens eine Ahnung hätte, was für einen Plan sich unsre Freunde zurechtgelegt haben!«

Irene Trübner flüsterte: »Mich friert.«

Külz winkte dem Kellner und sagte: »Drei große Kognaks. Aber ein bißchen plötzlich!«

Das elfte Kapitel
Der Kostümball geht zu Ende

Die »Nacht von St. Pauli« nahm ihren Fortgang. Es gehört zu den aufreizendsten Erlebnissen, die man haben kann: die Gleichgültigkeit der Umwelt zu spüren. Und wer hätte sie noch nicht gespürt? Die Kapelle spielte nicht weniger laut und ausgelassen als vorher. An den Tischen, in den Logen und Nischen ging es immer herzlicher zu. Die Luftschlangen bewegten sich, von den Kronleuchtern und Säulenkapitälen herabhängend, wie Gardinen an offenen Fenstern. Die leeren Weinflaschen vermehrten sich wie die Kaninchen. Gäste gingen. Neue Gäste tauchten auf. »Was schielen Sie denn dauernd nach der Tür?« fragte Külz. »Noch eine Miniatur wird man uns kaum hereinbringen! Wir haben sie ja schon alle beide.«

»Das ist es eben«, entgegnete Rudi Struve.

Der Fleischermeister stöhnte. »Auf einem solchen Pulverfaß habe ich in meinem ganzen Leben noch nicht gesessen. Obwohl ich Kanonier war!« Er winkte dem Kellner. »Ober, noch drei Kognaks!« Zärtlich wie ein besorgter Vater sah er zu Irene Trübner hinüber. »Und unsere Prinzessin sagt gar nichts?«

Sie zuckte zusammen. »Meine Herren! Sie sind durch mich in eine schauderhafte Lage gekommen. Was haben Sie beide eigentlich mit der ganzen Sache zu tun? Wie? Ich bitte Sie, mich auf der Stelle alleinzulassen! Gehen Sie ins Hotel, oder fahren Sie nach Berlin oder nach Kopenhagen! Fahren Sie, wohin Sie wollen! Aber gehen Sie!«

»Und was wird aus Ihnen?« fragte der junge Mann.

»Oh, ich weiß mir schon zu helfen«, erklärte sie. »Ich schicke einen Kellner oder den Zigarettenboy zum nächsten Polizisten.«

Rudi Struve zog die Brauen hoch. »Wollen Sie mir verraten, was der nächste Polizist mit zwei Dutzend Verbrechern anfangen soll?«

Sie antwortete nicht.

»Es geht um sechshunderttausend Kronen«, fuhr er fort. »Man hat schon um drei Mark zwanzig Pfennige zwei bis drei erwachsene Menschen totgeschlagen.«

Sie sagte: »Ich kann ja auch das Rostocker Polizeipräsidium anrufen.«

»Natürlich können Sie das«, gab er zu. »Doch einen Zweck wird es kaum haben. Denn wir sind fraglos umstellt, gnädiges Fräulein! Völlig umstellt! Außerdem haben unsere Freunde bestimmt in Rostock an der Ausfallstraße nach Warnemünde einen Posten stehen, der sich mit der Belagerungsarmee telefonisch in Verbindung setzen kann, wenn es nötig werden sollte. Und sobald dieser Posten meldet, daß ein Überfallauto unterwegs ist, drehen uns die Herrschaften die Hälse um. Dann hilft auch kein Polizeipräsidium mehr.«

Papa Külz wurde allmählich ungehalten. »Hören Sie auf!« sagte er. »Sie mögen ja recht haben. Aber was sollen wir denn tun? Bis zu unserer Beerdigung warten? Das liegt mir nicht!«

»Mir auch nicht«, meinte Struve. »Wenn wir nur annähernd wüßten, was die Kerle vorhaben!«

Sie schwiegen längere Zeit und blickten schockiert auf den Trubel, der sie umgab und nicht das mindeste anging.

Der Kellner brachte die drei Kognaks.

»Na, denn Prost!« knurrte Oskar Külz.

Sie hoben die Gläser.

Rudi Struve setzte sein Glas nieder, ohne getrunken zu haben. Er schaute zur Tür und sagte: »Jetzt wird's ernst! Ich bitte die Ohren steifzuhalten!«

Die beiden anderen folgten seinem Blick. Und Papa Külz verschluckte sich vor Staunen. Denn die Herren Storm und Achtel standen mitten im Lokal! Hinter ihnen drängten etliche Männer durch die Tür, die auch zu der Bande zu gehören schienen.

»Das hätte ich allerdings nicht für möglich gehalten!« erklärte Herr Struve. »Einen offenen Überfall? Mitten im Frieden?« Er bückte sich und holte eine leere Weinflasche unter dem Tisch hervor.

»Haben Sie so 'n Ding übrig?« erkundigte sich Papa Külz.

Er war plötzlich wie aus dem Häuschen und strahlte übers ganze Gesicht.

Der junge Mann hielt ihm eine Flasche hin. »Hier!« flüsterte er.

»Mein Stock wäre mir lieber.« Külz schien sehr an diesem vergessenen Stock zu hängen.

Irene Trübner sagte entschlossen: »Geben Sie mir auch so eine Handgranate!«

»Unsinn!« erklärte Külz. »Wenn es hier zum Keulenschwingen kommt, setzen Sie sich geschwind unter den Tisch und halten sich die Ohren zu!«

»Ich denke gar nicht daran!«

»Mir zuliebe«, bat Struve. »Ihr zukünftiger Gatte würde es uns nie verzeihen, wenn Sie sich auf dieser Mensur Schmisse holten und ab morgen wie ein Corpsstudent aussähen.«

»Lassen Sie gefälligst meinen zukünftigen Mann aus dem Spiel«, sagte sie gereizt. »Geben Sie lieber auf die Banditen Obacht!«

Storm und Achtel hatten an einem Tisch Platz genommen und blickten sich suchend in dem Lokal um. Als der kleine Herr Storm seinen alten Freund Külz entdeckt hatte, grüßte er herüber und lächelte hocherfreut.

Der alte Fleischermeister bekam einen feuerroten Schädel. »So eine Frechheit war doch noch nicht da!« erklärte er. »Ich werde ihm die Weinflasche um die vermurksten Ohren schlagen, bis er wie eine mit Glassplittern gespickte Mauer aussieht! Und der andre hat mir weisgemacht, er besuche hier Frau und Kinder!«

»Der Mensch lernt nicht aus«, behauptete Rudi Struve. Damit sollte er recht behalten.

Im nächsten Augenblick erlosch nämlich in der Tanzdiele das Licht! Das von mindestens hundertundfünfzig Personen erfüllte Lokal versank in schwarze Nacht. Alle Treppen, Nischen, Winkel und Logen lagen im Dunkel. Es war stockfinster wie in einem Kartoffelkeller.

Die Kapelle brach ihre Tätigkeit mit einem Mißakkord ab. Nur der erste Geiger spielte noch einige Takte weiter. Dann gab auch er es auf. Die Tanzpaare auf dem Parkett und die Gäste an den Tischen lachten laut. Gläser fielen um. In manchen Ecken ging es zärtlich zu. Man konnte, wenn man gute Ohren hatte, Küsse hören.

Die meisten hielten das Ganze für einen aparten Einfall der Direktion. Doch dann schrie jemand: »Hilfe, Hilfe!« Es war eine Frau.

Was sollte das bedeuten? War das noch Spaß? Sie spürten alle: Das war kein Spaß, und nie war es einer gewesen.

Nun schrien zahllose Stimmen gellend durcheinander. Tische und Stühle stürzten krachend um. Holz splitterte. Die Kellner fluchten wie die Kutscher. Sie hatten Angst, ihre Gäste könnten durchbrennen. Ein Spiegel ging in Trümmer. Oder war es eine Glastür? Oder ein Fenster? Man sah nichts und ertrank in Geräuschen. Weinen, Geschrei und hysterisches Gelächter vermengten sich.

»Licht!« brüllten die Leute. »Licht, Licht!«

Das Durcheinander war vollkommen. Frauen wurden umgerissen, klammerten sich an fremde Kleider, an Tischdecken, an fremde Arme und Beine. Über die am Boden Liegenden hinweg suchten andere ins Freie zu entkommen. Aber wo war die Tür?

Ein Kronleuchter zersprang. Es regnete Glas. Die Schreie nach Licht und die Hilferufe wurden immer wilder und klangen immer unheimlicher. Die Hölle war los.

Aber eine Hölle, in der die Teufel und die armen Sünder nichts sehen konnten!

Und dann, nach einer Ewigkeit, wurde es wieder hell.

Wie lange diese Ewigkeit gewährt hatte – ob fünf oder zehn Minuten –, das hätte niemand zu sagen gewußt. Es fragte auch keiner. Sondern alle starrten erschrocken um sich. Schlimmer hätte kein Erdbeben hausen können.

»Wie nach der Sintflut«, konstatierte die Büfettmamsell. Sie hatte sich auf die Ladentafel gerettet, kniete in einer Punschtorte und hatte sich mit den Händen in einem Kirschkuchen festgekrallt.

Die Verwüstungen waren ungeheuer. Die Gäste glichen zerfetzten Zigeunern. Blusen waren aufgerissen. Man sah Jacketts mit einem Ärmel und edle Spanier in Unterhosen. Eine ältliche, als Rokokogräfin verkleidete Dame lag unter einem umgekehrten Tisch. Sie hatte Schlagsahne mit Rotwein im Haar und jammerte kläglich. Gäste, über die man hinweggestolpert war, hockten auf dem Parkett und hielten sich die Köpfe. Die Weine und Liköre, die aus Gläsern und Flaschen geflossen waren, bildeten klebrige Pfützen. Der Direktor stieg irrend über die Trümmer und überschlug den Schaden.

Frauen suchten ihre Männer. Zerbeulte Liebhaber suchten ihre Freundinnen. Kellner suchten ihre Gäste. Der erste Geiger lag bewußtlos vor dem Podium. Der Geigenbogen war zerbrochen. Man wurde an Varus im Teutoburger Wald erinnert. Nur daß sich der römische Feldherr in keinen Fiedelbogen, sondern in ein Schwert gestürzt hatte.

Die Geige glich einer zerquetschten Zigarrenkiste. Der Saxophonist saß im Cello und bemühte sich strampelnd herauszukommen. Ein Kronleuchter, zahlreiche Wandlampen, ein Fenster, eine Glastür und ein großer Spiegel waren zu Bruch gegangen. Wo man hintrat, knirschte Glas.

Der Direktor hatte die ältliche Rokokogräfin von dem auf ihr lastenden Tisch befreit, hob sie auf und wollte sie zu den Waschräumen führen. Bei dieser Gelegenheit glitt er aus und fiel in eine Sherry-Brandy-Pfütze.

Draußen im Korridor, vor dem Schränkchen mit den elektrischen Sicherungen, saß die Garderobefrau am Boden und hatte ihren Strickstrumpf mitten im Mund.

Und über all dem Schutt und Tumult, oben in seiner Ecke, stand Fleischermeister Külz aus Berlin, hochaufgerichtet, ein Gott der Rache, und hielt ein einsames Stuhlbein in der mächtigen Faust. »Wer will ins Krankenhaus?« rief er und blickte wild um sich. »Ich mach's gratis!«

Es meldete sich niemand.

Zu seinen Füßen lag ein Mann, dem er in der Dunkelheit,

um ihn unschädlich zu machen, den Schlips so eng zusammengezogen hatte, daß der Ärmste widerstandslos umgesunken war. Es war übrigens ein völlig harmloser Gast, ein Spediteur aus Güstrow.

Und über der rotplüschnen Logenbrüstung hing kopfüber ein andrer Mann, der Oberkellner des Lokals. Er war von einer leeren Weinflasche getroffen und leicht beschädigt worden. Er war gerade dabei, wieder zu sich zu kommen. Der Tisch stand noch auf allen vieren. Doch die Zuckerdose samt dem Würfelzucker, der Aschenbecher samt der Asche und ein Rosenstrauch samt der Vase, das lag alles auf dem blauen Anzug des Spediteurs aus Güstrow.

»Nur keine falsche Scham!« rief der Fleischermeister und schwang das Stuhlbein wie einen Türkensäbel über dem grauen Kopf. »Nicht drängeln. Es kommt ein jeder dran!«

Fräulein Trübner hockte verstört in ihrer Ecke. Ihr kokettes Hütchen war schiefgerutscht. Sie saß wie vom Donner gerührt, hatte die Augen weit aufgerissen und hielt ihre Handtasche fest an die Brust gepreßt.

Papa Külz ließ die Blicke schweifen, nickte dem jungen Mädchen sieghaft zu und sagte: »Sie sind weg, mein liebes Kind.«

»Wer ist weg?« fragte sie.

»Die Verbrecher«, erklärte er stolz. »Außer den beiden Kerls hier, die ich erlegt habe.«

»Der eine ist aber ein Kellner«, wandte sie ein.

Er betrachtete den Mann, der über der Brüstung hing. »Das ist mir aber peinlich.«

Der andere Mann, der am Boden lag, zerrte sich den Schlips locker, hustete und erklärte heiser: »Ich bin Spediteur. Wie kommen Sie dazu, mich zu erwürgen?«

»Sie sind auch kein Räuber?« fragte Külz erschrocken.

»Ein Räuber? Sind Sie duhn?«

»Es tut mir schrecklich leid«, stammelte der Fleischermeister und verbeugte sich. »Gestatten Sie! Külz!«

»Ehmer«, sagte der andere. »Sehr angenehm!« Er richtete sich mühsam auf und betrachtete voller Verzweiflung den

Würfelzucker und die Rosen auf seinem blauen Anzug. Dann stand er auf und humpelte von dannen. Die Rosen nahm er mit.

»Na, da hab ich also doch recht gehabt«, brummte Külz. »Die Verbrecher sind weg!«

Irene Trübner lächelte. Plötzlich löste sie die Arme von der Brust und starrte auf ihre Handtasche. Der Reißverschluß war offen. Sie blickte hinein, hob den Kopf und flüsterte leichenblaß: »Die Miniatur ist weg!«

Oskar Külz fiel das Stuhlbein aus der Hand. Er selber sank in einen Stuhl. Dann sprang er wieder auf, sah sich um und meinte: »Unser junger Freund ist auch weg!«

»Wer?« fragte sie.

»Rudi Struve.«

»Er auch?« Irene Trübner schüttelte den Kopf und blickte verständnislos vor sich hin. »Er auch?«

Als die beiden Wachtmeister vom Polizeirevier eintrafen, wurden sie von den Kurgästen umringt, deren Kleider und Anzüge gelitten hatten. Man forderte in allen Tonarten Schadenersatz.

»Das geht uns nichts an«, erklärten die Schutzleute. »Das müssen Sie dem Wirt melden.«

Die Gäste stürzten oder humpelten zum Büfett, je nachdem. Hinterm Büfett stand der Direktor und kippte einen Schnaps nach dem andern. Er hatte die Nerven verloren und trank hastig eine Flasche leer, die heil geblieben war. Die zwei Wachtmeister wateten durch das Trümmermeer und begaben sich zu der alten Garderobefrau, von deren Erlebnissen sie telefonisch schon gehört hatten.

Sie saß draußen im Gang und hielt ihren Strickstrumpf in den zitternden Händen. »Sie haben die Kerle gesehen?« fragte der eine Wachtmeister.

»Jawohl«, sagte sie eifrig. »Zwei waren's. Sie kamen dort durch die Hintertür und machten den kleinen elektrischen Schrank auf. Ich fragte, was das bedeuten solle. Aber sie antworteten überhaupt nicht. Ich wollte nun in die Küche laufen und wen holen. Da hielt mich der eine fest. Der andre nahm mir meinen Strickstrumpf weg. Mir blieb vor Schreck der Mund offenstehen. Und plötzlich hatte ich meinen Strickstrumpf drin. Sie setzten mich auf den Stuhl und drehten ihn so, daß ich nicht sehen konnte, was sie anstellten. Na ja, und kurz darauf wurde es stockfinster.«

»Und als es wieder hell wurde?«

»Da waren die zwei Kerle natürlich weg«, erklärte die alte Frau. »Und ich saß da und hatte Halsschmerzen.

»Weiter wissen Sie nichts?«

»Das ist alles. Und beim Schlucken habe ich Stiche.«

»Schlucken Sie möglichst wenig!« riet einer der Wachtmeister.

Der andere fragte: »Paul, verstehst du das? Ich nicht!«

»Ich auch nicht«, entgegnete Paul. »Zwei Männer kommen, machen dunkel und hauen wieder ab! Und hinterher sieht das Lokal wie ein Trödelladen aus.«

»Vielleicht waren es Leute von der Konkurrenz«, meinte die Garderobefrau.

Die Wachtmeister grinsten. Sie wußten zwar auch nichts. Aber besser wußten sie's!

Nun tauchte im Türrahmen ein großer alter Mann auf. Er führte eine bildhübsche junge Dame, die sich nicht besonders wohl zu fühlen schien. Der Mann sagte: »Wir müssen Sie dringend sprechen. Gestatten Sie, Külz!«

»Schadenersatzansprüche sind beim Lokalinhaber geltend zu machen«, versetzte der eine Wachtmeister.

Herr Külz lachte bitter. »Wenn der Wirt sechsmalhunderttausend dänische Kronen übrig hat, können wir's ja versuchen!«

»Wieso sechshunderttausend Kronen?« fragte der Schutzmann, der auf den Vornamen Paul hörte. »Ist denn etwas gestohlen worden?«

»Sie sind gut«, sagte Külz. »Dachten Sie, hier geht das elektrische Licht zum bloßen Vergnügen aus? Der Dame ist eine Miniatur gestohlen worden. Von ... Von ...«

»Von Holbein!« ergänzte Irene Trübner.

»Vornamen?« fragte der eine Wachtmeister.

»Hans«, meinte die junge Dame.

»Aha!« rief der andere Wachtmeister. »Das ist wenigstens etwas! Hans Holbein heißt er!«

»Vom wem reden Sie denn?« fragte Külz.

»Na, von dem Dieb, dem Hans Holbein!«

»Menschenskind!« rief Külz. »Holbein ist doch der Maler!« Er reckte sich stolz. Wissen ist Macht. »Der Dieb ist wer ganz anderes. Der Dieb, das sind zirka zwei Dutzend Diebe! Seit Kopenhagen sind sie hinter uns her. Auf dem Trajekt haben sie mir die Kopie der Miniatur geklaut. Das war eine glänzende Idee von Fräulein Trübner. Vorhin haben sie mir aber die Kopie wieder zurückgebracht. Sie lag plötzlich auf dem Tisch. Mit einem Brief. Und dann wurde es finster. Als es wieder hell wurde, war aus Fräulein Trübners Handtasche die echte Miniatur verschwunden! Die Miniatur war weg. Die Diebe waren weg. Und ein guter Freund von uns war auch weg. Wahrscheinlich haben sie ihn mitgeschleppt. Schade. Es war ein sehr netter junger Mann. Aus Berlin. Rudi Struve heißt er.«

Fräulein Trübner sagte: »Hoffentlich ist ihm nichts Ernstliches zugestoßen!« Sie schwieg eine Weile. Dann raffte sie sich auf. »Ich muß sofort mit Brüssel telefonieren. Mein Chef ist in Brüssel. Ich muß ihm den Diebstahl mitteilen.«

Die zwei Wachtmeister blieben lange Zeit stumm.

»Reden Sie nicht so viel«, bat Külz. »Immer hübsch einer nach dem andern.«

»Wollen Sie uns zum Revier begleiten?« sagte der eine Polizist.

»Weit kann die Bande noch nicht sein. Wir müssen sofort die umliegenden Reviere benachrichtigen. Und das Rostocker Präsidium.«

Der andere Wachtmeister öffnete die Tür. »Darf ich bitten?«

»Noch einen Moment!« bat Oskar Külz. »Ich muß Ihnen ordnungshalber mitteilen, daß ich den Oberkellner und einen Spediteur namens Ehmer im Dunkeln etwas hart angefaßt habe. Ich dachte, es wären Diebe.« Er war niedergeschlagen. »Ich mache aber auch alles verkehrt!«

»Das ist zur Zeit nicht so wichtig«, behauptete der eine Wachtmeister.

Sein Kollege an der Tür wiederholte: »Darf ich bitten?«

Da kam ein Kellner aus dem Saal herausgestolpert.

»Aha«, brummte Külz. »Wir haben noch nicht gezahlt.«

Irene Trübner holte eine Banknote aus der Handtasche und gab den Geldschein dem Kellner. »Es stimmt«, fügte sie hinzu.

Der Kellner verbeugte sich tief. »Es war nicht deswegen«, erklärte er. »Die Herrschaften haben etwas auf dem Tisch liegenlassen.« Er hielt ein Päckchen und einen Brief in der Hand.

Külz griff hastig zu. »Die falsche Miniatur!« rief er. »Und der Brief, in dem mich die Kerle so beschimpft haben. Geben Sie das Zeug her!« Er steckte beides ein und erklärte: »Nächstens vergesse ich noch den Kopp!« Er wandte sich an die zwei Wachtmeister: »Das macht die Verkalkung, meine Herren.«

Irene Trübner flüsterte: »Bitte, kommen Sie, Papa Külz! Wir haben's eilig!«

Das zwölfte Kapitel
Vater Lieblichs Grogkeller

Die sechs Autotaxen sausten wieder über die nächtliche Chaussee. Sie fuhren nach Rostock zurück.

Im letzten Wagen saß der weißbärtige Herr. Er hatte die dunkle Brille abgenommen. Auf die Dauer behindern schwarze Brillengläser die Sicht. Ganz besonders bei Menschen mit kerngesunden Augen.

Professor Horn blickte angespannt durch das kleine Fenster in der Wagenrückwand. Genau genommen blickte er nicht durch das Fenster, sondern durch das Loch, das dadurch entstanden war, daß er das Fenster herausgeschnitten hatte. Ein Mensch, der eine Schußwaffe in der Hand hält und damit rechnet, daß sich Motorfahrzeuge nähern könnten, in denen Polizisten sitzen, kann zwar eine Schießscharte gebrauchen. Aber kein Fensterglas davor.

Professor Horn hatte die Absicht, in die Reifen solcher Autos, die ihm mißfielen, Löcher hineinzuschießen. Das ist eine verhältnismäßig humane und trotzdem recht wirksame Methode, Leute, die es eilig haben, am schnellen Vorwärtskommen zu hindern.

Im ersten der sechs Taxis saßen die Herren Storm, Achtel und Karsten. Und der Mann, der auf der Fahrt nach Warnemünde einem Ringkämpfer geähnelt hatte. Er hatte sich inzwischen verändert. Nicht zu seinem Vorteil. Auf der niedrigen Stirn hatte er mehrere Beulen. Und die Nase saß ihm schräg im Gesicht und war verschwollen. Man hätte denken können, er sei in eine Dreschmaschine geraten.

»Du mußt dir morgen unbedingt einen neuen Hut kaufen«, sagte der kleine Herr Storm. »Dein Kopf ist mindestens um zwei Nummern größer geworden.«

»Ein Blödsinn, im Finstern klauen zu wollen«, knurrte der deformierte Ringkämpfer. »Nun weiß ich nicht einmal, wem ich die Verzierungen zu verdanken habe. Ich hätte mich gern revanchiert.«

»Man soll nicht so kleinlich sein«, fand Herr Philipp Achtel.
»Ich meinerseits bin heilfroh, daß der Überfall im Dunkeln stattfand.«

»Wieso?«

»Ach, mir hing plötzlich ein Weibsbild um den Hals, das gut zwei Zentner mit Knochen wog. Sie klammerte sich an mich, schrie um Hilfe und wollte gerettet werden. Ausgerechnet von mir! Ein Glück, daß wir bald bei Vater Lieblich sind. Ich kann einen Grog gebrauchen.«

Der Ringkämpfer wurde neugierig. »Wieso hast du denn im Dunkeln gemerkt, daß es eine Frau war?«

»Am Vornamen«, erklärte Achtel zynisch.

Fräulein Trübner und Herr Fleischermeister Külz waren auf dem Revier in Warnemünde zu ihren Personalien vernommen worden. Sie hatten ihre Reisepässe vorgelegt und den Namen des jungen Mannes mitgeteilt, der spurlos aus der Tanzdiele verschwunden war. Er wohne in Charlottenburg in der Holtzendorffstraße, hatte das Fräulein hinzugefügt.

»Die Bande hat Herrn Struve wahrscheinlich mitgeschleppt«, sagte der Inspektor. »Er wird sich zur Wehr gesetzt haben. Er wird hinter ihnen hergelaufen sein, um sie aufzuhalten. Und dann hat man ihn überwältigt.«

»Schrecklich!« rief Külz. »Der arme Junge! Wer weiß, wie und wo wir ihn wiederfinden. Hoffentlich hat er keine Angehörigen.«

Irene Trübner versank in Melancholie und versuchte, aus ihren Handschuhen einen Strick zu drehen.

Es wäre ihr fast gelungen. Sie wurde aber in ihrer Arbeit unterbrochen. Brüssel meldete sich. Die junge Dame eilte ins Nebenzimmer. Zum Telefon. ›Der Chef wird staunen‹, dachte sie. ›Hoffentlich kündigt er mir erst per 1. Januar.‹

Inzwischen verbreitete sich Herr Oskar Külz über Herrn Storm und die übrigen Insassen des Coupés dritter Klasse, in dem er gereist war. Er wies darauf hin, daß Rudi Struve es gewesen sei, der ihn mit Hilfe eines Märchens auf die Gemeingefährlichkeit der Fahrgäste aufmerksam gemacht hätte.

Dann berichtete Külz von seinen seltsamen Erlebnissen in Kopenhagen, vom ›Vierblättrigen Hufeisen‹, von der Pension Curtius und von dem weißbärtigen Herrn mit der dunklen Brille. Er holte das Zusammentreffen mit Storm im Hotel d'Angleterre und vor dem Antiquitätengeschäft in der Bredgade nach. Und schließlich versuchte er sich darin, die Physiognomien Storms, Achtels, Horns und der übrigen anschaulich zu beschreiben. Nun, das ist schon ganz andren Leuten als einem Mann wie Oskar Külz mißlungen.

Der Inspektor stellte knappe Zwischenfragen. Ein Polizist protokollierte die Angaben, die der Zeuge Külz machte.

Als dem Zeugen nichts mehr einfiel, erhob sich der Inspektor. »Ich gebe das Protokoll sofort nach Rostock durch«, sagte er. »Von dort aus wird man dann die notwendigen Schritte einleiten. Ich selber lasse die hiesige Zollstation und die Bahnpolizei informieren. Sonst kutschiert die Bande womöglich nach Kopenhagen zurück. Entschuldigen Sie!«

»Bitte, bitte!« antwortete der Zeuge. »Nun zeigen Sie, was Sie können! Ich möchte gern einmal sehen, wozu ich soviel Steuern zahle.«

An der Tür begegnete der Inspektor Fräulein Trübner. Sie sagte: »Herr Steinhövel setzt zehntausend Mark Belohnung für die Herbeischaffung der Miniatur aus. Und morgen nachmittag trifft er in Berlin ein.«

Der Inspektor war außer sich. »Zehntausend Mark Belohnung? Das hat uns noch gefehlt! Nun werden uns ab morgen alle Leute, die zuviel Zeit und zuwenig Geld haben, die Bude einrennen und mit wichtigen Nachrichten eindecken!« Er entfernte sich ärgerlich.

»Na, Kindchen?« meinte Külz. »Hat Sie Ihr Chef hinausgefeuert?«

»Nein. Aber er will die Miniatur wiederhaben! Um das Geld ist's ihm nicht zu tun. Die Holbein-Miniatur ist mit fünfhunderttausend Mark versichert.«

»Was es so alles gibt«, rief Herr Külz aus. »Wenn ich Ihr Chef wäre, bisse ich mich vor Freude, daß der Holbein geklaut worden ist, in den Daumen und nähme die fünfhunderttausend Mark von der Versicherung! Ich würde der Bande sogar einen Brief schreiben, sie solle die Miniatur um des Himmels willen nicht zurückbringen!«

»Mein Chef liebt die Kunst, nicht das Geld.«

»Sowas ist krankhaft«, stellte der Fleischermeister fest. »Absolut krankhaft. Hoffentlich wird es nicht schlimmer.«

Eine Viertelstunde später brachte der Polizeiinspektor seine zwei Zeugen zum Hotel Beringer zurück und bat sie, sich am nächsten Morgen gegen sechs Uhr bereitzuhalten. Er hole sie dann im Wagen ab und begleite sie nach Rostock. Die dortigen Instanzen hätten noch einige Fragen zu stellen.

Er verabschiedete sich.

»Nun können wir ruhig schlafen«, meinte Külz, als er mit Irene Trübner die Hoteltreppe hinaufstieg. »Was weg ist, brummt nicht mehr.« Er reichte ihr die Hand. »Gute Nacht, mein Kind. Morgen früh fahren wir zum ersten Mal in der Grünen Minna. Hoffentlich träume ich nicht davon.«

»Gute Nacht, Papa Külz«, sagte sie müde. »Schlafen Sie gut!« Dann schloß sie die Zimmertür auf.

»Halt!« rief er und faßte in die Jackettasche. »Wollen Sie nicht Ihren falschen Holbein wiederhaben?« Er hielt ihr das Päckchen hin.

»Nein« sagte sie. »Wenn der echte weg ist, brauche ich auch den falschen nicht. Wert ist er sowieso nicht viel. Wollen Sie ihn zur Erinnerung an Ihr dänisches Abenteuer behalten? Mein Chef hat bestimmt nichts dagegen. Er sammelt keine Kopien.«

»Wie Sie wollen«, meinte Külz. »Schönen Dank auch. Ich werde das Dings in unsrer Ladenstube über das Sofa hängen. Da ist noch für was Kleines Platz.« Er gähnte und nickte ihr zu. »Das war ein Tag! Meine Herren! Und wo mag jetzt unser Rudi sein? Er fehlt mir geradezu.«

»Gute Nacht, Papa Külz«, flüsterte sie und trat schnell in ihr Zimmer.

Das Netz, in dem man heute Diebe fängt, ist aus Draht geflochten und heißt: das Telefonnetz.

Die Drähte, die sich an hohen Masten durchs Land ziehen, summten. Die Meldung von dem Raub der Holbein-Miniatur und die Tatsache der hohen Belohnung verbreiteten sich mit Windeseile nach allen Richtungen. In den Zeitungsgebäuden wurden die Rotationsmaschinen angehalten. Die Nachtredakteure dichteten zweispaltige Überschriften und ließen die Neuigkeit nachschieben.

Lieblichs Grogkeller liegt in einer jener Rostocker Straßen, die steil bergab zum Hafen hinunterführen.

Da es bedauerlicherweise überall Menschen gibt, deren Lebensführung daran schuld ist, daß die Strafgesetzbücher nicht abgeschafft werden können, gibt es auch in jeder Stadt Lokale, in denen sich dunkle Existenzen treffen, um ihre beruflichen Erfahrungen auszutauschen und hierbei dem Alkoholgenuß zu frönen.

Professor Horn traf als erster bei Vater Lieblich ein und ließ sich sofort in das Hinterzimmer führen, an dessen Tür ein Schild angebracht war. »Kleines Vereinszimmer« stand auf dem Schild.

Vater Lieblich schien den weißbärtigen Gast zu kennen, barst vor Neugierde und erstarb in Hochachtung.

»Raus!« befahl Professor Horn. »Meine Leute werden gleich kommen. Wir wünschen ungestört zu bleiben.«

Vater Lieblich zog sich devot zurück.

Der Professor nahm Platz.

Nach und nach, in kleinen Gruppen, erschienen die anderen Mitglieder des »Vereins«. Sie setzten sich an die im Zimmer verstreuten Tische. Vater Lieblich bediente persönlich. Sie rauchten und tranken.

»Wir sind komplett«, sagte plötzlich der kleine Herr Storm. »Nur die zwei, die du im Seebad Warnemünde zurückgelassen hast, fehlen.«

»Es ist gut.« Professor Horn winkte dem Wirt.

Vater Lieblich trollte sich.

Der Chef sah sich im Zimmer um. »Ich nehme an, daß die Polizei bereits im Bilde ist. Wir haben keine Zeit zu verlieren.

Ich fahre rasch ins Hotel Blücher, hole meinen Handkoffer, zahle und gebe an, ich reise nach Hamburg. Anschließend komme ich wieder hierher und nehme mir den Bart ab. Ihr andern verkrümelt euch möglichst rasch. Storm und Achtel können das arrangieren. Hauptsache ist, daß ihr getrennt marschiert. Am Dienstag sind alle in Berlin! Ich werde als englischer Tourist einige norddeutsche Städte aufsuchen. Das wird im Interesse Holbeins des Jüngeren notwendig sein.«

Die anderen schmunzelten.

»Vielleicht schlage ich auch einen Haken«, erklärte der Chef. »Es kann nötig werden, daß ich vom Süden aus in Berlin ankomme. Man wird ja sehen. Auf alle Fälle treffen wir uns am Dienstag in Berlin. Geld habt ihr ja genug bis dahin.«

»Ich weiß nicht recht«, meinte Storm.

»Aber ich weiß es«, antwortete Professor Horn. »Hat noch jemand eine Frage?«

Die anderen schwiegen.

»Gut«, sagte er. »Nun gebt mir das Päckchen, und haut ab!« Er erhob sich und blieb abwartend stehen.

Niemand rührte sich.

»Los, los! Her mit der Miniatur!«

Die Männer blickten einander schweigend an. Jeder wartete, daß der andere ein Päckchen aus der Tasche ziehen werde. Sie warteten vergeblich. Professor Horn stampfte mit dem Fuß auf. »Wer hat die Miniatur?«

»Ich hab sie nicht«, sagte Philipp Achtel. »Ich dachte, Klopfer hätte sie. Er war dem Tisch am nächsten, als das Licht ausging.«

»Ich habe sie nicht«, entgegnete der Mann, der Klopfer hieß. »Als das Licht ausging, dachte eine Frau, ich sei ihr Mann. Sie hielt mich fest und nannte mich in einem fort ›Arthur‹. Als ich endlich an die Handtasche rankonnte, war sie leer. Da dachte ich, Pietsch hätte die Miniatur.«

Pietsch war der Kerl, der wie ein Ringkämpfer aussah. Er schüttelte den demolierten Schädel. »Ich habe sie auch nicht. Ich griff nach der Tasche. Doch ehe ich sie erwischt hatte, funkte mir jemand mit einem harten Gegenstand auf dem Kopf herum, daß ich, zirka nach dem vierten Schlag, umfiel. Ich dachte, Kern hätte sie.«

»Nein, ich habe sie auch nicht«, meinte der.

»Macht mich nicht verrückt!« rief der Chef. »Zwölf Leute von uns waren in dem Lokal. Zehn standen draußen. Es war alles bis ins letzte vorbereitet. Und jetzt will keiner die Miniatur haben! Wer hat sie?«

Die Männer blieben stumm. Das Schweigen wirkte beängstigend.

»Wer hat sie?« wiederholte der Chef. Er winkte Storm und Achtel.

»Durchsuchen!«

Während Storm und Achtel sämtliche Taschen ihrer Vereinsbrüder umdrehten, prüfte Professor Horn seinen Revolver. Er tat es mit der Gründlichkeit des Fachmannes. Dann nickte er versonnen. Die Diagnose schien befriedigend verlaufen zu sein. Er sah auf.

Die Herrn Storm und Achtel hatten ihre Tätigkeit beendet. Sie blickten ihren Chef verständnislos an und zuckten die Achseln.

»Nichts zu finden«, sagte der kleine Storm.

»Nichts«, bestätigte Philipp Achtel. Sein Gesicht, mit Ausnahme der Nase, war sehr blaß geworden.

»Die Miniatur ist zweifellos aus der Handtasche geraubt worden!« sagte Storm. »Aber nicht von uns!«

»Die Polizei wird uns verfolgen«, meinte Herr Achtel. »Aber wir sind leider unschuldig!«

Professor Horn hielt sich an einem seiner Jackettknöpfe fest. Oder hatte er Herzschmerzen? Endlich sagte er: »Ich fahre ins Hotel Blücher und telefoniere mit Warnemünde.«

»Und wir?« fragte Storm.

»Alles hierbleiben!« knurrte der Chef. »Nur Karsten kommt mit!« Er knallte die Tür zu.

Karsten folgte ihm hastig.

Das dreizehnte Kapitel
Ein Kommissar hat eine Theorie

Professor Horn lief wie ein Tiger im Hotelzimmer auf und ab. Karsten brachte die Toilettengegenstände aus dem Baderaum herein und packte den Koffer. »Beruhige dich doch endlich, Chef!« bat er. »Eine Million haben wir ja schon intus. Leupold ist seit gestern in Holland. Van Tondern hat die Bilder übernommen. Die Spur ist verwischt.«

»Ich muß wissen, wie der Holbein verschwunden ist! Ich muß es wissen!«

»Vielleicht ist er gar nicht verschwunden«, meinte Karsten. »Wenn dieses Fräulein Trübner ihn nun gar nicht mehr in der Handtasche hatte?«

»Rede kein Blech! Sie hatte ihn natürlich in der Tasche! Als sie zum Parkett hinunterging, um zu tanzen, nahm sie die Tasche mit. Ein solches Mädchen nimmt eine so große Handtasche nicht mit aufs Parkett, wenn kein wichtiger Grund vorliegt! Wo noch dazu dieser Bernhardiner von einem Fleischermeister am Tisch blieb! Ausgeschlossen!«

Karsten schloß den Handkoffer ab. »Und wie erklärst du dir, daß die Tasche, als unsere Leute hineinlangten, leer war?«

»Wenn ich mir das erklären könnte, wäre ich nicht so wütend!«

Das Telefon klingelte. Der Professor nahm den Hörer herunter. »Hier Professor Horn! – Aha! Lebt ihr noch? Ich dachte schon, ihr machtet eine Mondscheinfahrt in See!« Er schwieg und lauschte den Mitteilungen, die ihm gemacht wurden. Plötzlich wurde sein Gesicht unnatürlich lang. Er fragte hastig und heiser: »Wißt ihr das bestimmt?« Er hörte wieder zu.

Dann sagte er: »Du kommst auf dem schnellsten Wege nach Rostock und bleibst die nächsten Tage im Grogkeller. Und rührst dich nicht vom Telefon weg! Verstanden? Leichsenring bleibt dem Mädchen auf den Hacken. Was? Jawohl! Auch wenn sie nach China fahren sollte!« Er hängte ein.

Dann rief er Vater Lieblichs Grogkeller an und verlangte Herrn Storm. »Höre zu!« befahl er, als Storm sich meldete. »Laßt euch von dem Alten eine zuverlässige Garage nennen! Leiht euch sofort ein paar Autos! In fünf Minuten seid ihr an der Universität. Das geht nicht? Dann in vier Minuten! Warum keine Autos? Ach so. – Wenn ihr etwas Derartiges auftreiben könnt, ist mir's recht. Ja, ja. Wenn schon, denn schon!« Er hängte ein, blickte Karsten kopfschüttelnd an und rief: »Also, das ist der Gipfel!«

»Was denn?«

»Der junge Mann ist verschwunden!«

»Welcher junge Mann denn?«

»Der mit Steinhövels Sekretärin und eurem Herrn Külz zusammensteckte!

»Der ist nicht mehr in Warnemünde?«

»Nein.«

»Dann hat er den Holbein gestohlen!«

»Du merkst auch alles!« Der Professor fuhr sich durch den Bart, als wolle er ihn abreißen. »Mir so ins Handwerk zu pfuschen! Na warte, mein Junge!«

»Der war schlauer als wir«, stellte Karsten fest.

»Schlauer? Nein. Aber hübscher. Viel hübscher! Hätte ich vielleicht den Achtel auf die verliebte Gans loslassen sollen? Oder Storm? Mit seinen Schlappohren? In wen von euch hätte sie sich denn vergaffen sollen?«

»Keine Ahnung«, meinte Karsten. »Und wo ist der Junge jetzt?«

Der Chef zündete eine Zigarette an und paffte nachdenklich vor sich hin. »Unterwegs nach Berlin, schätze ich! Er weiß natürlich, daß Steinhövels Sekretärin sein Verschwinden der Polizei gemeldet hat. Nach Kopenhagen kann er also nicht wieder zurück. Die andren Grenzstellen sind auch schon informiert.«

»Ihm geht's genau wie uns.«

»Wir müssen sofort aufbrechen. Irgendwo werden wir ihn schon aufstöbern. Und wenn ich die Straßen nach Berlin mit der Lupe absuchen sollte!«

»Ich möchte einen Vorschlag machen«, erklärte Karsten.

»Und zwar?«

»Wir wollen den Jungen laufen lassen.«

»Und den Holbein?«

»Den auch!«

»Bist du übergeschnappt?«

»Nein«, behauptete Karsten. »Soll die Polizei den Holbein finden und den Dieb dazu! Wozu willst du deine Finger in eine Mausefalle stecken?«

»Das kommt gar nicht in Frage!« rief Professor Horn. »Ich lasse mir nicht von irgend einem Amateur auf der Nase herumtanzen! Das wäre ja noch schöner!«

»Vielleicht ist er gar kein Amateur. Vielleicht gehört er zur Konkurrenz!«

»Meinetwegen! Und wenn er Cagliostro persönlich wäre – ich will den Holbein haben. Erst läßt man uns ein Falsifikat klauen! Dann stiehlt uns ein Grünschnabel das Original vor der Nase weg! Das geht zu weit! Damit basta!«

»Bitte sehr.«

»Wir verlassen Rostock in wenigen Minuten. Draußen wird's schon wieder hell. Von Neustrelitz aus telefonieren wir mit Berlin und signalisieren ihn. Graumann mag uns mit seinen Leuten entgegenkommen. Und dann zerquetschen wir den Adonis! Nur die Miniatur muß ganz bleiben. Du erinnerst dich doch, wie der Jüngling aussah?«

»Ungefähr.«

»Notiere es! Damit Graumann und seine Leute den Richtigen erwischen.«

Da klopfte es an der Tür.

Die beiden zuckten zusammen. Besuche im Morgengrauen bedeuten, wenn sie zweifelhaften Ehrenmännern gelten, selten etwas Gutes. Professor Horn griff in die Tasche, in welcher der Revolver steckte, und rief: »Wer ist da?«

»Das Zimmermädchen«, antwortete es draußen auf dem Korridor.

»Ich brauche Sie nicht!« rief der Chef.

»Es ist etwas für den Herrn Professor abgegeben worden«, erklärte die weibliche Stimme.

Karsten schob den Riegel zurück, öffnete die Tür, nahm einen Brief in Empfang und schloß die Tür wieder. Den Brief gab er dem Professor.

Dieser riß den Umschlag auf und las, was auf dem Briefbogen stand. Seine Züge wurden immer unmutiger. Schließlich warf er den Brief auf den Teppich, nahm seinen Kopf in beide Hände und sagte leise: »Das ist zuviel! Davon kann man ja Krämpfe kriegen. Oh, der Halunke soll mich kennenlernen!«

Karsten hob das Schreiben auf und las es. Es war in Blockbuchstaben abgefaßt und lautete folgendermaßen:

»Sie schreiben gern Briefe. Mir geht es ähnlich. Überdies bin ich Ihnen noch eine Antwort schuldig. Ich habe mich trotz Ihres wohlgemeinten Rates in Gefahr begeben. Darin umgekommen, möchte ich Ihnen mitteilen, bin ich vorläufig noch nicht.

Der Überfall auf das Tanzlokal war nicht übel inszeniert. Daß auch ich für die alten Meister schwärme, konnten Sie nicht wissen.

Ich bin, offen gestanden, sehr gespannt, wer schneller ist. Ob Sie. Oder die Polizei. Oder ich.

Auf Wiedersehen in Berlin! Holbein der Jüngere.«

Karsten sagte nach einer Weile: »So ein frecher Hund!« Dann versank er in Schweigen.

»Und den soll ich laufen lassen?« fragte Professor Horn empört. »Das ist wohl nicht dein Ernst! Die ganze Branche würde einen Monat lang über uns lachen!« Er klingelte dem Zimmermädchen. Sie kam, war mollig und hatte rote Backen.

Horn trat vor sie hin. »Wer hat Ihnen den Brief übergeben? Ein Bote?«

»Nein«, sagte sie. »Er sah aus wie ein junger Mann aus gutem Haus. Erst war er beim Portier und erkundigte sich, in welchem Zimmer der Herr Professor wohnt.«

»Er kannte meinen Namen?«

»Nein. Aber er beschrieb den Herrn Professor. Der Portier schickte ihn herauf. Er gab mir den Brief. Und fünf Mark. Den Brief sollte ich hier abgeben. Das Geld sollte ich behalten. – Dann ging der junge Mann wieder hinunter und sprach mit dem Portier. Vor allem wollte er wissen, ob die Chaussee nach Berlin in gutem Zustand wäre.«

Karsten fragte: »Wie sah der Herr aus?«

»Brünett«, erklärte das Zimmermädchen. »Graue Augen. Schlank. Bartlos. Einsdreiundachtzig groß. Und Kragenweite vierzig.«

Die beiden Männer blickten das Mädchen sprachlos an.

Sie lachte. »Das zählte er alles auf und sagte, ich müsse es mir gut merken. Denn Sie würden mich darnach fragen. Ich fand das sehr komisch. Er war überhaupt sehr lustig. Und hübsch. Ein Bild von einem Mann!« Sie ging zur Tür. »Doch das hat er mir nicht für Sie aufgetragen.« Sie machte einen Knicks und wollte gehen.

»Halt!« rief Professor Horn. »Fuhr der Herr im Taxi weg?«

»Nein«, erwiderte sie. »Er hatte einen Privatwagen. Und weggefahren ist er, glaube ich, auch noch nicht. Vor einer Minute saß er jedenfalls noch in seinem Auto drunten vorm Hotel und trank eine Fleischbrühe mit Ei.«

Sie machte einen Knicks und ging.

Wenige Stunden später befanden sich Irene Trübner und Fleischermeister Külz in Rostock und sprachen mit einem Kriminalkommissar, der ihnen todmüde und unrasiert gegenübersaß. Vor ihm stand eine dampfende Tasse Kaffee. Er trank in kleinen Schlucken und sagte: »Ich muß Sie um Entschuldigung bitten, daß ich so unkomfortabel aussehe. Aber ich habe kaum eine Stunde geschlafen. Noch dazu auf diesem elenden Sofa! Vorher und nachher hatte ich mit dem bedauerlichen Diebstahl zu tun, der Sie betroffen hat. Es galt zahlreiche Anordnungen zu treffen, damit derjenige, der die Gattin Heinrichs VIII. geraubt hat, uns nicht entwischt. Ist es nicht gräßlich? Nicht einmal gemalte Frauen sind vor Liebhabern sicher!« Er lachte. Anschließend gähnte er herzzerreißend. Dann zuckte er, einigermaßen verlegen, die Achseln und trank wieder Kaffee.

»Prost!« sagte Herr Külz. »Gibt es etwas Neues, Herr Kommissar?«

»Noch nicht«, meinte der Beamte. »Aber was in der kurzen

Zeit getan werden konnte, wurde getan. Das Netz zieht sich unaufhaltsam zusammen. Der Fischzug steht sozusagen vor der Tür.«

»Hoffentlich fangen Sie keinen alten Stiefel«, sagte Herr Külz.

»Bestimmt nicht. Ich habe die Berliner Stellen ersucht, Herrn Rudolf Struve aus der Holtzendorffstraße zu verhaften.«

Irene Trübner senkte rasch den Kopf und strich mit zitternden Fingern ihren Kostümrock glatt.

Oskar Külz war wesentlich weitschweifiger. »Erlauben Sie mal!« knurrte er. »Das ist ja allerhand. Eine Bande von ausgekochten Strolchen klaut eine Miniatur, die eine halbe Million Mark gekostet hat. Und weil sich ein braver junger Mann zur Wehr setzt, nimmt man den auch gleich mit. Bitte, sowas kann vorkommen. Aber daß dann die Polizei den jungen Mann verhaften will, statt die Räuberbande festzunehmen, das ist neu! Mir ist es zu apart, das muß ich Ihnen ganz offen sagen!«

Der Kommissar hob die Hand. »Nicht so hitzig, lieber Herr Külz! Ich habe meine eigene Theorie. Es wird sich zeigen, ob sie stimmt.«

»Was ist eine Theorie?« Külz wandte sich mit der Frage an Fräulein Trübner.

Sie antwortete: »Wenn das, was man tun muß, sehr schwierig ist, macht man einen Plan, der die Schwierigkeiten vorübergehend beseitigt.«

»Und das ist dann eine Theorie?«

»Jawohl!«

»Aha«, brummte Külz. »Das kenne ich schon lange. Ich wußte nur noch nicht, wie es heißt. Meine Frau ist in Theorien sehr groß. Ich bezeichne sowas schlicht als ›faule Ausreden‹. – Kinder, bin ich froh, daß Struve nicht zu Hause ist! Von Gaunern geraubt und außerdem noch von der Polizei verhaftet werden, das ist ein bißchen viel für den Einzelnen.«

Der Kommissar war nicht aus der Ruhe zu bringen. »Irren ist menschlich. Doch glaube ich kaum, daß ich mich irre.«

»Sie tun dem jungen Mann unrecht!« rief Külz. »Ich bin zwar ein ziemlich ungebildeter Mensch, der nicht einmal weiß, was eine Theorie ist. Aber wenn ich jemanden für einen anständigen Kerl halte, dann ist er das auch!«

»Lieber Herr Külz«, entgegnete der Kommissar höflich, aber zurechtweisend, »ich muß Ihr Gedächtnis auffrischen. Ich kenne aus dem Protokoll einen Herrn, der viele Stunden lang in einem Eisenbahncoupé mit einer Verbrecherbande zusammensaß und jeden einzelnen dieser Strolche für einen Ehrenmann hielt.«

Der alte Fleischermeister bekam es mit dem Husten. Als er endlich wieder reden konnte, meinte er: »Sie haben recht, so leid es mir tut. Trotzdem möchte ich schwören, daß Sie sich irren. Schließlich war es ja Herr Struve, der mich darauf aufmerksam machte, daß es sich um Gauner handelte.«

Der Kommissar winkte ab. »Das tat er doch nur, damit Fräulein Trübner und Sie ihn für um so anständiger hielten! Außerdem wollte er in Ihrer Nähe bleiben, um der Bande bei dem Diebstahl zuvorzukommen. Na, und das ist ihm ja schließlich gelungen.«

Oskar Külz schüttelte böse den Kopf. »Sie irren sich, obwohl alles, was Sie sagen, stimmen könnte.«

Der Kommissar meinte geduldig: »Man muß es abwarten. Und jetzt möchte ich dem gnädigen Fräulein einige Fragen vorlegen. Zunächst: wo lernten Sie Herrn Struve kennen?«

»In Kopenhagen.«

»Bei gemeinsamen Bekannten?«

»Nein, Herr Kommissar.«

»Sondern?«

Sie sagte zögernd: »Auf der Straße.«

»Könnten Sie den Vorgang etwas ausführlicher schildern?«

»Ich wollte mir«, erzählte sie, »kurz vor der Abreise ein Paar Schuhe kaufen, die ich am Tage vorher in einem Schaufenster, irgendwo zwischen dem Nytorv und dem Radhusplads, gesehen hatte. Ich ging durch die Straßen und suchte das Schaufenster. Plötzlich rief jemand meinen Vornamen. Ich drehte mich um. Es war Herr Struve.«

»Woher wußte er Ihren Vornamen?« fragte der Kommissar. »Ich denke, Sie kannten einander überhaupt nicht!«

»Herr Struve sagte, ich habe seiner Cousine aus Leipzig so sehr geähnelt, daß er gedacht habe, sie sei es.«

Der Kommissar schmunzelte ironisch. »Mein gnädiges Fräulein, was zuviel ist, ist zuviel. Ob Sie Herrn Struve diese Lüge geglaubt haben, weiß ich nicht. Ich glaube sie jedenfalls nicht! Unter gar keinen Umständen! Es ist denkbar, daß Sie seiner Cousine ähneln. Es ist vorstellbar, daß Sie den gleichen Vornamen wie eine junge Dame in Leipzig haben. Aber daß sie einander ähnlich sehen und auch noch genau so heißen – verzeihen Sie, das ist ein starkes Stück!« Der Kommissar blickte Herrn Külz spöttisch an. »Was halten Sie davon?«

Papa Külz zuckte die Achseln. »Es klingt ziemlich komisch. Das muß ich zugeben.«

Der Kommissar wandte sich wieder an Irene Trübner. »Was geschah dann?«

»Dann fand ich endlich das Schuhgeschäft. Ich ging hinein und probierte Schuhe. Mit einem Male war Herr Struve wieder da. Er nahm sogar das Schuhpaket an sich, als ich den Laden verließ. Auf der Straße forderte ich ihn auf, seiner Wege zu gehen.

»Und dann?«

»Dann ging er seiner Wege«, entgegnete sie.

»Wann trafen Sie ihn wieder?«

»Am nächsten Mittag. Im Schnellzug. Er kam in mein Abteil, setzte sich mir gegenüber und fragte, ob wir uns wieder vertragen wollten.«

Der Kommissar trank die Tasse leer und setzte sie umständlich auf die Untertasse zurück. »Es ist alles sonnenklar«, meinte er. »Nur eins will mir nicht in den Schädel. Daß Sie nämlich trotz dieser Vorgeschichte noch immer daran zweifeln, daß dieser Herr Struve mit dem Raub der Miniatur in engster Verbindung steht! Es liegt doch auf der flachen Hand!«

Oskar Külz sagte: »Es soll schon einmal vorgekommen sein, daß der Schein getrogen hat.«

»Gewiß«, gab der Beamte zu. »Einmal soll es schon vorgekommen sein. Aber nur einmal! Und das ist schon lange her. Jedenfalls ist es mir lieber, versehentlich ein kleines Unrecht zu begehen, als wissentlich ein großes zu dulden.«

»Mir ist die Sache zu hoch«, stellte Papa Külz fest. »Noch vor einer Woche dachte ich, Wurstmachen sei der gräßlichste Beruf auf der Welt. Ich glaube aber, Verbrecher haschen zu müssen, ist noch schrecklicher.«

»Ein wahres Wort!« bemerkte der Kommissar. Er erhob sich. »Ich möchte Sie bitten, mit dem nächsten Zug nach Berlin zu fahren und sich dem dortigen Polizeipräsidium zur Verfügung zu stellen.«

»Am Alex?« fragte Külz.

»Ganz recht. Am Alexanderplatz. Den Behörden und der von Herrn Steinhövel ausgesetzten hohen Belohnung wird es sicher bald gelingen, die Miniatur und deren Dieb herbeizuschaffen.«

Er brachte die beiden zur Tür. Gerade als er sie öffnen wollte, läutete das Telefon. Er ging rasch zum Schreibtisch, nahm den Hörer ab und meldete sich. Nach wenigen Sekunden des Zuhörens meinte er: »Danke schön, Herr Kollege!« und legte den Hörer auf die Gabel zurück.

Irene Trübner und Herr Külz warteten an der Tür. Der Kommissar sagte: »Ich erfahre soeben, daß Herr Rudolf Struve in seiner Berliner Wohnung in der Holtzendorffstraße verhaftet worden ist. Ich darf mich empfehlen.«

Das vierzehnte Kapitel
Herrn Struves sonderbare Vernehmung

Ein mit ungefähr zwei Dutzend Männern beladener Autobus ratterte nun schon seit Stunden über mecklenburgische Chausseen. Erst war er südwestlich gefahren. Bis nach Schwerin hinein. Dann war er plötzlich nach Osten abgebogen und hatte, nach langer Reise, Neustrelitz passiert.

Die Fahrgäste waren seltsam herausgeputzt. Sie trugen Pappnasen und martialische falsche Bärte im Gesicht. Auf den Köpfen hatten sie papierne Ballonmützen und Turbane. Und in den Händen hielten sie Pritschen und Luftballons. Der Mann neben dem Chauffeur blies auf einer blechernen Kindertrompete. Auf den Wänden des Wagens stand mit weißer Kreide, daß es sich um den »Rostocker Skatklub 1896, e.V.« handle. Die Insassen schwenkten ihre Ballons, grölten Wanderlieder, lachten ausgelassen und riefen den Frauen und Kindern, die erstaunt am Wege standen, handfeste Bemerkungen zu.

Nun, solche Vereinsausflüge sind ja nichts Außergewöhnliches. Auffällig war allenfalls, daß der Lärm und die Heiterkeit jedesmal, wenn die letzten Häuser einer Ortschaft verschwunden waren, wie abgehackt abbrachen. Die Insassen des Autobusses schwiegen dann, schauten unfreundlich drein und dösten im Halbschlaf vor sich hin. Wollten sie den Frieden der Wälder und Wiesen nicht stören? Bezwangen sie ihre Lustigkeit, um das Wild nicht aufzuscheuchen?

Es lag anders. Den Fahrgästen machte es nicht das mindeste Vergnügen, vergnügt zu sein! Auf den stillen Landstraßen fiel die Fidelität von ihnen ab, und sie bekamen bös verkniffene Mienen.

Der Mann, der wie ein Ringkämpfer aussah, meinte zu Philipp Achtel: »Du kannst getrost deine Pappnase einsparen. Deine echte Nase sieht schon künstlich genug aus.«

Herr Achtel erwiderte: »Mir ist es heute lieber, die Polizei hält mich für einen Skatbruder aus Rostock als für einen Stammgast von Plötzensee.«

»Wenn nur die Bänke nicht so hart wären!« knurrte Storm. »Da kann man sich ja eine Blinddarmentzündung holen!«

»Nimm dir ein Beispiel an uns«, sagte Karsten, »und setz dich nicht ausgerechnet auf den Blinddarm!«

Hinter dem Chauffeur, auch einem Vereinsmitglied, saß Herr Professor Horn. Er hatte keinen Bart mehr, war blitzblank rasiert, blickte oft auf eine Landkarte, die auf seinen Knien lag, und orientierte sich. Mit einem Male rief er: »Achtung, wir kommen in ein Dorf! Ich möchte mir ausbitten, daß ihr diesmal lustiger seid! In Neustrelitz habt ihr euch benommen, als ob ihr von einer Beerdigung kämt.«

Die Skatbrüder schoben die Pappnasen und Bärte zurecht, räusperten sich gründlich und sangen auf Storms Anraten: »Wohlauf, die Luft geht frisch und rein. Wer lange sitzt, muß rosten!« Der Hinweis auf das ›Lange Sitzen‹ irritierte Herrn Achtel so sehr, daß er falsch sang.

Das Dorf war erreicht. Die Einwohner blieben neugierig stehen. Die Kinder hüpften neben dem Autobus her und wollten Luftballons ergattern. Und die maskierten Zuchthäusler schmetterten ihre Lieder in die Sommerluft, daß es eine Art hatte. Da stoppte der Chauffeur. Die Fahrgäste purzelten gegen- und durcheinander.

»Was gibt's?« fragte der Chef.

»Unser junger Mann tankt!«

Die Insassen waren plötzlich still geworden.

»Wollt ihr Kerls auf der Stelle lustig sein?« brummte Professor Horn drohend.

Die andern wurden sofort wieder laut und fidel. Um den haltenden Autobus versammelten sich Knechte, Mägde und Schulkinder. Es entspann sich ein turbulentes Treiben. Bauersleute blickten neugierig aus den Fenstern ihrer Häuser. Ein Ochsenkarren schob sich an dem Autobus vorbei. Der eine Ochse wollte nicht weiter. Ein paar Luftballons stiegen hoch. Die Kinder jauchzten und balgten sich vor Wonne. Die Szene glich einem Volksfest. »Chef!« sagte der kleine Herr Storm. »Warum sitzt der Bursche nicht im Auto?«

»Paulig soll nachsehen, was los ist!« befahl Horn.

Der Chauffeur kletterte von dem Bus herunter und begab sich zu der Tankstelle, um vorsichtig Erkundigungen einzuziehen.

Die anderen waren nervös, und während sie mit der dörflichen Bevölkerung scherzten, gingen ihnen etliche Fragen nicht aus dem Kopf. Wo war der junge Mann, den sie verfolgten? Hatte er eine Panne? Warum kehrte er, wenn er ausgestiegen war, nicht wieder? Was zum Teufel sollte der Zwischenfall bedeuten?

Endlich kam Paulig, der Chauffeur, zurück. Er kletterte eilig auf seinen Platz, gab Gas und fuhr drauflos. Währenddem erklärte er hastig: »Der Wagen war geliehen. Hier hat ihn der junge Mann gegen einen andren Wagen umgetauscht. In Gransee wechselt er noch einmal. Das ist auf dieser Strecke mit Leihautos so üblich.«

»Und in Berlin?« fragte Professor Horn.

»In Berlin muß er das Granseer Auto bei Kienast abliefern«, erklärte der Chauffeur. »Das ist eine Garage am Stettiner Bahnhof.«

Professor Horn lächelte befriedigt. »Ausgezeichnet! In Gransee halten wir eine Minute. Ich telefoniere noch einmal mit Graumann. Er soll ein paar Leute vor der Berliner Garage postieren. Unser junger Freund sitzt in der Falle.«

»Sogar wenn die Polizei vorher unsern Skatklub hochgehen läßt«, meinte Karsten düster.

Herr Achtel versetzte ihm einen Rippenstoß. Die anderen sangen, johlten und winkten. Die Dorfbewohner winkten auch. Der Monteur an der Tankstelle grüßte militärisch und lachte übers ganze Gesicht. Die Kinder, die neben dem Wagen hergerannt waren, blieben stehen. Sie waren vom Lachen und Laufen völlig außer Atem. Der Autobus verschwand in einer Staubwolke.

Ein kleines Mädchen hatte einen roten Luftballon erobert und stolperte damit glücklich nach Hause. – So hatte alles sein Gutes.

Im Berliner Polizeipräsidium wurde inzwischen Herr Rudolf Struve, wohnhaft in Charlottenburg, Holtzendorffstraße 7, von einem Kommissar vernommen.

Struve war ein kleiner, untersetzter Herr. Mit lebhaften Bewegungen und mit einer blonden Mähne. Er sah sich amüsiert im Zimmer um.

Der Kommissar hielt eine Art Zimmermannsbleistift in der Hand, klopfte mit dem Stift häufig an die Schreibtischkante und lächelte nachsichtig.

»Nun, Herr Struve«, sagte er. »Sie sehen hoffentlich ein, daß Ihr Vorhaben mißglückt ist. Erleichtern Sie Ihr Gewissen! Geständnisse verringern unsere Arbeit und Ihr Strafmaß!« Dann lehnte er sich zurück, als sitze er im Theater und warte auf die Peripetie des Dramas.

Herr Struve machte Froschaugen. Ihm war, seit man ihn am frühen Morgen aus dem Bett geholt hatte, so vieles zugestoßen, was er nicht verstanden hatte, daß er sich schon eigentlich gar nicht mehr wunderte. Andrerseits war er natürlich begierig zu wissen, was man von ihm wollte. Es mußte sich doch herauskriegen lassen! Er ergriff also das Wort. »Sehr geehrter Herr Kommissar, ich wäre Ihnen unsäglich dankbar, wenn Sie sich etwas präziser ausdrückten. Schauen Sie, ich will Ihnen wirklich von Herzen gern erzählen, was Sie von mir zu erfahren wünschen. Wenn ich nur erst wüßte, worum sich's handelt! Läßt sich das machen?«

Der Kommissar klopfte mit dem Zimmermannsbleistift an die Schreibtischkante. »An der nötigen Präzision soll es gewiß nicht fehlen, Herr Struve.«

»Das freut mich.«

»In wessen Auftrag waren Sie in Kopenhagen?«

Herr Struve zog erstaunt die Brauen hoch.

»Oder haben Sie auf eigne Faust gehandelt? Das wäre natürlich auch möglich. Entschuldigen Sie, daß ich diese Eventualität erst an zweiter Stelle erwähne.«

»O bitte sehr«, entgegnete Struve. »Sie huldigen also der Anschauung, ich sei in Kopenhagen gewesen?«

»Ganz recht. Ich zweifle nicht daran.«

»Leider ein Irrtum, Herr Kommissar.«

»Sie waren also gestern nicht in Kopenhagen?«

»Erraten! Ich war gestern nicht in Kopenhagen. Ich war vorgestern nicht in Kopenhagen. Und ich war, um es kurz zu machen, noch nie in meinem Leben dort! Das mag ein Bildungsmangel sein. Aber doch kein Grund, verhaftet zu werden!«

»Sie waren also gestern zu Hause?«

»Nein«, sagte Herr Struve. »Das ist ein Trugschluß. Ich war weder in Kopenhagen, noch zu Hause.«

»Schade«, meinte der Kommissar. »Wenn Sie gestern zu Hause gewesen wären, könnte ich Sie jetzt dorthin zurückschicken. Wo waren Sie gestern?«

»In Bautzen.«

»Wo?«

»In Bautzen in Sachsen. Bautzen ist eine sehr malerische Stadt. Mit alten Stadtmauern und Türmen. Sie sollten sich Bautzen gelegentlich einmal anschauen.«

»Gern«, sagte der Kommissar. »Ich danke Ihnen für die Anregung. Sie waren also in Bautzen in Sachsen.«

»Wir verstehen uns«, erwiderte Struve höflich.

»Darf ich Sie bitten, mir den Namen des Hotels zu nennen, in dem Sie übernachtet haben? Ich melde ein Gespräch mit Bautzen an. Ich lasse mir bestätigen, daß Sie dort waren. Und Sie sind frei.«

Struve schwieg.

»Oder sollten Sie vergessen haben, wie das Hotel heißt?« fragte der Kommissar spöttisch.

»Nein. Aber ich habe in Bautzen gar nicht übernachtet. Sondern ich bin mitten in der Nacht wieder abgereist. Ich gab mich nämlich der trügerischen Hoffnung hin, in meiner Berliner Wohnung ausschlafen zu können. Wenn ich geahnt hätte, daß man mich schon nach einer Stunde herausklingeln und zu Ihnen bringen würde, wäre ich allerdings in dem malerischen Bautzen geblieben.«

»Sie sind ein Pechvogel«, stellte der Kommissar fest.

»Seit ich mich kenne«, erwiderte Struve. »Da kann man nichts machen. Wen's trifft, den trifft's.«

»Wie heißen Ihre Bautzener Bekannten oder Geschäftsfreunde?« erkundigte sich der Beamte. »Irgend jemand wird sich doch finden lassen, der Ihr Alibi nachweist!«

Herrn Struve wurde allmählich schwül zumute.

»Teufel nochmal!« rief der Kommissar. »Sie werden ja doch wohl nicht nach Bautzen gefahren sein, um dort nicht zu übernachten!«

»Nein.«

»Oder wollten Sie nur die alten Stadtmauern und Türme betrachten?«

»Nein. Ich fuhr nach Bautzen, um jemand zu sprechen.«

»Wie heißt die Person?«

»Nicht doch, Herr Kommissar! Es handelt sich um keine Person, sondern um eine Dame!« Er fuhr sich durch die blonde Mähne. »Bautzen besitzt nämlich ein Stadttheater. Und eine weibliche Kraft dieser Bühne stand mir einst nahe. Damals war sie noch nicht in Bautzen. Sondern erst seit einer Saison. Ich fuhr hin, um sie zu sprechen. Ich stellte mich nach der Vorstellung an den Bühnenausgang und wartete auf sie. Sie kam auch heraus.«

»Nicht möglich«, stellte der Kommissar fest.

»Aber ehe ich mich ausreichend bemerkbar machen konnte, gab ihr bereits ein andrer Mann die Hand. Ich wollte nicht stören. Die beiden gingen Arm in Arm fort. Und ich begab mich auf den Bahnhof.«

»Sie sind wirklich zu bedauern«, erklärte der Kommissar. »So etwas von keinem Alibi erlebt man selten.« Er dachte nach und fragte dann: »Aber vorgestern waren Sie in Berlin?«

Struve sagte erleichtert: »Vorgestern? Ja!«

»Ausgezeichnet! Wie ist Ihre Telefonnummer? Wir wollen Ihr Dienstmädchen anrufen.«

»Tut mir leid. Ich habe kein Dienstmädchen. Meine Wohnung ist so klein …« Der Kommissar winkte ungeduldig ab. »Wo wohnt Ihre Aufwartung? Ich schicke einen Beamten hin. Oder haben Sie auch keine Aufwartung, Herr Struve?«

»Doch! Selbstverständlich! Aber meine Aufwartung kommt nur zweimal in der Woche. Und vorgestern war sie nicht in meiner Wohnung.«

»Lieber Herr Struve! Meine Geduld ist stadtbekannt. Ich frage Sie daher in aller Ruhe: bei wem wünschen Sie, daß ich mich erkundigen soll?«

»Ich wüßte im Augenblick nicht, wen ich vorschlagen sollte. Ich war in den letzten Tagen immer zu Hause.«

»Und immer allein?«

»Eben, eben«, sagte Struve. »Ich habe nämlich eine Partitur für sechzig Instrumente ausgeschrieben. Das ist eine Viechsarbeit. Und als ich damit fertig war, fuhr ich –«

»Nach Bautzen«, ergänzte der Kommissar.

»Ganz recht. Was haben Sie eigentlich gegen Bautzen?«

»Fast gar nichts«, erwiderte der Kommissar. Dann erhob er sich, verschränkte die Arme auf der Brust und fragte: »Herr Struve, wo haben Sie die Miniatur?«

»Was denn für eine Miniatur?« fragte der andere überrascht.

»Haben Sie noch nie etwas von Heinrich VIII. gehört?«

»Doch, doch. Aber was hat denn das mit Bautzen zu tun, Herr Kommissar?«

»Und von Anne Boleyn?«

»Natürlich.«

Der Kommissar beugte sich vor. »Und von Holbein dem Jüngeren?«

»Gewiß, auch von dem«, gab Struve zu.

»Aber die Miniatur, die Holbein von Anne Boleyn malte und die Heinrich VIII. zum Geschenk erhielt, – die kennen Sie nicht?«

»Nein, die kenne ich wirklich nicht. Ich bin ja schließlich kein Kunsthistoriker, mein Herr! Ich bin Musiker!«

»Freilich!«

»Ich habe den Eindruck, daß es Sie überhaupt nicht interessiert, daß ich in Bautzen war!« Struve war ehrlich gekränkt. »Auf der anderen Seite ist es mir völlig schleierhaft, was die Miniatur einer geköpften Engländerin mit Kopenhagen zu tun hat. Und warum Sie darauf Wert legen, daß ich nicht in Bautzen, sondern in Kopenhagen war. Seien Sie doch so freundlich, und erklären Sie sich näher!«

»Nein«, sagte der Kommissar. »Ich habe vorläufig genug davon, mich mit Ihnen zu unterhalten!« Er drückte auf einen Klingelknopf. Ein Polizeibeamter erschien.

»Führen Sie Herrn Struve wieder ab!« befahl der Kommissar und trat ans Fenster.

Das fünfzehnte Kapitel
Ein Skatklub hat Kummer

Kurz hinter Gransee wurden einige Mitglieder des »Rostocker Skatklubs 1896, e.V.« rebellisch. Und Storm, der sonst immer auf seiten seines Chefs stand, gab ihnen recht.

»Worauf wartest du eigentlich?« fragte er nervös. »Wie lange sollen wir denn noch Wanderlieder schmettern und in den Dörfern den dummen August spielen? Laß endlich Paulig aus seiner Dampfwalze herausholen, was drin ist! Wir wollen den jungen Mann einholen und ihm einige Löcher in seine Reifen schießen. Dann knöpfen wir ihm den Holbein ab und lassen ihn selber gut verschnürt bei Mutter Grün sitzen. Stricke haben wir mit. Wir machen ein handfestes Paket aus ihm und deponieren ihn in einem abgelegenen Ährenfeld. Bis man ihn findet, sind wir in Berlin.«

»Bravo!« rief Philipp Achtel. »Mir hängen die Volkslieder allmählich zum Halse heraus! Man kriegt nur Durst davon.«

Professor Horn war andrer Meinung. »Ihr dürft nicht vergessen, daß die Polizei alarmiert ist«, sagte er. »Eine Herrenpartie ist nicht sehr gefährdet. Warum sollen wir in der Gegend herumknallen? In Berlin fällt so ein Wirbel viel weniger auf.«

»Und was ist«, fragte Karsten, »wenn der Strolch sein Leihauto nun nicht in die Garage am Stettiner Bahnhof kutschiert? Der Junge ist nicht auf den Kopf gefallen. Wenn er nun den Wagen irgendwo stehen läßt und türmt? Was machen wir dann?«

»Dann gucken wir und Graumanns Leute in den Mond!« meinte der Ringkämpfer verbiestert. »Berlin ist groß. Das habe ich schon in der Schule gelernt.«

Professor Horn studierte eingehend die Landkarte. Nach einigem Zögern sagte er: »Meinetwegen! Wenn wir ihn noch vor Oranienburg erwischen, soll mir's recht sein. Sonst bleibt's bei Berlin.«

Die Skatbrüder wurden mobil. »Paulig, gib Gas!« schrie einer. Der Chauffeur tat sein Möglichstes.

»Aber nur in die Reifen schießen«, befahl der Chef. »Nicht in den Herrn selber! Ihr wißt, ich mag das nicht!«

Herr Achtel kräuselte die Lippen. »Du solltest dir ein Büro einrichten«, meinte er. »Dann könntest du unsere Ausflüge fernmündlich leiten. Oder per Einschreiben.«

»Wenn ihr wüßtet, wieviel lieber mir das wäre!« behauptete der Chef. »Aber man kann euch ja leider keine Sekunde allein lassen! Das Doppelte könnten wir verdienen, wenn ich nicht auch noch eure Kinderfrau spielen müßte!«

»Der geborene Etappenhengst«, murmelte der Ringkämpfer.

Professor Horn drehte sich um: »Was hast du gesagt?«

Der andere zog den Kopf zwischen die Schultern. »Nichts«, erklärte er.

Der Rostocker Autobus sauste mit höchster Geschwindigkeit über die Landstraße. Die Fahrgäste flogen auf ihren Bänken hin und her und schimpften wie die Waschweiber. – Auf einsamen Feldwegen holperten Gutsfuhrwerke. In einer Waldlichtung stand ein Forstgehilfe mit Jagdhunden. Die Hunde bellten ärgerlich.

Zehn Minuten mochten so vergangen sein. Endlich entdeckten sie ein Auto, das in einiger Entfernung vor ihnen herfuhr.

»Ein grauer Opel«, meinte Paulig. »Das ist er! Wenn er nicht aufdreht, haben wir ihn in fünf Minuten eingeholt!«

Professor Horn kletterte zum Chauffeur vor, setzte sich neben ihn und zog den Revolver. Dann wandte er sich um und sagte kalt: »Wer gegen meine Anordnungen verstößt, kann nach Berlin laufen! Was man nicht im Kopfe hat, hat man in den Beinen. Verstanden?«

Die Antwort bestand in einem undefinierbaren Gemurmel.

Da verschwand der graue Opel hinter einer Biegung!

Die Skatbrüder hielten die Pappnasen vorgestreckt. Sie fieberten vor Jagdeifer. »Hoffentlich treffe ich dorthin, wohin ich ziele«, meinte Storm zu Karsten. »Ich bin in letzter Zeit so kurzsichtig.« Er kicherte böse.

Der Autobus hatte die Kurve erreicht. Er schleuderte. Paulig bremste. Dann ging die Jagd weiter. Doch da nahm Paulig von neuem Gas weg.

Kaum fünfzig Meter vor ihnen hielt der graue Opel am Straßenrand. Der junge Mann war ausgestiegen. Er stand neben dem Wagen und unterhielt sich mit jemandem, der sich an ein Fahrrad lehnte.

Beide blickten dem Autobus entgegen. Und der Jemand, – ja das war ein Feldgendarm!

Die Skatbrüder wurden blaß. »Schießeisen weg!« rief der Professor heiser. »Singen!«

Der kleine Herr Storm stimmte ein Lied an. Die andern fielen ein. Und während die Zuchthäusler an dem Feldgendarm und an ihrem Freund vorüberbrausten, schwenkten sie die bunten Papiermützen und sangen aus voller Brust: »Hab mein Wagen vollgeladen! Voll mit jungen Mädchen!«

Es muß festgestellt werden, daß die bärtigen Stimmen vor Erregung zitterten. Doch der Feldgendarm machte keine Anstalten, den Autobus aufzuhalten. Er sah lächelnd hinterher und schüttelte den Kopf.

Paulig fuhr jetzt wie der Teufel. Erst hinter der nächsten Kurve traute er sich das Tempo zu verlangsamen. Und ganz allmählich verebbte auch die Sangesfreude der Skatbrüder und machte einer nur allzu begreiflichen Empörung Platz.

»So eine Kanaille!« schrie der kleine Herr Storm. Seine Stimme überschlug sich. »Ich könnte den Kerl erwürgen! Erst klaut er uns den Holbein vor der Nase weg, und dann macht er sich noch mit einem Polizisten über uns lustig!«

Herr Philipp Achtel fuchtelte mit den Händen in der Luft herum. »Und diesem Halunken«, schrie er hysterisch, »dem wollt ihr nur die Autoreifen kaputtschießen? Da hört sich ja alles auf! Wer das verlangt, der gehört in den Tierschutzverein, aber nicht hierher!«

Professor Horn war blaß geworden. Man konnte sehen, wie sich seine Kaumuskeln unter der Haut bewegten. »Stopp«, rief er. Und als ihn die anderen ansahen, meinte er: »Er muß ja an uns vorbei. Wir wollen auf ihn warten.«

»Ist gemacht«, brummte Paulig. Der Autobus fuhr langsam. Der Autobus hielt.

»Genug gescherzt!« sagte Professor Horn. »Dieser Lump

ist imstande, uns die Polizei auf den Hals zu hetzen! Es hat alles seine Grenzen. Wenn er an uns vorbeikommt, machen wir ihn fertig!«

»Das erste vernünftige Wort!« erklärte der Ringkämpfer. »Darf ich um den Vorzug bitten, mit ihm abzurechnen?«

»Schön. Hau ihm eins über die Fontanellen, daß er für die nächsten Stunden den Rand hält!«

Der Ringkämpfer wurde traurig und fragte: »Warum nur für die nächsten Stunden? Warum nicht für ein paar Jahre länger?«

»Kein Wort weiter«, sagte Professor Horn.

Sie saßen stumm in ihrem Autobus und warteten auf den grauen Opel. Die Luftballons bewegten sich leise.

»Achtung!« rief einer. »Er kommt!«

Der Ringkämpfer reckte sich. Die Revolver wurden entsichert. Der Chauffeur hielt sich in Bereitschaft. Über die Getreidefelder wehte der Wind. Die Ähren verneigten sich im Chor. Eine Lerche stieg tirilierend empor. Und aus dem Anschlag der Rostocker Skatbrüder wurde nichts!

Denn der graue Opel kam nicht allein des Wegs. Nebenher radelte der Feldgendarm und unterhielt sich mit dem jungen Mann.

Die Gauner steckten ihre Schießeisen weg und wußten nicht, was sie machen sollten.

Der Chef rief: »Wollt ihr nicht gleich lustig sein, ihr Idioten? Ihr habt wohl lange keine Tüten gedreht?«

Das wirkte.

Die Skatbrüder erwachten aus ihrer Lethargie. Sie sangen, grölten und schwenkten ihre Luftballons, als befänden sie sich auf dem Oktoberfest.

Der graue Opel und der Feldgendarm machten halt.

Die Insassen des obskuren Autobus übertrafen sich selber. Ihre Heiterkeit kannte keine Grenzen mehr. Herr Philipp Achtel jodelte, als sei er in Berchtesgaden zur Welt gekommen. Der kleine Herr Storm sang mit fistelnder Kopfstimme. Professor Horn schlug sich wie ein Schuhplattler auf beide Schenkel. Karsten lieferte die notwendigen Baßtöne.

Der junge Mann im grauen Opel meinte: »Ein heiteres Völkchen! Da könnte man fast neidisch werden, Herr Wachtmeister! Na, alles Gute allerseits!« Dann hob er zum Gruß einen Finger an die Hutkrempe und fuhr im Schnellzugstempo davon.

Der Feldgendarm trat zu dem Autobus. »Darf ich mal den Führerschein sehen?« fragte er. »Wenn man sich schon die Knochen bricht, soll man es doch nicht ohne behördliche Erlaubnis tun.«

Paulig, der Chauffeur, fingerte wütend in der Brusttasche herum. Schließlich fand er den Führerschein und reichte ihn dem Feldgendarm.

Der Polizist prüfte das Dokument gründlich. Endlich gab er's zurück und sagte: »Geht in Ordnung! Aber fahren Sie gefälligst langsamer!« Dann erkundigte er sich nach dem Woher und Wohin und machte auf die nächsten Umleitungen aufmerksam. Er schien viel Zeit zu haben.

Von dem grauen Opel war schon lange nichts mehr zu sehen.

Irene Trübner und Fleischermeister Külz waren vom Stettiner Bahnhof aus sofort zum Polizeipräsidium gefahren. Nun saßen sie dem zuständigen Kommissar gegenüber und ließen sich von ihm berichten, was der verhaftete Rudolf Struve ausgesagt hatte. Der Bericht fiel ziemlich ausführlich aus, und die beiden Zeugen verharrten, als der Kommissar geendet hatte, in tiefem Schweigen.

Endlich raffte sich Herr Külz auf, schlug sich mit der Hand aufs Knie, daß es knallte, und rief: »Nun brat mir aber einer einen Storch! Alles hätte ich erwartet, nur das nicht! Wenn er Ihr Zimmer zu Kleinholz verarbeitet hätte, bitteschön! Ein richtiger Zorn ist was Herrliches. Oder er hätte Ihnen sagen können, daß es Sie nichts angeht, wo er gewesen ist. Auch ein Standpunkt! Doch daß er Ihnen weismacht, er sei in Bautzen gewesen, um eine Schauspielerin anzuquatschen, und daß er sich dann nicht einmal getraut habe, – das ist zuviel. Finden Sie nicht auch, Fräulein Trübner?«

Irene Trübner schwieg sich aus.

»Wer lügt, der stiehlt!« meinte Külz aufgebracht. »Da habe ich mich ja wieder einmal von oben bis unten mit meiner Menschenkenntnis blamiert! In Bautzen ist er gewesen, ausgerechnet in Bautzen! Und übernachtet hat er nicht, und getroffen hat er keine Seele! Das ist ja ein ganz ausgekochter Junge!«

Der Kommissar sagte: »Ich habe veranlaßt, daß Herr Struve vorgeführt wird. Wir werden sehen, ob er in Ihrer Gegenwart die Stirn hat, bei seinen Behauptungen zu bleiben.«

Fräulein Trübner erschrak. »Er kommt hierher? Ich möchte gehen!«

»Ausgeschlossen!« erklärte der Kommissar.

Fleischermeister Külz streichelte ihre Hand, so sanft er's vermochte. »Sie können sich ja hinter meinem Rücken verstecken«, flüsterte er. Das Telefon läutete.

Der Kommissar hob den Hörer ab und sagte: »Führen Sie ihn herein!« Dann wandte er sich an seine Gäste und hob den großen Bleistift wie ein Dirigent. »Herr Struve wird sofort erscheinen.«

Papa Külz machte sich noch breiter, als er war, und rückte seinen Stuhl vor den der jungen Dame.

Die Tür ging auf.

Von einem Polizisten begleitet, erschien Herr Rudolf Struve aus der Holtzendorffstraße. Er war mit seinem Humor am Ende und schaute finster drein. Sollte er denn schon wieder erzählen, daß er gestern in Bautzen gewesen war?

»Mir geht der Hut hoch!« rief Herr Külz. Er deutete mit ausgestrecktem Arm auf den kleinen dicken Herrn mit der Künstlermähne, und dann lachte er schallend und mit staunenswerter Ausdauer.

Er lachte übrigens nicht allein. Sondern Fräulein Trübner schloß sich seinem Beispiel an. Ihr Lachen klang freilich nicht ganz so laut und nicht ganz so vergnügt. Und zum Schluß zog sie sogar ihr Batisttuch aus der Handtasche und fuhr sich über die Augen. Doch auch ihr war es mit dem Lachen Ernst gewesen.

Der Kommissar und der inhaftierte Komponist schauten einigermaßen verdutzt drein.

Herr Struve ergriff als erster das Wort. »Auf so viel Beifall war ich nicht gefaßt«, sagte er mürrisch. Und weil das Lachen nicht aufhörte, stampfte er mit dem Fuß auf und schrie: »Bin ich denn hier als Clown engagiert, Herr Kommissar?«

»Entschuldigen Sie!« rief Külz, »Sie haben recht. Ich benehme mich sehr unhöflich. Ich habe Sie bestimmt nicht ausgelacht. Aber es ist ja komisch!« Er begann von neuem zu lachen. Er sah den Kommissar an und meinte: »Ich kenne den Herrn nämlich gar nicht!«

Der Kommissar beugte sich weit vor und fragte: »Was soll das heißen? Sie kennen Herrn Struve nicht?«

»Nein«, antwortete Fräulein Trübner. »Wir hatten noch nicht das Vergnügen.«

»Sind das die Herrschaften, mit denen ich in Kopenhagen gewesen bin?« erkundigte sich der Komponist ironisch.

»Vielleicht war er doch in Bautzen!« rief Papa Külz und mußte wieder lachen.

»Herr Kommissar«, meinte Struve gekränkt. »Sie haben mich doch nicht etwa interviewt, um Leuten, die ich nicht kenne, Einblick in mein außerordentlich diffiziles Privatleben zu gewähren?«

»Die Herrschaften kennen einander tatsächlich nicht?« fragte der Beamte zweifelnd.

»Nein!« entgegneten alle drei.

»Entschuldigen Sie!« bat Külz. »Aber heißen Sie wirklich Rudi Struve? Und wohnen Sie faktisch in der Holtzendorffstraße?«

»Donnerwetter noch einmal!« brüllte der Komponist. »Nun wird mir's aber zu bunt! Erst glaubt man mir nicht, daß ich in Bautzen war, und will mir suggerieren, ich sei in Kopenhagen gewesen! Und jetzt hat man sogar etwas dagegen, daß ich in Charlottenburg wohne und Struve heiße! Eins darf ich Ihnen verraten: Ich bin zwar aus Künstlerkreisen. Aber so verrückt wie hier geht's bei uns nicht einmal im Fasching zu!« Er fuhr sich durch die Locken und zitterte wie rote Grütze.

»Herr Struve heißt Struve«, erklärte der Kommissar. »Das unterliegt keinem Zweifel.«

»Und in der Holtzendorffstraße wohne ich auch!« rief Struve. »Leider! Sonst wäre ich heute früh nicht aus dem Bett geholt worden! Die Herren, die so reizend waren, mich zu wekken, werden das bestätigen können!«

»Selbstverständlich, mein Herr«, sagte der Kommissar und legte alle Sanftmut, deren er fähig war, in seine Stimme. »Wir sind einem Irrtum zum Opfer gefallen. Man hat uns mystifiziert. Es hat sich jemand, der einige Tage in Kopenhagen war und vergangene Nacht spurlos aus Warnemünde verschwand, Ihres Namens und Ihrer Adresse bedient. Wer es war, das werden wir, wie ich fürchte, so bald nicht erfahren. Ob es ein Bekannter von Ihnen war? Was halten Sie davon?«

»Ich muß doch sehr bitten!« meinte Struve gereizt. »Ich habe keine Verbrecher in meiner Bekanntschaft!«

»Wenn es kein Bekannter von Ihnen war«, überlegte der Beamte, »dann ist es ein Unbekannter gewesen. Ein Mann, der, bevor er seinen Raubzug antrat, im Berliner Adreß- oder Telefonbuch geblättert und sich einen Namen zugelegt hat, unter dem er auftreten und gegebenenfalls verschwinden konnte.«

»Den Kerl bring ich um!« sagte Herr Struve.

»Erst müßt ihr ihn haben«, behauptete Fleischermeister Külz. »Unserm Struve aus Kopenhagen hätte ich es kolossal verübelt, wenn er hier erzählt hätte, er sei in Bautzen gewesen, um sich vor dem Begleiter einer Schauspielerin zu fürchten.«

»Ich verbitte mir jede Kritik«, sagte der Komponist. »Es ist möglich, daß Ihnen ein Dieb von Kunstgegenständen sympathischer ist, als ich es bin. Aber es interessiert mich nicht, mein Herr!«

»Auch Komponisten stehlen manchmal«, entgegnete der Fleischermeister aus der Yorckstraße. »Keine Holbeine, sondern Noten!« Er lachte. Dann winkte er ab. »Ich wollte Sie aber nicht kränken. Gestatten Sie, mein Name ist Külz!« Als der andere nicht antwortete, fragte er: »Schreiben Sie Schlager?«

»Nein!« rief Herr Struve. »Nein, Sie Ignorant! Und jetzt gehe ich heim! In die Holtzendorffstraße, meine Herrschaften!

Oder will mich die Polizei noch länger als unfreiwilligen Komiker hierbehalten?«

»Nicht doch, Herr Struve!« sagte der Kommissar. »Ich bitte Sie in meinem Namen und im Namen meines Rostocker Kollegen um Entschuldigung.«

»Das kommt von den Theorien«, murmelte Papa Külz.

Der Kommissar verstand ihn nicht und fuhr fort: »In spätestens einer halben Stunde sind Sie frei, Herr Struve. Ich muß nur noch die notwendigen Formalitäten erledigen. Nur noch dreißig Minuten Geduld! Und halten Sie sich, wenn ich darum bitten darf, ebenso wie Fräulein Trübner und Herr Külz, in den nächsten Tagen zu unserer Verfügung.«

»Worauf Sie sich verlassen können«, erklärte der Komponist. »Es verlangt mich sehr, den Herrn kennenzulernen, der sich erdreistet hat, meinen ehrlichen Namen zu mißbrauchen. Das bin ich meinem Vater schuldig. Er war Beamter!«

Der Kommissar ging um den Schreibtisch herum und reichte allen die Hand. »Die Sache kompliziert sich«, meinte er. »Wer hat die Miniatur gestohlen?«

»Ich weiß es nicht«, sagte Papa Külz. »Aber ich wette einen halben Ochsen gegen ein Veilchenbukett, daß es unser junger Mann nicht war!« Er reichte, galant wie ein Brautführer, Irene Trübner den Arm. »So, und jetzt fahre ich schleunigst heim. Die Familie und die Emilie warten schon!«

Das sechzehnte Kapitel
Die Ankunft in Berlin

Der junge Mann, der sich in den letzten Tagen Rudi Struve genannt hatte, ohne so zu heißen, war mittlerweile in seiner Wohnung angekommen. Diese Wohnung war klein und befand sich im vierten Stock des Hauses Kantstraße 177. Auf dem Messingschild, das an der Flurtür angebracht war, stand: Joachim Seiler.

Herr Seiler schloß die Tür von innen ab, legte die Sicherheitskette vor und ging in das Zimmer, das am Ende der Diele lag. Neben der geräumigen Couch stand ein niedriger Tisch. Der junge Mann holte ein Päckchen aus der inneren Jackettasche und legte es behutsam auf die polierte Tischplatte. Dann ging er in die Diele zurück, hängte an der Garderobe Hut und Mantel auf und verfügte sich ins Badezimmer, um sich zu säubern.

Er war hundemüde. Und das war kein Wunder. Als er nach der Fahrt durch Mecklenburg und die Mark Brandenburg sein Leihauto gemäß der Abrede in der Garage von Kienast am Stettiner Bahnhof ablieferte, war ihm aufgefallen, daß ihn einige auf der Straße lungernde Gestalten außerordentlich neugierig musterten. Er war eiligst in ein Taxi gesprungen und davongefahren.

Trotzdem gab er sich keinem Zweifel hin. Man war ihm bestimmt gefolgt und wußte also, wo er wohnte! Man wartete wohl nur noch auf den Herrn mit dem weißen Bart und der dunklen Brille, um zum Generalangriff überzugehen.

Herr Joachim Seiler betrachtete das Gesicht, das ihm aus dem Badezimmerspiegel entgegensah, nickte sich selber gedankenvoll zu und sagte: »Das Leben ist eines der schwersten.« Hierauf bürstete er den Scheitel und ging ins Arbeitszimmer. Es grenzte an den Raum, in dem, auf einem niedrigen Tisch, das Päckchen lag.

Er öffnete das Fenster, beugte sich hinaus und schaute auf die Straße hinunter. Vom vierten Stock aus wirkt die Welt fast so klein, wie sie ist. Erst konnte er niemanden entdecken, der ihm besonders mißfallen hätte. Nach längerem Suchen aber bemerkte er auf der anderen Straßenseite, in der Toreinfahrt neben dem Café Hofmann, zwei Männer, die zu seinem Fenster emporblickten. Als sie sich von ihm beobachtet fühlten, senkten sie die Köpfe und taten unbeteiligt.

Joachim Seiler pfiff vor sich hin. Der Text zu der Melodie, die er pfiff, hieß »Grüß euch Gott, alle miteinander!«

Dann schloß er das Fenster und sah die Post durch, die ihm seine Aufwartefrau auf den Schreibtisch gelegt hatte.

Frau Emilie Külz stand – dick und behäbig – im Laden und verkaufte, wie seit dreißig Jahren so auch heute, Fleisch- und Wurstwaren.

»Ist der Meister noch nicht zurück?« fragte die Kundin, die bedient wurde. Frau Külz schüttelte den Kopf. »Noch nicht. Aber er schickt jeden Tag eine Ansichtskarte. Ich gönn es meinem Oskar von Herzen, daß er sich einmal in der Welt umschaut. Er mußte dringend ausspannen. Natürlich wollte er mich unbedingt mitnehmen! Aber einer von uns muß ja im Laden bleiben.« Ihr fiel das Lügen nicht leicht. Aber was ging die Kundschaft der Konflikt im Hause Külz an? Hauptsache, daß die Wurst gut war.

»Wo steckt er denn jetzt, der Gatte?«

»In Warnemünde. Gestern rief er sogar an!« (›Endlich ein wahres Wort‹, dachte Frau Külz.) »Die Reise durch Dänemark war ziemlich anstrengend. Oskar ist das Reisen nicht gewöhnt. Und nun ruht er sich an der Ostsee noch ein bißchen aus.«

»Recht hat er«, meinte die Kundin. »Badet er oft?«

»Wieso?«

»Salzwasser zehrt und macht kolossal nervös.«

»Ich glaube nicht, daß er badet«, sagte die Fleischersfrau. »Er hat gar keine Badehose.«

»Dann allerdings«, entgegnete die Kundin und brach feinfühlig das Thema ab. »Geben Sie mir noch drei schöne Kalbskoteletts. Nicht zu dick.«

»Soll ich sie klopfen?«

»Ich bitte drum.« Die Kundin betrachtete, indes Frau Emilie Külz die Koteletts vom Kotelettstück abschnitt und den Knochen durchhackte, die auf den Glastafeln überm Ladentisch zur Schau gestellten Würste.

Da öffnete sich die Tür der Ladenstube, und Fleischermeister Osker Külz erschien! Er hatte eine blütenweiße, frischgestärkte Schürze umgebunden, nickte seiner teuren Gattin zu und begrüßte die Kundin.

Diese rief: »Ich denke, Sie sind an der See?«

»Gewesen«, erwiderte er. »Alles hat ein Ende, nur die Wurst hat zwei!« Zu seiner Frau sagte er: »Obacht, Emilie! Du sollst bloß die Koteletts klopfen, nicht dein Patschhändchen!« Er trat zum Hackstock und nahm ihr das Beil weg. »Laß mich mal! Und schau dir inzwischen an, was ich dir von meiner Weltreise mitgebracht habe!«

Die Fleischersfrau verschwand verdutzt in der Ladenstube.

Der heimgekehrte Meister klopfte die Koteletts, wickelte sie ein und unterhielt hierbei die Kundin. »So eine Reise hat's in sich, Frau Brückner. Da erlebt man in einer Woche mehr als sonst im ganzen Jahr.«

»Ja, ja«, meinte die Kundin. »Wenn einer eine Reise tut, dann kann er was erzählen.«

»Nee«, sagte Külz. »Das kann er nun wieder nicht! Bevor's nicht in der Zeitung steht, muß er den Schnabel halten. Wie wär's mit frischem Fleischsalat? Oder mit einem Viertel Rollschinken? Der schmeckt wie Marzipan.«

»Ein Viertel Zungenwurst!«

»Ist auch sehr zu empfehlen«, sagte der Meister, schnitt ein Stück Wurst ab, wog es und schüttelte den Kopf. Er hatte, ganz gegen seine Gewohnheit, zuviel abgeschnitten. »Darf's für einen Sechser mehr sein? Ich bin aus der Übung gekommen. Das hat man davon, wenn man nach dreißig Jahren zum ersten Male Ferien macht!«

Die Kundin zeigte sich einverstanden.

Er wickelte die Einkäufe zusammen, rechnete aus, was zu zahlen war, steckte den Bleistift hinters rechte Ohr, kassierte, gab Geld zurück und sagte: »Bitte, beehren Sie uns bald wieder!«

Frau Brückner ging. Die Ladenglocke bimmelte. Herr Oskar Külz trat in die Ladenstube.

Seine Frau saß auf dem Ledersofa und blickte ihm leise grollend entgegen.

»Na, nun weine mal nicht«, brummte er. »Ich hielt's ganz einfach nicht mehr aus.«

»Warum hast du mir kein Wort davon gesagt? Ich und die Kinder, wir sind vor Angst fast gestorben. Uns zu erzählen, du führst nach Bernau!«

»Vielleicht wollte ich wirklich nach Bernau«, meinte er nachdenklich. »Das heißt, das ist nur so meine Theorie.«

»Theorie?« fragte sie.

»Na ja. Theorie ist ein Fremdwort für faule Ausreden. Es klingt besser.« Er lachte.

»Du Gauner«, sagte sie und lächelte. Das ganze Leben lang war's so gewesen: Wenn ihr Oskar lachte, dann mußte sie lächeln. Allerdings, viel zu lachen hatte er nicht gehabt. Und das war wohl ihre Schuld.

»Was machen die Beine?« fragte er.

»Das alte Lied. Am Montag mußte ich mich wieder einmal legen. Da kam Hedwig herüber und half.«

»Ein braves Kind«, meinte er.

»Ja. Sie hat mir Ameisenspiritus mitgebracht. Zum Einreiben. Das hat gutgetan.« Sie sah um sich. »Wo ist denn übrigens das Andenken?«

»Du sitzt drunter.«

Sie drehte sich zur Wand und erblickte überm Ledersofa, an einem Nagel hängend, die Miniatur Holbeins des Jüngeren.

»Es ist nicht das echte Bild«, sagte er. »Sondern nur eine Kopie. Das echte kostet eine halbe Million und ist verschwunden. Aber das erzähl ich dir später.« Frau Emilie Külz musterte Ann Boleyn sehr kritisch. »Ein gemaltes Frauenzimmer!« stellte sie fest. »Noch dazu tief ausgeschnitten!«

»Du verstehst eben nichts von Kunst«, sagte er.

»Nein«, antwortete sie. »Eine Tafel Schokolade wäre mir lieber gewesen.«

An Herrn Joachim Seilers Wohnungstür wurde geklopft. Geklingelt. Geklopft. Mit Fäusten geklopft.

»Ich komme ja schon!« rief der junge Mann. »Eile mit Weile!« Er durchschritt die Diele und blickte durch das Guckloch in der Tür. Der Treppenabsatz draußen war mit entschlossen dreinblickenden Männern angefüllt.

»Wer ist da?« fragte er.

»Kriminalpolizei! Aufmachen!«

»Sofort!« antwortete der junge Mann, schob die Sicherheitskette aus ihrem Scharnier heraus, schloß die Tür auf und öffnete sie einen Spalt breit. »Bitteschön?«

Einer der Beamten zeigte ihm eine metallne Marke. »Kriminalpolizei! Sie stehen in dem dringenden Verdacht, eine Holbein-Miniatur, die Herr Steinhövel in Kopenhagen ersteigert hat, gestohlen zu haben.«

Ein andrer der ernsten Männer stellte einen Fuß in die Wohnung, damit Seiler die Tür nicht zuschlagen konnte. Und ein dritter sagte dumpf: »Haussuchung!«

»Da kann man nichts machen«, meinte der Wohnungsinhaber. »Ich habe allerdings keine blasse Ahnung, was Sie von mir wollen. Aber ich will Sie an der Ausübung Ihrer Pflicht nicht hindern.«

»Können Sie auch gar nicht«, knurrte einer der vielen Männer und trat ein.

Die Diele füllte sich mit etwa anderthalb Dutzend Personen. Jemand öffnete kurzerhand die Tür zum hintern Zimmer, blickte hinein und schrie plötzlich: »Da liegt ja das Päckchen!« Er rannte auf den Tisch zu.

Seine Kollegen folgten ihm hastig.

Einen Augenblick lang stand Herr Joachim Seiler allein in der Diele. Eine halbe Sekunde später stürzte er zur Zimmertür, schlug sie krachend zu und drehte den Schlüssel zweimal herum! Dann lief er ins Arbeitszimmer. Zum Telefon. Hob den Hörer ab, stellte die Verbindung mit dem Überfallkommando her und sagte leise: »Hier Kantstraße 177. Vorderhaus, vier Treppen. Jawohl. Kommen Sie sofort! Es ist sehr dringend. Zwei Dutzend Beamte dürften nötig sein. Mindestens!« Er hängte ein, ging in die Diele und setzte vor dem Garderobenspiegel seinen Hut auf. Die Kriminalbeamten, die er eingeschlossen hatte, trommelten wütend gegen die Tür. »Machen Sie sofort auf!« wurde gebrüllt. »Unglaublich! Die Polizei einzusperren! Öffnen Sie! Das werden Sie noch bereuen!«

Der junge Mann erwiderte nichts. Er verließ auf Zehenspitzen seine Wohnung und schloß von draußen sorgfältig ab. Dann fuhr er mit dem Lift bis ins Erdgeschoß und läutete beim Portier.

»'n Tag, Herr Seiler«, sagte der Portier. »Was soll's denn sein? Tropft die Wasserleitung? Oder ist eine Sicherung durchgebrannt?«

»Nein, Herr Stiebel«, meinte der junge Mann und drückte dem Hauswart einen Schlüsselbund in die schwielige Rechte. »In wenigen Minuten wird das Überfallkommando vorfahren. Seien Sie so nett und geben Sie den Beamten meine Schlüssel, ja? Sie sollen das hinterste Zimmer beaugenscheinigen. Aber nicht ohne Schußwaffen!«

Stiebel, der Portier, sperrte Mund und Nase auf.

»Und noch eins«, bat Herr Seiler. »Achten Sie darauf, daß man Ihnen die Schlüssel zurückgibt. Ich habe keine Lust, im Hotel zu übernachten.«

Weg war er!

Stiebel steckte die Schlüssel ein und wußte nicht, was er von dem Gespräch mit dem Mieter aus der vierten Etage halten sollte. »Es ist ein Elend«, murmelte er endlich. »So jung, und schon so verrückt.«

Aber er blieb doch vorsichtshalber im Hausflur und harrte der Dinge, die eventuell kommen sollten.

Vor einer Berliner Tiergartenvilla fuhr ein großes elegantes Automobil vor. Der Chauffeur stieg aus und riß den Wagenschlag auf. Ein kleiner, zierlicher alter Herr ließ sich heraushelfen und nickte dem Chauffeur freundlich zu. Dann sagte er: »Ich brauche Sie noch. Warten Sie hier!«

Der Chauffeur salutierte.

Der zierliche Herr schritt auf die Villa zu.

Ein Diener eilte die Treppen herunter, öffnete das Tor und verbeugte sich.

»Alles in Ordnung?« fragte der Herr.

»Jawohl, Herr Steinhövel«, sagte der Diener. »Und Fräulein Trübner ist in der Bibliothek.«

Herr Steinhövel nickte und stieg langsam die Freitreppe empor. In der Halle nahm ihm der Diener Hut und Mantel ab. Dann ging der zierliche alte Herr durch die Halle und öffnete die Tür, die zur Bibliothek führte.

Irene Trübner, die in einem Stuhl saß, in dem seinerzeit der aufgeklärte Habsburger Joseph II. gesessen hatte, sprang verstört auf und begann plötzlich zu weinen, als hätte sie damit seit Tagen gewartet.

»Aber, aber!« sagte Herr Steinhövel erschrocken und blickte zu seiner schlanken Sekretärin empor. »Weinen Sie bitte nicht!«

»Jawohl«, brachte sie eben noch heraus. Dann weinte sie schon wieder.

Er drückte sie sanft in Josephs II. Sorgenstuhl und setzte sich auf ein Taburett, das daneben stand. »Wer konnte denn ahnen, daß es eine ganze Räuberbande auf unseren Holbein abgesehen hatte? Dagegen war kein Kraut gewachsen.«

Sie nickte, schluchzte und war vollkommen aufgelöst.

Herr Steinhövel, der seine Sekretärin bisher nur als energische junge Dame kannte, wußte sich gar nicht zu benehmen. Am liebsten hätte er sein Taschentuch gezogen und ihr die Nase geputzt. Doch das ging ja wohl nicht gut.

»Ich möchte um meine Entlassung bitten«, stammelte sie.

»Aber was soll ich denn ohne Sie anfangen?« fragte er erschrocken. »Nein, mein Kind, das werden Sie mir doch nicht antun! Ich bin ein alter Mann. Ich habe mich an Sie gewöhnt. Nein, ich lasse Sie nicht weg!«

Sie trocknete sich die Augen. »Nein?«

»Unter gar keinen Umständen!« rief er. »Und nun erzählen Sie erst einmal in aller Ruhe, wie die Geschichte vor sich gegangen ist!«

»Vorgestern«, sagte sie, »fing es an. Im Hotel d'Angleterre. Ich saß vorm Hotel und trank Kaffee ...«

Joachim Seiler saß im Vorgarten des Café Hofmann in der Kantstraße, trank ein kleines Pilsner und blickte gespannt zu dem Haus hinüber, in dem er wohnte.

»Tag, Seiler!« sagte jemand. »Du machst heute so einen somnambulen Eindruck. Wo fehlt's denn?«

»Menschenskind, Struve!« rief der junge Mann hocherfreut. »Wir haben uns ja ewig nicht gesehen!«

»Immer diese Übertreibungen!« meinte Rudi Struve. »Am vorigen Freitag haben wir hier noch beim Schach remis gemacht. Wenn die Ewigkeit nicht länger dauert, ist übermorgen der Jüngste Tag.« Er setzte sich. »Wo warst du denn inzwischen?«

»Ich hatte viel Arbeit«, erwiderte Seiler. »Und du? Ist die c-moll- Symphonie fertig?«

»Nicht ganz«, erklärte der Komponist und fuhr sich durch die blonde Mähne. »Mir fiel mal wieder nichts ein. Wie gewöhnlich. Und da fuhr ich nach Bautzen.«

»Wozu ausgerechnet nach Bautzen?«

»Wegen einer alten Flamme. Sie ist dort am Theater. Aber sie hatte gerade keine Zeit.«

»Aha!« sagte Seiler.

»Erraten«, entgegnete Struve. »Und heute früh wurde ich von der Kriminalpolizei abgeholt! Was sagst du dazu?«

»Nein! Ist das dein Ernst?«

»Ja. Und was glaubst du, was ich verbrochen habe? Ich war erstens gar nicht in Bautzen, sondern in Kopenhagen! So fängt's an. Außerdem habe ich gar keine alte Flamme von mir besuchen wollen. Sondern ich habe das Bild einer englischen Königin geklaut. Jawohl!«

»Wenn das alles stimmte«, sagte Joachim Seiler, »dann säßest du ja jetzt wohl nicht hier, sondern wärest besser aufgehoben.«

Der kleine dicke Komponist fuchtelte drohend mit dem Arm. »Ein Hochstapler hat sich meinen Namen zugelegt. Ist das nicht unglaublich?«

»Unglaublich«, meinte Seiler und blickte angelegentlich zu seinem Haus hinüber.

»Wenn ich den Kerl erwische!« rief Herr Struve. »Den hacke ich in kleine Würfel!«

»Recht geschieht ihm«, pflichtete der Freund bei.

»Glücklicherweise«, erzählte der erregte Komponist, »wurde ich einem jungen Mädchen und einem alten Mann mit einem Schnauzbart vorgeführt. Er sah aus wie Adamson. Nur viel größer und breiter. Und die beiden lachten, als sie mich sahen! Das war meine Rettung!«

»Wie fandest du die junge Dame?« fragte Seiler. »War sie hübsch?«

»Sehr hübsch. Aber was ändert das an der Situation?«

Der andere wurde der Antwort auf die nur allzu berechtigte Frage enthoben.

Denn auf der anderen Straßenseite hielten zwei große Überfallautos. Viele Polizisten sprangen aus den Wagen und stürzten in ein Haustor hinein.

»Das ist doch das Haus, in dem du wohnst?« fragte Rudi Struve.

»Ganz recht!«

Passanten blieben stehen. Ladenbesitzer traten auf die Straße hinaus. Bewohner der umliegenden Häuser blickten aus den Fenstern. Der Auflauf wurde von Minute zu Minute größer. Wildfremde Menschen kamen miteinander ins Gespräch. Neugierde und Angst machten die diesige Sommerluft noch drückender, als sie schon war.

»Ich scheine heute meinen kriminellen Tag zu haben«, stellte der Komponist trübselig fest. »Seit wann wohnen in deinem Hause Verbrecher?«

Der andere schwieg und ließ kein Auge von dem Haustor.

Struve zuckte die Achseln. »Man sollte doch endlich aufs Land ziehen. Zurück zur Natur, was? Schafherden, Gänseblümchen und einfältige, unverdorbene Menschen um sich herum!«

»Auf nach Bautzen!« sagte Joachim Seiler. »An den Busen der Natur, oder wie deine Bautzener Bekannte sonst heißt!«

»Es ist mein voller Ernst. Die Zivilisation ist der Tod der Kunst.«

»Drückeberger! Die Tatsache, daß dir nichts einfällt, ist doch noch kein Grund, die Geschichte zu bemühen«, erklärte Joachim Seiler.

Die Menge, die sich vor dem Hause Kantstraße 177 gestaut hatte, geriet in Bewegung. Sie machte den Polizisten Platz, die aus dem Tor herauskamen und etwa zwanzig ernst aussehende Männer eskortierten, die man paarweise mit Handschellen aneinander befestigt hatte.

Die Gefangenen wurden auf die beiden Überfallwagen geschoben. Die Polizisten kletterten hinterdrein. Die Autobusse fuhren davon. Und langsam zerstreute sich die Menge.

Das siebzehnte Kapitel
Erstens kommt es anders ...

Einer der Kellner, der über die Straße gerannt war, um Näheres zu erfahren, kam zurück und wollte ans Büfett, um seine Neuigkeiten auszukramen. Der Komponist Struve hielt ihn am Frackärmel fest. »Was war denn los, Herr Ober?«

»Da hat sich eine Einbrecherbande von einem Keller des Hauses 178 aus in die 177 durchgebuddelt! Der Portier hat ein Geräusch gehört und die Polizei alarmiert. Und als die Einbrecher durch das Loch in der Kellerwand gekrochen kamen, wurden sie, immer hübsch einer nach dem andern, vom Überfallkommando festgenommen.«

»Was wollte denn die Bande in der 177?« fragte Rudi Struve.

»Wenn man das wüßte!« meinte der Ober.

Joachim Seiler lachte. »Vielleicht wollten sie in dem Papiergeschäft ein paar Ansichtskarten kaufen.«

»Ich verstehe das nicht.« Struve schüttelte die Komponistenmähne. »Wozu in aller Welt haben sie sich von dem einen Keller in den andren durchgegraben! Dann konnten sie doch genau so gut direkt in die 177 gehen! Warum denn erst ins Nachbarhaus?«

»Vielleicht war ihnen der gerade Weg zu einfach«, erwog Seiler. »Es gibt eigensinnige Menschen.«

Der Ober wußte es besser. »Wenn sie gleich in die 177 hineingegangen wären, hätte man sie doch entdeckt.«

»So hingegen sind sie der Polizei rechtzeitig entschlüpft«, sagte Seiler.

»Natürlich«, sagte der Kellner. Dann stutzte er. »Man hat sie ja trotzdem erwischt!« Er überlegte eine Weile. »Da soll sich nun ein Mensch hineinfinden! Aber das mit dem Keller muß stimmen.«

»Weshalb denn?«

»Die Einbrecher sahen mächtig ramponiert aus. Mit Kalkflecken auf den Anzügen. Wie die Tapezierer. Von nichts wird nichts.«

Der junge Mann hörte das nicht gern. ›Meine Wohnung wird gut ausschaun‹, dachte er resigniert. ›Ein Glück, daß ich jetzt nicht nachsehen kann.‹

Der Kellner verschwand im Innern des Cafés, kam aber sofort wieder heraus. »Ein Brief für Herrn Seiler. Er ist in diesem Augenblick abgegeben worden.«

Seiler riß das Kuvert auf. Das Schreiben lautete:

»*Wir hätten einander früher begegnen sollen. Und nicht als Konkurrenten, sondern als Kompagnons. Vielleicht ein anderes Mal. Diesmal waren Sie mir über. Meinen Respekt.*«

Der junge Mann steckte den Brief ein und sah sich um. Er suchte einen Herrn mit weißem Bart und dunkler Brille. Vergebens. Er lief ins Café hinein. »Fräulein«, rief er am Büfett. »Wer hat den Brief abgegeben?«

»Ein großer älterer Herr.«

»Mit weißem Bart?«

»Nein. Glattrasiert.«

»Natürlich!« rief Seiler.

»Der Herr sah wie ein Gelehrter aus«, meinte das Büfettfräulein.

»Den Mann hätten Sie sehen sollen, als er noch einen Bart umhatte! Da sah er wie eine ganze Universität aus!« Seiler rannte in den Vorgarten und setzte sich wieder neben Struve, der auf der Marmortischplatte komponierte. Er hatte mit einem kleinen Bleistift fünf parallele Linien gezogen und tupfte einen Notenkopf neben den andern.

Seiler blickte mißmutig auf die Straße. Plötzlich zuckte er wie elektrisiert zusammen und umklammerte Struves Arm.

»Stör mich nicht!« knurrte der andere. Er pfiff das Thema, das er notiert hatte, sanft und leise vor sich hin. Er glich einem Kinde auf dem Spielplatz.

»Mensch!« Seiler rüttelte den Tondichter. »Siehst du dort den eleganten Herrn im Taxi?«

»Hinter dem Möbelwagen? Neben der Straßenbahn?«

»Ja. Das Taxi kann nicht vorbei. Wir haben Glück. Hör zu, mein Junge! Wenn du diesen Herrn wohlbehalten am Alex ablieferst, kriegst du von mir einen Kuß auf die Stirn.«

»Laß das!« »Tu mir den Gefallen, Rudi!«

»Ich kann doch nicht einen mir völlig fremden Herrn verhaften lassen!«

»Er ist der Anführer einer Diebesbande!«

»Wenn dich das interessiert, dann fang ihn dir gefälligst selber!«

»Ich habe keine Zeit«, sagte Seiler. »Rudi, los! Ich erzähle dir dann auch, wer sich in Kopenhagen als Herr Struve herumgetrieben hat!«

Der Komponist wurde lebendig. »Der unter meinem Namen gemaust hat?«

»Eben dieser!« Seiler faltete die Hände. »Nun mach doch schon, daß du fortkommst! Der Möbelwagen kann jede Sekunde ausweichen! Dann ist der Kerl weg!«

»Woher kennst du den falschen Struve?«

Seiler beugte sich vor und flüsterte dem Freund etwas ins Ohr. (Er flüsterte es, damit die Leser noch nicht erfahren, was er sagte.)

»Aha. Und du zeigst mir dann meinen Doppelgänger?« Struve zappelte. – »Ja doch!«

»So nahe, daß ich ihm eine kleben kann?«

»Noch näher! Nun schere dich aber fort. Und merke dir die Autonummer!«

»Furioso in Oktaven!« rief Struve, stülpte sich den Hut auf die Mähne, winkte einem leerfahrenden Taxi und begab sich auf die wilde Jagd.

Seiler zahlte dem Kellner und ging zur nächsten Straßenecke, wo Taxen warteten. Er setzte sich in den ersten Wagen und sagte zum Chauffeur: »Yorckstraße, Ecke Belle Alliancestraße. Es eilt! Umwege können Sie sich ersparen. Ich kenne den Weg.«

Irene Trübner hatte ihre Erzählung beendet. Sie hatte nichts hinzugefügt und nur wenig verschwiegen. Nun saß sie stumm im Sorgenstuhl Josephs II. und wartete auf ihr Urteil.

»Bravo!« sagte Herr Steinhövel. »Bravo! Sie haben sich famos benommen. Auf den Einfall, Herrn Külz statt des Originals die Imitation zu geben, können Sie stolz sein. Und warum machen Sie sich wegen des Warnemünder Überfalls Vorwürfe? Liebes Kind, die Miniatur wäre Ihnen in dem stockdunklen Lokal auf jeden Fall geraubt worden! So oder so. Wenn nicht von dem falschen Struve, dann um so sicherer von der Bande. Der Holbein ist verschwunden. Ich bin trotzdem mit Ihnen zufrieden.«

»Sie sind sehr gütig, Herr Steinhövel.«

»Gütig?« fragte der alte zierliche Herr erstaunt. »Ich bemühe mich, gerecht zu sein. Einem alten Mann fällt das nicht allzu schwer.«

Das Telefon läutete.

Herr Steinhövel erhob sich und ging zum Apparat. Er hob den Hörer ab. Nach kurzer Zeit leuchtete sein faltiges Gesicht auf. »Tatsächlich?« rief er. »Das ist ja wunderbar! Wir kommen!« Er legte den Hörer wieder auf und wandte sich um. »Was sagen Sie dazu? Die Miniatur befindet sich auf dem Polizeipräsidium!«

Irene Trübner fragte heiser: »Und Herr Struve? Ich meine, der falsche Struve? Der auch?«

»Nein. Die Bande!«

»Aber die hat doch den Holbein gar nicht gestohlen!«

»Vielleicht doch? Bald werden wir mehr wissen«, sagte der alte Sammler und klatschte in die Hände. »Marsch, marsch! Kommen Sie, mein Kind!« Er öffnete die Tür zur Halle.

Der Diener erschien.

»Hut und Mantel!« rief Herr Steinhövel.

Kaum war Fleischermeister Külz auf den Autobus geklettert, der vor seinem Hause hielt, als ein schlanker junger Mann das Geschäft betrat.

Frau Emilie Külz kam aus der Ladenstube heraus? »Was darf's sein?«

Der Herr zog höflich den Hut und wollte den Meister sprechen.

»Wir kaufen nichts«, sagte Frau Külz.

Der junge Mann lachte. »Aber ich will Ihnen ja gar nichts verkaufen!«

»Dann entschuldigen Sie«, erwiderte Frau Külz. »Wenn jemand den Meister sprechen will, ist es stets ein Geschäftsreisender.«

»Ich bin keiner. Seien Sie so freundlich und rufen Sie Ihren Gatten. Wir sind Bekannte.« Er lüftete den Hut zum zweiten Mal und nannte irgendeinen Namen. Er murmelte ihn derartig, daß er ihn selber nicht verstand.

»Zu dumm«, meinte sie. »Mein Mann ist in dieser Minute aus dem Haus. Kann ich ihm etwas ausrichten?«

Der junge Mann wiegte unschlüssig den Kopf. »Schwer zu machen. Es gibt Dinge, die man am besten nur dem erzählt, den sie angehen. Hab ich recht?«

»Kann schon sein«, gab sie zu.

»Wird er lange ausbleiben?«

»Wenn ich das wüßte! Er wurde vor fünf Minuten angerufen.« Sie zögerte weiterzusprechen.

»Von der Polizei?«

Frau Külz sah den jungen Mann überrascht an.

»Ich war bei dem Überfall in Warnemünde dabei. Das war ein Theater! Hat er Ihnen davon erzählt?«

Sie nickte.

»Und nun«, fuhr der junge Mann fort, »nun habe ich etwas erfahren, was damit eng zusammenhängt und Ihren Gatten außerordentlich interessieren wird.«

»Rufen Sie ihn doch an!« riet Frau Külz. »Er ist im Polizeipräsidium auf dem Alexanderplatz. Das Telefon steht in der Ladenstube.« Sie zeigte mit dem Daumen hinter sich.

»Ach nein«, sagte der junge Mann. »Telefone haben manchmal zwei Ohren. Es wird das beste sein, ich komme nach Mittag noch einmal vorbei.«

Als Frau Külz keine Anstalten traf, ihm spontan zu widersprechen, meinte er bekümmert: »Hoffentlich ist's dann nicht zu spät.«

Die Fleischersfrau besann sich. »Wissen Sie was? Wenn's Ihnen nichts ausmacht, können Sie ja hier auf meinen Mann warten! Falls es Ihre Zeit erlaubt.«

Der junge Mann zog die Uhr und betrachtete nachdenklich

deren Zifferblatt. »Ich habe zwar noch allerlei zu erledigen. Aber eine Stunde kann ich drangeben.«

»Das ist recht«, sagte Frau Külz. Sie bugsierte ihn hinter den Ladentisch und öffnete die Tür zur Ladenstube. »Hier sieht's ziemlich bunt aus. Unsre eigentliche Wohnung liegt im ersten Stock.«

»Ich finde es reizend«, erklärte der junge Mann.

»Na, na. Aber was soll man machen? Man kann ja nicht dauernd im Laden stehen und auf die Kundschaft lauern, die nicht kommt. Seit ich's mit den Beinen habe, schon gar nicht!«

Er setzte sich und ließ sich eingehend über das Beinleiden von Frau Külz informieren. Sie ersparte ihm nichts. Als sie allzu sehr ins Detail geriet, unterbrach er sie und fragte, ob jemand Geburtstag habe. »Es riecht nach selbstgebackenem Kuchen!«

Sie lächelte zufrieden. »Es ist wegen Oskar. Ich habe schnell einen Kirschkuchen gebacken. Weil er wieder daheim ist. Und da kommen nun heute abend unsre sämtlichen Kinder und Schwiegersöhne und Schwiegertöchter. Und die bringen ihre Kinder mit! Es wird eine kleine Feier. Zirka zwanzig Personen.«

»Glück im Winkel!« meinte er und sah sich in der Stube um. »Enorm behaglich haben Sie's hier!« Sein Blick blieb über dem Ledersofa haften.

»Das hat er mir aus Kopenhagen mitgebracht«, erzählte sie. »Ich finde das Bild ordinär. So zieht man sich als anständige Frau nicht an. So teuer sind die Stoffe nicht, daß man so sparsam damit sein müßte! Echt ist das Bild auch nicht.«

Dann wandte sich der junge Mann mit Interesse den gerahmten Familienfotografien zu, die Ann Boleyn umgaben.

Die Fleischersfrau bombardierte ihn mit den Vornamen der Fotografierten. Die Külzsche Verwandtschaft schlug über seinem Kopf zusammen.

Da erklang die Ladenglocke.

»Kundschaft«, sagte Frau Külz. »Ich muß hinaus. Hoffentlich langweilen Sie sich nicht!«

Er griff nach einem Blatt, das auf dem Tisch lag. Es war die

Allgemeine Fleischerzeitung. »Ich werde mir die Zeit schon vertreiben!«

»Tun Sie, als wenn Sie zu Hause wären«, schlug sie vor.

»Das soll ein Wort sein«, meinte er.

Sie strich sich die weißgestärkte Schürze glatt und verschwand im Laden.

Herr Steinhövel, Irene Trübner und Fleischermeister Külz wurden von einem Oberwachtmeister in das Zimmer des Kommissars geleitet. – Der Raum war mit Menschen überfüllt. Fast zwei Dutzend ernst dreinblickender Männer standen an den Wänden. Die Männer waren paarweise gefesselt.

Der Kommissar begrüßte die drei neuen Besucher. Er war vorzüglicher Laune. »Seien Sie nachsichtig«, bat er. »Ich habe Gäste. Aber ich wollte die Herren nicht abführen lassen, ehe ich sie Ihnen gezeigt habe.« Er wandte sich an Fräulein Trübner und an Herrn Külz. »Die Welt ist klein. Es sollte mich wundern, wenn Sie keine Bekannten fänden.«

Fräulein Trübner hielt sich zurück. Oskar Külz hingegen stellte sich breitbeinig vor die Banditen und unterzog sie dem näheren Augenschein. Da war zunächst Herrn Philipp Achtels Schnapsvisage mit der funkelroten Nase. Da war ferner der kleine Herr Storm mit den verrutschten, abstehenden Ohren. Da war der unangenehme Mensch aus der Ecke des Eisenbahncoupés, der erklärt hatte, auf dem dänischen Trajekt gäbe es eine zweite Zollkontrolle. Da war auch der falsche Zollbeamte selber! Und noch etliche andere Reisegefährten erkannte Herr Külz wieder.

Er drehte sich zum Schreibtisch um und sagte: »Herr Kommissar, die Welt ist wirklich klein! Es tut mir leid, daß ich die Leute gerade hier wiedersehen muß. Ich hätte sie lieber im Wald getroffen. Da kann man mehr aus sich herausgehen.«

»Aber lieber Freund!« sagte Storm. »Wie reden Sie denn mit uns!«

»Halten Sie den Mund!« brummte der Wachtmeister.

Külz trat einen Schritt zurück. »Warum soll ich den Mund halten?« fragte er empört.

»Sie doch nicht!« bemerkte Herr Philipp Achtel. »Der Staatsbeamte meint ja uns!«

»Abführen!« befahl der Kommissar.

»Endlich«, sagte Karsten. »Wir sind ja schließlich nicht im Panoptikum!«

»Hinaus!« rief der Kommissar.

Die Tür öffnete sich. Und die »Rostocker Skatbrüder« wurden ins Untersuchungsgefängnis geschafft.

Der Kommissar öffnete ein Fenster und holte tief Atem. Dann kehrte er zu seinem Schreibtisch zurück und überreichte Herrn Steinhövel ein Päckchen. »Ich freue mich«, sagte er feierlich, »Ihnen so bald die geraubte Miniatur zurückerstatten zu können. Wer schnell gibt, gibt doppelt.«

Der alte Sammler nahm das kostbare Päckchen gerührt in Empfang. »Schönen Dank, Herr Kommissar!« Er wickelte das Päckchen aus. Es kam ein Holzkästchen zum Vorschein. »Können Sie uns plausibel machen, wie der Holbein in die Hände dieser Bande gefallen ist? Wir nahmen doch an, das Päckchen sei von dem jungen Mann gestohlen worden, der sich zu Unrecht Rudi Struve nannte.«

Der Kommissar zuckte verlegen die Achseln. »Das Überfallkommando wurde vor etwa anderthalb Stunden in die Kantstraße gerufen. Man fand die Bande in der eindeutig bezeichneten Wohnung. Der Wohnungsinhaber hatte die Leute in einem seiner Zimmer eingeschlossen und ist seitdem spurlos verschwunden.«

»Großartig«, behauptete Herr Steinhövel. »Und dieser patente Wohnungsinhaber ist vermutlich der falsche Struve? Oder?« Er öffnete das Holzkästchen.

»Sie mögen recht haben«, sagte der Kommissar. »Der Mieter heißt allerdings Joachim Seiler. Ob er der falsche Struve ist, wissen wir noch nicht. Aber es wird nachgeforscht.«

»Ich verstehe es nicht«, erklärte Irene Trübner. »Wenn dieser Herr Seiler ein Dieb war, hätte er doch die Miniatur aus seiner Wohnung mitnehmen können, nachdem er die Bande eingesperrt hatte!«

»Wenn unser Struve Ihr Seiler ist«, meinte Oskar Külz,

»dann wiederhole ich, was ich schon dem Rostocker Kommissar gesagt habe: Unser Struve ist kein Dieb!«

»Und was dann?« fragte der Berliner Kommissar.

Der alte Sammler hatte mittlerweile eine Lupe aus der Tasche gezogen und betrachtete die Miniatur, als sei sie eine Kranke und er der Hausarzt.

Der Kommissar stand auf. »Nun?« fragte er. »Sind Sie mit uns zufrieden?«

Herr Steinhövel lehnte sich in dem Stuhl zurück. »Nicht ganz, Herr Kommissar! Was Sie mir freundlicherweise ausgehändigt haben, ist leider nicht der echte Holbein. Sondern die Imitation!«

Das achtzehnte Kapitel
Die motorisierte Schnitzeljagd

Der Kommissar und seine Besucher saßen minutenlang, ohne ein Wort herauszubringen. Sie starrten einander vollkommen ratlos an und waren vor Schreck gelähmt. Als erster fand der Kriminalkommissar die Sprache wieder. »Das ist eine Kopie? Irren Sie sich ganz bestimmt nicht, Herr Steinhövel?«

»Ich irre mich nicht«, antwortete der Sammler. »Es gibt, und das ist keine Übertreibung, in ganz Europa niemanden, der sich in diesem Fall so wenig irren könnte wie ich!« Er legte die Holbein-Imitation in das mit Samt gefütterte Holzkästchen zurück und stellte das Kästchen auf den Schreibtisch.

Fleischermeister Külz zerrte aufgeregt an seinem buschigen Schnauzbart. »Das geht ja mit dem Teufel zu! Da rennen wir samt der Polizei hinter einer Bande von Gaunern her, und die Bande hinter einem jungen Mann! Und nun hat der junge Mann statt der echten Miniatur die falsche geklaut!«

»Ich begreif's nicht«, sagte Irene Trübner. »Die Miniatur wurde doch aus meiner Handtasche geraubt! Als in der Tanzdiele das Licht wieder brannte, war doch meine Handtasche leer!«

»Möglicherweise haben Sie sich geirrt«, meinte der Beamte. »Vielleicht hatten Sie vor dem Überfall nicht das Original, sondern die Imitation in der Handtasche?«

»Ausgeschlossen«, erwiderte die junge Dame. »Völlig ausgeschlossen! Die Imitation war ja eben erst von der Bande wiedergebracht worden. Sie lag noch vor Herrn Külz auf dem Tisch, als es dunkel wurde!«

»Stimmt«, bestätigte der Fleischermeister. »Samt dem unverschämten Brief.«

»Ich stehe vor einem Rätsel«, erklärte der Kommissar. »Herr Steinhövel, ist es möglich, daß mehrere Imitationen existieren?«

»Nein. Das ist unmöglich.«

»Dann«, sagte der Kommissar, »gibt es nur eine Lösung!

Wenn nämlich die Miniatur, die wir bis jetzt für die echte hielten, die Kopie ist, dann muß notwendig die andere, die Sie bis jetzt für die Imitation ansahen, das Original sein! Liebes Fräulein Trübner, wo befindet sich augenblicklich die zweite Miniatur?«

Die Lippen des jungen Mädchens waren blaß und zitterten. »Ich habe sie Herrn Külz, weil er so nett zu mir war, geschenkt. Ich dachte, Herr Steinhövel hätte gewiß nichts dagegen.«

Herr Steinhövel zeigte auf das Holzkästchen, das auf dem Schreibtisch stand. »Die wirkliche Kopie wollen wir Herrn Külz von Herzen gern als Andenken verehren. Aber was haben Sie inzwischen mit der Miniatur gemacht, Herr Külz, die Ihnen meine Sekretärin gestern geschenkt hat und die sich nun als das Original herausstellt?«

Der Fleischermeister schlug sich aufs Knie. »Das ist ja ein tolles Ding!« Er lachte schallend.

»Wo ist die Miniatur?« fragte der Kommissar nervös.

»Sie hängt in unserer Ladenstube!« rief Külz vergnügt. »Über dem alten Ledersofa. Neben den Familienfotos!«

Die anderen atmeten erleichtert auf.

»Wenn meine Emilie erfährt, daß bei uns überm Sofa eine halbe Million hängt, schnappt sie über. Wissen Sie, was sie gesagt hat, als sie die Miniatur sah?« Külz machte eine Kunstpause. Dann fuhr er fort: »Sie hat gesagt, eine Tafel Schokolade wäre ihr lieber gewesen!«

Die andern lächelten entgegenkommend.

»Na«, konstatierte der Kommissar. »Da haben wir ja noch einmal Glück gehabt. Ich hatte schon Angst, Herr Külz hätte die halbe Million im Zug liegen lassen.«

»Erlauben Sie«, meinte Külz. »Ein Geschenk von Fräulein Irene läßt man doch nicht liegen! Das wäre ja Sünde!«

»Lieber Herr Külz«, bat der Kommissar, »seien Sie so freundlich und rufen Sie Ihre Gattin an! Sagen Sie ihr, wir schickten umgehend ein paar Beamte. Denen soll sie das kleine Reiseandenken aushändigen! Wir wollen ihr gern ein paar Tafeln Schokolade als Tauschobjekt mitschicken.«

»Gemacht«, sagte Külz. Er ging zum Telefon. »Aber schikken Sie, wenn ich bitten darf, Zivilisten. Sonst denkt man in der Yorckstraße, die Külze sind unter die Ganoven gegangen.«

»Ganz wie Sie wünschen!«

Der Fleischermeister drehte an der Nummernscheibe und zwinkerte, während er auf Anschluß wartete, Fräulein Trübner zu. »Ja, ja«, meinte er gutgelaunt. »Wenn Ihr den Papa Külz nicht hättet!« Im Apparat meldete sich eine Stimme.

»Hallo!« rief Külz. »Emilie, bist du's? Jawohl, ich bin noch auf dem Präsidium. Nun hör einmal gut zu! Erschrick aber nicht! Wir wollen nämlich ein paar Kriminalbeamte herumschicken. Nein, nein. Sie wollen dich nicht mitnehmen. Sondern die Miniatur! Verstehst du? Wie? Menschenskind, das kleine Bild, das ich dir von der Reise mitgebracht habe! Das über dem Sofa hängt! Hast du mich verstanden? Na, also!«

Hierauf hörte man aus dem Apparat eine Weile gar nichts, dann aber eine Flut von Worten.

Herr Oskar Külz stützte sich plötzlich schwer auf den Schreibtisch. Dann legte er geistesabwesend den Hörer hin, stierte den Kommissar und die anderen an und fuhr sich über die Stirn. Er tappte schwerfällig zu seinem Stuhl und sank in sich zusammen.

»Was haben Sie denn?« fragte Fräulein Trübner besorgt.

»Meine Miniatur ist auch weg«, sagte er leise.

Der Kommissar sprang auf. »Was soll das heißen, Herr Külz?«

»Wenn ich das nur wüßte«, sagte der verstörte Fleischermeister. »Ein junger Mann war da und hat mich dringend sprechen wollen. Emilie hat ihn in die Ladenstube geführt. Dort könne er auf mich warten, hat sie gesagt. Dann ist Laufkundschaft gekommen. Meine Frau mußte ins Geschäft. Und als sie wieder in die Stube kam, war der junge Mann nicht mehr da. Sie hat natürlich gedacht, es hat ihm zu lange gedauert, und sich nicht weiter den Kopf zerbrochen. Und erst jetzt, als ich anrief, hat sie gemerkt, daß die Miniatur gar nicht mehr überm Sofa hängt! Der Kerl hat sie ganz einfach vom Nagel geholt und ist durch die Tür, die zum Hausflur führt, verschwunden.«

»Wieder dieser junge Mann!« brüllte der Kommissar außer

sich und warf den großen Zimmermannsbleistift wütend in den Papierkorb.

Herr Steinhövel lächelte wehmütig. »Ich bin sonst eigentlich ein Freund von tüchtigen jungen Leuten. Aber dieser junge Mann, muß ich gestehen, ist mir doch ein bißchen zu tüchtig.«

Der Kommissar hob den Kopf. »Er muß nach dem Warnemünder Überfall gemerkt haben, daß er versehentlich die Kopie gestohlen hatte. Deswegen ließ er die Miniatur, als er die Bande in seiner Wohnung einschloß, gleich mit dort. Ihm war dadurch zweierlei gelungen. Er hatte die Konkurrenten vom Halse. Und außerdem konnte er damit rechnen, daß wir die Kopie eine Zeitlang für das Original halten würden. So hatte er wieder Vorsprung. Er fuhr zu Frau Külz und stahl in aller Seelenruhe das Original, das wertlos und unbeachtet an der Wand hing.«

»Und woher konnte dieser ... dieser junge Mann wissen«, fragte Fräulein Trübner, »daß sich die zweite Miniatur bei Herrn Külz befand? Der junge Mann war doch längst nicht mehr in Warnemünde, als ich Herrn Külz die vermeintliche Kopie schenkte! Das ist doch alles sehr unglaubhaft!«

Der Kommissar winkte den Einwand ab. »Er hat's ganz einfach versucht! Irgendwo mußte die zweite Miniatur ja schließlich sein. Außerdem dürfen Sie das eine nicht vergessen: Gauner haben oft mehr Glück als anständige Menschen.«

Fleischermeister Külz murmelte: »Immer diese Theorien!« Dann versank er erneut in trübe Gedanken.

»Was meine Sekretärin eingewendet hat«, erklärte Herr Steinhövel, »hat fraglos etwas für sich. Mir scheint, daß wir noch nicht alles wissen.«

»Theorien«, murmelte Papa Külz. »Lauter Theorien.« Plötzlich erhob er sich und trat vor den Sammler hin. »Eins aber stimmt! Die Miniatur ist weg! Herr Steinhövel, ich schulde Ihnen eine halbe Million. Keine Widerrede! Auf der Bank habe ich sechstausend Mark. Sie gehören Ihnen. Außerdem gehört Ihnen mein Geschäft. Es geht nicht schlecht. Die Lage ist gut. Ich ziehe mit meiner Frau zu den Kindern.«

»Um des Himmels willen!« rief der zierliche alte Kunstsammler und hob abwehrend die Hände. »Was soll ich denn mit einer Fleischerei anfangen?«

»Das ist Ihre Sache«, antwortete Külz. »Verkaufen Sie den Laden! Ich habe mein Leben lang keine Schulden gemacht. Dabei soll es bleiben. Ich habe keine Ruhe mehr, solange ich noch einen Hosenknopf besitze, den ich nicht dringend brauche. Alles, was ich habe, gehört ab heute Ihnen. Ein paar Anzüge darf ich vielleicht behalten. Sie würden Ihnen sowieso nicht passen. Wir machen es später schriftlich.« Er setzte sich wieder und holte mit zittrigen Fingern eine Zigarre aus dem Etui.

»Sie sind ja nicht bei Troste!« meinte Herr Steinhövel. »Erstens haben Sie doch geglaubt, die Imitation zu besitzen. Und zweitens bekommen wir ja das Original wieder! Nicht wahr, Herr Kommissar?«

»Selbstverständlich!« behauptete der Beamte unsicher.

»Das glauben Sie doch selber nicht«, sagte Oskar Külz. »Wenn dieser junge Mann wirklich ein Gauner ist, dann sehen Sie Ihren Holbein nie wieder! Darauf können Sie Gift nehmen!«

»Von der Polizei scheinen Sie nicht sehr viel zu halten«, meinte der Kriminalkommissar.

Herr Oskar Külz hörte den Einwurf überhaupt nicht, sondern nickte dem alten Kunstsammler nachdenklich zu. »Wir machen es später schriftlich«, wiederholte er ernst.

Länger als eine Stunde fuhr der Komponist Struve schon hinter dem alten glattrasierten Herrn her! Die beiden Chauffeure hatten sehr bald begriffen, daß es sich um keine Spazierfahrt handelte. Vor allem dem einen Chauffeur wurde das erschreckend klar. Als er nämlich halten wollte, um sich bei seinem Fahrgast zu erkundigen, wozu man ihn ziellos durch Dutzende von Haupt- und Nebenstraßen hetzte, bemerkte er im Spiegel, daß der vornehme Herr einen Revolver aus der Tasche zog, die Waffe entsicherte und in nicht mißzuverstehender Weise auf die lederne Chauffeurjoppe anlegte.

In den wichtigsten Situationen des Lebens bedarf es keiner Worte. – Der Chauffeur beschloß, nicht weiter zu fragen und erst recht nicht zu halten. Er trat auf den Gashebel und raste um die nächste Ecke.

In dem Taxi, das dem ersten folgte, ging es etwas gemütlicher zu. Der Komponist Struve fand, nach gründlichem Suchen, einen Bogen Notenpapier. Er zerstückelte den Bogen und bekritzelte die so entstandenen Zettel hastig mit seinem Bleistiftstummel. Auf jedem Zettel stand derselbe Text, und zwar: »*Taxi IA 32 875 sofort anhalten! Fahrgast gesuchter Verbrecher. In Sachen Holbein-Miniatur!*« Jedem Verkehrspolizisten, den sie passierten, warf Struve einen solchen Zettel zu. Der Schupo am Steinplatz drückte seinen Zettel einer Polizeistreife in die Hand. Die Streife benachrichtigte ihr Revier. Der Revierinspektor fragte beim Polizeipräsidium an. Der zuständige Kommissar gab die nötigen Anweisungen. Und es dauerte nicht lange, so sausten zahlreiche Motorstreifen durch den Berliner Westen und suchten das Taxi IA 32 875.

An der Gedächtniskirche fiel Professor Horn das erste dieser Polizei-Motorräder auf. Es hielt an der Rankestraße, und der Beiwagenfahrer zeigte auf das Taxi.

»Fahren Sie zu!« rief Professor Horn.

»Es ist doch rotes Licht«, entgegnete der Chauffeur.

Professor Horn hob den Revolver. Und das Taxi sauste trotz dem roten Licht in die Tauentzienstraße hinein.

Rudi Struve sprang in seinem Wagen auf. »Hinterher!« schrie er außer sich. »Hinterher!«

Die Jagd ging weiter.

Und dicht hinter den zwei Taxis fegte das Motorrad mit den Polizisten.

Die Hupen heulten.

Die Passanten blickten erstaunt hinter der Kavalkade her. Privatwagen beschleunigten das Tempo und versuchten zu folgen. Die Straße war im Taumel.

Vor dem Kaufhaus des Westens stoppte das erste Taxi. Der Fahrgast sprang heraus und rannte mit großen Schritten in das Portal des Warenhauses. Der zweite Chauffeur bremste ebenfalls. »Warten Sie hier!« rief Rudi Struve und folgte dem Flüchtling. Im Portal stieß Struve mit den Polizisten zusammen, die soeben vom Motorrad gestiegen waren. »Kommen Sie!« schrie der Komponist und stürzte sich temperamentvoll mitten in die Woge der Kauflustigen.

Professor Horn war verschwunden.

»Lassen Sie alle Ausgänge absperren!« sagte Struve und eilte der Treppe zu.

Die Besucher hatten sich gerade von dem Kommissar verabschieden wollen, als das Revier Steinplatz anläutete und den Text des Zettels, der das Taxi IA 32 875 betraf, durchgab.

Der Kommissar hatte das Notwendige angeordnet. Motorstreifen wurden losgeschickt. Außerdem wurden die Ausfallstraßen der Stadt besetzt. Mehr ließ sich im Moment nicht tun.

Nun saßen die drei Besucher wieder auf ihren Stühlen und blickten ergeben auf das Telefon.

»Vielleicht haben wir Glück«, sagte der Kriminalkommissar, »und erwischen den jungen Mann doch noch.«

»Aber wer um alles in der Welt fährt hinter seinem Taxi her?« fragte der alte Kunstsammler skeptisch. »Wer veranstaltet diese merkwürdige Schnitzeljagd?«

Der Beamte zuckte die Achseln. »Ich habe keine Ahnung. Möglicherweise ist es die Konkurrenz, die ihn ans Messer liefert. Vielleicht ist es aber auch einer seiner Komplizen, der uns nur auf eine falsche Spur lenken will. Wer kann das wissen?«

Fleischermeister Külz meinte: »Wie ich den jungen Mann kenne, hat er die Zettel persönlich verteilt. Er nimmt uns ganz einfach wieder einmal auf den Arm! Wenn sie das Taxi erwischen, wird entweder gar kein Fahrgast drinsitzen oder ein völlig harmloser Mensch. – Uns geschieht ja auch ganz recht! Wir haben seinem ehrlichen Gesicht vertraut, und nun präsentiert er uns Hornochsen die Rechnung.« Er nahm seinen Kopf zwischen die großen Hände. »So ein Halunke! Seinetwegen habe ich in zwei Tagen fünf Pfund abgenommen. Sehen Sie sich das an!« Er zog die Weste straff. »Mindestens fünf Pfund! Und ruiniert hat er mich außerdem!«

Herr Steinhövel lächelte. »Wollen Sie mir denn noch immer Ihre Fleischerei vererben?«

»Mein Geschäft gehört Ihnen«, sagte Papa Külz. »Und mein Bankkonto auch. Machen Sie damit, was Sie wollen! Ich bin mit allem fertig! Ich ziehe mit Emilie zu meinen Kindern und helfe im Laden.«

Das Telefon klingelte. Sie blickten gespannt auf den Kommissar, der sich meldete. Hatte man das Taxi gefunden? Hatte man den Dieb erwischt? »Für Sie, Herr Külz«, meinte der Kommissar. Külz ergriff den Hörer. »Was gibt's?« Plötzlich kriegte er einen roten Schädel, rief »Nein!« und schmiß den Hörer auf die Gabel. Die andern schauten ihn neugierig an.

»So etwas Blödes!« sagte er. »Hier geht's um 'ne halbe Million, und meine Frau fragt, ob ich nun bald zum Essen komme!«

Es klopfte. Ein Wachtmeister trat ins Zimmer und nahm stramme Haltung an. »Ein Brief für Herrn Steinhövel! Wurde soeben abgegeben.«

Der Kunstsammler nahm den Brief in Empfang. Der Wachtmeister zog sich zurück. – Herr Steinhövel öffnete das Kuvert, las das Schreiben und reichte es wortlos dem Kommissar. Der las es auch und gab es an Irene Trübner und Herrn Külz weiter.

»Oha!« rief Oskar Külz. »Die Handschrift kenn ich! Mit dieser Pfote schrieb die Bande dem jungen Mann einen Brief. Auf dem Trajekt. Und später mir, als sie die falsche Miniatur zurückbrachte. In Warnemünde. Gestern nacht.« Er wandte sich an den Beamten. »Aber wieso können die Brüder denn noch Briefe schreiben? Ich denke, Sie haben sie hinter Schloß und Riegel!«

»Wir haben bestimmt nur einen Teil der Bande festgenommen«, meinte der Kommissar.

Irene Trübner nickte. »Der Brief stammt wahrscheinlich von dem Herrn mit dem weißen Bart und der dunklen Brille. Ich habe immer das Gefühl, daß er der Anführer ist.«

»Und was wollen wir nun tun?« fragte Herr Steinhövel.

Der Kommissar drückte auf eine Klingel. »Wir fahren selbstverständlich hin. Ich werde Zivilbeamte vorausschicken. Die sollen das Haus unauffällig umstellen, ehe wir hineingehen.«

Der Wachtmeister erschien. Der Kommissar erteilte die nötigen Befehle. Dann sagte er: »Kommen Sie! Begeben wir uns in die Höhle des Löwen!«

Sie brachen auf.

Der Brief blieb zurück auf dem Schreibtisch. Er lautete: *»Die vom Holbeinraub betroffenen Herrschaften werden hierdurch höflich gebeten, nach Beuststraße 12a zu kommen.«*

Sämtliche Ein- und Ausgänge vom Kaufhaus des Westens waren abgesperrt. Vor den Toren standen Schupos und hielten dem Ansturm der Passanten stand. Hinter den Toren standen gleichfalls Schupos. Sie beschwichtigten die gegen sie andrängende Menschenmenge, die aus dem Warenhaus herauswollte. Es war ein Krach, wie im Zoo vor der Fütterung.

Der Komponist Struve raste, von mehreren Beamten gefolgt, über alle vorhandenen Treppen, durch alle Korridore, Gänge und Lager. Die Abteilungschefs durchstöberten mit ihren Angestellten sämtliche Winkel und Schränke. Sie leuchteten mit Taschenlampen unter die Ladentische. Sie blickten hinter alle Vorhänge. Die Fahrstühle waren stillgelegt worden. Die Liftboys und die Packer stiegen in die Keller und ließen kein Brett auf dem andern.

Professor Horn war und blieb verschwunden.

Die im Warenhaus eingesperrten Menschen wurden immer unruhiger. Und die Schupos, die Herrn Rudolf Struve begleiteten, wurden immer müder und warfen dem kleinen dicken Herrn, der sie anführte, immer häufiger höchst mißtrauische Blicke zu.

Wer weiß, was noch alles geschehen wäre, wenn sich nicht unter den Passanten vorm Kaufhaus ein kleines Mädchen von etwa sechs Jahren befunden hätte! Dieses Kind, das Mariechen hieß, stand mit seiner Mutter in der Ansbacher Straße. Die Mutter tauschte mit den Umstehenden allerlei Vermutungen aus. Mariechen hingegen betrachtete, von Problemen unbeschwert, die Schaufenster.

Plötzlich sagte das Kind sehr laut und aufgeregt »Mutti, guck mal! Die große Puppe klappert mit den Augen!«

Alle, die Mariechens Bemerkung gehört hatten, blickten wie auf Kommando in das zunächst befindliche große Schaufenster.

Mitten in der Auslage, zwischen Mänteln, Schals, Hüten, Pyjamas und Oberhemden, saß eine elegant bekleidete Schaufensterpuppe.

Ein vornehmer älterer und glattrasierter Herr ...

»Das ist ja ein Mensch!« schrie eine gellende Stimme.

Das neunzehnte Kapitel
Herr Kühlewein lernt das Fürchten

Als das Polizei-Auto vor dem Gebäude Beuststraße 12a hielt, machten die Fahrgäste zunächst einmal große Augen. Und der Kriminalkommissar sagte: »Seit wann residieren denn Einbrecher in Versicherungspalästen?« Er kletterte aus dem Wagen und war der jungen Dame und den zwei alten Herren beim Aussteigen behilflich. »Das sind die neuen Moden«, meinte Külz abgeklärt.

Herr Steinhövel zauderte. »Ob wir uns in der Hausnummer geirrt haben?«

Irene Trübner trat rasch zu ihrem Chef. »Das ist doch die Gesellschaft, bei deren Kopenhagener Vertreter wir die Miniatur vor einer halben Woche versichert haben!«

Der Kommissar sprach bereits mit einem der betreßten Torhüter. Dann kam er eilends zurück. »Der Generaldirektor erwartet uns. Der Portier ist angewiesen, uns ins erste Stockwerk zu bringen.« Er lächelte. »Da kann ich wohl meine Leute, die das Haus umstellt haben, wegschicken?«

»Bloß nicht!« rief Külz. »Wer weiß, was hier wieder für ein Schwindel dahintersteckt! Womöglich will man uns in eine Falle locken und der Generaldirektor und sogar der Portier sind verkleidete Räuber! Lassen Sie Ihre Wachtposten ruhig noch ein bißchen hier!«

»Na schön«, sagte der Beamte und ging den anderen, die ihm zögernd folgten, voraus. Ein Bote brachte sie in den ersten Stock und führte sie in einen luxuriös eingerichteten Empfangsraum.

Wenig später erschien der Generaldirektor der »Berolina«, Herr Kühlewein. Er sah sehr schneidig und repräsentativ aus, machte sich mit den Herrschaften bekannt und freute sich, wie er mehrfach betonte, ganz außerordentlich, den berühmten Kunstsammler Steinhövel bei sich zu sehen.

Nachdem er ziemlich viel Charme verbreitet hatte, setzte er sich und drückte energisch auf eine Klingel. Dann wandte er sich erneut an den Sammler. »Ich bin über den Abschluß zwischen Ihnen und unsrer Gesellschaft nur in großen Umrissen orientiert. Die Fülle der Geschäfte entschuldigt mich, wie ich hoffe. Immerhin glaube ich gehört zu haben, daß Sie wegen der Miniatur, die Sie in Kopenhagen für sechshunderttausend Kronen erworben und bei Kristensen, unserm dänischen Generalvertreter, mit fünfhunderttausend Mark versichert haben, vorübergehend in einiger Sorge waren.«

Die anderen Anwesenden waren verblüfft und wechselten erstaunte Blicke. Der zierliche alte Herr Steinhövel faßte sich als erster. »Ich war in Sorge? Erlauben Sie, Herr Kühlewein! Ich bin noch immer in Sorge! In großer Sorge sogar!«

Der Generaldirektor begriff das nicht. »Aber warum denn, verehrter Herr Steinhövel?«

Ein Angestellter, dem das Klingelzeichen gegolten haben mochte, trat ins Zimmer und verbeugte sich.

»Unser Prokurist«, erläuterte Kühlewein. »Lieber Klapproth, hier ist der Tresorschlüssel. Seien Sie so gut, und bringen Sie uns das Päckchen, das die Kopenhagener Miniatur enthält.«

Prokurist Klapproth ergriff den Tresorschlüssel und entfernte sich.

»Nun schlägt's dreizehn!« rief Oskar Külz.

Herr Steinhövel zupfte aufgeregt an seinen Manschetten. »Sie müssen schon verzeihen, Herr Kühlewein, daß wir außer uns sind. Aber die Miniatur, die Sie in Ihrem Tresor zu haben behaupten, wurde vor einer knappen Stunde aus der Wohnung des Herrn Külz gestohlen!«

»Jawohl«, sagte Külz. »Sie hing überm Sofa in der Ladenstube.«

Fräulein Trübner ergänzte: »Weil wir sie für die Imitation hielten. Das war jedoch ein Irrtum.«

Herr Generaldirektor Kühlewein betrachtete die anderen, wie ein Dompteur seine Löwen ansehen mag, wenn er aus purer Vergeßlichkeit ohne Pistole und ohne Peitsche in den Käfig gegangen ist.

Der Kommissar griff ein. »Zur Zeit suchen zwei Dutzend unserer Motorradstreifen ganz Berlin nach einem Taxi ab, in dem vermutlich der Miniaturdieb sitzt und samt dem echten Holbein fliehen will!«

»Aber das ist doch der helle Wahnsinn!« rief der Generaldirektor. »Ich versichere Sie« – diese Redewendung stammte noch aus seiner Agentenzeit – »ich versichere Sie, daß die Miniatur nicht gestohlen worden ist, sondern wohlbehalten in unserem Tresor liegt und in wenigen Augenblicken Herrn Steinhövel überreicht werden wird!«

»Irrtum ausgeschlossen?« fragte Herr Külz.

»Vollkommen ausgeschlossen!« Aber plötzlich wurde der Generaldirektor unsicher. »Die junge Dame sprach von einer Imitation. Sollten wir die Imitation haben?«

»Nein«, meinte Herr Steinhövel und holte ein Päckchen aus der Tasche. »Die Imitation haben wir bereits.«

Da erschien der Prokurist, Herr Klapproth, wieder, gab seinem Chef den Tresorschlüssel und das Päckchen, das er hatte holen sollen.

Die anderen saßen völlig verzaubert und starrten gebannt auf das geheimnisvolle Päckchen.

»Darf ich bitten?« Herr Kühlewein überreichte es dem alten Sammler mit einer schwungvollen Handbewegung.

Dieser schnürte das Päckchen hastig auf, wickelte das Holzkästchen aus und öffnete es.

»Die Miniatur!« flüsterte Fräulein Trübner. »Tatsächlich!«

Der Sammler zog die Lupe aus der Tasche, unterzog die Miniatur einer kurzen Prüfung, lehnte sich im Stuhl zurück und murmelte: »Unglaublich! Es ist die echte!«

»Nun also!« erklärte der Generaldirektor. Er wandte sich an den Prokuristen und sagte lächelnd: »Die Herrschaften wollten es nicht glauben, sondern behaupteten eben, dieses Päckchen sei vor einer Stunde gestohlen worden und der Dieb suche mit der Miniatur in einem Taxi zu entkommen.« Er zog belustigt die Brauen hoch. »Lieber Klapproth, seit wann liegt das Päckchen, unversehrt auf seinen Herrn wartend, in unserem einbruchssicheren Tresor?«

Der Prokurist beugte sich vor und erwiderte leise: »Seit etwa einer halben Stunde.«

Der Generaldirektor der »Berolina« sprang entsetzt hoch. »Was sagen Sie da? Erst seit einer halben Stunde? Schicken Sie sofort den Angestellten her, der die Sache bearbeitet hat!«

Prokurist Klapproth eilte aus dem Zimmer.

Herr Kühlewein wanderte verstört auf dem großen weichen Teppich hin und her, der den Boden bedeckte, und blickte drohend nach der Tür. »Sie müssen entschuldigen«, begann er, »daß ich soo ...«

»Aus dem Mustopf komme«, fuhr der Fleischermeister hilfreich fort.

Der Generaldirektor lächelte bittersüß. »Ganz recht. Ich erfuhr vor zwanzig Minuten, daß Herr Steinhövel unterwegs sei, um die Miniatur abzuholen. Als Sie mit einem Kriminalkommissar erschienen, wunderte ich mich ein wenig. Aber es scheint, daß ich mich heute noch öfter zu wundern Gelegenheit finden werde.«

»Das walte Gott!« sagte Külz. »Und wir mit Ihnen. Setzen Sie sich beizeiten, Herr General! Das kann nicht schaden!« Dann wandte er sich an Fräulein Trübner. »Ich bin wie vor den Kopf geschlagen. Ist es auch ganz bestimmt die echte Miniatur? Oder nur eine neue Theorie?«

»Es ist das Original«, sagte Herr Steinhövel. »Das ist das Einzige, was bis jetzt feststeht.«

Die Tür öffnete sich. Ein junger Mann trat ins Zimmer.

»Einer unserer Subdirektoren«, erklärte Herr Kühlewein ungnädig. »Er kennt die Materie.«

Der junge Mann, der die Materie kannte, verbeugte sich und kam näher.

Es war Herr Joachim Seiler!

Außer Irene Trübner verstand zunächst niemand, warum der alte Külz aufsprang und wie ein Indianer auf den jungen Mann lostanzte.

Der Stuhl fiel um. Külz rief: »Hurra!« und zog den Subdirektor der »Berolina« an seine Brust. »Bravo, mein Junge!« brüllte er. »Uns so hineinzulegen! Sie sind ein Mordskerl!« Er lachte unbändig. »Ich hab's ja gleich gesagt, daß Sie kein richtiger Gauner sind!« Dann drehte er sich stolz um und wies gravitätisch auf Seiler. »Das ist er, meine Herren! Das ist er!«

»Wer ist das?« fragte Generaldirektor Kühlewein.

Der Kriminalkommissar erklärte: »Es handelt sich vermutlich um den Mann, der vor knapp einer Stunde die Miniatur aus der Wohnung des Herrn Külz entwendet hat.«

»Allmächtiger!« murmelte der Generaldirektor. Man hörte fast, wie ihm eine Gänsehaut über den Rücken kroch. »Seiler, Sie sind ein Dieb?«

Der junge Mann zuckte verlegen die Achseln. »Es mußte sein! Lieber Herr Külz, ich ersuche nachträglich um die Erlaubnis, bei Ihnen stehlen zu dürfen!«

»So oft Sie wollen, mein Junge!« rief Külz. »Ich bin ja so froh, daß Sie kein Einbrecher sind, sondern nur einbrechen!«

Joachim Seiler meinte: »Es war ziemlich verwickelt. Ich hatte den Eindruck, daß die Polizei nur einen Bruchteil der Bande in meiner Wohnung erwischt hatte. Ich begab mich eigentlich nur vorsichtshalber in Ihre Wurstfabrik, Papa Külz. Es wäre natürlich ebensogut möglich gewesen, daß die Miniatur bereits in Herrn Steinhövels Villa angekommen war. Sie war aber nicht. Sie hing über Ihrem Sofa.«

Der alte Kunstsammler war nachdenklich geworden und fragte: »Wußten Sie denn, daß Sie in Warnemünde nicht das Original, sondern die Kopie gestohlen hatten? Oder war das ein bloßes Versehen?«

Generaldirektor Kühlewein schnappte merklich nach Luft. »Was denn? In Warnemünde hat unser Herr Seiler auch schon gestohlen?«

»O ja«, erwiderte der junge Mann bescheiden. »Es mußte sein! Man kann nicht immer, wie man will. Als in der Tanzdiele das Licht erlosch, war mit Glacéhandschuhen nichts mehr auszurichten. Ich riß Fräulein Trübners Handtasche auf, griff rasch hinein und entwendete die Miniatur.«

Der Kommissar blickte den Delinquenten mißtrauisch an. »Wie kommt es dann, daß Sie in Warnemünde zwar das Original stahlen, daß wir aber in Ihrer Wohnung die Imitation fanden? Ich danke Ihnen übrigens dafür, daß Sie uns die Bande ausgeliefert haben!«

»Gerne geschehen!« sagte der junge Mann. »Was nun die beiden Miniaturen anlangt, war die Manipulation sehr einfach. Als das Licht erlosch, lag die Kopie noch auf dem Tisch. Sie war ja Herrn Külz gerade erst von der Bande heimlich zurückgebracht worden! Ich stahl im Dunkeln das Original aus Fräulein Trübners Handtasche. Dann legte ich es, als sei es die Kopie, auf den Tisch, und nun stahl ich die Kopie! Und mit der Kopie rückte ich aus.« Er besann sich und lächelte amüsiert. »Na ja. Nun mußten selbstredend alle Beteiligten glauben, ich sei mit dem Original verschwunden! Dadurch verlor die Bande an Fräulein Trübner und Herrn Külz jegliches Interesse. Sie verfolgte von jetzt ab mich und das vermeintliche Original in meiner Tasche. So gelang es mir, die Kerle von Warnemünde bis nach Berlin hinter mir herzulocken. Und dann ließ ich sie in meiner Wohnung verhaften. Es war verhältnismäßig einfach, wie Sie sehen. – Und das wirkliche Original war vorläufig in Sicherheit. Und Fräulein Trübner und Herr Külz auch.«

»Großartig!« rief der Fleischermeister. »Fabelhaft! Wenn man so was hört, könnte man neidisch werden!«

Der alte Kunstsammler nickte bedächtig.

Generaldirektor Kühlewein allerdings, der war gebrochen! Solche Methoden waren ihm im Versicherungsgewerbe neu.

Joachim Seiler fuhr in seinem Bericht fort. »Während ich von meinem Stammcafé aus zusah, wie das Überfallkommando die Bande aus meiner Wohnung herausholte, erhielt ich vom Bandenchef, der sich übrigens noch immer in Freiheit befindet, einen Brief. Kurz darauf fuhr er in einem Taxi an mir vorüber. Er hatte sich zwar seinen prächtigen weißen Bart abnehmen lassen, aber ich erkannte ihn trotzdem. Und nun bekam ich's von neuem mit der Angst. Ich fuhr schleunigst zur Yorckstraße und besuchte Frau Külz. Falls die Miniatur dort war, mußte sie unbedingt in Sicherheit gebracht werden. Und so stahl ich, nachdem ich in Warnemünde die Kopie gestohlen hatte, in Berlin auch noch das Original. Wenn man erst einmal auf die schiefe Ebene gerät, gibt es kein Halten mehr.«

»Und jener Mann, den unsere Motorradstreifen verfolgen, ist der Chef der Bande?« fragte der Kommissar.

»Wir wollen's hoffen«, meinte Joachim Seiler. Er war etwas unaufmerksam geworden und blickte zu Irene Trübner hinüber, die versonnen aus dem Fenster sah.

»Können Sie hexen?« fragte der Kommissar. »Wann haben Sie bloß Zeit gefunden, den Verkehrsschupos im Westen jene Zettel mit der Nummer des Taxis zuzuwerfen, in dem Ihr rasierter Räuberhauptmann saß?«

»Hexen kann ich nicht«, antwortete der junge Mann. »Und mit den Zetteln habe ich nichts zu tun. Die muß mein Freund Struve verteilt haben.«

Külz lachte aufgeräumt: »Der kleine Dicke aus Bautzen ist Ihr Freund? Na hören Sie, der hat ja einen schönen Spektakel gemacht, weil man ihn verhaftet hatte.«

»Ich weiß«, sagte Seiler. »Wir trafen uns im Café. Und ich schickte ihn schleunigst hinter dem Räuberhauptmann her. Wer weiß, wo er jetzt steckt. Hoffentlich ist ihm nichts zugestoßen.«

Der Kommissar setzte dem Generaldirektor auseinander, wieso ein Komponist namens Struve verhaftet worden war.

»Entsetzlich!« erklärte Herr Kühlewein fassungslos. »Unter falschem Namen ist unser Subdirektor auch aufgetreten?«

»Es mußte sein«, behauptete Joachim Seiler. »Ich war in Kopenhagen Zeuge, wie Fräulein Trübner und Herr Külz von einigen Mitgliedern der Bande beobachtet und verfolgt wurden. Deswegen suchte ich unter fremdem Namen und Vorwand die Bekanntschaft der beiden Herrschaften zu machen. Ich mußte in nächster Nähe sein, wenn es ernst werden sollte!«

Irene Trübner sagte: »Herr Seiler erfand sogar eine Leipziger Cousine, die Irene heißt. Und einen Vetter, der in Hannover als Ohrenarzt sein Dasein fristet.«

»Die Cousine war gelogen«, gab der junge Mann zu. »Doch der Ohrenarzt stimmt!«

Generaldirektor Kühlewein rang die Hände. »Welche Delikte haben Sie eigentlich in den paar Tagen nicht begangen? Wie?«

»Liegt Ihnen an einer exakten Aufzählung?« fragte Seiler.

»Nein!« rief Herr Kühlewein. »Nein! Setzen Sie sich endlich hin, Sie Verbrecher!«

Joachim Seiler nahm Platz. Er hatte mörderischen Hunger. Am liebsten wäre er auf der Stelle in die nächste Aschingerkneipe gelaufen.

Während der Kriminalkommissar dem Kunstsammler und dem Generaldirektor in logischer und historischer Folge die abenteuerliche Geschichte der beiden Holbein-Miniaturen darlegte, betrachtete der junge Mann die junge Dame und fürchtete, sein Magen könne knurren.

Als der Kommissar seinen Bericht beendet hatte, erhob sich der zierliche alte Herr Steinhövel, reichte dem jungen Mann die Hand und sagte: »Ich danke Ihnen herzlich und beglückwünsche Sie zu Ihrer Belohnung.«

»Zu welcher Belohnung denn?« fragte Seiler.

»Herr Steinhövel hat für die Wiederbeschaffung der Miniatur eine Belohnung von zehntausend Mark ausgesetzt«, erwiderte der Kommissar. »Es steht doch heute in allen Blättern!«

»Ich habe noch keine Zeitungen gelesen. Man kommt ja zu nichts!« sagte der junge Mann. »Aber zehntausend Mark kann man immer brauchen.«

Das zwanzigste Kapitel
Nun stimmt's aber!

Generaldirektor Kühlewein saß in Gedanken. Er verarbeitete, was er erfahren hatte, und wußte noch immer nicht, ob er sich freuen oder ärgern sollte. Es ist ja auch manchmal schwer, von beidem das Richtige zu wählen. Vor allem für nüchterne Menschen, die sowohl Verdruß als Freude Anstrengung kostet.

Joachim Seiler enthob ihn des weiteren Nachdenkens und sagte: »Ich habe den Eindruck, daß Sie die Maßnahmen, die ich für nötig hielt, mehr oder weniger mißbilligen!«

»Ganz recht«, erwiderte der Generaldirektor.

»Und Sie halten es«, fuhr Seiler fort, »für sittenwidrig, daß ich dafür auch noch zehntausend Mark erhalten soll.«

»Ganz recht« bestätigte der Generaldirektor.

Der junge Mann erhob sich verstimmt. Seine Augen blitzten. »Unter diesen Umständen möchte ich Herrn Steinhövel mitteilen, daß ich auf die mir zugedachte Belohnung verzichte. Falls es einen Fonds für notleidende Generaldirektoren geben sollte, schlage ich vor, die zehntausend Mark diesem Fonds zu überweisen. Und Herrn Generaldirektor Kühlewein bitte ich um meine sofortige Entlassung. Mahlzeit!« Er verbeugte sich kurz und ging zur Tür.

Doch Fleischermeister Külz war rascher. Er postierte sich vor der Tür und versperrte den Weg. »So ein Hitzkopf!« rief er. »Das erlaube ich nicht. Ist das hier eine Versicherungsgesellschaft oder ein Kindergarten? Herr Steinhövel hat seinen Holbein wieder. Die Versicherungsgesellschaft hat eine halbe Million Mark gespart. Die Polizei hat eine Verbrecherbande erwischt. Was verlangen Sie eigentlich noch von Ihren Angestellten, Herr Generalbürokrat?«

»Bravo!« sagte Herr Steinhövel und applaudierte geräuschlos. »Sollten Sie die Kündigung annehmen, engagiere ich den jungen Mann vom Fleck weg. Und die Belohnung, lieber Herr Seiler, die gehört Ihnen, ob Sie nun wollen oder nicht! Sie werden mich doch nicht beleidigen!«

Papa Külz schob seinen Arm unter den des jungen Mannes und führte ihn mit sanfter Gewalt ins Zimmer zurück.

Herr Kühlewein stand auf. Er war befangen. »Ich nehme Herrn Seilers Kündigung nicht an. Die Herrschaften entschuldigen mich. Die außergewöhnliche Sitzung hat außergewöhnlich viel Zeit beansprucht. Ich muß in mein Büro. Zu ganz gewöhnlichen Geschäften.« Er wandte sich an Seiler. »Ich möchte Sie noch sprechen, bevor Sie aus dem Haus gehen, Herr Direktor!«

Dann entfernte er sich. Schneidig und repräsentativ, wie er's gewohnt war. Übung macht den Meister.

Nachdem die Glückwünsche vorüber waren, mit denen der neugebackene Direktor überschüttet worden war, sagte Herr Külz befriedigt: »Dieser Generaldirektor ist schlauer, als ich dachte. Er hat gelernt. Das ist in seinem Alter eine geradezu übermenschliche Leistung.«

Der Kriminalkommissar blickte auf die Uhr und war überrascht. »Ich muß mich verabschieden. Auch ich muß ins Büro. Die Bande, die Herr Direktor Seiler freundlicherweise in seiner Wohnung eingesperrt hat, brennt darauf, sich mit mir ausführlich zu unterhalten.«

»Erinnern Sie mich nicht an meine Wohnung!« bat der junge Mann. »Ich fürchte, die Bande hat, als das Überfallkommando anrückte, mein bescheidenes Mobiliar zu Barrikaden verarbeitet.«

Der Kunstsammler reichte dem jungen Mann einen Scheck. »Hier ist die Belohnung, Herr Direktor. Für den in Ihrer Wohnung entstandenen Schaden komme ich selbstverständlich auf.«

Sie gaben einander die Hand. Seiler bedankte sich. Der Sammler winkte ab. »Dieser Holbein«, er wies auf das Holzkästchen, »bedeutet für mich alten Narren viel mehr, als sich in Ziffern ausdrücken läßt. Fräulein Trübner wird so nett sein, Ihnen bei der Beschaffung der neuen Möbel zu helfen.«

»Großartig!« Seiler war begeistert. »Ich halte viel von Fräulein Trübners Geschmack.«

Es klopfte.

Ein Polizist trat ein und schlug die Hacken zusammen. »Herr Kommissar, Inspektor Krüger schickt uns. Wir sollen Ihnen einen Mann vorführen, den wir im Kaufhaus des Westens aus einem Schaufenster herausgeholt haben. Stören wir? Der Inspektor meint, hier seien Herrschaften, die den Mann identifizieren und auch sonst zweckdienliche Angaben machen könnten.«

»Warum bringt ihr denn nicht gleich das ganze Untersuchungsgefängnis mit?« fragte der Kommissar. »Also herein mit dem Kerl!«

Der Wachtmeister rief etwas in den Korridor hinaus und trat zur Seite. Etliche Polizisten führten einen älteren, elegant gekleideten Herrn ins Zimmer. Er war glattrasiert, schaute sich gelassen um und runzelte, als er Joachim Seiler entdeckte, die hohe Stirn.

Hinter den Beamten schusselte der kleine dicke Komponist Struve ins Zimmer. Die blonde Mähne hing ihm in Strähnen ins Gesicht. Und die Krawatte war arg verrutscht. »Ich hatte gehofft, Sie niemals wiederzusehen«, sagte er streng zum Kommissar. Dann begrüßte er die anderen. Zuletzt seinen Freund Seiler. »Menschenskind, hoffentlich habe ich den Richtigen aufgetrieben.«

»Es ist der Richtige«, erwiderte Seiler. »Der weiße Bart ist zwar verschwunden, und die dunkle Brille auch. Doch der Herr, der so gern Briefe schreibt, ist übriggeblieben.«

»Wahrhaftig«, flüsterte Irene Trübner. »Jetzt erkenne ich ihn auch wieder.«

»Der Herr aus der Pension Curtius!« erklärte Fleischermeister Külz überrascht. »So muß ich Sie wiedersehen!«

»Ich hätte uns gern den Anblick erspart«, entgegnete der Verhaftete zuvorkommend.

Der Kriminalbeamte fragte: »Wie heißen Sie?«

»Professor Horn.«

»Sollten Sie sich da nicht irren?« fragte der Kommissar. »Wäre es nicht ebenso gut möglich, daß Sie gar kein Professor sind und Klotz heißen?«

»Auch das ist möglich«, sagte der Bandenchef. »Es wäre unhöflich, Ihnen zu widersprechen.«

»Ein ungewöhnliches Zusammentreffen«, behauptete der Kommissar. »Es ist zwar schon oft vorgekommen, daß Ihre Firma einen Diebstahl beging und daß wir Sie nicht gekriegt haben. Aber daß Ihnen ein Diebstahl mißlang und wir Sie trotzdem erwischt haben, ist neu.«

»In der Tat«, meinte der Professor. »Ein Novum! Daran ist der junge Mann schuld.« Er wies auf Seiler. »Ich glaubte, bis ich dieses Zimmer betrat, er sei ein Konkurrent von uns. Und nun muß ich zu meinem Bedauern feststellen, daß er seine Talente als sogenanntes nützliches Glied der sogenannten menschlichen Gesellschaft vergeudet.« Er blickte Seiler spöttisch an. »Es berührt mich schmerzlich, Sie in dieser Umgebung zu sehen. Sie berauben sich vieler Abenteuer und verscherzen sich eine große Zukunft.« Er zuckte die Achseln. »Ich schlage vor, daß man mich von hier entfernt.«

»Ein Vorschlag, der vieles für sich hat«, sagte der Kommissar und gab den Polizisten einen Wink. Sie verließen mit Herrn Klotz das Zimmer. – Struve wurde von dem Kommissar wegen seines Erfolges als Kriminalist belobigt.

Der Komponist wehrte die Komplimente ab. »Ich hab's ja nur getan, weil mir Seiler versprochen hat, mir nun den Kerl zu zeigen, der sich widerrechtlich meines Namens bedient hat. Damit ich endlich die Ohrfeigen loswerden kann, die in mir schlummern.«

»Sie wissen nicht, wer der falsche Struve war?« fragte Irene Trübner verblüfft.

»Ich habe keine Ahnung«, erwiderte Struve.

Külz schmunzelte. »Na, da können Sie ja nun Ihre Backpfeifen an den Mann bringen.«

»Was denn?« Der kleine dicke Musiker starrte den Fleischermeister an. »Der Bursche ist hier im Zimmer?« Die anderen nickten.

»Seiler«, murmelte Struve. »Wer von den Anwesenden war's? Schnell! Spanne mich nicht auf die längst abgeschaffte Folter!«

»Ich war es selber!« antwortete der junge Mann. »Rudi, nimm mir's nicht allzu übel. Mir fiel gerade kein anderer Name ein. So, und jetzt hau kräftig zu. Ich verspreche dir, nicht wiederzuhauen.«

Struve lächelte verlegen. Dann gab er Seiler einen kräftigen Rippenstoß und meinte: »Unter Freunden? Nee. Nun steh ich mit meinen zwei latenten Ohrfeigen in der Beuststraße und weiß nicht, wohin damit!«

»Das muß ein scheußlicher Zustand sein«, meinte der alte zierliche Herr Steinhövel.

Der Kommissar war gegangen, um die Zivilbeamten, die das Versicherungsgebäude noch immer mit Argusaugen bewachten, heimzuschicken.

Herr Steinhövel hatte nach seinem Wagen telefonieren lassen. Sie saßen und warteten. Külz schilderte dem Komponisten die Abenteuer, die Seiler zwischen Kopenhagen und Berlin bestanden hatte. Er ruderte mit beiden Armen, während er sprach, und konnte sich nicht genug tun. Schon jetzt, wenige Stunden nachdem sie geschehen waren, gerieten die Taten des jugendlichen Helden ins Überlebensgroße.

Der alte Sammler hörte lächelnd zu und dachte: ›Der Volksmund öffnet sich und siehe, er hat vierundsechzig Zähne! Früher tötete man Drachen, heute erlegt man Hochstapler. Nur die Nebensachen ändern sich. Die Mythenbildung überlebt die Technik.‹ Je mehr er sich in geschichtsphilosophische Vermutungen verstrickte, um so weniger hörte er zu.

Auch Seiler hörte nicht zu. Er saß neben Irene Trübner und fragte, wie schon einmal vor vierundzwanzig Stunden: »Wollen wir uns wieder vertragen?«

Sie ließ die Frage unbeantwortet und erklärte: »Ich komme heute abend in Ihre Wohnung, Herr Direktor, und werde mir den Schaden besehen. Morgen können wir dann neue Möbel kaufen. Ich kenne verschiedene Geschäfte, wo man gut und preiswert bedient wird.«

Er schwieg.

»Paßt es Ihnen heute abend gegen sieben Uhr?« fuhr sie fort.

»Sie wohnen ja ganz in meiner Nähe. In der Holtzendorffstraße, nicht wahr? Welche Nummer, bitte?«

Er betrachtete sie feindselig. Seine Augen glichen feurigen Kohlen.

Sie sagte: »Ach nein! Sie wohnen ja gar nicht in der Holtzendorffstraße. Das war ja gelogen, Herr Direktor! Darf ich um die wirkliche Adresse bitten? Aber nicht nur ungefähr, ja?«

Er rückte von ihr ab. »Ich verzichte auf Ihre gütige Mitwirkung. Einen Tisch und ein paar Stühle kann ich mir auch allein besorgen.«

»Mein Chef hat mich beauftragt, Ihnen zu helfen. Ich komme gegen sieben Uhr. Ich bin in geschäftlichen Angelegenheiten sehr zuverlässig.«

Er ruschte auf dem Stuhl hin und her, als säße er auf einem in Betrieb befindlichen Spirituskocher. »Ich öffne nicht. Sie brauchen nicht zu kommen. Ich huste auf Ihre Hilfe. Lieber will ich bis an mein Lebensende in einem Hühnerstall wohnen.«

»Also gegen sieben Uhr«, erwiderte sie unerschütterlich. »Es bleibt dabei.«

Seilers Geduldsfaden riß. Er sprang auf. »Unterstehen Sie sich!« rief er. »Wenn Sie kommen sollten, werfe ich Sie die Treppe hinunter! Ich wohne im vierten Stock, das lohnt sich!« Dann raste er aus dem Zimmer und knallte die Tür zu.

»Grundgütiger Himmel!« sagte Külz erschrocken. »Was hat's denn gegeben?«

»Nicht das geringste«, behauptete Fräulein Trübner.

»Na, ich weiß nicht!« erklärte der kleine dicke Herr Struve. »Wenn mir jemand mitteilte, daß er mich die Treppen hinunterwerfen will, würde ich das doch etwas seriöser auffassen.«

»Er hat es aber gar nicht Ihnen, sondern mir mitgeteilt«, meinte sie. »Das ist ja doch ein Unterschied!«

Ihr Chef, der Kunstsammler, rieb sich die Hände. Das hing zwar irgendwie mit seiner mangelhaften Blutzirkulation zusammen, wirkte aber immer, als ob er sich besonders behaglich fühle. »Wenn es keine Drohung war«, stellte er scharfsinnig fest, »dann kann es nur eine Liebeserklärung gewesen sein.«

»Wahrhaftig?« fragte Külz. »Na, da gratulier ich von ganzem Herzen, mein Kind. Ich habe lange nicht mehr Pate gestanden.«

Und obwohl es nicht üblich ist, dafür, daß man die Treppe hinuntergeworfen werden soll, Gratulationen entgegenzunehmen, neigte Irene Trübner den hübschen Kopf und sagte: »Besten Dank, meine Herren!«

Ein Hausbote meldete, Herrn Steinhövels Auto sei vorgefahren.

Man brach auf.

Der Kunstsammler hielt den Fleischermeister zurück und gab ihm ein Holzkästchen. »Das hätte ich ja fast vergessen! Darf ich Ihnen die Holbeinkopie, die Ihnen längst gehört, noch einmal, und nun für immer, schenken?«

Külz schüttelte ihm die Hand und steckte das Kästchen ein. »Das soll mir eine bleibende Erinnerung sein. Und meiner Emilie kauf ich eine Tafel Schokolade.«

Das Zimmer war höchstens eine halbe Minute leer.

Da kehrte Irene Trübner verstohlen zurück, hob den Telefonhörer ab und ließ sich mit Direktor Seiler verbinden.

»Hallo!« Seine Stimme klang rauh und heiser.

Sie antwortete nicht, sondern spitzte die Lippen.

»Hallo!« rief er mürrisch. »Zum Donnerwetter! Wer ist denn dort?«

»Die Irene«, sagte sie leise. »Wollen wir uns wieder vertragen?«

Herr Steinhövel hatte in seinem Wagen Platz genommen. »Wo ist denn meine Sekretärin?« fragte er.

Rudi Struve zeigte auf das Portal des Versicherungsgebäudes. Die drei Männer lächelten.

Külz trat dicht an den Wagen und sagte: »Lieber Herr Steinhövel, wollen Sie mir noch einen sehr großen Gefallen tun?«

»Gerne!«

Külz holte das Kästchen aus der Tasche und gab es dem Sammler. »Sehen Sie doch, bitte, noch einmal genau nach, ob es auch ganz bestimmt die richtige Miniatur ist. Wenn es wieder die falsche wäre …«

Herr Steinhövel lachte. »Es ist bestimmt die falsche.«

»Mit der falschen mein ich die echte«, erklärte Papa Külz.

»Na schön!« Der Sammler zog die Lupe aus der Tasche, klappte das Kästchen auf, betrachtete die Miniatur, die er verschenkt hatte, und erschrak. »Tatsächlich!« rief er. »Ich habe Ihnen das Original gegeben!«

»Entsetzlich!« murmelte Papa Külz. »Dann hätte das ganze Theater wieder von vorn anfangen können! Es ist nicht auszudenken!«

Herr Steinhövel versorgte den echten Holbein gewissenhaft in der Brusttasche, gab Külz das andere Kästchen und sagte: »Nun stimmt's aber!«

In diesem Augenblick trat Irene Trübner aus dem Gebäude und nickte den drei Herren glücklich zu.

DER KLEINE GRENZVERKEHR

Vorrede an die Leser

Dieses Salzburger Tagebuch, das ich hiermit der Öffentlichkeit übergebe, stammt von meinem besten Freunde. Georg Rentmeister heißt der junge Mann. Als er, vor nunmehr einem Jahr, von Berlin nach Salzburg reiste, mußte er eine Landesgrenze überschreiten, die es heute nicht mehr gibt.

Da fällt mir ein, daß Sie meinen Freund Rentmeister noch gar nicht kennen. Deshalb sollen Sie, bevor Sie seine Aufzeichnungen lesen, erst einmal einiges über ihn selber erfahren. Das ist Ihr gutes Recht, und schaden kann es auch nicht, denn Georg ist ein Kapitel für sich. Zum Beispiel: seit wir befreundet sind, nunmehr fünfzehn Jahre, betätigt er sich als Schriftsteller, ohne daß bis heute auch nur eine Zeile von ihm erschienen wäre.

Woran das liege, werden Sie fragen. Er besaß von Anfang an den imposanten Fehler, sich Aufgaben zu stellen, deren jede einzelne als Lebenszweck angesprochen werden muß.

Ich will Ihnen ein paar seiner Arbeiten, die mit Grund kein Ende finden, aufzählen und bin halbwegs sicher, daß Sie ihm die rückhaltlose Bewunderung, die er verdient und in die sich wohl gar ein leiser Schauder mischen dürfte, nicht länger vorenthalten werden.

Georg arbeitet unter anderem an einem Buch »Über den Konjunktiv in der deutschen Sprache, unter Berücksichtigung des althochdeutschen, des mittelhochdeutschen und des frühneuhochdeutschen Satzbaus«.

In einem seiner fünf Arbeitszimmer türmen sich, in Kisten und Kästen gestapelt, die auf dieses Thema bezüglichen Exzerpte aus den Werken älterer und neuerer Schriftsteller, und an der Tür des Konjunktiv-Zimmers hängt ein Schild mit der drohenden Aufschrift: »Consecutio temporum!«

An der Nebentür liest man: »Antike und Christentum!« Und auch hinter dieser Tür stehen randvoll beladene Schränke, Kisten und Kästen. Hier birgt Georg die Ergebnisse und Erkenntnisse für das von ihm geplante Fundamentalwerk »Über *die mutierenden Einflüsse der Antike und des Christentums auf die mitteleuropäische Kunst und Kultur«.*

Soviel ich verstanden habe, handelt es sich um die Darstellung des Verlaufs zweier eingeschleppter Krankheiten, die seit je, manchmal gleichzeitig, manchmal zyklisch auftretend, an einem Organismus namens Mitteleuropa zehren. Ungefähr seit dem Jahr 1000 p. Chr. n. sei der genannte geographische Bezirk für den Kulturhistoriker ein pathologischer Fall, behauptet Georg.

Der arme Mensch!

An der dritten Tür steht das Wort »Stenographie!«. Georg arbeitet seit zehn Jahren an einer funkelnagelneuen Kurzschrift, welche die Mängel der bisherigen Systeme beseitigen und unabsehbare Vorzüge hinzufügen soll. Georgs Augenmerk richtet sich auf die Erhöhung der pro Minute schreibmöglichen Silbenzahl, und zwar mit Hilfe der Methode, ganze Sätze in einem ununterbrochenen Schriftzuge niederzuschreiben. Er glaubt zuversichtlich, daß man dann in der Minute bequem wird dreihundert Silben stenographieren können. Da nun auch der hastigste Redner nicht mehr als zweihundertfünfzig Silben spricht, leuchtet mir die Bedeutung des Projekts, dreihundert zu schreiben, freilich nicht ganz ein. Aber Georg hat sich in die Sache verrannt. Er ist ein Sisyphus, der sich freiwillig gemeldet hat.

Es wird niemanden überraschen, daß auch diese Arbeit noch in den Kinderschuhen steckt.

Der Wortlaut der übrigen Türschilder ist mir nicht gegenwärtig. Eins aber steht fest: In jedem der fünf Arbeitszimmer befindet sich, außer den einschlägigen Büchern, den Schränken, Kisten und Kästen, je ein Schreibtisch. Fünf Schreibtische also, fünf Schreibstühle, fünf Tintenfässer, fünf Schreibblocks und fünf Terminkalender! Und so wandert denn Georg, der Unheimliche, zwischen seinen unvollendeten Lebenswerken, bald an dem einen, bald am andern arbeitend, äußerst gedankenvoll hin und her. Die Sekretärin, die er hat und »die kleine Tante« nennt, macht einen leicht verwirrten Eindruck. Das ist verzeihlich.

Glücklicherweise kann Georg es sich leisten, seinen kostspieligen geistigen Begierden nachzugehen. Er ist der Miterbe einer sehr großen Fabrik, in der Badewannen aus Zink hergestellt werden; Wannen, in denen man sitzen, Wannen, in denen man liegen, und winzige Wannen, in denen man kleine Kinder ein- und abseifen kann. Die Fabrik liegt in einem romantischen deutschen Mittelgebirge; und der ältere Bruder, der das blühende Unternehmen leitet, zahlt Georg jede Summe, vorausgesetzt, daß dieser den Zinkbadewannen fernbleibt.

Georg bleibt fern.

Er wohnt in Berlin und kommt selten aus seinen fünf Studierzimmern heraus. Im vergangenen Spätsommer, da verließ »Doktor Fäustchen«, wie wir ihn nennen, allerdings den Konjunktiv, die Antike, die Stenographie und das Christentum, um sich zu erholen. Als er, einige Wochen später, zurückkam, drückte er mir das Tagebuch in die Hand, das er während der Ferien geführt hatte. Es ist begreiflich, daß ein Mann wie er nicht hatte untätig sein können, und ich fand's erfreulich, daß er endlich einmal eine Arbeit, wenn auch nur ein Ferientagebuch, zu Ende gebracht hatte. Ich las das Manuskript und schickte es meinem Verleger. Dem gefiel's, und er ließ es drucken. Ihn und mich würde es freuen, wenn das Buch auch dem Publikum gefiele.

Erich Kästner
Berlin, Sommer 1938

P. S. Mein Freund Georg hat übrigens keine Ahnung, daß sein Tagebuch gedruckt worden ist, und wird aus allen Wolken fallen.

Vorrede an den Verfasser

Mein lieber Georg!

Du hast keine Ahnung, daß Dein Tagebuch gedruckt worden ist, und wirst aus allen Wolken fallen. Ich besaß Deine Erlaubnis nicht, das Manuskript aus der Hand, geschweige in Druck zu geben. Doch was willst Du? Warum sollst Du es besser haben als andere Schriftsteller?

Ich hoffe, daß Dir das einleuchtet. Immerhin bin ich, ehrlich gestanden, froh, daß Du, während das Buch erscheint, nicht in Berlin, sondern auf Ceylon weilst. Die Vorstellung, die ich mir von Deiner Überraschung mache, genügt meinem Sensationshunger vollkommen. Der Erfahrung kann ich in diesem Falle, wie auch in vielen andren Fällen, durchaus entraten. Möge Dein Zorn, bis Du heimkehrst, verraucht sein und womöglich der sanften Genugtuung darüber Platz gemacht haben, so daß Du ohne eigenes Zutun begonnen hast, ein nützliches Glied der menschlichen Gesellschaft zu werden.

Grüße deine junge Frau von mir! Es ist mir nach wie vor unverständlich, daß dieses hinreißende Geschöpf Dich heiraten konnte. Gewiß, Du bist gescheit, gesund, wohlhabend, hübsch, ein bißchen verrückt und von heiterem Gemüte – aber sind das ausreichende Gründe? Doch ich ahne, woran es zuletzt gelegen hat, daß sie Dich nahm. Du wirst gefragt haben, ob sie Dich nehmen wolle! (Ich vergesse jedes Mal zu fragen und werde demzufolge Junggeselle bleiben. Denn wenn man in den Wald nicht hineinruft, braucht man sich nicht zu wundern – doch Du weißt schon, was ich sagen will.) Eurer baldigen Heimkunft sieht in edler Fassung entgegen

Euer Erich

P.S. In den Briefen des J.M.R. Lenz habe ich einige Konjunktivsätze gefunden, die Dich interessieren werden. Ich habe sie der kleinen Tante zur Abschrift gegeben, und Du kannst das Exzerpt zu den übrigen legen, falls in Deinen Kisten noch Platz ist.

N.B. Als Schriftsteller und Mensch wirst Du mit Befriedigung feststellen, daß der Wortlaut Deines Manuskriptes nicht angetastet worden ist. Ich habe mir lediglich erlaubt, das Tagebuch durch Kapitelüberschriften zu gliedern.

Entschuldige, Fäustchen!

Das Salzburger Tagebuch
des Georg Rentmeister
oder Der kleine Grenzverkehr

MOTTO: *»Hic habitat felicitas!«**

* »Hier wohnt das Glück.«
Diese Inschrift stand auf einem altrömischen
Mosaikfußboden, den man in Salzburg fand, als
man für das Mozart-Denkmal den Grund legte.

Die Vorgeschichte

Berlin, Ende Juli 1937.
Karl hat mir aus London geschrieben und fragt, ob ich ihn Mitte August in Salzburg treffen will. Er ist von der Leitung der Salzburger Festspiele eingeladen worden, da man ihn fürs nächste Jahr als Bühnenbildner gewinnen möchte. Diesmal wollen sie sich ihn und er soll sich einige Aufführungen anschauen. Man hat ihm für eine Reihe von Stücken je zwei Karten in Aussicht gestellt. Ich war lange nicht im Theater und werde fahren.

Ich darf nicht vergessen, ein Devisengesuch einzureichen. Denn da Salzburg in Österreich liegt, muß ich die Grenze überschreiten; und wer zur Zeit die Grenze überschreitet, darf, pro Monat, ohne weitere Erlaubnis höchstens zehn Reichsmark mitnehmen. Nun habe ich mathematisch einwandfrei festgestellt, daß ich in diesem Fall an jedem Tag – den Monat zu dreißig Tagen gerechnet – genau 33,3333 Pfennige ausgeben kann, noch genauer 33,3333333 Pfennige. Was zu wenig ist, ist zu wenig! Das Gesuch um die Bewilligung einer größeren Summe ist unerläßlich. Ich werde es noch heute der kleinen Tante diktieren und abschicken.

Berlin, Mitte August.
Karl ist schon seit Tagen in Salzburg und hat, ungeduldig wie er ist, depeschiert. Er will wissen, warum ich noch nicht dort bin und wann ich wohl eintreffe. Daraufhin habe ich die Devisenstelle angerufen und mich erkundigt, ob ich in absehbarer Zeit auf eine Beantwortung meines Gesuchs rechnen könne; ich bäte, meine Neugierde zu entschuldigen, aber die Salzburger Festspiele gingen programmgemäß am 1. September zu Ende. Der Beamte hat mir wenig Hoffnung gemacht. Die Gesuche, meinte er, türmten sich in den Büros; und es gäbe begreiflicherweise dringlichere Anträge als solche von Vergnügungsreisenden. Nun habe ich also die Erlaubnis des Wehr-

kreiskommandos und die der Paßstelle: Ich darf für vier Wochen nach Österreich.

Doch was nützt mir das, solange ich nur zehn Mark mitnehmen kann?

Berlin, 19. August.
Karl bombardiert mich mit Depeschen. Ob ich glaubte, daß die Festspiele meinetwegen verlängert würden, telegraphiert er und, er sei bereit, mit Toscanini wegen einer Prolongation zu verhandeln; ich müsse nur noch angeben, wann ich genauestens zu kommen gedächte; ob schon im November oder erst im Dezember.

Was kann ich tun? Die Devisenstelle hat noch keinen Bescheid geschickt. Und ich traue mich nicht, schon wieder anzurufen. Die Leute haben schließlich andre Dinge im Kopf als meine Ferien. Erich hat mich auf eine Idee gebracht, die nicht übel ist. Ich habe anschließend mit dem Hotel Axelmannstein in Bad Reichenhall telefoniert und ein Zimmer mit Bad bestellt. Ich kenne das Hotel von früher. Sehr komfortabel; Golfplatz, Schwimmbad, Tennisplätze, alles im Hause. Um die Fahr- und Bettkarte ist die kleine Tante unterwegs. Sie ist auch angewiesen, mir die Antwort der Devisenstelle nachzusenden. Heute abend kann die Reise losgehen.

Der Plan

Im Schlafwagen, 19. August.
Mir ist recht verschmitzt zumute. Es ist Nacht. Der Zug donnert durch Franken. Ich liege im Bett, trinke eine halbe Flasche Roten, rauche und freue mich auf Karls dummes Gesicht.

Er wird kein klügeres ziehen als vor wenigen Stunden der alte Justizrat Scheinert am Anhalter Bahnhof. »Hallo, Doktor«, rief er, als er mich sah, »wo fahren Sie denn hin?«

»Nach Salzburg!« antwortete ich.

»Nach Salzburg? Sie Glücklicher! Wo werden Sie denn wohnen?«

»In Reichenhall!«

Der gute Mann hat schon von Haus aus kein durchgeistigtes Antlitz, doch jetzt wirkte er tatsächlich wie ein Schaf mit Hornbrille.

In Österreich ins Theater gehen, in Deutschland essen und schlafen: die Ferien versprechen einigermaßen originell zu werden! Mein alter Schulatlas hat mich davon überzeugt, daß Reichenhall und Salzburg keine halbe Bahnstunde auseinanderliegen. Eisenbahnverbindungen sind vorhanden. Der Paß ist in Ordnung. So werde ich denn für meine Person den sogenannten kleinen Grenzverkehr permanent gestalten.

In Reichenhall werde ich als Grandseigneur leben, in Salzburg als Habenichts; und jeden Tag werde ich der eine oder der andere sein. Welch komödienhafte Situation! Und da haben die Herren Dichter Angst, die Erde könnte, infolge des sogenannten Fortschritts, unromantisch werden!

Man sollte sich diesbezüglich keine Sorgen machen. Die meisten Länder haben schon ihre Devisengesetze. – Die Flasche ist leer. Drum schließ ich meine Äuglein zu.

Im Speisewagen, 20. August.
Das Frühstück ist die schönste Tageszeit. Der Schnellzug eilt durch die bayrischen Berge. Die Bauern spießen das Heu, da-

mit es trockne, auf in den Wiesengrund gerammte Pflöcke. Und die Sommerlandschaft dreht sich heiter um uns, »wie eine Platte auf Gottes großem Grammophon«.

Ich sitze im Raucherabteil und habe soeben eine Feststellung gemacht. Die Eisenbahngesellschaften aller Länder haben zwei Sorten Coupés in Betrieb, die Raucher- und Nichtraucherabteile. Soweit scheint die Sache in Ordnung – doch sie scheint es nur. Im Nichtraucherabteil ist das Rauchen verboten; demzufolge müßte im Raucherabteil das Nichtrauchen verboten sein! Doch dem ist nicht so, und derartige Inkonsequenzen verletzen mein Gerechtigkeitsgefühl aufs tiefste. Wie schön wäre das, wenn der Schaffner jetzt ins Raucherabteil träte und diejenigen, die nicht rauchen, in Strafe nähme und streng ins Nichtrauchercoupé spedierte!

Nichts auf der Welt ist vollkommen. Doch ich muß aufhören. Wir haben Freilassing passiert. Die nächste Station heißt Reichenhall.

Der kleine Grenzverkehr

Reichenhall, 20. August.
Eben bin ich aus Salzburg zurückgekommen; nun hock ich, Mitternacht ist vorbei, in der Hotelbar und trinke das vielgeliebte »Charlottenburger Pilsner«, wie die Freunde die herzhafte Mischung aus Sekt und Bier getauft haben.

Vor sechs Jahren war ich zum letztenmal in Salzburg. Doch als Karl und ich heute mittag im Garten des Stieglbräus, hinten in der »Welt«, saßen und auf die Stadt der streitbaren und kunstsinnigen Erzbischöfe hinabschauten, war ich von neuem überwältigt. Auch Anmut kann erschüttern.

Der Blick auf das halbe Dutzend durch Portale, Kolonnaden und Portikusse miteinander verbundener Paläste und auf die vielgestaltigen Türme und Dächer, die den Grundriß des komplexen Platzgefüges klar und doch lebendig wiederholen – dieser Anblick ist nördlich der Alpen einzig. Kein Wunder, denn jene geistlichen Fürsten, die Salzburg erschufen, wollten und bauten eine italienische Residenz.

Der Zusammenklang der verschiedenen Farben und Farbtöne, die alle ins Heitere zielen, vollendet, was eigentlich keiner Vollendung bedarf. Die Dächer schimmern grün, schiefergrau und mennigrot. Über allem ragen die marmorweißen Türme des Doms, das dunkelgrau, weinrot und weiß gesprenkelte Dach der Franziskanerkirche, die altrosa Türme der Kollegienkirche mit ihren weißen Heiligenfiguren, der graugrüne Turm des Glockenspiels und andre rostrote und oxydgrüne Kuppeln und Turmhelme. Man sieht eine Symphonie.

Karl erzählte mir, daß Wolf Dietrich von Raitenau, mütterlicherseits ein Medici, einer jener wappen- und waffenfreudigen Renaissancefürsten, die sich Erzbischöfe nannten, um das Jahr 1600 das alte Münster und über hundert Wohnhäuser abreißen ließ, um einen neuen Dom zu errichten. Er berief einen Schüler Palladios, der den Grund legte. Dann stockte das Bauvorhaben; denn Wolf Dietrich ließ sich unvorsichtigerweise in eine Fehde mit Bayern ein und wurde auf der Hohensalzburg, seiner eigenen Festung, bis zum Tode eingesperrt. Markus Sittikus von Hohenems, der Vetter und Nachfolger, berief einen andren italienischen Baumeister. Der riß den neuen Baugrund heraus und fing von vorn an. Erst unter der Regierung des Grafen Paris Lodron, des nächsten Erzbischofs, wurde der Dom vollendet.

Das war im Jahre 1628, also im Dreißigjährigen Kriege, der Salzburg überhaupt nicht berührte: »Hic habitat felicitas!«

Diese drei absoluten Herrscher zwangen ihre Residenz zur architektonischen Vollkommenheit. Ihren Nachfolgern, den im Barock und Rokoko lebenden Kirchenfürsten, blieb nur noch übrig, die bereits erreichte Perfektion räumlich auszubreiten; in vor der damaligen Stadt gelegenen Schlössern, die für Mätressen errichtet wurden; in Parks und Lustgärten voll steinerner Fabeltiere und mythologischer Figuren. Als sich Salzburg baulich erfüllte, riefen die Erzbischöfe aus Italien andre Künste herbei: die Musik und das Theater. Noch Mozarts Vater brachte es nur bis zum zweiten Kapellmeister, da auch im achtzehnten Jahrhundert der erste Kapellmeister Italiener sein mußte.

Karl will mir nächstens und unbedingt das Steinerne Theater zeigen, das Marx Sittich in Hellbrunn, auf dem Berg hinter dem Monatsschlößchen errichten ließ. In diesem mitten im Wald gelegenen Felsentheater, einem ehemaligen Steinbruch, wurden die ersten italienischen Opern auf deutschem Boden aufgeführt.

Salzburg ist zur theatralischen Szenerie geboren und berufen. Es ist kein Zufall, daß jetzt, im zwanzigsten Jahrhundert, die »Festspiele« Salzburg internationalen Ruf eintragen. Ob man vor Jahrhunderten im Steinernen Theater die ersten europäischen Opern spielte oder heute vor dem Dom und in der Felsenreitschule Hofmannsthal und Goethe, diese Stadt ist mit dem Spieltrieb verschwistert.

An unserem Tisch im Stieglbräu saßen Einheimische. Sie sprachen über das Theater, als seien sie, ob Bäcker, Schuster oder Schneider, Leute vom Bau. Sie verglichen die verschiedenen im

Laufe der Jahre aufgetretenen Titelhelden des »Jedermann«, debattierten wie Kritiker vom Fach und einigten sich dahin, daß M. als Jedermann mit Abstand »am schönsten gestorben« sei.

Reichenhall, 20. August, spät nachts.
Die Bar war schließlich so leer, daß ich es vorgezogen habe, mich mit zwei Flaschen Pilsner in mein Zimmer zurückzuziehen.

Ich liege im Bett und studiere eine Salzburger Zeitung. Die Redaktion teilt mit, daß in dieser Festspielzeit mehr als 60 000 Fremde in Salzburg abgestiegen sind und daß diese Fremden etwa 15 000 Automobile mitgebracht haben. Wenn man unterstellt, daß in einem Wagen durchschnittlich drei bis vier Personen reisen, so ergibt sich zweifelsfrei, daß ich der einzige Zugereiste bin, der nicht im Auto angekommen ist.

Ich fahre im Autobus. Er hält in Reichenhall vor meinem Hotel und trifft, trotz zweier Paßkontrollen, kaum eine halbe Stunde später auf dem Residenzplatz in Salzburg ein.

Die zehn Mark, die ich in einem Monat drüben verleben darf, habe ich bereits heute ausgegeben. Der Leichtsinn zwickte mich förmlich. Ich habe alles gekauft, was mir vors Portemonnaie kam: Mozartkugeln, Ansichtskarten, Brezeln. Sogar englische Gummibonbons! Ab morgen bin ich, auch wenn ich nur einen Kaffee »mit Schlag« trinken will, Karl auf Gnade und Barmherzigkeit ausgeliefert.

Übrigens habe ich, da wir morgen zum »Faust« gehen, schon heute meinen Smoking über die Grenze transportiert und bei Karl abgeliefert. Er wohnt im Höllbräu, einem ebenso prächtigen wie alten Gemäuer. Man muß über viele schmale ausgetretene Stiegen klettern, bis man in das Zimmerchen gelangt. Nun hängt mein Smoking also in Österreich. Ob er Heimweh hat?

Morgen mittag treffe ich Karl im Café »Glockenspiel«. Ich werde keinen Pfennig Geld, jedoch ein fürstliches Lunchpaket mitnehmen. Das darf man. Karl will früh im Mirabellgarten zeichnen. Überhaupt, er aquarelliert, zeichnet, tuscht und rötelt wie ein Besessener. Er ist – und das hat Salzburgs Schönheit bewirkt – chronisch »angeheitert«.

Elf Uhr nachts, als mein Autobus am Residenzplatz losfuhr, stand er noch immer vor der Post und malte den Hofbrunnen, dieses italienische Meisterstück unter den Brunnen: die vier steinernen Pferde mit ihren Flossen und Fischschuppen; mit Mähnen, die Allongeperücken ähneln; die Fontänen, die aus den Nüstern der Wasserhengste hervorschießen und in der künstlichen Nachtbeleuchtung silbern aufschäumen; und im Hintergrund der schweigsame Dom und die Front der noch verschwiegeneren Residenz, – eine tolle Szenerie!

Gute Nacht, Herr Malermeister!

Das große Erlebnis

Reichenhall, 21. August.
Der Tag dämmert herauf, und ich kann nicht schlafen. Wie ein angestochenes Kalb bin ich durch die nächtlichen Straßen gerannt; nach Bayrisch-Gmain und zurück; zum Bahnhof; die Salzburger Chaussee hinaus und wieder zurück. In der Bar saß ich zehn Minuten. Dann lief ich wieder ins Freie, hockte irgendwo auf einem niedrigen Villenzaun …

Daß mir das passieren mußte!

Ich bin verliebt! Ein bißchen verliebt, das hätte ich mir gefallen lassen, aber gleich so! Verliebt wie ein Primaner meinetwegen, aber gleich wie eine ganze Prima? Ich kriege keine Luft, wenn ich an das Mädchen denke. Dabei denk ich unaufhaltsam an sie! Mir ist zum Ersticken. Ein entsetzlich herrlicher Zustand!

Als ich mittags in Salzburg ankam, war Karl noch nicht im Café. Meine Brieftasche lag in Reichenhall, und ich war, »wie das Gesetz es befahl«, ohne einen Pfennig Geld. Ich trat in die winzig kleine Michaeliskirche – von drei Seiten ist sie überdies zugebaut – und betrachtete die Kerzen und Dankschreiben, die dem heiligen Thaddäus von geheilten Fußkranken dargebracht worden sind. Im Vorraum besah ich mir die Sammelbüchse, über der die Worte »Sparkasse für die Ewigkeit« stehen, und die Ankündigung von »Autobus-Wallfahrten«, bei deren einigen der »Paß erforderlich« ist. (Ob auch die Kreuzritter, wenn sie ins Heilige Land zogen, Pässe brauchten?)

Als ich aus der Kirche trat, goß es in Strömen. Ich stürzte ins Café »Glockenspiel«, bestellte einen Kaffee, las eine Zeitung nach der andern und wartete auf Karl.

Ich saß auf Kohlen. Der Kaffee war getrunken, und der Ober, so schien's mir, umschlich mich wie ein Bravo. Was sollte ich anfangen, wenn der Malfritze nicht kam? Die verabredete Treffzeit war um eine volle Stunde überholt. Es war aussichtslos, länger zu warten. Mir blieb nichts übrig: ich mußte einen der Gäste bitten, mir den Kaffee zu zahlen! Da hatte ich die romantische Situation, die ich mir so liebreich ausgemalt hatte!

Ich taxierte die Gäste auf ihre Eignung hin, einen wohlhabenden Fremden zu einer Tasse Kaffee einzuladen, die er bereits getrunken hatte. Und da sah ich sie!

Sie heißt Konstanze. Kastanienbraunes Haar hat sie und blaue Augen – aber auch wenn's umgekehrt wäre, bliebe sie vollkommen.

Wahrscheinlich hatte sie die Unruhe, mit der ich auf jemanden wartete, beobachtet, und nun blickte sie belustigt zu mir herüber. Vielleicht, wenn sie nicht gelächelt hätte, aber so!

Ich stand auf, ging hinüber, gestand ihr meine Notlage und bat sie, mich zu bedauern und mir zu helfen.

Sie lachte – oh, ist Salzburg eine musikalische Stadt! – sie lachte und forderte mich zum Sitzen auf. Sie zahlte den Kaffee und lud mich zu einer zweiten Tasse ein. Ich weiß, daß ich das abschlug; was wir sonst geredet haben, weiß ich nicht. (Es steht außer Frage: Verliebtheit gehört ins Gebiet des akuten Irreseins. Die Infektion des Gemüts deformiert das Verstandes- und Willensleben des Kranken bis zur Unkenntlichkeit.)

Dann brach sie auf. Selbstverständlich kam ich mit. Wir machten Besorgungen. Erst auf dem bunten Markt vor der Kollegienkirche. Dann in den mittelalterlichen »Durchhäusern«, die zur Getreidegasse führen. In einer Wachszieherei kaufte sie zwei Lebzelten mit roten Herzen aus Zuckerguß. Die aßen wir auf der Straße. Ich trug ihr Marktnetz und mein Lunchpaket. Unten am Kai verabschiedete sie sich. Sie versprach, morgen wieder ins »Glockenspiel« zu kommen.

Ja, und dann gab ich ihr einen Kuß! Zwischen Hunderten von Menschen. Von allen möglichen Sprachen der Welt umschwirrt. Ich kannte sie kaum und gab ihr einen Kuß; ich konnte gar nicht anders. Mir war, als gäbe ich ihn dem Schicksal, das mich sie treffen ließ.

Eben noch hatte sie gelächelt. Nun war sie ernst. So ernst wie ich.

So hat es sich zugetragen. – Karl begegnete ich dann in seinem Zimmer im Höllbräu. Er hatte im Café Tomaselli auf mich gewartet. Es war ein Mißverständnis gewesen, weiter nichts. Ein Mißverständnis! Ich zog geistesabwesend den Smoking an. Später, im Bräustübl, aß ich, was man mir in Deutschland mitgegeben hatte: gekochte Eier, belegte Brote, Weintrauben und Pfirsiche. Die Kellnerin brachte unaufgefordert Teller und Besteck. Bauern, Chauffeure, Theaterbesucher, alle sitzen sie in diesen Bräustuben an ungedeckten, gescheuerten Tischen und verzehren Mitgebrachtes. Mein Bier hat Karl gezahlt. Gefragt hat er nichts. Es lag wohl an meiner Stimmung, daß mich die Faust-Aufführung nicht sonderlich berührte. Man hat die um 1700 angelegte Reitschule, deren in die Felsen gemeißelten Arkaden sich stockwerkweise übereinanderreihen, zur Freilichtbühne umgebaut. Die Schauplätze liegen manchmal über-, manchmal nebeneinander. Die Scheinwerfer beleuchten bald hier, bald da eine Szenerie. Die Entfernung zwischen den Szenerien ist häufig beträchtlich. Und so oft es dunkel wurde, hatte ich die ernüchternde Vorstellung, daß nun die Darsteller bei vollster Finsternis im Dauerlauf dahingaloppierten, um nur ja rechtzeitig in Auerbachs Keller oder im Kerker einzutreffen.

Warum spielt man eigentlich Goethes »klassischen« Faust, warum nicht seinen Urfaust oder das alte Faustspiel? Ein Gespräch, das ich in der Pause hörte, erklärt, was ich meine. In dem Gewühl von Nerz- und Zobelpelzen, Maharadschas, Fracks, Brillanten und Uniformen trafen sich eine Amerikanerin und ein Amerikaner. Sie tauschten ihre Eindrücke aus.

»Do you understand a word?« fragte sie.

Und er antwortete: »No.«

Nach der Pause begann es zu regnen. Über den Zuschauerraum rollte eine Plane, und nun der Regen auf dieses Zeltdach prasselte, war es auch akustisch unmöglich geworden, Goethe zu verstehen. Faust machte den Mund wie ein Nußknacker auf und zu. Gretchen und Mephisto wurden naß und durften keinen Schirm aufspannen. Nach der Vorstellung zog ich mich in Karls Zimmer um und erreichte eben noch den letzten Autobus nach Reichenhall.

Jetzt will ich zu schlafen versuchen, obgleich mir das Herz im Halse klopft. Sie heißt Konstanze, und morgen werde ich sie wiedersehen. Sie schaut aus wie eine Kronprinzessin und ist – ein Stubenmädchen! Tatsächlich! Aus einem Schloß halbwegs Hellbrunn. Das Schloß gehört einer gräflichen Familie, die auf Reisen ist und das Haus samt Personal für die Dauer der Festspielzeit an reiche Amerikaner vermietet. Ein Stubenmädchen? Eher eine Zofe aus einer Mozartschen Oper! Ich gestand ihr, daß ich das Geld für die Tasse Kaffee und den Lebkuchen nicht zurückgeben könne. Sie lachte. Sie hat ein Sparkassenbuch.

Reichenhall, 21. August, später.
Ich kann nicht schlafen.

Reichenhall, 21. August, noch später.
Draußen wird es hell. Ich stehe auf.

Salzburg, 22. August, mittags.
Ich habe den ersten Autobus nach Salzburg benutzt. Während der Fahrt kam die Sonne hinter den schleppenden Wolken hervor und beschien Reichenhall und Salzburg gleichermaßen. Zu beiden Seiten der Grenze erstreckt sich das gleiche Alpental; zu beiden Seiten spricht man dieselbe deutsche Mundart; hier wie dort trägt man die gleiche Stammestracht, die Lederhosen, die Lodenmäntel, die Dirndlkleider und die lustigen grünen Hüte mit den Rasierpinseln.

Der einzige Unterschied ist der, daß in Deutschland die Autos rechts, in Österreich hingegen links fahren müssen.

Dicht hinter dem österreichischen Zollamt – auf dem Walserfeld, wo die Römer einst, ehe es ein Deutschland und ein Österreich gab, Villenkolonien bauten – liegt ein Ort, der Himmelreich heißt. Und als ein Bauer, der an der deutschen Grenze den Autobus bestiegen hatte, beim Schaffner »Himmelreich, hin und zurück« verlangte, klang mir das bedeutend poetischer, als es gemeint war.

Karl entdeckte ich auf einer der Salzachbrücken. Dort skizzierte er mit Buntstiften einen Angler, der im Fluß auf einem herausragenden Stein stand. Ich wartete, bis auch der Hintergrund, die auf einem Hügel gelegene Müllner Kirche mit dem hübschen roten Dach, im Bilde war. Währenddem vergnügte ich mich damit, die Ausländer zu betrachten. Viele von ihnen wollen, was die Tracht anlangt, die Einheimischen übertrumpfen und kommen voll kindlichen Stolzes als Pinzgauer Bauern daher oder als Lungauer Bäuerinnen; tragen Kropfketten, ohne einen Kropf zu besitzen; haben englisch gerollte Regenschirme über dem Arm oder fahren gar, vom Trachtengeschäft Lanz herrlich ausstaffiert, in Automobilen mit mindestens zwei Chauffeuren! Es stört nicht, es belustigt höchstens. In Salzburg dürfen ja auch die Zuschauer Theater spielen.

Später bummelten wir durch die Gassen, blickten in Tore und Höfe hinein, freuten uns über hölzerne Stiegen, Altane und Bogengänge, kunstvolle Zunft- und Gasthauszeichen, bemalte Heilige in Hausnischen, heitere und fromme Sprüche in den Hohlkehlen der Dachfirste; wir freuten uns über alles, was alt ist!

Denn das ist ja immer wieder augenfällig, und nicht nur in Salzburg: Jeder Fenstersims und jedes Türschloß, jeder Schornstein, jede Ofenkachel und jedes Stuhlbein aus früheren Jahrhunderten verraten Geschmack, Können und Liebe zum Gegenstand. Die Beziehungen beider, des Handwerkers und des Besitzers, zum Haus, zur Tracht, selbst zum winzigen Hausrat hatten bis zum Biedermeier Geltung. Dann kam die Sintflut, und wo wurde Makart geboren?

In Salzburg!

Wir stiegen zu der Hohensalzburg hinauf. Wir wollten jene vielen, in den verschiedensten Epochen gebauten Türme, Tore, Wälle und Bastionen, die vom Tal her als riesige mittelalterliche Bergfestung wirken, aus der Nähe betrachten. Der Anstieg bot mannigfach wechselnde Ausblicke auf die schöne Stadt und das anmutige Hinterland. Als wir droben waren, schauten wir uns gründlich in dem mächtigen Mauerwerk um. Karl zeigte mir zudem wichtige Punkte des Panoramas: Hellbrunn, den Gaisberg; dessen kleinen Bruder, den Nockstein; die weiße Wallfahrtskirche Maria-Plain. Schließlich setzten wir uns in der Burgwirtschaft unter einen der großen bunten Sonnenschirme.

Karl, der dem Hunger seit je dadurch vorbeugt, daß er zu essen anfängt, bevor ihn hungern könnte, bestellte sich ein Beinfleisch mit Beilagen. Ich futterte trotz seiner ernstgemeinten Einwände aus der Reichenhaller Tüte. »Ich werde dir heute sowieso noch unumgängliche Ausgaben verursachen«, sagte ich.

»Willst du dir eine ortsansässige Lederhose anschaffen?« fragte er. »Oder hast du in einer der Buchhandlungen eine spannende Broschüre über den deutschen Konjunktiv entdeckt?«

»Ich brauche heute nachmittag zwei Tassen Kaffee und zwei Stück Kuchen.«

»Seit wann ißt du denn zwei Stück Kuchen?« Er schüttelte den Kopf, legte aber gutmütig ein Fünf-Schilling-Stück auf den Tisch.

Ich konnte eine Weile nicht antworten, da man mir für die gesottenen Eier Zucker statt Salz mitgegeben hatte. Es schmeckte schauderhaft. Als ich wieder bei Stimme war, sagte ich: »Erstens werde nicht ich den Kuchen essen; und zweitens will ich kein Bargeld haben. Das widerspricht möglicherweise den einschlägigen Bestimmungen. Ich muß dich bitten, mit mir ins ›Glockenspiel‹ zu kommen und dem Kassierkellner den für zwei Tassen Kaffee, zwei Kuchen und ein angemessenes Trinkgeld entsprechenden Geldbetrag pränumerando in die Hand zu drücken. Ich bin ein Habenichts und gedenke es zu bleiben.«

»Und sobald ich den Kellner bezahlt haben werde, wirst du mich nicht länger zurückhalten wollen.«

»Ich weiß, daß du im Mirabellgarten die steinernen Zwerge skizzieren willst, und Künstlern soll man nicht im Wege sein.«

»Deshalb hast du also den Strauß Alpenveilchen aus Reichenhall herübergeschleppt!« meinte der Herr Künstler.

Und ich sagte: »Ich wollte dir nicht auch noch wegen Blumen Unkosten bereiten.« Das war unser erstes Gespräch über Konstanze.

Reichenhall, am selben Tage, aber nachts.
Als sie ins Café trat und mir zulächelte, war die Unruhe der letzten vierundzwanzig Stunden vergessen. Das erste Wiedersehen ist der Richter über die erste Begegnung. Und alle Unruhe, die später folgt, ist anderer Art. Als Konstanze auf mich zuschritt, spürte ich, daß das Glück diesmal keinen Ausweg finden wird. Es muß uns in die Arme laufen.

Sie freute sich über die rosaroten Zyklamen; der Kellner stellte den Strauß in eine Vase. Und nachdem sie gehört hatte, wie erfinderisch ich gewesen war, um den Gastgeber spielen zu können, aß sie, zum Zeichen ihrer Anerkennung, beide Kuchenteller leer. Auf kein Sektfrühstück, zu dem ich je Frauen oder Freunde einlud, bin ich so stolz gewesen wie auf den von Karl vorausbezahlten Kaffee und Kuchen. Es war wie Weihnachten im August! Erstaunlich ist immer wieder, wie unbeträchtlich der Gesprächsgegenstand wird, solange man sich noch alles zu sagen hat. Da kann man über den deutschen Humanismus unmöglich tiefgründiger sprechen, als wir's über Blätterteiggebäck und Autobusverbindungen taten. Anschließend erzählte sie Anekdotisches aus ihrem Berufsleben. Solch ein von reichen Amerikanern abgemietetes österreichisches Renaissanceschloß verdiente es wahrhaftig, als Milieu von einem Lustspielautor aufs Korn genommen zu werden.

Konstanze ist, im Rahmen ihrer Möglichkeiten, keineswegs ungebildet. Sie hat eine Handelsschule besucht, und sie verstand es, während ich ihr von meiner neuen Stenographie erzählte, sachkundig zuzuhören.

Sie lachte sehr, als ich ihr von meiner Beteiligung am letzten Kurzschrift-Wettschreiben in Berlin berichtete: daß ich jedes der Diktate als erster und lückenlos abgegeben hatte; daß die Jury keine einzige Silbe hatte lesen können, weil sich's ja um mein eigenes unveröffentlichtes System handelte; und daß leider nicht einmal ich, zum Vorlesen aufgefordert, meine Stenogramme zu entziffern imstande gewesen war.

Die Zeit hielt nicht still. Da Konstanze noch eine Stunde frei hatte und keinerlei Besorgungen machen mußte, beschlossen wir, Karl im Mirabell zu überraschen. Doch wir standen kaum auf der Straße, so begann es ortsüblich zu regnen. Wir setzten uns in Trab, landeten atemlos im Portal der Residenz und schlossen uns dort einer Führung durch die prunkvollen historischen Säle an.

Derartige Führungen entbehren nie der Komik. Man kann von ehemaligen Wachtmeistern unmöglich verlangen, daß sie, während Menschen aller Sprachen und Stände hinter ihnen hertrotten, kunst- und kulturhistorische Aufschlüsse geben. Bedenkt man ferner, daß diese braven Männer ihren eingelernten Text am Tage ein dutzendmal herunterbeten müssen, wundert einen auch ihre stoische Teilnahmslosigkeit nicht mehr.

Leider kicherte Konstanze bereits im ersten Saal! Der brave Alte unterbrach seine lichtvollen Ausführungen über dreihundertjährige Gobelins und warf uns, ehe er den nächsten Raum betrat, einen derart verächtlichen Blick zu, daß wir uns selbständig zu machen beschlossen. Wir ließen ihm und seiner andächtigen Schar einen Vorsprung und spazierten, Hand in Hand, allein und stumm wie in einem Märchenschloß von Saal zu Saal. Dann packte Konstanze der Übermut. Sie spielte eine Amerikanerin, die mich für den Führer hielt, und verlangte über Bilder, Teppiche, kunstvolle Uhren und was ihr sonst ins Auge fiel, die verwegensten Auskünfte.

Ich stellte mich als Museumsdirektor Geheimrat Galimathias vor und beantwortete ihre Fragen mit haarsträubendem Unsinn. Colloredo – derselbe, der den armen Mozart so schikanierte – schaute verkniffen, blutarm und humorlos aus einem goldenen Rahmen auf uns herunter. (Konstanze spricht ein tadelloses Englisch. Was man alles auf so einer Handelsschule lernt! Ich hätte auch hingehen sollen.) Im Schlafzimmer der Erzbischöfe, im ältesten Residenzflügel, stießen wir wieder zu den anderen. Der brave Alte öffnete eine Tür, und wir glaubten natürlich, noch einen Prunksaal absolvieren zu müssen.

Statt dessen blickten wir in das Innere der Franziskanerkirche! Wir traten einen Schritt vor und standen auf dem Balkon, von dem aus die Erzbischöfe jahrhundertelang dem Gottesdienst beiwohnten.

Vier gewaltige graue Säulen, versteinerten Urwaldbäumen vergleichbar, ragten hinauf bis in die Dämmerung des Kirchendaches. Unter uns lag der marmorne goldbeladene Hochaltar mit einer kindhaften Madonna von Pacher. Um sie und den Knaben schwebte ein Reigen ergötzlich gesunder, vergnügter Engel: ein geflügelter Kindergarten! Und an den Flanken des Altars erhoben sich zwei pompöse, herrlich bemalte Holzplastiken, der heilige Georg und der heilige Florian; beide mit blitzendem Panzer, hohen Schnürstiefeln, Turnierlanzen und Helmen, auf denen bunte Pleureusen wippten; zwei antike Helden aus der Barock-Oper.

Die Führung war beendet, und auch der Regen hatte aufgehört. Wir gingen noch einmal, jetzt durch das Hauptportal, in die Franziskanerkirche. Wieder bewunderten wir die runden Säulenriesen und den farbenprächtigen, fröhlichen Altar. Dann suchten wir den niedrigeren, ältesten Teil der Kirche auf und wanderten auf Zehenspitzen an den Beichtstühlen vorüber.

An einem von ihnen hing ein billiges Pappschild mit dem Aufdruck: »English spoken«; an einem andren lasen wir, auf genauso einem abscheulichen Pappendeckel: »On parle français.«

Wenn man unbedingt bekanntgeben will, daß hier auch Ausländer ihr Herz ausschütten können – warum bemüht man sich nicht um eine würdigere Fassung dieses Hinweises?

Morgen hat Konstanze keine Zeit für uns beide. Doch übermorgen ist ihr »freier Tag«! Den werden wir gemeinsam zubringen. Ich soll das Badezeug nicht vergessen. Hoffentlich kostet das Baden nichts. Überhaupt, die finanztechnische Seite dieses »freien Tages« macht mir Kummer. Soll ich etwa Karl als zweibeiniges Portemonnaie mitschleppen? Eher komm ich mit drei Rucksäcken und sechs Thermosflaschen aus Reichenhall angerückt! Meinen Vorschlag, sie möge nach Deutschland hinüberkommen, lehnte sie ab. Sie will, denke ich, in ihrer Sphäre bleiben.

In der Haffnerstraße verabschiedeten wir uns. Ich sagte: »Also auf übermorgen, Fräulein Konstanze!« Sie sah mich lächelnd an, gab dem Alpenveilchenstrauß einen kleinen Kuß und rief fröhlich: »Grüß dich Gott, Georg!« Dann war sie verschwunden.

Abends waren Karl und ich beim Domkonzert. Man spielte von Cornelius »Gesänge nach Petrarca« und die C-Dur-Messe op. 86 von Beethoven. In den vollbesetzten Stuhlreihen saßen Mönche, elegante Frauen, ausländische Pressevertreter, Priester, Reisende aus aller Welt, Bauern, Studenten, alte Weiblein, Dichter und Offiziere. Es war eine unermeßliche Stille. Die Frommen schwiegen miteinander, und von uns anderen schwieg jeder für sich.

Hermann Bahr hat diese Kirche den schönsten Dom Italiens auf deutschem Boden genannt. Heute abend hatte er recht. Als sich die Kapelle, der Chor, die Orgel und die Solosänger zu der gewaltig tönenden liturgischen Konfession Beethovens vereinigten, lösten sich, im Schlaf gestört, kleine Fledermäuse aus dem Kuppelgewölbe und flatterten lautlos in der klingenden Kirche hoch über unsern Köpfen hin und her. Ich schrieb auf einen Zettel, den ich Karl zuschob: »Hier haben selbst die Mäuse Engelsflügel.« Er nickte, dann versank er wieder im Zuhören. –

»Grüß dich Gott, Georg!« hat sie gesagt.

Salzburg, 23. August, nachmittags im Tomaselli.
An der Grenze kennt man mich armen Reisenden schon. Heute wollte der Zollbeamte mein Portemonnaie sehen. Ich sagte wahrheitsgemäß, es läge im Schlüsselfach des Hotels Axelmannstein; und er fragte besorgt, was ich täte, wenn ich in Österreich Durst bekäme. Ich beschrieb ihm meinen wohltätigen Freund Karl, so gut ich konnte.

Von meinem Durst kamen wir auf Magenbeschwerden zu

sprechen, die er hatte. Eine offensichtlich ränkesüchtige Mitreisende riet ihm, Trinken und Rauchen zu lassen. Der Beamte und unser Chauffeur machten ob dieser dreisten Zumutung finstere Gesichter. Nein, dann freue ihn das ganze Leben nimmer, äußerte der Zöllner. Trinken und Rauchen brauche er so nötig wie die Luft und das tägliche Brot. Der Chauffeur sagte, ihm zunickend:

»Halt' mer's aus, sin'mer g'sund,
Halt' mer's net aus, geh'mer z'grund.«

Und so getröstet, blieb der magenleidende Beamte an der Zollschranke zurück.

Karl erwartete mich vor dem Augustinerkeller in Mülln. Wir pilgerten stadtwärts; durchs Klausentor ins Gstättenviertel hinein, dessen Häuser an den Felsen des Mönchsberges kleben und zum Teil in die Felsen gehauen sind. Man kann durch offene Tore niedrige Gewölbe und im Hintergrund sogar Stuben mit Felswänden erkennen.

Hier zu wohnen ist nicht ungefährlich, obwohl die Häuser durch die eigentümlichen »Grabendächer« geschützt sind. Immerhin, beispielsweise 1669 wurden durch einen Steinschlag zwei Kirchen und eine ganze Häuserzeile vernichtet.

Wir wanderten an Fischer von Erlachs Ursulinerinnenkirche vorbei ins Städtische Museum und schauten uns eine Stunde lang unter den angesammelten Schätzen um, bis uns die Augäpfel schmerzten. Das Schönste war für mich der »Spottofen«. Jede Kachel des Ofens stellt einen Buchrücken mit einer gelehrten Inschrift dar. Das ganze wirkt also wie ein Bücherberg, dessen lateinischer und theologischer Inhalt verheizt wird. Und in Manneshöhe ragt aus den Bücherkacheln ein kleiner, aufgeregt gestikulierender Kanzelredner heraus. Man weiß nicht recht, ob er predigt oder ob er wütend darüber ist, daß man ihn hinterrücks mit wissenschaftlichem Brennmaterial röstet. Ein anderer Teil der Sammlungen soll im Monatsschlößchen bei Hellbrunn untergebracht sein. Karl will in den nächsten Tagen mit dem Skizzenblock hinaus. (Das Monatsschlößchen war übrigens ein spontaner Einfall des Erzbischofs Marx Sittich von Hohenems. 1615 ließ er den Bau in einem einzigen Monat aus dem Boden stampfen. Warum? Er wollte einen hohen Besuch, der Salzburg bereits kannte, überraschen, sonst nichts. Andre Zeiten, andre Einfälle.) Zu Mittag aßen wir auf dem Mönchsberg. Ich ließ mir Karls Einladung gefallen und machte ihm die erfreuliche Mitteilung, daß er heute keinen Kuchen und höchstens eine Tasse Kaffee zu spendieren brauche und daß er mich morgen überhaupt nicht zu Gesicht bekommen werde. Es tut wohl, wenn Freunde nicht neugierig sind; doch dergleichen kann auch in Interesselosigkeit ausarten! Er schwieg.

Ich sah einem Falken nach, der aus den Felsen hervorschoß und den Türmen der Stadt zujagte. »Wenn es dir recht ist, möchte ich dich übermorgen Konstanze vorstellen. Sie ist ein herrliches Mädchen. Sie hat blaue Augen und kastanienbraunes Haar und –«

»Jawohl«, meinte er. »Sie sieht bezaubernd aus.«

»Du hast uns gesehen?«

»Gestern. Und gehen kann sie, daß es eine Freude ist! Die meisten Frauen können nicht gehen, sondern haben nur Beine, man weiß nicht recht, wozu.«

»Sie läßt dir für Kaffee und Kuchen danken.«

»Gerne geschehen.«

»Morgen hat sie ihren freien Tag.«

»Was hat sie morgen?«

»Ihren freien Tag«, wiederholte ich. »Sie ist Stubenmädchen.«

Da bog sich Karl im Stuhl zurück und lachte so laut, daß die anderen Gäste zusammenschreckten und unfreundlich herübersahen.

Ich glaube, ich war rot geworden. »Was fällt dir denn ein, über so etwas zu lachen!« knurrte ich. Als Karl endlich sein nervtötendes Gelächter niedergekämpft hatte, sagte er: »Menschenskind, diese junge Dame ist doch kein Stubenmädchen!«

»Freilich ist sie eines«, erwiderte ich. »Außerdem hat sie die

Handelsschule besucht, kann stenographieren und spricht besser Englisch als wir beide zusammen.«

»Na schön«, sagte er und zuckte die Achseln. »Dann kannst du sie ja nach Berlin zum Staubwischen mitnehmen.«

Karl ist manchmal zu blöd.

Reichenhall, 23. August, nachts.

Die vorige Notiz schrieb ich heute nachmittag im Tomaselli, Salzburgs ältestem Kaffeehaus; es dürfte fast so alt sein wie das Kaffeetrinken in Europa. Vorher hatten wir im Mirabellgarten gesessen, zwischen bunten Blumenbeeten, steinernen Löwen, Einhörnern, Halbgöttern und deren barock geschwungenen Damen.

Auf dem Rückweg erwischte uns ein handfester Platzregen. Wir stürzten im Dauerlauf über die Brücke, an dem zierlichen Rokoko-Rathaus und am Floriansbrunnen vorbei, hinein in das völlig überfüllte Café! Im ersten Stock fanden wir schließlich zwei Stühle. Nicht gerade an einem Tisch, aber an einem Billard, das von dem Kellner geschwind mit einem Tischtuch bedeckt wurde.

Und wir hatten Karten für die »Jedermann«-Aufführung auf dem Domplatz! Der Regen prasselte spöttisch gegen die Fenster. Karl las mir die Rückseite des Billetts vor. Der wichtigste Passus lautete:»Bei Jedermann-Vorstellungen erlischt jeder Ersatzanspruch – also auch auf teilweise Rückzahlung des Eintrittspreises –, wenn die Vorstellung infolge Witterungseinflüssen abgebrochen werden muß, falls die Vorstellung bis zur ›Tischszene‹ gespielt wurde.«

Ich sagte:»Wenn wir keine Pressekarten hätten, könnten wir uns die Eintrittsgelder zurückzahlen lassen.«

»Seit du kein Geld hast, bist du ein Geizhals geworden«, stellte Karl betrübt fest. »Übrigens findet die Aufführung trotzdem statt, und zwar im Festspielhaus.«

Vom Nebentisch, genauer: vom Nebenbillard aus, mischte sich ein Mißvergnügter ein: »Die Festspiele sind fast zu Ende, und nicht eine einzige Aufführung hat vor dem Dom stattfinden können! Jedesmal hat es geschüttet.«

»In Salzburg«, meinte Karl, »regnet's immer mehr als anderswo, aber im August regnet es in Salzburg täglich.«

»Weil da die Festspiele sind!« Der Nachbar war mit der Welt zerfallen.

Der Nachbar dieses Nachbarn sagte: »Die Fremden kommen, auch wenn's täglich regnet. Es ist mal was anderes. Ich vermute, es regnet hauptsächlich, damit die Kaffeehäuser überfüllt sind.« Dann steckte er seine Nase in das Neue Wiener Journal.

Ich seufzte und erklärte, da ich an Konstanze dachte: »Konditor in Salzburg hätte man werden müssen!«

Karl musterte mich unauffällig, wie ein Arzt, der dem »neuen Fall« auf der Beobachtungsstation zum erstenmal begegnet.

Später warfen wir uns in seinem Zimmerchen in unsere Smokings; und als es Zeit war, eilten wir, vom Regen gehetzt, zum Festspielhaus. Die Einheimischen standen trotz der »Witterungseinflüsse« wie die Mauern und bestaunten, heute wie jeden Abend, das Schauspiel vor dem Theater: das Anrollen der Autos, das Aussteigen der in Pelze gehüllten Damen, das hilfreiche Benehmen der Herren, den Transport der Kulissen, und was sich sonst dem Auge bot. (Heuer besuchten an prominenten Gästen die italienische Kronprinzessin, der Herzog und die Herzogin von Windsor, die Frau des Präsidenten Roosevelt, der amerikanische Bariton Lawrence Tibett, der Maharadscha von Kapurthala, Herr Metro-Goldwyn-Mayer und Marlene Dietrich das Theater; von Karl und mir ganz zu schweigen.)

Hofmannsthals »Jedermann«, diese gelungenste aller Mysterienspiel-Bearbeitungen, hat mich wieder erschüttert. Hier vollzieht sich, im Gegensatz zu Goethes »Faust«, wirklich ein Schauspiel, das jeder versteht, ob er nun aus USA, aus China oder von den Fidschi-Inseln kommt, und das jeden ergreift. Die Handlung, die Entwicklung des Helden, die Schuld und die Gnade, alles ist augenfällig und packt auch den, der vom Wortlaut keine Silbe versteht.

Nun hängt mein Smoking wieder mutterseelenallein im

Österreichischen. Ob Karl das Jackett über den Bügel gehängt hat? Versprochen hat er mir's.

Und morgen ist Konstanzes freier Tag. Ich habe sie vierundzwanzig Stunden nicht gesehen, und mir ist wie einem Kind, das die erste Sonnenfinsternis erlebt.

Der Portier hat mir einen Rucksack geborgt, in den ein Klavier hineinpaßt. Ich habe ihn mit Wurst, Brot, Butter, Käse, Schokolade, Rotwein, Obst und Eßbestecken so vollfrachten lassen, daß ich morgen wahrscheinlich nach der ersten halben Stunde zusammenbrechen und daliegen werde wie der Sterbende Gallier.

Seit der Schulzeit bin ich nicht mehr gewandert. Wenn das nur gut geht! Der Mensch ist ein Spielball der Leidenschaften.

Der freie Tag

Hellbrunn, 25. August, morgens.
Nun ist er vorüber, Konstanzes freier Tag! Er ist in die Vergangenheit zurückgesunken, hinab zu den übrigen, den glücklichen und traurigen Tagen, die nicht wiederkehren.

Ich sitze in einer uralten Allee und bin allein. Es ist noch früh, und die Morgensonne bestrahlt am Ende meiner dämmrigen Allee das Schloß Hellbrunn. – In einem anderen, einem kleineren Schloß, nicht weit von hier, wird Konstanze gerade jetzt ihre Frühstückstablette über die Barocktreppe balancieren und an mich denken. Hoffentlich läßt sie kein Tablett fallen. Altes Porzellan ist teuer. Ob sie wie andre Stubenmädchen ein schwarzes Kleid, eine winzige weiße Tändelschürze und auf dem Haar ein weißes Rüschenhäubchen trägt? Ich darf nicht vergessen, sie danach zu fragen. Gestern morgen kam sie nicht als Zofe, sondern als Amazone. Ich erwartete sie auf dem Salzburger Residenzplatz, und mein Rucksack wog so schwer, daß ich Mühe hatte, nicht auf den Rücken zu fallen. Da bog ein kleines, flinkes Sportauto um die Ecke; jemand winkte; der Wagen bremste; am Steuer saß ein junges Mädchen und rief: »Servus, Georg!«

Ich traute meinen Augen nicht. Es war Konstanze. Und ich vergaß vor Überraschung, ihr die Hand zu geben.

»Der alte Graf hat mir vor seiner Abreise erlaubt, den Wagen in wichtigen Fällen zu benutzen. Und«, fragte sie, »ist mein freier Tag nicht ein wichtiger Fall?«

»Das schon.«

»Alsdann.«

»Aber das Benzin?« (Daß man dauernd über Geld sprechen muß, wenn man keines hat!)

»Du vergißt mein Sparkassenbuch.«

»Und das Chauffieren, hast du das auch auf der Handelsschule gelernt?«

»Nein. Ich brauchte den Führerschein, weil ich die Schwester des Grafen oft spazierenfahren muß. So, nun steig aber ein, bevor dich dein Rucksack umwirft!«

Ich verstaute den Tornister, setzte mich neben sie und schüttelte ihr die Hand. Sie gab Gas, und fort ging's. (Um das Wandern war ich also herumgekommen.)

In den Dorfgärten blühten die Dahlien und Astern. Auf den Wiesen standen Kühe und Pferde. Der Tag wurde heiß. Konstanzes Augen blitzten. Ihr Mund war halb geöffnet, und sie sang leise. So oft sie spürte, daß ich sie von der Seite ansah, lächelte sie, blickte aber unbeirrt geradeaus. Manchmal rief sie mir den Namen einer Ortschaft zu. Dann summte sie wieder vor sich hin. Schließlich sang ich sogar mit und behauptete später, als wir auf dem Gipfel des Gaisberges ausstiegen, glockenrein zweite Stimme gesungen zu haben. So eine Frechheit!

Wir hockten uns auf einen Felsblock, schauten über Berg und Tal und freuten uns, ein Teil dieser schönen Welt zu sein. Ein Segelflugzeug schwebte lautlos wie ein großer, geheimnisvoller Vogel über den Wäldern und scheuchte einen Schwarm Krähen auf.

Das Gefühl für Zeit kommt einem, wenn man sich sehnt, sie möge stillstehen, ganz und gar abhanden. Irgendwann fuhren wir jedenfalls wieder bergab und ins Salzkammergut hinein, an dem blauen Fuschlsee vorbei bis zum Wolfgangsee. Hinter St. Gilgen parkte Konstanze den Wagen auf einem Wiesenweg. Wir liefen zum Ufer, zogen das Badezeug an, hüpften ins Wasser, schwammen in den See hinaus, lagen hinterher im warmen Gras, bis wir trocken waren, und blinzelten in die Sonne. Zuweilen fuhren Dampfer mit winkenden und rufenden Touristen vorüber. Aber sonst waren wir mit unsrer bunten, duftenden Blumenwiese ganz allein.

Manchmal plauderten wir. Manchmal kramten wir in meinem unergründlichen Rucksack und futterten. Manchmal küßten wir uns, und die Heimchen und die Bienen brachten währenddem ihr Konzert für Wiesenorchester zum Vortrag. So ähnlich muß es im Paradies zugegangen sein. (Natürlich mit dem Unterschied, daß Adam und Eva unartiger waren als wir.) Wenn nicht gegen Abend ein Gewitter heraufgekommen wäre, lägen wir wahrscheinlich jetzt noch dort. So aber mußten auch wir zwei aus dem Paradies flüchten. (Es wiederholt sich alles.)

Der Himmel wurde blutrot. Über dem Schafberg und über dem Sparber blitzte das Schwert des Erzengels. Und kaum hatten wir die Persenning festgemacht, brach das Donnerwetter los. Der Regen ging gleich einer unsichtbaren Lawine auf uns nieder, und der Donner krachte wie schwere Mörser. In Salzburg regnete, blitzte und donnerte es natürlich auch. Wir landeten schließlich im Bahnhofswartesaal, wo kein Verzehrzwang ist. Hier erzählte sie mir eine verrückte Sache von einem armen Kleinbauern aus der Umgebung, der eine putzsüchtige Tochter hat, die sich eines schönen Sonntags, als sie neben ihm im Garten saß, nach dem Vorbild zugereister Damen die Fingernägel mit rotem Lack färbte. Da der Vater nicht nur schlief, sondern auch barfuß war, malte sie ihm, nachdem ihre Fingerspitzen rot genug waren, die Zehennägel rot. Als der alte Bauer erwachte, fluchte er mordsmäßig, ließ jedoch seine Zehen so schön, wie sie waren.

Am nächsten Tag brach sich der Bedauernswerte ein Bein und wurde ins Krankenhaus gebracht. Als der amtierende Arzt die rotgelackten Zehen des Bauern erblickte, mußte er so lachen, daß ihm ein Kollege helfen mußte, das Bein zu schienen. Auch die Schwestern sollen Gesichter gezogen haben, die bei ersten Hilfeleistungen nicht üblich sind. Der Bauer hieß von diesem Tag an »die Diva«.

Und dann will ich ja die kleine Geschichte aufschreiben, die sie mir nachmittags, während wir in der Wiese lagen, erzählte! Als sie noch ein Kind war, hörte sie die Eltern oft vom »Gotteshaus« sprechen. So gewöhnte sie sich an die Vorstellung, daß Gott im Gotteshaus wohne wie die Kinder und Eltern im Elternhaus.

Eines Sonntags durfte Konstanze die Mutter in die Kirche begleiten. Noch nie hatte sie die geschnitzten Stühle, die Altäre, die Kerzen und die Kanzel gesehen. Sie blieb, nun sie das Haus Gottes von innen erblickte, überwältigt stehen, drückte die Hand der Mutter, seufzte ein wenig und flüsterte: »Gott hat aber schöne Möbel!«

Abends waren wir in einem Mozart-Konzert, das der um Salzburg und dessen größten Sohn verdiente Dr. Bernhard Paumgartner dirigierte. Konstanze waren die Billetts von dem Amerikaner geschenkt worden, der das Schloß bis zum Monatsende gemietet hat. Dieser amerikanische Millionär hieß Namarra und besitzt Fabriken, in denen Zellophan-Tüten hergestellt werden: Zellophanpackungen für Salzmandeln, Nüsse, Traubenrosinen, Umlegekragen, Bonbons, Papiertaschentücher, Stükkenzucker, Hosenträger und was weiß ich. Eine Druckerei hat er auch. Dort werden die gewünschten Firmennamen und Reklametexte auf die bestellten Tüten gedruckt. Wenn man bedenkt, womit manche Leute reich werden, und wenn man, gerade bei Mozart liegt der Gedanke nahe, weiterhin bedenkt, womit manche Menschen arm bleiben, könnte man sich vor Wut in die Nase beißen.

Die Abendmusik war ganz herrlich. Man spielte zwei Arbeiten von dem noch nicht zwanzigjährigen Mozart: eine A-Dur-Symphonie und, mit einem italienischen Virtuosen, ein Konzert für Violine; eine Französin sang Arien; und den Beschluß bildete die »Linzer Symphonie«. Der Saal war leider mäßig besucht. Dafür war aber unter den Zuhörern keiner jener Banausen, die sich etwa an der Theaterkasse erkundigen, ob den »Jedermann« der Maestro Toscanini dirigiere. Nein, die Künstler und ihr Publikum waren in guter Gesellschaft. Und Paumgartner war ein Dirigent nach meinem Herzen.

Als wir auf dem Residenzplatz eintrafen, war der letzte Autobus nach Reichenhall über alle Berge!

Wir fragten im Höllbräu nach Karl. Er war nicht da. Ich beschloß, auf der Straße zu warten. Konstanze widersprach energisch und wollte mich für die Nacht in einem Hotel »einkaufen«. Das wollte nun wieder ich nicht. Nach längerem Hin und Her sagte sie: »Dann bleibt nur eines. Du übernachtest im Schloß.«

»Wo denn da?«

»In meinem Zimmer. Auf dem Sofa.«

»Wenn das herauskommt, verlierst du die Stellung.«

»Wenn du nicht gerade im Schlaf singst oder um Hilfe rufst, wird man nichts merken.«

»Aber, Konstanze, weshalb sollte ich denn in deinem Zimmer um Hilfe rufen!«

»Sei nicht unartig, Fäustchen!« sagte sie. (Ich hätte ihr meinen Spitznamen doch nicht verraten sollen.) »Und morgens«, fuhr sie fort, »schmuggle ich dich in aller Herrgottsfrühe aus dem Haus. Komm!« Wir fuhren weiter.

Zehn Minuten später schlichen wir wie Einbrecher im Schloß des Grafen H. über die Nebentreppe. Es war stockdunkel, und Konstanze führte mich behutsam an der Hand. Schließlich öffnete sie eine Tür, riegelte lautlos ab und machte Licht.

Wir befanden uns in einem freundlichen Biedermeierzimmer. An den Wänden hingen alte Familienbildnisse und Scherenschnitte. Sie zeigte auf ein gemütliches Sofa aus Birkenholz und lächelte ein bißchen ängstlich. Dann ging sie zum Fenster, das weit geöffnet war, und zog die Vorhänge zu. Auf dem Tisch stand eine Vase mit meinen Reichenhaller Alpenveilchen. Sie kam leise zu mir zurück und flüsterte: »Du löschst jetzt das Licht aus und drehst es erst wieder an, wenn ich's erlaube! Nicht eher! Sonst bin ich böse!«

Ich nickte ergeben, löschte das Licht aus und stand im Dunkeln. Konstanzes Kleid raschelte. Ich hörte, wie sie die Schuhe auszog und die Strümpfe von den Beinen streifte. Das Bett knarrte ein wenig.

»Georg!« flüsterte sie.

»Ja?« flüsterte ich.

»Jetzt!« flüsterte sie.

Im selben Augenblick hörte ich Schritte auf dem Korridor. Vor der Tür machten sie halt. »Konstanze?« fragte jemand gedämpft, »schläfst du schon?«

»Noch nicht, Franzl«, antwortete sie, und ihre Stimme zitterte. »Aber ich hab eben dunkel gemacht. Schlaf gut!«

»Du auch«, sagte der andere. Die Schritte entfernten sich langsam.

Wir schwiegen, bis sie ganz verklungen waren.

»Georg?«

»Ja?«
»Ich glaube, es ist besser, du machst kein Licht mehr.«
»In Ordnung«, sagte ich. »Aber wo um alles in der Welt ist denn nun das Sofa?« Sie lachte leise. Ich stand in rabenschwarzer Finsternis zwischen fremden Möbeln und wagte mich nicht von der Stelle zu rühren.
»Georg«, flüsterte sie.
»Ja?«
»Mach, bitte, zwei Schritte geradeaus!«
Ich befolgte den Rat.
»Jetzt drei Schritte halblinks!«
»Zu Befehl!«
»Und nun einen großen Schritt links!«
Ich machte einen großen Schritt links und stieß mit der Kniescheibe gegen Holz. Aber irgend etwas stimmte nicht. Entweder hatte ich links und rechts verwechselt, oder Konstanze hatte sich bei der Befehlsausgabe geirrt. Ich stand nicht vor meinem Sofa, sondern vor ihrem Bett.

Reichenhall, 25. August, nachts.
Da Konstanze am Nachmittag auf einen Sprung in den Hellbrunner Park zu kommen hoffte, sah ich mir die Sommerresidenz der Salzburger Erzbischöfe in Muße an. Das Schloß selber ist ein sehr seriöser Renaissancebau. Doch die nächste Umgebung des Schlosses ist ein einziger romantischer Spielzeugladen!

An schmalen Wasserläufen stehen mechanische Figurengruppen, die durch Wasserkunst in Bewegung gesetzt werden: Volkstümliche und mythologische Szenchen wechseln miteinander ab. In Grotten ertönen, gleichfalls durch Wasserantrieb erzeugt, künstliche Tier- und Vogelstimmen. Aus dem Geweih und den Nüstern steinerner Hirsche steigen Springbrunnen auf. Ein mechanisches Theater, eine Szenerie vor dem Dom mit Orgelmusik und über hundert sich gleichzeitig bewegenden Figuren, ist das Meisterwerk unter diesen Wasserspielereien.

Mir machte an einer andren Stelle des Parks ein steinerner

Tisch mit steinernen Hockern viel Vergnügen. Denn aus den Hockern schießen plötzlich zahllose Wasserfontänen senkrecht empor. Hier mögen die lustigen Gäste früherer Erzbischöfe ahnungslos gesessen und mit ihren »Damen« getrunken oder gar über das Zölibat geplaudert haben. Trugen die vergnügten Herrschaften prächtige Gewänder oder hatten sie wesentlich weniger an? Das ist eine ernstzunehmende Frage. Denn: sobald der gutgelaunte Herr Archi-Episcopus den Dienern einen Wink gab, stiegen ja aus den Hockern, auf denen die Tafelrunde saß, die Wasserfontänen wie aus einem Sieb hoch – und was wurde dann aus den teuren seidenen Roben?

Nun, so spielten in Salzburg die Edelleute Theater. Doch die Bürger und die Bauern standen ihnen nicht nach. Sie setzten sich zwar nicht auf Sessel mit Wasserspülung. Aber sie hatten ihre Perchtenspiele. Sie trugen Masken, die denen der Südseeinsulaner Konkurrenz machen. Sie setzten sich meterhohen Kopfputz auf. Sie stiegen auf Stelzen und spazierten zur Fastnacht als komische Riesen durch die Dörfer. Der Hanswurst, diese unsterbliche Figur, hat im Salzburgischen seine Heimat. Lipperl, eine ähnliche Gestalt, wurde bei Mozart, dem Salzburger, zum Leporello. Er und der andre Hanswurst, Papageno, wechselten aus dem wahrhaft Volkstümlichen in den Bezirk der großen heiteren Kunst.

Auf dem Hügel überm Hellbrunner Park, im Monatsschlößchen, sah ich die volkskundliche Sammlung, die schöne Beispiele des in diesen Gauen angesiedelten Spieltriebes aufweist. Karl sah ich hierbei übrigens auch. Er skizzierte, hatte drei Buntstifte in der Hand und zwei zwischen den Zähnen.

»Vergiß nicht, daß wir heute abend in den ›Rosenkavalier‹ gehen!« meinte ich.

Er blickte von seinem Block auf. »Ah, Doktor Fäustchen! Lebst du noch oder bist du schon verheiratet?«

Verliebte Leute neigen, auch wenn es ihrem Wesen widerspricht, zur Humorlosigkeit.

»Ich hoffe, die beiden Zustände vereinigen zu können«, sagte ich pikiert. »Laß dich bei deiner aufreibenden Tätigkeit nicht stören!« Karl schmunzelte. »Wenn du mich jetzt noch fragst, warum ich, statt zu zeichnen, nicht fotografiere, wo das doch viel schneller geht, schmeiß ich dich die Treppe hinunter. Auf frohes Wiedersehen!«

Künstler sind empfindlich. Verliebte sind empfindlich. Ich zog mich zurück.

Konstanze war pünktlich. Wir hatten uns bei den Tritonen verabredet. Sie wurde rot, als wir uns die Hand gaben, und sagte, daß sie nur eine halbe Stunde Zeit habe. Dann nahm sie meinen Arm, und wir gingen am Schloßteich entlang. Ich führte sie in die dämmrige Allee und zog sie auf eine Bank. »Hier habe ich heut früh gesessen«, sagte ich. »Konstanze, ich liebe dich. Ich liebe dich, daß mir die Rippen wehtun! Willst du meine Frau werden?«

Sie schloß für wenige Sekunden die Augen. Dann lehnte sie sich an meine Schulter und flüsterte: »Freilich, Fäustchen!« Sie lächelte. »Mir tun ja auch die Rippen weh!«

Sie mußte eilig ins Schloß zurück. Vor morgen nachmittag sah ich sie nicht wieder. Es gibt viel zu besprechen. Am ersten September kehrt die gräfliche Familie heim. Konstanze mag bleiben, bis man ein anderes Stubenmädchen gefunden hat. Ist das erledigt, muß sie nach Berlin kommen. Bräutigam zu sein ist kein Zustand, sondern ein Ausnahmezustand. Abends waren Karl, ich und mein Smoking im »Rosenkavalier«. Seltsam, heute früh schlich ich heimlich aus einem österreichischen Schloß. Und als vorhin der Vorhang aufging, versteckte eine Frau, in eben einem solchen Schloß, ihren Quinquin. Eine Marschallin und ein Stubenmädchen sind freilich nicht dasselbe. (Die Lehmann sang ergreifend.) Doch sogar das Stubenmädchen kommt ja in Straußens Oper vor; wenn's auch eigentlich ein Mann ist, der in Zofenkleider schlüpft. (Das hätte mir gerade noch gefehlt! Ich großer Lümmel in Konstanzes Kleidern!)

Meine eigene Salzburger Komödie ging wie ein Hauch in der österreichischen Atmosphäre des Stückes und der Musik auf. Anatomisch betrachtet saß ich im Parkett; Herr Rentmeister »an sich« schwang und sang mit den andern auf der Bühne. Erinnerung und Kunst vereinigten sich zu einem Erlebnis, das mich völlig gefangennahm. Das war kein objektiver Kunstgenuß, sondern eine andre und neuartige Gemütsverfassung, die ich nicht so bald vergessen werde.

Jetzt gehe ich in die Bar, bestelle eine Flasche Mumm und feiere meine Verlobung. Ohne das Fräulein Braut. Prosit, das heißt: Es möge nützen!

P. S. Die kleine Tante hat mir den Berliner Posteinlauf nachgeschickt. Von der Devisenstelle ist nichts darunter.

Der Blitz aus heiterem Himmel

Reichenhall, 26. August, mittags.

Nein, nein, nein! Fünfunddreißig Jahre bin ich alt geworden, ohne ans Heiraten zu denken. Gestern hab ich Esel mich verlobt. Heute ist alles zu Ende. Und ich kann mit Otto Reutter singen: »Mir ham'se als jeheilt entlassen!« Mit dem ersten Autobus fuhr ich früh nach Salzburg. Anderthalb Stunden später fuhr ich, völlig durcheinander, nach Reichenhall zurück und stürzte mich eilends in das »den Hotelgästen vorbehaltene« Schwimmbassin. Das Wasser war eiskalt und brachte mich einigermaßen zur Besinnung.

Nun liege ich auf der Badewiese. Das im Hotel angestellte Tanzpaar, der Tennistrainer, seine Frau und andre junge Leute schwimmen, spielen neben mir Ball, sind vergnügt und guter Dinge. Ich komme mir wie ihr Großvater vor. So alt fühl ich mich seit ein paar Stunden. Ach, wenn es einen Hund gäbe, so groß wie der Kölner Dom, – einen solchen Hund könnte es jammern! Aber eines nach dem andern. Zeno, der Begründer der Stoa, hat denjenigen, denen Schmerz zugefügt worden ist, als Therapie die Rekapitulation ihrer schmerzlichen Erlebnisse empfohlen. Also gut: ich fuhr nach Salzburg, suchte Karl auf und teilte ihm breitspurig mit, daß er mich ab heute als präsumtiven Ehemann zu respektieren habe. Er gratulierte. Der Glückwunsch klang ein bißchen frostig. Das fiel mir freilich erst später auf.

Er führte mich in den Peterskeller und stiftete einen Liter Prälatenwein. Während wir tranken, erzählte er mir von den mittelalterlichen Äbten des Stiftes St. Peter, von dem uralten Männerkloster, von den ersten Bischöfen, von Rupert, Vergil, von Pilgrim von Puchheim, von der Cholera und anderen Epidemien, und schließlich schleppte er mich auf den alten, alten Petersfriedhof. Dort hielt er mir einen Vortrag über künstlerische Grabsteingestaltung, zeigte mir die Katakomben und die kleine, am Felsen lehnende, früheste Kapelle. Er trieb das so lange, bis mir die Geduld riß.

»Warum schleppst du mich gerade heute hierher?« fragte ich ärgerlich. »Wozu erzählst du mir von Klöstern, Märtyrern und Epidemien? Soll ich ins Kloster gehen? Ich bin ein glücklicher Mensch, du Trampel!«

»Fortuna ist eine Metze«, sagte er und runzelte die buschigen Augenbrauen. Wir standen vor den sieben schwarzen Grabkreuzen, deren Bedeutung bis heute nicht geklärt ist. Er legte mir die Hand schwer auf die Schulter. »Mein lieber Georg, du weißt, daß ich nicht gerade ein Gegner des Roulettespiels bin. Nun, ich war gestern im Mirabell-Casino und habe hundert Schilling verloren. Das erste Dutzend kam zwanzig Minuten lang überhaupt nicht.«

»Und?« fragte ich. »Hast du mich hierher transportiert, um mir schonend mitzuteilen, daß du meinen Smoking versetzt hast?«

»Ich habe ihn nicht versetzt«, sagte er. »Wenn die zwei jungen Leute neben mir nicht dauernd gewonnen hätten, wäre ich auf sie nicht weiter aufmerksam geworden. Sie gewannen aber wie die Anfänger, obwohl sie keine waren. Kurz und gut, ich sah mir die beiden näher an.«

»Wenn deine Erzählung keine Pointe hat, schneid ich dir die Ohren ab«, warnte ich.

»Es waren eine junge Dame und ein junger Mann. Sie trug ein Abendkleid und er einen Frack.«

»Umgekehrt wär es ja auch sinnlos gewesen.«

Karl bewahrte eiserne Ruhe. »Der Croupier nannte die junge Dame ›Komtesse‹ und den jungen Mann ›Herr Graf‹.«

»Soll das die Pointe sein?«

»Das ist sie. Die Komtesse nannte ihren Begleiter Franzl, und er nannte sie – oder weißt du schon, wie er sie nannte?«

Mir blieb das Herz stehen. Ich sah ihn ratlos an. »Konstanze.«

»Konstanze.«

Ich packte seinen Arm. »Karl, war sie es ganz bestimmt?«

»Bestimmt«, sagte er. »Ich folgte ihnen, als sie aufbrachen, und erkannte sie am Gang. Vor dem Casino stiegen sie in ein kleines Sportauto. Sie setzte sich ans Steuer. Dann sausten sie davon.«

»Welche Farbe hatte der Wagen?«

»Es war ein schwarzer Zweisitzer mit breiten Nickelbeschlägen.«

Ich nickte. Dann drehte ich mich um und rannte vom Friedhof. Am Residenzplatz stand ein Autobus nach Reichenhall, als ob er auf mich warte.

Und nun liege ich, ein vornehmer Hotelgast, auf der Badewiese und möchte ins Kloster gehen.

Um vier Uhr bin ich statt dessen mit dem Trainer auf dem Tennisplatz verabredet. – Zeno hat übrigens nicht recht. Ich habe mein Erlebnis hingeschrieben und fühl mich noch genauso elend wie zuvor.

Meine Braut, das Stubenmädchen, ist eine Komtesse! Auch das fügt sich in die Salzburger Szenerie meiner österreichischen Komödie. »Herr Georg Rentmeister gestaltete die Figur des Trottels außerordentlich lebenswahr.«

Heute abend reist der lebenswahre Trottel ab!

Die neue Wendung

Reichenhall, 26. August, abends.
Tennis erfordert bekanntlich restlose Konzentration. Man braucht nur den leisesten Nebengedanken zu haben, und schon spielt man unter jeder Form. Ich spielte demzufolge wie ein Weihnachtsmann, schlug die leichtesten Bälle ins Aus oder ins Netz, lieferte in einem einzigen Game nicht weniger als drei Doppelfehler und hatte mitunter nicht übel Lust, den Schläger hinter den Bällen herzuwerfen. Als ich mich im dritten Satz endlich einzuspielen begann, setzte sich ein junger Mann auf die Bank vor dem Platz und schaute uns zu. Ich wurde erneut nervös. Er hatte einen kleinen Schnurrbart; und nach einem Halbvolley, der mir mit der Rückhand gelang, rief er: »Bravo!« Ich blickte ihn an und glaubte nicht, daß der Blick übertrieben freundlich ausfiel. Er verbeugte sich leicht und sagte: »Pardon, mein Herr. Spielen Sie noch lange? Ich muß Sie unbedingt sprechen, habe aber sehr wenig Zeit.«

»Es steht Vier beide im letzten Satz«, antwortete ich. »Ich bin bald zu Ihrer Verfügung.«

»Ausgezeichnet. Ich muß nämlich umgehend nach Salzburg zurück.«

Nach Salzburg zurück! Was konnte er von mir wollen? Ich verlor natürlich die beiden nächsten Spiele, gab dem Trainer die Hand und begab mich zu dem jungen Mann.

»Ich bin Konstanzes Bruder«, sagte er, »heiße Franz Xaver Graf H. und werde Franzl genannt.«

Das war der Franzl, und Franzl war ihr Bruder? »Sehr angenehm.«

»Meinerseits. Wie schon angedeutet, hab ich wenig Zeit. Ich muß zu Haus die Abendtafel decken.«

»Die Abendtafel decken? Ich will Sie nicht aufhalten.«

»Scharmant. Ich bin hier, weil mich Konstanze so darum bat und weil zwischen ihr und Ihnen Mißverständnisse herrschen, die beseitigt werden müssen.«

»Es bestand meines Wissens keinerlei Veranlassung, solche Mißverständnisse überhaupt erst aufkommen zu lassen.«

»Seien Sie doch nicht so norddeutsch zu mir! Die Mißverständnisse waren unvermeidlich!«

»Das vermag ich nicht einzusehen.«

»Ich bin eigens hierhergekommen, Herr Doktor, um Sie eines Besseren zu belehren.«

»Da bin ich sehr neugierig, Herr Graf!«

Der junge Mann zupfte an seinem Schnurrbärtchen. »Wir müssen unbedingt den Ton mildern, sonst endet unsere freundschaftliche Unterhaltung damit, daß wir auf einer idyllischen Waldwiese mit Säbeln aufeinander losgehen.«

»Bevor wir uns zu dieser technischen Nothilfe entschließen«, sagte ich, »bitte ich Sie, mir klipp und klar mitzuteilen, aus welch dringlichem Anlaß sich Ihr Fräulein Schwester genötigt sah, mich in Mißverständnissen zu belassen, die, wie vorauszusehen, höchst unerfreuliche Folgen haben mußten.«

Er nahm meinen Arm und führte mich in den Park. »Konstanze hat Ihnen erzählt, Graf H. sei samt Familie während der Festspiele verreist und habe sein Personal amerikanischen Mietern überlassen. Wahr ist, daß Amerikaner bei uns wohnen. Unwahr ist, daß wir verreisten. Wir blieben im Schloß. Die Dienerschaft verreiste, und unsere werte Familie übernahm deren Aufgaben. Konstanze avancierte zum Stubenmädchen. Ich wurde eine Art Servier- und Zimmerkellner. Die Frau Tante ist die Köchin. Mizzi, unsre jüngste Schwester, hilft der Frau Tante. Und das Oberhaupt der Familie, der Herr Vater, betätigt sich als Portier, Empfangschef und Geschäftsführer.«

Zum Glück war eine Bank in der Nähe. Ich setzte mich rasch. »Haben Sie eine Zigarette?« Ich bekam Zigarette und Feuer und schaute vor mich hin.

»Der Einfall stammt vom Papa«, sagte er. »Er verfaßt, obwohl er's gar nicht nötig hat, unter einem Namen, der nichts zur Sache tut, Theaterstücke. Eines schönen Tages beschloß er, eine Situationskomödie zu schreiben, die auf einem Schloß spielt und das Rencontre des als Dienerschaft maskierten österreichischen Adels mit Millionären aus der Neuen Welt zum Gegenstand hat.«

Franz Xaver Graf H. zündete sich eine Zigarette an. »Offensichtlich hoffte unser teures Familienoberhaupt, seiner Phantasie durch Erfahrungen auf die Beine zu helfen. Er wollte Stoff für sein Stück sammeln. Im Frühjahr setzte er uns von seinem Vorhaben in Kenntnis. Wir mußten ihm versprechen, mitzutun und reinen Mund zu halten. Das Projekt machte uns bis zu einem gewissen Grade Spaß. Schließlich sind wir die Kinder dieses komischen Herrn; und wir sind daher nicht zufällig in Salzburg zur Welt gekommen.«

»Bestimmt nicht«, erklärte ich.

Er lachte. »Wie das so ist: Die Hauptsache hatte der Urheber nicht einkalkuliert. Das Stubenmädchen verliebte sich; noch dazu in einen Herrn aus Deutschland, der romantischerweise ohne Geld nach Salzburg kam. Heute nachmittag fuhr die Schwester, statt als Stubenmädchen zu figurieren, wieder in die Stadt. Sie, mit dem sie sich treffen wollte, waren nicht da. Konstanze wurde unruhig und beschloß, weil sie nicht kamen, wieder heimzufahren. Da erhob sich, kaum daß sie aufgestanden war, am Nebentisch ein Herr.«

»Karl«, sagte ich.

»Ganz recht. Ihr Freund. Ein Maler. Er hatte uns beide gestern im Casino beobachtet. Da meine Schwester bekümmert schien, sprach er sie an und erklärte Ihre Abwesenheit. Sie rief mich an. Ich putzte gerade das Silber. (Eine ekelhafte Beschäftigung!) Brüder sind Charaktere. Ich ließ alles stehen und liegen und fuhr ins Café ›Glockenspiel‹. Nun bin ich hier, und ich wüßte nicht, was ich Ihnen noch zu erzählen hätte.«

Ich drückte ihm die Hand. »Entschuldigen Sie mein Benehmen, Herr ...«

»Franzl heiß ich.«

»Ich bitte sehr um Entschuldigung, Franzl.«

»Weswegen denn, Georg? Ich hätte es genau wie Sie gemacht.«

»Wo ist Konstanze? Ich muß sie sprechen. Können Sie mich im Wagen mitnehmen?«

»Im Wagen ist leider fast kein Platz mehr.«
Franzl kniff ein Auge zu.
»Er steht drüben vorm Kurhaus.«
Ich sprang auf, rannte mit Riesenschritten durch den Park, durchs Tor, auf die Straße, sah das Auto und sah Konstanze, die mir die Arme entgegenstreckte. Sie war blaß und hatte Tränen in den Augen. Wir küßten uns und sprachen kein Wort. Die Kurgäste, die zum Gartenkonzert wollten, blieben stehen und verstanden die Welt nicht mehr.
»Mein Fäustchen«, flüsterte sie. »Daß du mir nie wieder davonläufst!«
»Nie wieder, nie wieder!«
»Meinen Segen habt ihr«, erklärte jemand neben uns. Es war der Bruder.
»Dank dir schön, Franzl«, sagte Konstanze.
Er stieß mich in die Rippen. »Hören Sie zu, Schwager. Wir haben Ihnen einen Vorschlag zu machen. Der erste Sekretär unsres Amerikaners ist gestern abgereist. Somit ist ein Zimmer frei geworden. Da wir nun gestern im Casino eine rauhe Menge Geld gewonnen haben, laden wir Sie in aller Form ein, zwei Tage unser Gast zu sein. Unserm Herrn Vater erzähl ich vorläufig ein Märchen. Die Gebühren erleg ich in Ihrem Namen. Sobald die Amerikaner fort sind, erzählen wir ihm die Wahrheit. Dann muß er mir das Geld zurückgeben.« Er lachte vergnügt wie ein Schuljunge. »Morgen früh treffen Sie als Gast bei uns ein, spielen den Ahnungslosen und schauen sich unser lebendiges Theater hübsch aus der Nähe an. Wie vor Jahrhunderten, als die bevorzugten Zuschauer auf der Bühne saßen. Warum sollen Sie's nicht auch einmal so gut haben?«
Konstanze drückte meine Hand. »Wenn du nicht kommst, heirat ich einen andern.« »Untersteh dich!«
Franzl fuhr fort: »Wegen des alten Herrn können Sie unbesorgt sein. Der merkt nichts. Und wenn er schließlich erfährt, wer Sie sind, wird er Ihnen für die Mitarbeit an seinem Theaterstück dankbar sein und mit dem väterlichen Segen nicht lange hinterm Berge halten.« Er stieg ins Auto. »Ich komme«, sagte ich.

Konstanze trat auf den Gashebel. »Das wird herrlich!« rief sie. Sie fuhren los.

Ich winkte.

Dann hüpfte ich vor Übermut auf einem Bein ins Hotel, und der Portier fragte besorgt, ob ich mir wehgetan hätte.

Das Spiel im Schloß

Schloß H., 27. August, abends.
Ich sitze in meinem Schloßgemach und werde bald zu Bett gehen. Zuvor will ich noch eine Zigarre rauchen und ein Glas Burgunder trinken. Der Etagenkellner Franz hat mir eine alte Flasche auf den Tisch gestellt.

Der Tag war recht heiter. Franzl holte mich morgens in Salzburg ab. Ich hatte eben noch Zeit, Karl »Guten Tag« zu sagen und ihm dafür zu danken, daß er Konstanze und mir geholfen hatte. Dann trennten sich unsere Wege. Er wollte zum Marstall, um die barocke Pferdeschwemme mit den prachtvollen Rösserfresken zu aquarellieren. Ich fuhr mit dem jungen Grafen zum Schloß hinaus.

Konstanze stand »zufällig« auf der Freitreppe und machte einen Knicks. Sie trug tatsächlich ein kurzes schwarzes Kleid, eine noch viel kürzere Tändelschürze und ein weißes Rüschenhäubchen!

Ich nickte huldvoll.

»Wie heißen Sie, schönes Kind?«

»Konstanze, gnädiger Herr.«

»Wozu ›gnädiger Herr‹? Sagen Sie einfach ›Herr Doktor‹, das genügt.« Ich wandte mich an Franzl, der meinen Koffer trug. »Das gilt auch für Sie, Franzl!«

Das Stubenmädchen knickste. »Wie Sie wünschen, gnädiger Herr Doktor.« Dann streckte sie mir die Zunge heraus.

»Vorsicht!« murmelte Franzl. Im Schloßportal erschien ein großgewachsener Herr mit eisengrauem Haar. Er verneigte sich. Sein Cutaway saß wie angegossen.

»Erlauben Sie mir, Sie willkommen zu heißen. Ich bin der Kammerdiener des Grafen und betreue zur Zeit das Hauswesen. Haben Sie schon gefrühstückt?«

»In Reichenhall.«

»Sehr wohl. Das Mittagessen findet um ein Uhr im Gelben Saal statt. Franzl wird Ihnen Ihr Zimmer zeigen und das

Gepäck nach oben bringen. Hoffentlich fühlen Sie sich bei uns wohl.«

In seinem Gesicht bewegte sich keine Miene. Er verneigte sich und zog sich zurück.

Franzl zeigte mir mein Zimmer und verschwand, um den Mittagstisch zu decken. Kaum war er aus der Tür, klopfte es.

»Herein!«

Es war das Stubenmädchen. Sie fragte, ob sie mir beim Auspacken des Koffers behilflich sein könne.

»Treten Sie näher, Sie aufdringliche Person!« Ich nahm ein Jackett aus dem Koffer warf ihr's zu. »Wohin hängt ein gelehriges Stubenmädchen das erste Jackett?«

»Übers Schlüsselloch, Herr Doktor.«

An der Mittagstafel lernte ich die Amerikaner, die alle als schmucke Tiroler daherkamen, kennen: den beleibten und sehr schweigsamen Zellophantütenfabrikanten; seine hagere Gattin; den zweiten Sekretär, eine Art Posaunenengel mit dicken Brillengläsern; den Sohn, einen stämmigen Jüngling, der prinzipiell nur spricht, während er kaut; und die Tochter Emily, eine jener unsentimentalen, bildhübschen und großen Blondinen, vor denen man Angst kriegen kann.

Franz legte die Speisen vor. Ich glaube übrigens, daß er begründete Angst vor der blonden Emily und ihren blauen, kaltschnäuzigen Augen hat. Konstanze brachte den Wein. Mizzi, ihre jüngere Schwester, fuhr die Schüsseln auf einem Servierwagen in den Saal. Sie ist ein schlankes Geschöpf mit zwei fidelen Grübchen. Der alte Graf beaufsichtigte den Verlauf der Mahlzeit und gab der Millionärin, die eine außergewöhnlich wissensdurstige Dame zu sein scheint, bereitwillige Auskunft.

Emily wollte mich ins Gespräch ziehen. Das Stubenmädchen Konstanze blickte besorgt herüber. Deshalb zog ich es vor, noch weniger Englisch zu können, als ich ohnehin kann, und ersuchte den Servierkellner, der jungen Dame mitzuteilen, daß ich kein Wort Englisch verstünde.

Ich fürchte, daß das falsch war. Emily Namarra scheint Unterhaltung zwischen zwei Menschen, die einander nicht verstehen, für besonders interessant zu halten. Glücklicherweise fuhr die ganze Familie sehr bald in einer gewaltigen Limousine auf und davon. Und auch abends hatten sie es eilig. Sie gingen in »Figaros Hochzeit«.

Nachmittags stieß ich vor dem Wirtschaftsgebäude auf den alten Grafen, der noch keine Ahnung hat, daß ich sein Schwiegersohn bin. An der Hauswand hängt ein volkstümlich geschnitztes bemaltes Halbrelief, das die Dreifaltigkeit vorstellt. Unter dem schmalen Giebelchen, das wohl als Regenschutz gedacht ist, und direkt auf dem Heiligen Geist, auf den ausgebreiteten Flügeln der weißen Taube, nistet ein Vogelpaar. Wir betrachteten gemeinsam die reizende Szene und gingen miteinander über den Hof. »Sind Sie schon lange auf Schloß H. in Diensten?« fragte ich leutselig.

»Sehr lange, Herr Doktor.«
»Stimmt es, daß Graf H. Theaterstücke schreibt?«
»Das mag schon seine Richtigkeit haben.«
»Wo haben Sie so gut Englisch sprechen gelernt?«
»In Cambridge.«
Ich lachte. »Sie haben studiert?«
»Graf H., nicht ich. Ich war ihm von seinen Eltern zur Bedienung mitgegeben worden.« Er verzog einen Mundwinkel. »Genau genommen hat auch Graf H. in Cambridge nicht studiert. Fremde Sprachen lernt man nicht in Hörsälen, sondern in – hm – weniger wissenschaftlichen Etablissements.«
»Schade, daß der Graf auf Reisen ist. Ich hätte ihn gern kennengelernt, da mich die Meinung deutscher Schriftsteller über den Konjunktiv brennend interessiert.«
»Worüber?«
»Über den Konjunktiv, das ist die Möglichkeitsform der Tätigkeitswörter. Und über den Optativ.«
»Aha«, sagte er. »Der Herr Graf wird es sicher bedauern, sich mit Ihnen nicht über die Tätigkeitsform der Möglichkeitswörter unterhalten zu können. Interessante Themen liebt er über alles.« Er hatte sich völlig in der Gewalt und machte seine ironische Bemerkung, als verstünde er gar nicht, was er sagte.

»Ich könnte vielleicht die syntaktischen Fragen, die mir am Herzen liegen, notieren, und Sie könnten ihm diese Notizen, wenn er zurückkommt, vorlegen ...«

»Eine ausgezeichnete Idee!«

»Sie glauben nicht, daß er ein solches Ansinnen übelnimmt?«

»Gewiß nicht. Der Herr Graf ist ein sehr höflicher Mensch.«

Schriftsteller, die darauf aus sind, etwas möglichst Originelles zu erleben, um etwas möglichst Originelles schreiben zu können, soll man, finde ich, tatkräftig unterstützen. Ich machte also ein bekümmertes Gesicht und fragte: »Wo befindet sich Graf H. zur Zeit?«

»In Ventimiglia, Herr Doktor.«

»So, so. In Ventimiglia.« Ich kratzte mich nachdenklich hinter dem Ohr. »Spätestens morgen muß ich nämlich die Korrekturbögen eines Aufsatzes über die Inversion abschicken, und hinsichtlich eines Abschnittes über diesbezügliche Idiotika der bayrisch-österreichischen Mundart könnte mir Graf H. bestimmt wichtige Winke geben. Hm.« Nun spielte ich ihm einen Mann vor, der eine Erleuchtung hat! »Das ist ein guter Gedanke! Ich werde mit dem Grafen telefonieren! Seien Sie doch so liebenswürdig und melden Sie gegen Abend ein Ferngespräch mit Ventimiglia an.«

Er zögerte den Bruchteil einer Sekunde. Dann sagte er: »Wie Sie befehlen, Herr Doktor.«

Ich bot ihm eine Zigarre an.

»Danke höflichst. – Ich muß leider ins Büro, die Buchführung zu erledigen.« Er verbeugte sich und schritt gemessen ins Schloß.

An der Abendtafel trat er geheimnisvoll neben meinen Stuhl und teilte mir mit, daß der Herr Graf Ventimiglia bereits am Nachmittag verlassen habe.

Ich bedauerte das lebhaft und dankte ihm für seine Bemühungen. Konstanze und Franzl blickten ihn und mich verwundert an. Sie wußten von dem Gespräch im Hof nichts und konnten sich keinen Vers auf unseren Dialog machen.

Nachdem die Amerikaner aus dem Haus waren, spazierte ich gemächlich rund um das Schloß. In einem der Fenster zu ebener Erde war Licht. Ich ging behutsam näher und blickte in eine geräumige Küche. Die gesamte »Dienerschaft« saß am Tisch und aß Abendbrot. Der alte Graf mochte ihnen etwas Spaßiges erzählt haben. Das Fenster war offen. Die beiden Schwestern lachten, und Franzl sagte: »Papa, ich kann mir nicht helfen, aber ich finde, du hättest in der Sache mehr Schneid beweisen sollen.«

»Inwiefern?«

»Du hättest leicht den Doktor ans Telefon rufen und von einem der Zimmerapparate als Graf H. aus Ventimiglia mit ihm sprechen können.«

»Das hätte mir noch gefehlt! Optativ, Konjunktiv, Inversion, bayrisch-österreichische Idiotika, ich bin doch –«

»Kein Idiot«, meinte Mizzi, die jüngere Schwester sanft.

»Kein Schulmeister, wollte ich eigentlich sagen.«

Neben dem Grafen saß eine entzückende alte Dame. Sie wirkte dekorativ wie Maria Theresia. »Schreib dir wenigstens Franzls Vorschlag auf«, erklärte sie. »Vielleicht kannst du etwas Ähnliches in deinem Stück verwenden.«

Der alte Herr nickte, zog ein Büchlein aus der Tasche und machte sich Notizen.

»Gibt Doktor Rentmeister eine brauchbare Figur für das Stück ab?« fragte Konstanze.

»Du hast dich wohl in ihn verliebt?« Mizzi beugte sich neugierig vor.

»Verliebt? Ein ausgezeichneter Einfall«, sagte der Graf und schrieb eifrig weiter.

Konstanze lächelte. »Für das Stück?«

»Liebschaften mit Standesunterschied sind immer dankbar«, behauptete Franzl.

Die Tante Gräfin erhob sich und steuerte auf das Fenster zu. Da machte ich mich leise davon.

Von meinem Zimmer aus kann ich das Salzburger Schloß sehen. Sogar jetzt, am späten Abend. Denn ein Scheinwerfer, der zu Ehren der Fremden über die Stadt hinwandert, hebt die alte Burg magisch aus der Dunkelheit und rückt sie, während über dem Land die Sterne funkeln, in Tageshelle.

Es hat eben geklopft.
»Wer ist da?«
»Das Stubenmädchen, Herr Doktor. Ich möchte fragen, ob der Doktor noch einen Wunsch haben.«
»Gewiß, schönes Kind. Könnte ich einen Gutenachtkuß bekommen?«
»Aber selbstverständlich, Herr Doktor. Unsere Gäste sollen sich doch wohlfühlen!«
Ich gehe öffnen.

Die Tischszene

Reichenhall, 28. August, nachts.
Daß die von ihm arrangierte Stegreifkomödie so abenteuerlich weitergehen würde, hat sich Graf H. kaum träumen lassen. Hoffentlich ist er mir für die dramatische Wendung, die ich seinem Einfall gab, auch wirklich dankbar. Ich bin dessen, offen gestanden, nicht ganz sicher. Aber hätte ich Statist bleiben sollen? Nein, wenn Stegreif gespielt wird, sind die Darsteller auch die Autoren.

Der Vormittag verlief friedlich. Die Sonne schien, der Himmel war herbstlich blau, und ich traf mich mit Karl auf dem Sebastiansfriedhof. Der Rasen und die Büsche sind hier idyllisch verwildert. Unter ihnen liegt Mozarts Mutter begraben, Paracelsus auch, und inmitten des Kirchhofes steht die Gabrielskapelle, in der die Gebeine Wolf Dietrichs, des großen Salzburger Renaissancefürsten, ruhen.

An den weißgoldnen Wänden, in der Kuppel und über dem Altar, überall grüßt die Kugel im Feld, das Wappen des Medicisprosses.

Am Nachmittag schien die Sonne noch immer! Tatsächlich! Nun die Festspiele fast zu Ende sind, wird das Wetter schön. Und so wurde heute, zum erstenmal in der Saison, »Jedermann« im Freien gespielt.

Konstanze kam, um einzukaufen, in die Stadt. Wir erledigten gemeinsam ihre Besorgungen und wanderten dann über die Plätze, die an den Domplatz, den Zuschauerraum des Jedermannspieles, angrenzen. Die Stimme Attila Hörbigers, des Jedermann, tönte bis zu uns. Jedermanns alte fromme Mutter, Frieda Richard, saß am Residenzplatz in den Kolonnaden, mit der mittelalterlichen weißen Wittibhaube auf dem Kopf, und wartete auf ihr Stichwort. Auf dem Kapitelplatz standen der Gute Gesell und die Buhlschaft, auch der Bettler, der Jedermanns Gewissen vergeblich zu rühren sucht, und die Kinder, die zur Tischszene mit Blumengewinden daherkommen.

Dann und wann erschien ein Spielwart in Lederhosen und holte die Schauspieler zu ihrem Auftritt.

So war der Tag harmonisch vergangen. An der Abendtafel brach das Drama aus. Da hatten wir unsere eigene »Tischszene«.

Emily Namarra, die amerikanische Semmelblondine, lieferte das verhängnisvolle Stichwort. Sie winkte den alten Grafen, der das Servieren beaufsichtigte, an den Tisch und fragte ihn trocken, ob Zärtlichkeiten mit dem Dienstpersonal im Pensionspreis inbegriffen seien.

Der alte Herr hob erstaunt die Augenbrauen und erkundigte sich, was sie zu einer so außerordentlichen Frage veranlasse. Sie benutzte einen ihrer schneeweißen Finger, um auf meine werte Person zu zeigen, und erklärte, daß ich das Stubenmädchen geküßt habe.

Er sah Konstanze prüfend an. Sie wurde flammend rot. Er blickte erstaunt zu mir herüber. Die Situation war recht peinlich. Dann wandte er sich an die Amerikanerin. Ihrer Vermutung, das Küssen des Personals sei obligatorisch, müsse er energisch entgegentreten. Dergleichen Vertraulichkeiten zwischen Gästen und Dienstboten seien im Gegenteil auf Schloß H. höchst unerwünscht. Zu Konstanze sagte er:»Ehrvergessene Stubenmädchen kann ich nicht brauchen. Ich kündige Ihnen hiermit für den Monatsersten.«

Nun ritt mich der Teufel.»Konstanze, Ehrvergessenheit brauchst du dir von einem Portier nicht vorwerfen zu lassen!«

»Mit Ihnen rede ich später«, sagte er hoheitsvoll.

»Tun Sie's gleich«, riet ich ihm, »später bin ich nicht mehr da.«

Franzl erriet wohl meine Absicht. Er flüsterte seiner Schwester ein paar Worte zu. Und jetzt fragte sie, schon etwas mutiger:»Was soll ich denn tun, Georg?«

»Das wird ja immer besser. Das Stubenmädchen duzt die Gäste!« Ich glaube, der Graf war ehrlich entrüstet.»Konstanze, Sie sind ein ... ein Frauenzimmer!«

Ich erhob mich und stieß empört den Stuhl zurück.»Jetzt ist's aber genug! Konstanze, du verläßt dieses Haus nicht am ersten September, sondern sofort! Packe deinen Reisekorb. Ich bringe dich zunächst in Salzburg unter. Eine Stellung wie hier findest du alle Tage.«

Die Amerikaner folgten unserer Auseinandersetzung mit Interesse. Nur der Sohn des Millionärs aß ruhig weiter. Heute schwieg er sogar beim Kauen.

»Ich verbiete Ihnen, über mein Stubenmädchen zu verfügen«, rief der Graf. »Sie bleibt hier.«

»Sie bleibt keineswegs hier. Sie ist nicht mehr Ihr Stubenmädchen. Derartige Beleidigungen brechen jeden Vertrag.« Franzl war in seinem Element. »Ich fahre Sie in die Stadt.«

»Das wirst du ...« Der alte Graf fiel beinahe aus der Rolle. »Das werden Sie nicht tun, Franzl! Sonst werden auch Sie gekündigt!«

»Aber Leopold«, sagte Franzl, »ich schätze Sie viel zu sehr, als daß ich Sie im Stich lassen könnte. Nein, nein, ich bleibe Ihnen erhalten.«

Nun griff Konstanze tätig ein. Sie band ihre weiße Tändelschürze ab und drückte sie dem sprachlosen Vater in die Hand. Dann lief sie aus dem Saal.

Es ging alles so schnell, und die Amerikaner hängten sich, um nichts zu versäumen, so neugierig an den alten Grafen, daß er überhaupt keine Gelegenheit fand, mit Konstanze ein privates Wort zu wechseln. Die Gräfin Tante kam, von Mizzi gerufen, verwundert aus ihrem Küchenreich herauf und faltete fassungslos die Hände. Mizzi amüsierte sich, ohne die Zusammenhänge des Näheren zu kennen, wie ein Schneekönig. Und Franzl tat das Seine, daß das Tempo der Szene nicht verschleppt wurde.

Ehe sich's die andern recht versahen, saßen wir, aneinandergepreßt, mit Koffern garniert, zu dritt in dem kleinen Auto und fuhren nach Salzburg hinein, durch Salzburg hindurch, über die Grenze hinweg, nach Reichenhall, vor das Hotel Axelmannstein. Konstanze ließ sich ein Zimmer geben. Dann tranken wir in der Bar darauf, daß alles gut ausgehen möge.

Franzl war bester Laune. Er scheint dem schriftstellerischen Talent seines Vaters zu mißtrauen. »Der alte Herr«, sagte er,

»soll gefälligst sein Gehirnkastel anstrengen, statt mit lebendigen Menschen zu experimentieren! Nicht, daß ich Nennenswertes von der Dichterei verstehe, aber eines gilt jedenfalls: Man darf das Leben nicht degradieren. Das Leben ist kein Mittel zum Zweck.« Konstanze war mitleidiger. »Wann willst du dem Papa die Wahrheit sagen?«

»Fehler einzusehen, braucht es Zeit. Vierundzwanzig Stunden muß er zappeln.«

Konstanze ist auf ihr Zimmer gegangen; der Franzl ist heimgefahren. Morgen früh wird er anrufen und Bericht erstatten. Donnerwetter, hab ich einen Hunger! Richtig, ich bin ja im Schloß H. über die Suppe nicht hinausgekommen.

»Herr Ober, die Speisekarte!«

Das Interregnum

Reichenhall, 29. August, nachmittags.
Franzl rief uns beizeiten an. Sein Vater läuft noch immer mit dem Bären herum, den wir ihm aufgebunden haben. Gestern abend war er sogar heimlich in Salzburg und hat die Stadt nach Konstanze abgesucht. Er ist sich natürlich im klaren, daß sie die Komödie nicht in ein Trauerspiel verwandeln wird. Immerhin: eine der zwei Töchter ist mit einem wildfremden Menschen, der sie noch dazu für ein Stubenmädchen hält, durchgegangen! Das will ihm nicht in den Kopf, und er versteht im Grund sein eigenes Theaterstück nicht mehr.

Auf das Wiedersehen mit ihm bin ich gespannt. Meine Freunde behaupten, ich könne unwiderstehlich sein. Ich werde ihn, wenn's darauf ankommt, was mein Charme hergibt, umgaukeln und bestricken. Und sollten sämtliche Stricke reißen, heiratet sie mich auch gegen seinen Willen.

Vor dem Essen spielten wir Tennis. Die Frau des Trainers lieh einen Schläger her. Ich hatte alle Vor- und Rückhände voll zu tun, bis ich gewann. Dann schwammen wir selbander in dem kühlen Bassin hin und her und sprachen, weil ein kleines quietschvergnügtes Mädchen auf der Badewiese Purzelbäume schlug, über Kinder.

»Georg«, sagte Konstanze, »willst du wie die meisten Männer auch nur kleine Jungen haben, keine kleinen Mädchen?«

»Nicht mehr, seit ich weiß, wie reizend kleine Mädchen geraten können.« Ich rollte mich im Wasser um die eigene Achse und schwamm auf dem Rücken weiter.

»Schade, daß es so lange dauert, bis ein Baby fix und fertig in der Wiege liegt! Ich bin schrecklich neugierig, wie es aussehen wird!«

»Georg?«
»Hm?«
»Wie viele denn?«
»Was für wie viele?«
»Kinder!«

»Ach so. Das hängt ganz davon ab, wie das erste ausfällt.«

»Es wird seiner Mutter ähnlich.«

»Dann ein halbes Dutzend.«

»Hilfe!« Konstanze tat, als werde sie vor Schreck ohnmächtig. Sie ließ sich langsam untersinken und von mir an Land schleppen.

Die Wiederbelebungsversuche hatten übrigens Erfolg.

Nach dem Essen mietete ich ein Taxi, und wir fuhren nach dem Königssee. Dort verstauten wir unseren Wagenlenker in einem Bierstübl und schifften uns nach St. Bartholomä ein. Der Kapitän, der die erhabene Landschaft wacker erläuterte, blies schließlich, um das Echo aufzuwecken, gar prächtig auf seiner Trompete.

Aber noch schöner als der kleine Dampferausflug war die grandiose Heimfahrt über die neue Alpenstraße. Über und neben uns der Watzmann und die anderen Gipfel mit ihren grauen Schneeschründen; unter uns grüne Täler, kleine Dörfer und Bauerngärten; es war fast zu schön. Der Großstädter, der die Natur nur dosiert und gerade deshalb, falls er erlebnisfähig ist, schon im magersten Gänseblümchen intensiv erlebt, ist der Natur in Folio-Ausgabe kaum gewachsen.

Übrigens welch ein Tag! Eben noch inmitten des ewigen Gebirges. Jetzt in der Hotelhalle. In zwei Stunden drüben im Salzburger Dom zu Mozarts »Requiem«. – Karl hat angerufen. Er hat Karten für uns.

Reichenhall, 29. August, nachts.
»Wie schön war doch das Leben! ... Heiteren Sinnes muß man es auf sich nehmen, was einem die Vorsehung zugeteilt hat. So beende ich denn meinen Grabgesang. Ich darf ihn nicht unvollendet lassen.«

Das sind Worte aus einem Brief, den Mozart zwei Monate vor seinem Tode schrieb. Was er nicht unvollendet lassen durfte, war das Requiem. Er vollendete es nicht. Als man am Lager des jungen sterbenden Komponisten die fertigen Partien probierte, brach er in hilfloses Schluchzen aus. »Hab ich es nicht gesagt daß ich dieses Requiem für mich schreibe?« In der Nacht darauf starb er. »Dona ei requiem!«

Und noch diese Totenmesse, das letzte Opus des Salzburger Genies, entstand als Salzburger Komödie! Mozart schrieb das Werk im Auftrag eines großen Unbekannten, der ihm wiederholt einen geheimnisvollen Boten schickte und ihn mahnen ließ, die Arbeit zu vollenden. Der große Unbekannte war ein Graf Franz von Walsegg. Dieser Graf Walsegg gab sich sein Leben lang das Air, ein bedeutender Komponist zu sein. Er ließ sich den Spleen viele Dukaten kosten, erteilte den Meistern der Zeit heimlich Aufträge und brachte ihre Werke unter seinem Namen zur Aufführung. Die adeligen Gäste, die den Konzerten lauschten, und das gesamte Orchester – alle wußten, daß er nicht der Komponist war, und doch taten sie, als ob er's wäre. Eines Requiems bedurfte er, da ihm Anfang 1791 die Gattin gestorben war und er ihr eine Totenmesse zu »komponieren« schuldig war. Deshalb schickte er seinen alten Kammerdiener zu Mozart, und deshalb schrieb Mozart das Requiem ...

Graf H., Konstanzes Vater, der sich und die Seinen Lakaien spielen läßt, nur weil er ein Lustspiel schreiben möchte, und jener Graf Walsegg – beide sind von dem gleichen österreichischen Adel und aus derselben komödiantischen Familie.

Kunst und Wirklichkeit, Theater und Leben: überall sonst sind's zwei getrennte Sphären. Hier bilden beide ein unlösbar Ganzes.

Sollte das der Grund sein, daß hier, wie schon die römischen Kolonisten meinten, das Glück wohnt?

Für alle Fälle

Schloß H., 30. August, abends.
Frühmorgens waren wir mit der Seilbahn auf dem Predigtstuhl. Kaum standen wir oben, entdeckte Konstanze einen Kolkraben, der, mächtig wie ein Bussard, seine Kreise zog. Sie geriet, als sie den rar gewordenen Vogel sah, vollständig aus dem Häuschen und war lange Zeit nicht von der Stelle zu bringen. Stumm und verzückt wie ein beschenktes Kind verfolgte sie seinen Flug. Sie liebt und kennt die Natur, liebt sie wie ich und kennt sie besser, nennt alle Blumen und Gräser bei Vor- und Familiennamen und ist mit den Tieren in Feld und Forst aufgewachsen. Eines steht für mich fest! Als Hochzeitsgeschenk bekommt sie von mir keinen Brillantring, sondern ein kleines Bauernhaus. Irgendwo in der Mark Brandenburg. An einem See, in dem sich die Kiefern und Birken spiegeln.

Mittags rief Franzl an. Konstanze eilte in die Telefonzelle. Als sie auf die bienenumsummte Hotelterrasse zurückkehrte, war sie um einen Schein blasser als sonst.

»Schlechte Nachrichten?«

»Die Amerikaner reisen schon heute. Wir sollen gegen fünf Uhr drüben sein. Und du sollst deinen Smoking nicht vergessen.«

Ich sprang auf. »Dein Vater hat ja gesagt?«

»Er weiß noch gar nichts.«

»Wozu soll ich dann den Smoking mitbringen?«

»Franzl meinte: Für alle Fälle.«

Für alle Fälle? Ich mußte lachen. »Aha! Wenn dein Vater einverstanden ist, wird der Smoking ausgepackt; andernfalls bleibt er in der Tüte!«

»Aber Fäustchen! Wenn der Papa nicht will, sag ich ihm doch ...« Sie schwieg.

»Was denn!«

»Daß er einwilligen muß, ob er will oder nicht!«

»Du willst ihm weismachen, daß wir schon verheiratet sind?«

»Junge, Junge«, meinte sie. »Bist du aber dumm! Da gibt es doch noch andre Repressalien!« Dann lief sie auf ihr Zimmer. Ich rannte hinterdrein und legte ein frisches, blütenweißes und gestärktes Oberhemd obenauf in ihren Koffer.

Für alle Fälle.

Auf Schloß H. öffnete diesmal ein richtiger älterer Bediensteter. »Grüß Gott, Ferdl!« rief Konstanze. »Wie kommen Sie denn so geschwind daher?«

Ferdl nahm mir den Koffer ab. »Der junge Herr hat uns im Auto hertransportiert.«

»Gut erholt?«

»Gut erholt, gnädiges Fräulein.«

In der Halle kam uns Franzl entgegen und konnte vor Lachen nicht reden. Wir waren auf einen so fröhlichen Empfang nicht gefaßt.

»Entschuldigt!« meinte er. »Aber die Sache ist wirklich komisch!«

»Unsere Verlobung?«

»Ach woher!«

Konstanze bekam Nerven. »Hast du denn noch immer nicht mit Papa gesprochen?«

»Doch.«

»Und?«

»Er war von der anderen Sache so erschüttert, daß er nur halb zugehört hat.« Franzl lachte schon wieder schallend los.

Ich kam mir, offen gestanden, wie ein Idiot vor und sagte: »Ich glaube, ich bin auf der falschen Beerdigung.«

Er schob seine Schwester und mich auf eine Tür zu. »Der Papa braucht Ablenkung. Unterhaltet euch ein bißchen mit dem Ärmsten.«

Konstanze öffnete die Tür, schaute durch den Spalt und zog mich zögernd in das Zimmer.

Graf H. saß in einem Lehnstuhl am Fenster und nickte, als er unser ansichtig wurde. »Da bist du ja endlich wieder«, sagte er, »du verlorene Tochter!« Er gab mir die Hand. »Samt dem Doktor, der hübschen Stubenmädchen anderweitig Stellung verschafft.«

Konstanze streichelte seinen grauen Kopf. »Wir wollen uns heiraten, Papa.«

Er lächelte. »Franzl hat mir schon davon erzählt. Aber muß es denn wirklich dieser Berliner Herr sein, der mich mit Ventimiglia und dem Konjunktiv auf den Besen laden wollte?«

»Es muß dieser Berliner Herr sein, Papa«, sagte sie leise.

Er sah mich an. »Ich möchte meiner Tochter die Drohung, daß sie andernfalls ins Kloster gehe, ersparen. Treiben Sie übrigens Ihren Charme nicht auf die Spitze!« (Ich hatte begonnen, unwiderstehlich zu sein, und es war ihm wohl unangenehm aufgefallen.) »Bevor ich mich einzuwilligen entschließe, muß ich Sie bitten, mir eine Frage zu beantworten.«

»Ich bin zu jeder Auskunft bereit. Mein Einkommen leitet sich von Zinkbadewannen her und ist nicht unbeträchtlich. Mein Gesundheitszustand ist vorzüglich. Mein ...« Er schüttelte den Kopf. »Ich will etwas andres wissen.«

»Was denn?«

»Was ist der Optativ?«

»Der Optativ ist eine Nebenform des Konjunktivs; die sogenannte Wunschform, Herr Graf.«

»Aha.« Er erhob sich und stand kerzengerade. »Möget ihr glücklich werden, liebe Kinder!«

Konstanze fiel ihm um den Hals. Hinter ihrem Rücken schüttelten wir Männer einander die Hand.

»War das ein Optativ?« fragte er.

»Das war einer«, sagte ich, »und nicht der schlechteste, Herr Schwiegervater. Falls ich Ihre Tochter unglücklich machen sollte, steht es Ihnen frei, ein Stück über mich zu schreiben.«

»Bitte, jetzt nicht frozzeln!« meinte er. »Ich bin kein Beaumarchais. Und im Augenblick denke ich überhaupt nicht gern ans Stückeschreiben.«

Er klopfte Konstanze auf die Schulter. »Geh, Kleine! Laß mich mal mit dem Herrn allein! Ich muß ihm etwas erzählen.«

»Von der Sache, über die Franzl so gelacht hat?«

»Dein Bruder ist ein Rohling.«

»Darf ich's nicht mit anhören, Papa?«

»Nicht aus meinem Munde! Der Vater in mir sträubt sich, in

deiner Gegenwart so blamable Dinge über mich berichten zu müssen.«

Dann fiel sie mir um den Hals. Anschließend ihm. Daraufhin mir. Frauen haben es leicht. Sie sind fähig, ihren Empfindungen Ausdruck zu verleihen. Nachdem sie aus dem Zimmer war, machten wir es uns am Fenster gemütlich. Er bot mir eine Zigarre an. Wir rauchten und schwiegen. Drüben im Wirtschaftsgebäude hing noch immer die holzgeschnitzte Dreifaltigkeit, und über dem Heiligen Geist nistete noch immer das Vogelpärchen. Ich spürte, wie mich der alte Herr von der Seite musterte. Endlich sagte er: »Sie haben das Ihre getan, mein Lustspielprojekt zu fördern.«

Ich zog an der Zigarre: »Wir fanden den Einfall in der Tat nicht übel. Der alte Graf glaubt, die Tochter werde allgemein für ein Stubenmädchen gehalten. Einer der Gäste weiß es besser und geht mit ihr durch. Der Graf muß die Tochter, da er trotz seiner Bemühungen keine Sekunde Zeit findet, allein mit ihr zu reden, notgedrungen ziehen lassen und bleibt in nur allzu begreiflicher Erregung zurück. Die Situation erscheint mir recht geeignet, den vorletzten Akt zu beschließen. Das Publikum weiß, wie sich das gehört, mehr als die düpierte Hauptperson. Die Überraschungen, die dieser weiterhin bevorstehen, werden das Vergnügen der Zuschauer im letzten Akt bilden. Dort genügt dann die Einführung einer neuen Nebenfigur – Sie wissen besser als ich, wie dergleichen gemacht wird –, und der Heiterkeitserfolg des Stücks ist gewährleistet.«

»Sie haben vorhin meinen Sohn lachen gehört?«

»Jawohl.«

»Da haben Sie's«, meinte er melancholisch. »Es war das Publikum, das den letzten Akt miterlebt und komisch genug gefunden hat, sogar ohne daß eine neue Figur aufgetaucht wäre.«

»Solche Lustspiele gibt es auch«, sagte ich. »In einem solchen Fall muß allerdings die Situation vor dem Aktschluß für Mitspieler und Zuschauer eine völlige Überraschung bringen.

»Das weiß der Himmel! – Stimmt es, daß Sie nur wenig Englisch verstehen? Oder ist auch das ein freiwilliger Beitrag zu meinem Stück?«

»Mein Englisch läßt tatsächlich alles zu wünschen übrig«, erklärte ich.

Er setzte sich gerade. »Dann also auf gut Deutsch! Letzter Akt, letzte Szene: Mister Namarra, der ›Zellephant‹, wie ihn Mizzi getauft hat, mußte schon heute reisen. Wegen eines notwendig gewordenen Zwischenaufenthaltes in Paris. Wir ›Angestellten‹ fanden uns, bevor die Gäste ihr Auto bestiegen, gewissenhaft an der Freitreppe ein, um unsern Kratzfuß zu machen und die üblichen Trinkgelder in Empfang zu nehmen.

Meine Schwester, die Pseudoköchin, sträubte sich bis zur letzten Minute. Daß sie von einem amerikanischen Millionär Trinkgelder annehmen solle, sei nicht mehr komisch, fand sie. Es kostete Mühe, sie schließlich doch ans Tor zu schleppen. Endlich standen wir schön ausgerichtet nebeneinander: meine Schwester, die Mizzi, mein Herr Sohn und ich. Die Amerikaner kamen die Treppe herunter. Wir verbeugten uns. Mister Namarra blieb bei mir stehen. Ich wölbte dezent die zum Nehmen bereite Handfläche. Da sagte er ... Wollen Sie einen Whisky?«

Ich fuhr zusammen. »Er bot Ihnen im Weggehen einen Whisky an?«

»Aber nein! Ich frage Sie, jetzt und hier, ob Sie einen Whisky nehmen wollen.«

»Verbindlichen Dank. Im Augenblick nicht. Vielleicht ist ein Schluck Alkohol am Ende Ihres Lustspiels angebrachter.«

»Sie leiden an Ahnungen«, erklärte Graf H.

»Also, der Millionär blieb stehen, klopfte mir gönnerhaft auf die Schulter und sagte: ›Es war wundervoll bei Ihnen, und Sie haben Ihre Sache ausgezeichnet gemacht. Ich nehme an, daß sich's um eine Wette handelt, wie?‹

Eine Wette? Was meinte er?

Er zeigte sämtliche Zähne und fuhr fort: ›Ich bin viel in der Welt herumgekommen, aber einem Grafen, der so gut Theater spielt, bin ich noch nie begegnet.‹

Seine Tochter, die blonde Riesenschlange, lächelte zuckersüß und sagte: ›Auch die übrigen Mitglieder der gräflichen Familie haben sich als Dienstboten vorzüglich bewährt. Bis auf

Komtesse Konstanze. Nun, so etwas kommt in den besten Familien vor.‹ Namarra junior kaute Gummi und knurrte: ›In der Tat, es war wirklich guter Sport.‹ Die magere Millionärin nickte. ›Ich hoffe, daß wir die Spielregeln eingehalten haben.‹ Wir vier vom Hause H. standen wie vom Donner gerührt. Franzl brachte als erster den Mund auf. ›Seit wann wissen Sie es denn?‹ fragte er.

Namarras zweiter Sekretär, der Dicke, holte wortlos eine illustrierte Zeitschrift aus dem Mantel und wies auf eine Fotografie. Auf derselben war ich mit den Meinen abgebildet, und die Unterschrift teilte ausführlich mit, um wen sich's handle. Die Fotografie gehörte zu einer ›Österreichische Schlösser und ihre Besitzer‹ betitelten Serie.

Die Blonde sagte kalt: ›Wir wußten es vom ersten Tage ab.‹ Dann stiegen sie alle ins Automobil. Der Chauffeur grinste wie ein Nußknacker. Ich riß mich zusammen und trat zu dem Wagen. ›Mister Namarra, warum haben Sie uns das nicht gleich gesagt?‹

Er beugte sich aus dem Fenster. ›Wir wollten Ihnen den Spaß nicht verderben!‹ Dann fuhren sie ihrer Wege.«

Ich gebe zu, daß ich gern gelacht hätte. Wenn auch nicht so laut und unverschämt wie Franzl. Doch der alte Herr blickte so betreten auf seine blanken Stiefeletten, daß das Mitleid überwog. Ich sagte nur: »Jetzt wäre ein Whisky angebracht.«

Er brachte Whisky, Syphon und Gläser. Wir mischten und tranken. »Sie dürfen ruhig lachen«, meinte er, als wir die Gläser wieder hinsetzten.

Ich widersprach. »Ich hebe mir mein Lachen bis zur Premiere Ihres Stückes auf. Denn so blamiert Sie sich vorkommen – der letzte Akt hat nun genau die Schlußszene, die er braucht.«

»Ich bin aber ein Dilettant, mein Bester.«

»Ein Amateur.«

»Dilettant hin, Amateur her. Wer das Leben in Szene setzt und kostümiert, weil ihm selber nichts einfällt, der soll das Schreiben lassen. Mein Sohn hat mir das oft genug vorgebetet.«

»Ihre Komödie hat ja doch den Amateurschriftsteller zum

Helden!« rief ich. »Sie sind, verzeihen Sie, eine Molièrsche Figur! Der Amateur, der erst erleben muß, was er schreiben will, und der dann etwas erlebt, was er gar nicht schildern mag! Das ist doch ein köstliches Sujet!«

»Ihre Begeisterung in allen Ehren«, sagte der alte Herr. »Doch ich glaube, die Tragikomödie des Dilettanten darf unter gar keinen Umständen ein Dilettant schreiben.«

»Es tut mir leid. Sie haben recht.«

Er nickte mir zu. »Sehen Sie, sehen Sie. Ich muß mich nach einem neuen Beruf umschauen!«

»Ich wüßte einen.«

»Was soll ich denn auf meine alten Tage werden?«

»Großvater!«

Er lachte.

»Es wird mein Bestreben sein, Sie so bald wie möglich Ihrem neuen Beruf zuzuführen«, sagte ich.

Er erhob sich. »Ich habe meine Schuldigkeit getan. Tun Sie die Ihre!«

Der Abschied

Schloß H., 31. August, mittags.
Die Verlobungsfeier begann gestern abend mit der Feststellung, daß ich den Smoking doch vergessen hatte! Konstanze fuhr mich nach Salzburg. Karl war zwar wieder nicht im Höllbräu. Doch der Wirt erkannte mich und gestattete mir, in Karls Zimmer einzubrechen. Nachdem ich mir mein rechtmäßiges Eigentum – den Smoking, die Hemd- und Manschettenknöpfe, die Krawatte und die Lackschuhe – unrechtmäßig angeeignet hatte, bummelten wir durch die Straßen.

Die Festspiele sind vorüber. Die meisten Fremden sind abgereist. Salzburg sinkt langsam in seinem Dornröschenschlaf, der elf Monate dauern wird. So lange gehört Salzburg den Salzburgern; dann vermieten sie es von neuem. Wir blieben an Schaufenstern stehen, und ich zeigte Konstanze die alte goldene Kette, das Silberfuchscape und den Orchideenstrauß, die ich ihr, ohne einen Groschen in der Tasche, also in der Theorie, zugedacht hatte. Sie freute sich über die hypothetischen Brautgeschenke von ganzem Herzen und versprach mir, sich zu Hause »mündlich« zu bedanken. Anschließend verschwand sie in einem Blumengeschäft und kehrte mit einer weißen Chrysantheme für das Smokingknopfloch zurück.

Jetzt sah mein spekulativer Kopf Möglichkeiten! Ich tauschte die Ansteckblume im Laden gegen eine kleinere um und ließ mir die Differenz mit einem Veilchensträußchen aufwiegen. Dieses winzige dunkelblaue Veilchensträußchen drückte ich ihr in die Hand und sagte:

»Das wäre nun also mein Verlobungsgeschenk. Hoffentlich habt ihr so große Vasen!«

Karl entdeckten wir zufällig in der Rathausapotheke am Markt. Er hatte wieder einmal einige Buntstifte quer zwischen den Zähnen und konterfeite alte Arzneiflaschen, Salbenbüchsen und Mörser, sowie den konvexen Herrn Provisor. Wir stürmten die Apotheke und zwangen Karl, unverzüglich Feierabend zu machen. Er mußte uns aus voller Brust gratulieren, eilig den Smoking anziehen und nach H. mitkommen.

Während der Fahrt erzählten wir ihm den Ausgang der Stegreifkomödie. Er sagte zu Konstanze: »Ihr Vater tut mir fast leid. Ein Lustspiel wollte er schreiben. Eine komische Figur ist er geworden.«

»Papa behauptet, Fäustchen habe ihn mit so trefflichen Argumenten getröstet, daß ihn die Affäre nicht länger reue.« Sie wandte sich an mich. »Womit hast du ihn denn getröstet?«

»Ach, ich hab ihm nur einen neuen Beruf vorgeschlagen.«

»Allmächtiger!«

»Soll er malen?« fragte Karl.

»Unsinn.«

»Was für einen Beruf?« erkundigte sich Konstanze.

»Das ist unser Geheimnis.«

»Wird der neue Beruf nicht wieder zu schwierig für ihn sein?«

»Ausgeschlossen, Liebling!«

»Du weißt, daß es mit seiner Phantasie nicht allzuweit her ist.«

»Der neue Beruf stellt in jeder Beziehung mäßige Ansprüche.«

Die beiden rieten auf allerlei: auf Golf, Briefmarkensammeln, Memoirenschreiben und dergleichen.

Ich schwieg eigensinnig.

Konstanze schüttelte den Kopf und murmelte: »Kinder, Kinder!«

Daß ich daraufhin lachte, fand sie irrigerweise höchst unangebracht.

Die kleine Feier geriet zum Glück durchaus unfeierlich. Da es Franzl nicht gelungen war, mehr als drei der beurlaubten Dienstboten aufzutreiben, spielte sich das Ganze wie ein Picknick ohne Waldwiese ab und bot der Gräfin Tante, einer wirklich entzückenden alten Dame, zahllose Gelegenheiten zu echt hausfraulicher Verzweiflung. Franzl und Karl hatten, als wir den Saal betraten, Körbchen in der Hand und markierten eifrig Blumenstreukinder. Nach dem Essen sagte Mizzi Schillers »Glocke« auf. Dieses Riesengedicht weist unaufhörlich auf die Freuden des Braut- und Ehestandes hin, und die kleine Schwägerin versäumte nicht, bei den einschlägigen Stellen bedeutsam den Zeigefinger zu heben. Von »Errötend folgt er ihren Spuren« bis »Da werden Weiber zu Hyänen« blieb uns nichts erspart. Ferdl, der brave Kammerdiener, soufflierte aus einem alten goldgeschnittenen Lederband, und Franzl machte, zum Verdruß der Tante, despektierliche Zwischenbemerkungen. Konstanze hatte das Veilchensträußchen vor sich stehen und trug ein Abendkleid aus kupferrotem Samt.

Zum Sekt hielt der alte Herr die Festrede. Er umriß die Entstehungsgeschichte der Verlobung, ließ es an der erforderlichen Selbstironie nicht fehlen und gab offiziell bekannt, daß er das dramatische Handwerk nunmehr an den Nagel gehängt habe. (Schade, daß er nicht so amüsant schreibt, wie er plaudert. Es handelt sich eben doch um zwei grundverschiedene Talente.) Zum Schluß gab er seiner Genugtuung darüber Ausdruck, daß ich ihn der Sorge um eine der Töchter enthöbe, und schenkte mir als Gegenleistung, irgendwo in den Tauern, ein Jagdrevier samt Blockhaus!

Nachdem wir einander zugetrunken hatten, dankte ich ihm für die Tochter und für die Jagd, lehnte jedoch das zweite Geschenk ab, da ich, im Rahmen der internationalen Devisenkrise, nicht befugt sei, ausländische Liegenschaften anzunehmen. Konstanze, sagte ich, lasse sich zwar nach Deutschland einführen, aber mit den Hohen Tauern sei mir das zu umständlich.

Das konnte er verstehen.

Da er hartnäckig darauf bestand, mir etwas Gutes zuzufügen, und mir nichts einfallen wollte, bat ihn Konstanze, mich auf der Heimreise bis nach München begleiten zu dürfen. »Wegen der Verlobungsringe«, behauptete sie nicht gerade überzeugend.

Graf H. war in Geberlaune. Er erklärte sich einverstanden.

Morgen früh fahren wir.

Sie muß am 2. September zurück sein, weil dann die ganze Familie, wie jedes Jahr, nach Meran reist. Zur Traubenkur.

*Schloß H., 31. August, nachts,
bzw. 1. September, morgens.*

»Und wir zogen mit Gesang
aus dem einen Restaurant
in das nächste Restaurant
usw.«

Ich bin so blau wie hundertzwanzig Veilchen! (Klingt fast wie eine Schlagerzeile.) Aber das ist bezeichnend für meine wissenschaftliche Gründlichkeit, die sich auch auf außerwissenschaftlichen Gebieten, obwohl man geltend machen könnte, Karl und ich wären dem Alkohol in dessen zahlreichen Erscheinungsformen mit durchaus wissenschaftlicher Akribie ...

Der Teufel hole den Satz! Dabei wollten wir uns gar nicht betrinken! Wir wollten nur von Salzburg und voneinander Abschied nehmen, Karl und ich. Wir bummelten gefühlsselig über die herrlichen Plätze und durch die alten, geheimnisvollen Gassen. Es war eine märchenhafte Sommernacht. Manchmal schien der Mond, manchmal nur eine Laterne, und uns war beides recht.

Wir gingen kaum; wir ließen uns gehen. Zwei befreundete Silhouetten, so schritten wir in dem magischen Kreis dahin, der Salzburg heißt. Wir standen schweigend vor silberglänzenden, rauschenden Brunnen – und gerade das hätten wir nicht tun dürfen!

Nur weil die Brunnen rauschten, bzw. weil wir diesem Rauschen, d.h. dem akustischen Effekt, der dadurch entsteht, daß sich Flüssigkeit schnell bewegt ...

Wieder so ein hoffnungsloser Satz, der nicht leben und nicht sterben kann! Kurz, wir bekamen Durst, und in einer italienischen Weinstube fing es an. Mit Asti vom Faß und einem Fiasco Chianti, doch ein Fiasko kommt selten allein.

Nein, zuerst waren wir im Peterskeller und tranken Prälatenwein. Eigentlich lauter leichte, bekömmliche Sachen! Vielleicht hätten wir den Whisky nicht trinken sollen, den wir in einer Bar schrägüber vom Österreichischen Hof vereinnahmten, bzw. verausgabten. Oder die Ohios oder Martinis, zu denen uns der Amerikaner einlud, der neben Karl saß. Andrerseits, man kann einem Menschen, der extra deswegen von Übersee kommt, so etwas unmöglich abschlagen!

Sonst fährt der Mann verbittert heim und erzählt dort, Karl und ich seien unhöfliche Menschen; und bei der bekannten Neigung, Eindrücke zu verallgemeinern, könnte das für ganz Europa zu Komplikationen, die heute mehr denn je vermieden werden sollten ...

Schon wieder Kurzschluß. Ich bin auf mein Gesicht neugierig, das ich morgen früh machen werde, wenn ich lese, was ich jetzt schreibe! Deswegen mußten wir auch mit dem Amerikaner noch ins »Casino« gehen. Es war eine nahezu diplomatische Mission. Denn jeder Mensch ist im Ausland ein Botschafter seiner Heimat. Wir benahmen uns also wie die Botschafter. Karl bestellte eine Flasche Sekt, und was ist schon eine einzige Flasche Sekt, dividiert durch drei Männer? Aus diesem Grunde tranken wir noch eine Flasche.

Dann faßte der Amerikaner den löblichen Vorsatz, die Bank zu sprengen, und entfernte sich, weil die Bank in einem anderen Raum stand. Und Karl und ich gingen an die frische Luft. Daß wir hierbei auf die Straße nach Mülln und in den Augustinerkeller gerieten, dafür kann kein Mensch! (Wir haben auch niemandem Vorwürfe gemacht.)

Ein paar Gläser Bier können nie schaden, am wenigsten in warmen, schönen Sommernächten, unter Lampions, in einem alten Wirtshausgarten. Biergläser waren es eigentlich nicht, sondern irdene Maßkrüge. Und lauter Leute am Tisch, die sich auf Bier verstanden; oben drüber dunkelblauer, gestirnter Himmel, mit einer Apfelsinenscheibe Mond darin, wie in einer Bowle – hinreißend!

Auf dem Heimwege haben wir dann, wenn ich nicht irre, gesungen. Karl hakte sich bei mir unter und sagte: »Damit du nicht umfällst.«

Dabei wollte er sich nur an mir festhalten! Er ist ein lieber Kerl, aber er gehört leider zu den Leuten, die nie zugeben werden, daß sie einen in der Krone haben.

Da bin ich anders. Wenn ich einen Schwips gehabt hätte, dann hätte ich das unumwunden zugegeben. Daß *ich* keinen hatte, ist, obgleich ich einen ganzen Stiefel vertrage, bis zu einem gewissen Grade Zufall. Es hätte umgekehrt ebensogut, nein, es hätte ebensogut umgekehrt sein können, aber es war nicht umgekehrt!

Was ist eigentlich nicht umgekehrt? Oh, mein Schädel! So oft hab ich mir ein schlechtes Gedächtnis gewünscht. Denn das meiste verdient vergessen zu werden. Und nun hab ich das schlechte Gedächtnis. Hoffentlich nur heute. Denn es gibt so vieles, woran man sich noch lange erinnern möchte. (Ich scheine mir eben irgendwo widersprochen zu haben.)

Dann blieb Karl plötzlich stehen, breitete die Arme weit aus und deklamierte: »Hic habitat felicitas!«

Ich fragte: »Wer wohnt hier?«

»Felicitas«, sagte er.

»In diesem Hause dort drüben?« fragte ich ganz bescheiden.

Er antwortete nichts als: »Ignorant!«

Das kränkte mich, und ich rief: »Ich kann doch nicht alle Mädchen kennen, zum Kuckuck!«

»Oh«, sagte er nur.

Ich lenkte ein. »Wenn du willst, können wir ja einmal klingeln. Vielleicht hat sie einen leisen Schlaf, wacht auf und guckt ein bißchen aus dem Fenster!«

Er schauderte.

»Oder ist sie verheiratet?« fragte ich behutsam. Und nun wollte er mich in die Salzach werfen. Es unterblieb eigentlich nur, weil die Salzach nicht in der Nähe war. Was wir dann gemacht haben, weiß ich nicht mehr. Ich vermute, daß wir weitergegangen sind. Sonst stünden wir jetzt noch vor dem Haus. Da ich aber im Schloß eingetroffen bin, kann ich unmöglich ...

Du liebe Güte, ob Karl noch dort steht?

Nein, nein. Nachdem ich an dem Haustor geklingelt und ziemlich laut nach Felicitas gerufen hatte, rissen wir ja aus! Wie die Schuljungen. Und dann? Halt, es dämmert!

Im Mirabellgarten, am Zwergen-Rondell, hielt Karl eine

Rede! An die steineren Zwerge. Ganz recht. So war's. »Meine Herren Zwerge«, sagte er.

Ich setzte mich ins Gras und meinte: »Eine Frau Zwerg ist auch dabei. Sei höflich!«

»Meine Herren Zwerge«, wiederholte Karl.

»Sie kennen Salzburg länger als jener betrunkene Mensch, der sich auf Ihrer Wiese breitmacht; Sie kennen es länger als ich und sogar länger als … als …«

»Baedeker«, schlug ich vor.

»Als Baedeker, jawohl. Sie haben Salome Alt gekannt, als sie noch jung war und in diesem schönen Garten mit einem Ihrer Herren Kirchenfürsten lustwandelte.«

»Lusthandelte«, verbesserte ich gewissenhaft.

Karl geriet in Feuer. »Sie haben Mozart gekannt, als er noch bei seinem Papa Klavierstunden hatte! Ich habe Vertrauen zu Ihnen, meine Herren. Sie sind klein, aber oho! Gestatten Sie, daß ich du zu Ihnen sage?«

»Bittschön«, brummte ich.

»Sie werden sich vielleicht fragen, warum ich mich mit meinem Anliegen nicht an die vorzüglich gewachsenen Damen aus Stein wende, die seit Jahrhunderten am Eingange des Gartens auf Sockeln stehen und nichts anhaben.«

»Ach wo«, sagte ich. »Zwerge interessiert so etwas überhaupt nicht. Aber vergiß nicht, daß du sie duzen wolltest.«

Karl nickte und klopfte einem der Zwerge kollegial auf den steinernen Buckel. »Liebe Liliputaner und Liliputanerinnen«, meinte er dann, »ihr könnt eurer kleinen Stadt einen großen Gefallen tun. Wenn einmal jemand vom Festspielkomitee hierherkommen und sich wie wir mit euch unterhalten sollte …«

»Ausgeschlossen«, erklärte ich.

»So richtet ihm einen schönen Gruß von mir aus.«

»Von mir auch!« rief ich. »Unbekannterweise!«

»Und sagt ihm …«

»Noch einen schönen Gruß?«

»Sag ihm, Österreich habe so viele Genies gehabt …«

»Das weiß der Mann doch schon!«

»Und nur deren Heiterkeit passe völlig zur Heiterkeit dieser Stadt, genau wie nur ihre Melancholie sich zu dieser Landschaft, wenn sie trauert, schicke.«

»Hoffentlich können sich die Zwerge das alles merken«, meinte ich besorgt.

»Warum spielt man keinen Raimund? Warum nicht Nestroy? Warum nicht noch mehr Mozart? Wie? Warum statt dessen ...«

»Woher sollen denn das die Pikkolos wissen!« sagte ich ärgerlich und stand auf.

»Hab ich nicht recht?« fragte er.

»Natürlich hast du recht«, meinte ich. »Außerdem soll man Betrunkene nicht reizen.«

»Ich wäre betrunken?«

»Wieso ›wäre‹? Du bist es!«

»Ich bin nüchtern, wie ... wie ...«

Mir fiel auch kein angemessener Vergleich für den Grad seiner Nüchternheit ein.

»Aber du, du bist blau!« rief er.

»Ich bin nüchtern wie ... Ich war noch nie so nüchtern wie heute!«

»Ich auch nicht!«

»Dann möchte ich die beiden Herren mal besoffen sehen«, sagte jemand hinter uns. Ich erschrak.

Aber es war kein Zwerg.

Sondern ein Wachmann.

Die Heimkehr

Im Schlafwagen München-Berlin,
2. September, nachts.
Das Kursbuch liegt aufgeschlagen vor mir. In drei Minuten hält der D-Zug Salzburg-Meran in Innsbruck. Dann wird Konstanze die Augen für einige Zeit fest, ganz fest schließen und an mich denken. Und ich werde dasselbe tun. Das heißt: ich werde natürlich nicht an mich, sondern an sie denken! Wir haben das, als sie heute früh in München abfuhr, so verabredet. Ich hätte es nie für möglich gehalten, daß das Kursbuch eine derart romantische Lektüre abgeben kann. Man lernt nicht aus.

Noch zwei Minuten!

Morgen früh ist sie in Meran. Und ich bin wieder in Berlin. Sie wird am Nachmittag nach San Vigilio hinauffahren und nachschauen, ob schon Schnee liegt. Ich werde den Kurfürstendamm bevölkern helfen, in Halensee über die Brücke und dann nach Hundekehle hinausspazieren.

Noch eine Minute!

Eigentlich habe ich immer eine fast panische Angst vor der Liebe gehabt. Ich glaube, es war eine Art Geiz. Oder war es Ökonomie? Instinktive Ökonomie? Konstanzes Foto ist schon ganz zerknittert. Es ist Zeit! Jetzt fährt ihr Zug in Innsbruck ein. Jetzt hält er. Jetzt lächelt sie und schließt die Augen fest, um an mich zu denken. Und nun mach auch ich die Augen zu.

(Hoffentlich geht meine Uhr richtig!)

Berlin, 3. September, vor Mittag.
Ich habe mit Konstanze gerade telefoniert. Ihr Vater ist damit einverstanden, daß die Hochzeit Weihnachten stattfindet. Hochzeit unterm Christbaum in Salzburg – das grenzt an Sensationslust! Ich muß gleich nachschauen, wann in diesem Jahr Weihnachten ist.

Am 25. Dezember.

Ach richtig, das ist ja in jedem Jahr so.

Berlin, 3. September, etwas später.
Eben hat mir die kleine Tante die zweite Post ins Zimmer gebracht. Es war ein Schreiben der Devisenstelle dabei.

Die Devisenstelle teilt mit, daß sie mein Gesuch um Devisenbewilligung für eine Sommerreise nach Salzburg nunmehr genehmigt habe.

ANHANG

Nachwort

Heitere Romane in dunkler Zeit

Die drei Romane, die in diesem Band enthalten sind, wurden schon einmal zusammen publiziert: im dritten Band der *Gesammelten Schriften (GS)*, die 1959 aus Anlaß von Kästners Geburtstag im Zürcher Atrium-Verlag erschienen. Darin findet sich vor dem ersten der drei Romane eine kleine, aber bemerkenswerte Erklärung. Sie lautet:

»Der vorliegende Band enthält drei ›humoristische‹ Romane, die infolge sehr ernster Zeiten entstanden sind. Das amtliche Schreibverbot des auch damals in Deutschland lebenden Autors erstreckte sich zunächst nicht auf Publikationen im Auslande. Er schrieb also unter Kontrolle und versuchte sich mit einigem Glück als harmlos heiterer Erzähler. Die ersten zwei Bücher wurden, bald nach ihrem Erscheinen, von der Metro Goldwyn Mayer zur Verfilmung erworben.«

Das ist eine durchaus zutreffende Charakterisierung der Umstände, denen sich die Entstehung der dann folgenden Romane verdankt. Aber sie ist – für wissende Zeitgenossen geschrieben – so lapidar ausgefallen, daß es – vierzig Jahre später – angebracht scheint, einiges etwas genauer darzulegen und zu bedenken. Wodurch also war die Situation bestimmt, in der Kästner diese Romane schrieb? Und in welchem Verhältnis stehen sie zu seinem übrigen Werk?

Als nach dem Reichstagsbrand in der Nacht vom 27. auf den 28. Januar 1933 eine Verhaftungswelle einsetzte und viele Autoren, insbesondere Autoren jüdischer Abstammung und sozialistischer oder dezidiert liberaler Ausrichtung, Deutschland fluchtartig verließen, hielt sich Kästner in Zürich auf und beriet mit den eintreffenden Flüchtlingen, was er tun solle: in Zürich bleiben oder nach Deutschland zurückkehren.[1] Viel sprach fürs Bleiben: Kästner gehörte zweifellos zu jener Gruppe von Autoren, die – nach dem Auftreten der Nazis schon vor der sogenannten Machtergreifung Ende Januar 1933 – befürchten mußten, von den Nazis schikaniert oder gar ernsthaft verfolgt zu werden. Er hatte in seinen populären Büchern und in vielgelesenen Zeitungen manches geschrieben, was den nationalsozialistischen Vorstellungen von deutscher Lebensart zuwiderlief und die NS-Bewegung selbst diskreditierte. Er hatte in seinen zeitkritischen Gedichten (1927 bis 1932) und in seinem Roman *Fabian* (1931) viele der überlieferten Verhaltensmuster und Normen kultureller und moralischer Art als äußerlich-scheinhaft entlarvt oder als unzeitgemäß abgetan und war, trotz mancher Vorbehalte gegenüber dem permissiven Klima im Berlin der ausgehenden zwanziger Jahre, für ein liberales urbanes Leben eingetreten. Er hatte insbesondere obrigkeitsstaatliche und militaristische Verhaltensweisen kritisiert und statt dessen demokratische und pazifistische Vorstellungen verfochten. Und nicht zuletzt hatte er sich zwischen 1930 und 1932 in einer Reihe von Gedichten gegen die Nazis gewandt, hatte vor ihnen – und speziell vor Hitler – als einer großen Gefahr gewarnt und versucht, mit den Mitteln der Satire deutlich zu machen, daß der Nationalsozialismus eine borniert-reaktionäre Bewegung sei. Es gab für Kästner also Grund genug, im Ausland zu bleiben, und es kann auch kein Zweifel daran bestehen, daß er, noch jung genug und zugleich schon berühmt genug, auch im Ausland Erfolge erzielt und sein Auskommen gefunden hätte.

Trotzdem kehrte Kästner alsbald nach Deutschland zurück. Was ihn dazu bewog, wurde nie ganz deutlich. Er selbst nannte – nach 1945 – mehrere Motive: So sagte er einmal, er habe es als eine »Pflicht und Schuldigkeit« der Schriftsteller betrachtet, »dem Regime die Stirn zu bieten«. Eine weitere mögliche Antwort gibt er im Epigramm *Notwendige Antwort auf überflüssige Fragen* (vgl. *I, 281*).

Der Schriftsteller Hermann Kesten, der mit Kästner gut befreundet war, berichtet in seiner *Einleitung* in die eingangs erwähnte Ausgabe der *GS* von einem Gespräch, das er im März 1933 mit Kästner führte. Kesten hatte sich entschlossen, Deutschland zu verlassen, und fragte Kästner, was er zu tun gedenke: »Er erwiderte, er wolle bleiben, seiner Mutter wegen, und um Augenzeuge der kommenden Greuel zu sein, er wolle den Roman der Nazidiktatur schreiben, und er wolle dabeigewesen sein, als ihr zukünftiger Ankläger.«

Vermutlich wird die Mutter in diesem Ensemble der Bleibensgründe ganz zu Recht an erster Stelle genannt. Seit Kästner im elften Kapitel seiner Kindheitserinnerungen *Als ich ein kleiner Junge war* (1957) angedeutet hat, wie sehr seine zeitweilig depressive und immer wieder zum Selbstmord neigende Mutter ihn als »Schutzengel« brauchte, und zumal seit Luiselotte Enderle einen Teil von Kästners Briefen an »Muttchen« publiziert hat (1981), weiß man, daß für Kästners Mutter die ständige Kommunikation mit dem Sohn, die möglichst tägliche Postkarte, geradezu lebenswichtig war; in *Drei Männer im Schnee* ist dieser Umstand in etwas gemilderter Form gespiegelt. Kästner wußte dies selbstverständlich auch und befürchtete wohl, daß diese enge Kommunikation aus dem Ausland nicht aufrechtzuerhalten gewesen wäre. So dürfte er sich vor allem seiner Mutter zuliebe entschlossen haben, nach Deutschland zurückzukehren und auf Dauer in Deutschland zu bleiben; die anderen Motive, die von ihm selbst und von Kesten genannt wurden, dürften gegenüber dem Hauptgrund »Muttchen« sekundär gewesen sein.

Aber wie immer die Motive für die Rückkehr nach Deutschland und das Verbleiben im NS-Staat zu gewichten sind, die Folgen des Entschlusses, zurückzukehren und zu bleiben, sind deutlich und müssen als einschneidend bezeichnet werden. Eine Fortsetzung des zeitkritischen Schreibens nach Maßgabe von Kästners humanistischen, pazifistischen und liberalen Überzeugungen war ausgeschlossen. An Publikationen dieser Art war nicht mehr zu denken, und das Schreiben für die Schublade und für die Veröffentlichung in einer ungewissen Zukunft mußte für Kästner, der es gewohnt war, in seinen Schriften den aktuellen Stand der Dinge zu kommentieren, frustrierend sein. Abgesehen davon wäre das Schreiben für die Schublade in dem zeitkritischen und dokumentarischen Sinn, in dem es für Kästner von Wert gewesen wäre, auch überaus gefährlich gewesen: Nicht selten wurden die Wohnungen von Autoren im Dritten

Reich von der Geheimen Staatspolizei eben nach derartigen Aufzeichnungen durchsucht.

Wenn Kästner im Zweifel darüber gewesen sein sollte, wie er von den Nazis eingeschätzt wurde und was er von ihnen zu erwarten hatte, so wurde ihm bald Gewißheit zuteil. Als am 10. Mai 1933 die von nationalsozialistischen Studentenverbänden vorbereitete Bücherverbrennung stattfand, mußte Kästner, der das Spektakel auf dem Berliner Universitäts- und Opernplatz verfolgte, mit eigenen Ohren vernehmen, wie Goebbels mit fanatischer Stimme verkündete: »Gegen Dekadenz und moralischen Zerfall! Für Zucht und Sitte in Familie und Staat! Ich übergebe den Flammen die Schriften von Heinrich Mann, Ernst Glaeser und Erich Kästner!« Fortan galt Kästner als ›verbrannter‹ Autor und wurde den »unerwünschten und politisch unzuverlässigen« Schriftstellern zugerechnet, deren Schriften innerhalb der Reichsgrenzen nicht mehr gedruckt und, sofern sie bereits vorlagen, nicht mehr verbreitet werden durften. Die Möglichkeit, im Ausland zu publizieren, wurde Kästner belassen; der liberale Anschein, der dadurch entstand, und die Devisen, die seine Bücher einbrachten, waren den Nazis willkommen. Aber es war auch klar, daß die Bücher, die Kästner im Ausland verlegen lassen wollte, sich aller Kritik am NS-Staat enthalten mußten. Daß die NS-Behörden Kästner nicht aus den Augen ließen, versteht sich von selbst und wurde ihm 1933 oder 1934 und 1937 durch zwei Verhaftungen und einschüchternde Verhöre demonstriert.

Das Verbleiben in Deutschland bedeutete für Kästner also den bewußten Verzicht auf die weitere Realisierung einer unverfälschten Existenz und Wirksamkeit als zeitkritischer Schriftsteller, die ihm im Ausland, wenn auch unter größeren Schwierigkeiten, sicher möglich gewesen wäre. Zum Bleiben in Deutschland innerlich gezwungen und auf neue Einkünfte aus schriftstellerischer Arbeit angewiesen, sah Kästner sich eingeschränkt auf das Schreiben von Büchern, die politisch absolut harmlos wirken mußten, und dies um so mehr, als er bereits gebrandmarkt war und keinerlei Schonung zu erwarten hatte. Daß Kästner sich mit dieser Einschränkung überhaupt abfinden konnte, ist wohl auf den Umstand zurückzuführen, daß die politisch unverfänglichen Bücher, die zu schreiben ihm allein noch möglich war, durchaus einem Zug seines Wesens und einer Tendenz seines bisherigen Schaffens entsprachen.

Die wohl aufschlußreichste Untersuchung, die – von dem Germanisten Dirk Walter – über Kästners Werk bis 1933 geschrieben wurde, steht unter dem Titel *Zeitkritik und Idyllensehnsucht*[2] und macht deutlich, daß Kästners kritische Darstellung der gesellschaftlichen Verhältnisse und der politischen Entwicklung seiner Zeit (also die Darstellung von materieller Not und sozialer Ungerechtigkeit, von Entfremdung und Ausbeutung, von moralischer Verwahrlosung und politischer Verrohung usw.) getragen war von Verbesserungshoffnungen, die sich gelegentlich in geradezu idyllisch wirkenden Gegenentwürfen artikulierten; die Bilder wohlbehüteter Kindheit und fürsorglicher Mutter-Kind-Beziehungen, die sich in seinem Werk finden, sind Beispiele dafür, ebenso die Geschichten, in denen einem einzelnen, der in Not geraten ist, plötzlich Solidarität und Hilfsbereitschaft zuteil werden. Meist sind diese idyllisierenden Bilder und Geschichten seitens der Literaturkritik und Literaturwissenschaft als Ausdruck einer mehr oder minder unreflektierten regressiven Unterströmung in Kästners Denken bewertet worden; aber mit dem Verfasser der oben genannten Untersuchung ist aufgrund deutlicher Textsignale anzunehmen, daß sich Kästner der Wirklichkeitsferne dieser idyllisierenden Bilder und Geschichten sehr wohl bewußt war, daß er sie als antizipatorisch-utopische Signale verstanden wissen wollte – und daß er auf eine entsprechende Wahrnehmungsfähigkeit bei seiner Leserschaft vertraute. Ein Märchen, wie es in *Drei Männer im Schnee* erzählt wird, ist als Ausdruck einer nicht weiter legitimationsbedürftigen Sehnsucht nach Glück und sozialem Ausgleich zu verstehen, nicht aber als Manifestation des Glaubens, daß dergleichen sich in einem Umfang ereignen könnte, der geeignet wäre, die sozialen Gegensätze in der Wirklichkeit abzubauen oder auch nur nennenswert zu mildern.

Für Kästner bedeutete also das Schreiben von »humoristischen Romanen«, wie er sie nannte, wesentlich mehr als das Produzieren von bloßer Unterhaltungsliteratur, und diese Einschätzung mochte dazu beitragen, daß Kästner sich mit der Einschränkung auf das unterhaltende Genre einigermaßen abfinden konnte und daß er die drei Romane, die nun entstanden, als eine durchaus seriöse Fortsetzung seines früheren Schaffens empfinden konnte. Das heißt aber nicht, daß diese Romane, wie es in einer weiteren Studie – von Dieter Mank[3] – vorgeschlagen wurde, als Kästners »eigentliches Hauptwerk« zu werten und als letztgültige Fassung seiner eigentlichen gesellschaftspolitischen Vorstellungen zu betrachten sind –: als Manifestation von durch und durch illusorischen Harmoniewünschen, von idealistischem Moralismus, von kleinbürgerlichen Aufstiegsträumen und Anpassungsneigungen. Bei unvoreingenommener Betrachtung der Dinge ist es kaum vorstellbar, daß Kästner ohne die einschneidende und von Einschüchterungen begleitete Reduktion seiner Schreib- und Publikationsfreiheit so weit, wie es unter der Kontrolle der Nazis geschah, von seinem zeitkritisch-satirischen Schreiben abgerückt wäre. Auch in der Literaturkritik sollte man die Kirche im Dorf lassen und anerkennen, daß Kästners »eigentliches Hauptwerk« in den Schriften zu sehen ist, die vor 1933 und nach 1945 entstanden sind, und daß die zwischenzeitlich geschriebenen »humoristischen Romane« von einem gleichsam amputierten Kästner stammen: von einem Autor, dem durch unmißverständliche Androhung härtester Sanktionen – bei gleichzeitiger Unmöglichkeit des Ausweichens – die Freiheit genommen war, seiner kritischen Wahrnehmung der gesellschaftlichen und politischen Verhältnisse, die mit dem Beginn des Dritten Reichs gewiß nicht einfach aussetzte, den angemessenen Ausdruck zu verleihen.

Insbesondere beim ersten der drei nach 1933 entstandenen Romane, bei *Drei Männer im Schnee*, sind sowohl die Affinitäten als auch die Differenzen zum früheren Werk augenfällig.[4] Unverkennbar ist der Kästner-Ton, in dem sich – wie in den Gedichtbänden und in den früheren Romanen – Larmoyanz und Keckheit durchdringen und gegenseitig steigern.

Wie in *Fabian* trägt der eigentliche Protagonist, Fritz Hagedorn, Züge, die aus Kästners Biographie bekannt sind und schon Gegenstand vieler Gedichte waren. Wie in den vorausgehenden Kinderbüchern zerfällt die Gesellschaft in zwei miteinander streitende Gruppen, in die der Gutgesinnten und Klugen und die der Böswilligen und Dummen. Gut bekannt aus dem früheren Werk ist weiterhin die soziale Konstellation: die Gegenüberstellung von bettelarmen und schwerreichen Zeitgenossen und ihre unerwartete Zusammenführung. Aber anders als im früheren Werk verzichtet Kästner auf eine grob karikierende und aggressive Schilderung der Reichen. Wurden Wirtschaftsbosse und Filmmagnaten zuvor meist als fettleibige Bonzen mit skrupellosem Geschäftsgebaren und perversen Leidenschaften gezeigt, so wirken die reichen Leute im Grandhotel von Bruckbeuren eher nur vertrottelt, und der Geheimrat Tobler, Besitzer eines riesigen, florierenden Konzerns, ist ein Mann, der auch einem promovierten, arbeitslosen Reklamefachmann von kleinbürgerlicher Herkunft nur sympathisch sein kann: ein vergleichsweise bescheiden lebender Herr, der einfache Speisen liebt, einem Privatgelehrten eher als einem Wirtschaftsboß gleicht, seinen Konzern auch gelassen von anderen verwalten läßt und stark daran interessiert ist, das Leben wie ein gewöhnlicher Mensch ohne Privilegien zu erfahren. Kurz: Die gesellschaftlichen Probleme und Konfliktpotentiale, die Kästner im früheren Werk oft in satirischer Zuspitzung zeigte und in aggressiver Weise kommentierte, werden auch in *Drei Männer im Schnee* in den Blick gerückt, aber durch die Art der Personengestaltung und durch die märchenhafte Verbindung von Arm und Reich entschärft. Dies als Anpassung an die bestehenden und schlecht zu nennenden sozialen Verhältnisse zu verstehen, liegt nahe, und Dieter Mank hat in seiner oben erwähnten Studie eben diese Deutung vertreten und daraus eine heftige Kritik an Kästner abgeleitet; er übersieht oder leugnet dabei aber den utopischen Charakter von Kästners Idyllen, den Dirk Walter deutlich gemacht hat.

Ausgeklammert aus den Romanen der Zeit nach 1933 bleibt die politische Entwicklung, die Kästner in seinem früheren Werk so intensiv reflektiert hat. Unter dem Eindruck des brutalen Vorgehens der Nazis gegen Regimegegner muß sich Kästner entschlossen haben, jede Provokation zu vermeiden und sogar auf eine auch nur andeutungsweise kritisch wirkende Thematisierung der politischen Verhältnisse gänzlich zu verzichten. Wenigstens findet sich in den drei Romanen, die Kästner während des Dritten Reichs schrieb, keine Spur von direkter Zeitkritik – es sei denn, man sähe dergleichen in den beiläufig angeführten Bemerkungen, daß Europa im (Ersten) Weltkrieg einen »großangelegten Selbstmordversuch« unternommen habe *(Die verschwundene Miniatur)* und daß »der genannte geographische Bezirk für den Kulturhistoriker« seit Jahrhunderten »ein pathologischer Fall« sei *(Der kleine Grenzverkehr)*, oder in der mokanten Behandlung der Devisenprobleme bei Auslandsreisen *(Der kleine Grenzverkehr)*. Aber selbst wenn man dies als Zeitkritik gelten ließe, wäre damit nicht viel gewonnen: Eine wirklich bemerkenswerte Zeitkritik gibt es in Kästners Romanen aus der NS-Zeit nicht, weder eine offen artikulierte noch eine verdeckt in der sogenannten Sklavensprache vorgebrachte.

Angesichts der Motive, die Kästner zum Verbleiben in Deutschland bewogen, und angesichts der Umstände, unter denen er leben und schreiben mußte, ist seine zeitkritische Enthaltsamkeit verständlich. Angesichts der furchtbaren Dinge, die in jener Zeit in Deutschland geschahen, wirkt sie aber auch peinigend, und bei der Frage, wie die drei Romane, die in dieser Zeit entstanden, zu werten sind, wird die Kluft zwischen der geschichtlichen Wirklichkeit und der Harmlosigkeit der Romane immer ein schwerwiegendes Argument liefern. Welches Gewicht diesem Argument in der Wertungsfrage zukommt, ist allerdings nicht leicht zu entscheiden. Gewiß ist zu sagen, daß es politisch verharmlosend wirkte und moralisch prekär war, die Greuel des Dritten Reichs, welche die Werke anderer Schriftsteller zu Archiven des Grauens werden ließen, stillschweigend zu übergehen. Aber mußte Kästner, der unter diesen Begleitumständen und Effekten seines Schreibens sicherlich auch litt, in der schwierigen Situation, in die er sich gestellt sah, deswegen tatsächlich die für ihn einzige Alternative des Nicht-Schreibens wählen und, was zweifellos sehr schwierig gewesen wäre, eine neue Form der Existenz und eine neue Verdienstmöglichkeit suchen? Und sollte ein Werk, das im Dritten Reich entstand, aber vom Dritten Reich schweigt, wegen dieses Schweigens tatsächlich diskreditiert sein? Es dürfte schwerfallen, hier eine Antwort zu finden, die unter allen zu erwägenden Aspekten überzeugend und haltbar wäre.

So schwer verwindbar die Ausklammerung von »Furcht und Elend des Dritten Reiches« (Brecht) aus Kästners Romanen sein mag, so ist doch auch zu bedenken, daß Kästner mit dem Versuch, »humoristische« Romane zu schreiben, etwas unternahm, was er durchaus als Remedium gegen jene Dispositionen der Deutschen, die das Dritte Reich mit ermöglicht hatten, empfinden konnte. Viele Zeitgenossen, die sich um ein genaues Bild des Dritten Reichs bemühten, haben die abgrundtiefe Humorlosigkeit der NS-Chargen betont und in ihr eine Steigerung der üblichen deutschen Humorlosigkeit gesehen. Auch Kästner hat mehrfach die Meinung vertreten, daß es den Deutschen insbesondere an Humor fehle, und aus diesem Grund hat er es sich in den fünfziger und sechziger Jahren fast zur Profession gemacht, Humor zu verbreiten. Die Romane aus dem Dritten Reich, die Kästner ja ausdrücklich als »humoristische« Romane verstanden haben wollte, sind wohl als ein erster, von der »sehr ernsten« Zeit erzwungener – und von der »sehr ernsten« Zeit zugleich fragwürdig gemachter – Schritt in diese Richtung zu begreifen.

Jenseits der Fragen nach der gesellschaftskritischen Qualität und moralischen Dignität von Kästners Romanen aus der Zeit zwischen 1933 und 1938 ist festzustellen, daß sie – als Produkte eines Routiniers – technisch zweifellos gut gelungen sind. Dem Geschehen eines jeden der drei Romane liegen eine oder mehrere »Mystifikationen« zugrunde, also personelle Vortäuschungen (der Millionär als armer Mann; der Versicherungsagent als Kunsträuber; die Aristokratenfamilie als Dienstpersonal im eigenen Schloß), die für Beteiligte und Leser in je unterschiedlichem Maß durchschaubar sind. Diese Mystifikationen, die in allen drei Romanen auch thematisiert werden (vgl. Anmerkungen zu *IV, 66, 304, 381*), sorgen nicht nur für Spannung, sondern führen fortlaufend auch zu Situationen, die aufgrund der unterschiedlichen Informiertheit der Beteiligten komisch wirken. Und diese Situationskomik, die sich bei jeder Gelegenheit entfaltet, wird gesteigert durch einen beträchtlichen, wenn auch manchmal kalauernden Sprachwitz und durch die geradezu umwerfende Schlagfertigkeit, mit der Kästner einen Teil seiner Figuren ausgestattet hat. Im Verein mit Kästners Bonhomie haben diese drei Wirkungsmittel – Spannung, Situationskomik und Sprachwitz – drei Romane entstehen lassen, die ebenso fesselnd wie amüsant sind, daneben in einigen Punkten vielleicht auch ein bißchen bedenkenswert – und möglicherweise ein wenig aufheiternd.[5] Das soll man nicht geringschätzen. Bedenke man doch, was Friedrich Schlegel 1799 in seinem Roman *Lucinde* bemerkte: »... der Mensch ist von Natur eine ernsthafte Bestie. Man muß diesem schändlichen und leidigen Hange aus allen Kräften und von allen Seiten entgegenarbeiten.«

Helmuth Kiesel

Anmerkungen

[1] Zum folgenden vgl. Helmuth Kiesel: *Erich Kästner*. München 1981, S. 48 ff.; Helga Bemmann: *Humor auf Taille. Erich Kästner Leben und Werk*. Berlin 1983, S. 277 ff.; Luiselotte Enderle: *Erich Kästner in Selbstzeugnissen und Bilddokumenten*. Reinbek bei Hamburg 1966, S. 63 ff.

[2] Dirk Walter: *Zeitkritik und Idyllensehnsucht*. Erich Kästners Frühwerk (1928–1933) als Beispiel linksbürgerlicher Literatur in der Weimarer Republik. Heidelberg 1977.

[3] Dieter Mank: *Erich Kästner im nationalsozialistischen Deutschland 1933–1945*. Zeit ohne Werk? Frankfurt am Main Bern 1981.

[4] Vgl. dazu auch Renate Benson: *Erich Kästner. Studien zu seinem Werk*. Bonn 2. Auflage 1976. S. 83 ff.

[5] Vgl. zu diesem Problem für die Literatur seit der NS-Zeit: Petra Kiedaisch: *Ist die Kunst noch heiter?* Theorie, Problematik und Gestaltung der Heiterkeit in der deutschsprachigen Literatur nach 1945. Tübingen 1996.

Kommentar

Der Kommentar informiert, soweit die Quellenlage dieses ermöglicht, über Anlaß und Entstehungszeit der einzelnen Romane, über Manuskripte, Erstdrucke und Verfilmungen und in engen Grenzen über historische und biographische Hintergründe.

I. Drei Männer im Schnee

1934 sollte *Drei Männer im Schnee* als Roman bei der Deutschen Verlagsanstalt (DVA) erscheinen. Nach Anweisung des Propaganda-Ministeriums unter Joseph Goebbels durfte der Roman aber nicht in Deutschland gedruckt werden. Die DVA mußte die Rechte ins Ausland abgeben. So erschien der Roman 1934 bei dem Zürcher Verlag Rascher. 1932 hatte Kästner bereits ein gleichnamiges Drehbuch für die amerikanische Filmgesellschaft Metro-Goldwyn-Mayer geschrieben. 1933 lief der Film in Amerika, dann in Frankreich, der Tschechoslowakei und in Schweden.

Für ein deutsches Remake des Films erwarben Anfang der fünfziger Jahre die Ring-Film GmbH und die Deutsche London Film GmbH die Rechte von Metro-Goldwyn-Mayer und wandten sich für eine Neubearbeitung des Stoffes an Erich Kästner. Der Film wurde 1955 unter der Regie von Kurt Hoffmann mit Paul Dahlke in der Hauptrolle gedreht.

Das Manuskript von 1934 sowie das Drehbuch von 1955 liegen vor. und werden im folgenden Kommentar an geeigneter Stelle zu Vergleichen herangezogen. Generell ist festzustellen, daß die meisten Dialoge des Drehbuchs fast wörtlich der Romanfassung entnommen sind. Leichte Unterschiede lassen sich in der Personendarstellung erkennen. So tritt beispielsweise Frau Casparius im Film noch resoluter auf als im Roman. Johanns Briefe nach Berlin wurden für den Film in Telefongespräche umgeschrieben.

9 *betreßt:* In einer mit Borten verzierten Uniform; heute geläufiger: »livriert«.
eine Million Pfund Sterling: Dies entsprach 1934 unter Berücksichtigung der Verbrauchergeldparität 20 Millionen Reichsmark, deren Kaufkraft heute einem Betrag von ca. 100 Millionen Mark gleichkäme.

9 *Sind sie verboten:* Im Umgang mit dem Millionär als »künstlerischem Motiv« ist bei Kästner ein Wandel festzustellen. In der *Ansprache an Millionäre* von 1930 hatte er noch geschrieben: »Wie lange wollt ihr euch weiter bereichern?« Im vorliegenden Roman stellt er einen Typus der Millionäre dar, die ihr Handeln auch moralisch überdenken. Der Erzähler im Drehbuch von 1955 stellt schließlich in einem dem Vorwort ähnlichen Kommentar die Vorteile von Millionären noch deutlicher dar: »Wenn es keine Millionäre gäbe, müssten sie erfunden werden. Die Menschheit braucht sie als Mäzene. Als Steuerzahler. Als Wirtschaftskapitäne. Als Gesprächsstoff. Und als Lustspielfiguren.«
11 *Bamberger Reiter:* Reiterstatue aus dem 13. Jahrhundert. im Bamberger Dom. In den dreißiger Jahren war er als Inbegriff des germanischen Menschen von besonderem Interesse.
14 Die Kapitel tragen im Manuskript noch keine Überschriften.
Frau Kunkel: Diese Figur hieß im Manuskript ursprünglich »Frau Mensing«.
Geheimrat: Früher als Anrede gebrauchte Kurzfassung verschiedener Titel.
Allee, die von Halensee nach Hundekehle führt: Gemeint ist wohl die Königsallee, die Prachtstraße eines noblen Wohnviertels im Südwesten Berlins.
15 *Geheimrat Tobler:* Diese Figur hieß im Manuskript ursprünglich »Geheimrat Schlüter«. In der Filmfassung von 1955 trägt sie dann auch wieder den ursprünglichen Namen.
Epoche der Wirtschaftskonzerne: Daß diese Epoche 1934 vorbei sein sollte, ist angesichts der damaligen wirtschaftlichen Bedeutung von Großunternehmen trotz der Weltwirtschaftskrise wohl eine Fehleinschätzung.
17 *Sterbender Gallier:* Berühmte, um 220 v. Chr. entstandene Bronzefigur von besonderer Ausdruckskraft. Eine Kopie davon befindet sich im Kapitolinischen Museum in Rom.
Dornauszieher: Berühmtes, besonders in antiken, hellenistischen Plastiken gestaltetes Motiv eines sitzenden Knaben, der sich einen Dorn aus dem Fuß zieht. Am bekanntesten ist die 73 Zentimeter große Bronzestatue im Konservatorenpalast in Rom aus dem ersten Jahrhundert v. Chr.
20 *Schulze:* Im Manuskript beteiligt sich der Geheimrat unter dem Namen »Naumann« am Wettbewerb.

23 *Hagedorn:* Im Manuskript war der Name »Scheinpflug« vorgesehen.
31 *wie ein unschuldiger Angeklagter:* Im Manuskript steht statt dessen: »wie ein Ölgötze«.
33 *Sobald das Gespräch da ist:* Bis in die sechziger Jahre mußten Auslandsgespräche bei einer Vermittlungsstelle angemeldet werden. War die Verbindung mit der gewünschten Telefonnummer hergestellt, wurde man von der Vermittlungsstelle zurückgerufen und verbunden.
35 *Anhalter Bahnhof:* Ehemaliger Berliner Bahnhof, in der Nähe des Potsdamer Platzes gelegen, damals einer der größten und elegantesten Fernbahnhöfe Europas. 1875 erbaut, im Zweiten Weltkrieg zerstört.
37 *Bruckbeuren:* Eine Ortschaft dieses Namens ist nicht bekannt. Im Manuskript stand zunächst der Tiroler Wintersportort Kitzbühel, der dann gestrichen und durch »Kreuzkirchen« ersetzt wurde.
38 *Zwei Dinge [...]:* Hier fehlen in der Druckfassung zwei Sätze des Manuskripts:
Ob ein Wintersporthotel in Bayern, in Tirol, in der Schweiz oder im Filmatelier liegt, ist nebensächlich. Die wesentlichen Eigenschaften sind überall dieselben. Obwohl diese somit als bekannt vorausgesetzt werden dürften, sei es gestattet, ihretwegen ein paar Worte zu verlieren.
39 *Natura non facit saltus:* Lateinische Redewendung: »Die Natur macht keine Sprünge«.
Bal paré: Französische Bezeichnung für einen festlichen Ball.
44 *Kesselhuth:* Johanns Nachname lautet im Manuskript »Seidelbast«.
47 *Frau von Mallebré:* Im Manuskript heißt sie »Frau von Haller«.
48 *Dann erklang der Gong:* Im Manuskript erscheint vorher noch ein Fräulein v. Marek, Tochter eines »böhmischen Braunkohlekönigs«.
49 *Sanitätsrat:* Titel für Amtsärzte.
50 *expedieren:* Zeitüblicher Euphemismus für »hinauswerfen«; von lateinisch »expedire« = beseitigen.
Jetzt wird mir's zu bunt: Im Manuskript verlangt er noch: »Stellen Sie sofort eine telefonische Verbindung nach Berlin her!«
61 *Wasserwellen:* Damals übliche künstliche Wellung des Haars,

das hierfür im feuchten Zustand auf Lockenwickler gewickelt wurde.
66 *Mystifikation:* Täuschung, Vorspiegelung, Verstellung. – Auf dem Prinzip der Mystifikation beruht nicht nur der Witz von *Drei Männer im Schnee*, sondern auch der beiden folgenden Romane.
67 *Das achte Kapitel:* Im Manuskript nur als Absatz markiert. Die Kapitelzählung wird dort aber mit dem neunten Kapitel fortgeführt.
70 *Rockefeller:* John Davidson Rockefeller (1839–1937) Gründer und Besitzer des amerikanischen Raffinerieunternehmens ›Standard Oil Company‹. Er war zu seiner Zeit der reichste Mann der Welt.
71 *Da werden Weiber zu Hyänen:* Zitat aus Schillers 1797–99 entstandenem *Lied von der Glocke*. Dieses Zitat findet sich auch in *Der kleine Grenzverkehr* (vgl. *IV, 423*). Ein besonderes Merkmal des Gedichtes ist die Verknüpfung der engen Welt kleinbürgerlichen Familienlebens mit den großen Verhältnissen der Weltgeschichte. Die Textstelle, inspiriert durch einen Bericht von der Französischen Revolution, lautet im Zusammenhang:

> Da werden Weiber zu Hyänen
> Und treiben mit Entsetzen Scherz,
> Noch zuckend, mit des Panthers Zähnen,
> Zerreißen sie des Feindes Herz.
> Nichts Heiliges ist mehr, es lösen
> Sich alle Bande frommer Scheu,
> Der Gute räumt den Platz dem Bösen,
> Und alle Laster walten frei.

73 *Vogelscheuche:* Im Manuskript sagt er statt dessen: »Ich bin auch so ein Hofsänger«.
Schock: Veralteter Begriff für »Menge«.
75 *Hundsfott:* Derb abwertender Begriff anstelle von »Schuft«.
76 *Tschako:* Nach 1918 von der Polizei getragene zylinderartige Kopfbedeckung.
86 *Das zehnte Kapitel:* Dieses wird im Manuskript nur als Absatz markiert. Dadurch verschiebt sich dort die nachfolgende Kapitelzählung.
energisch: Im Manuskript heißt es: »gescheit«.

92 *gestowte:* Gedämpfte.
97 *Jumper:* Mundartlich für eine Damenjacke.
102 *Das zwölfte Kapitel:* Im Manuskript nur als Absatz markiert.
104 *Alexander:* »Wenn ich nicht Alexander wäre, möchte ich Diogenes sein«, soll Alexander der Große (356–323 v. Chr.), der mächtigste Herrscher des alten Griechenland, gesagt haben, nachdem ihm der Philosoph Diogenes (ca. 400–328 v. Chr.), der in einem Faß hauste, ein Beispiel für Bedürfnislosigkeit gegeben hatte, indem er zu Alexander, der ihm einen Wunsch freigestellt hatte, sagte: »Geh mir aus der Sonne!«
109 *in das lärmende Hotel zurück:* Im Manuskript folgt noch ein weiterer Absatz:
Die zwei Freunde schritten, wortkarg und heiter, heraus, durch den nächtlichen Park. »Ob der Seidelbast [Kesselhuth] gekränkt sein wird?« fragte Scheinpflug [Hagedorn] plötzlich. »Andererseits glaube ich nicht, daß wir jemandem, der seiner Gesellschaftsschicht angehört, so ohne weiteres das Du anbieten können. Was meinst du, Paul?«
Naumann [Schulze] erinnerte sich vorübergehend daran, daß er eigentlich ein Multimillionär war, und sagte: »ich glaube nicht, daß du recht hast, mein Junge.«
»Wollen wir ihn also fragen, ob er mit uns armen Teufeln Brüderschaft trinkt, Paul?«
Naumann bedachte, daß der Reedereibesitzer Seidelbast eigentlich sein Diener war und daß es bestimmt für alle Beteiligten Schwierigkeiten mit sich brächte, wenn man sich mit dem eigenen Diener duzte, sagte: »Georg, vielleicht hast du doch recht.«
Aber es tat ihm leid.
126 *auseinanderposamentieren:* Hier vergreift sich Tobler in der Wortwahl: Im Sinne von »erklären« wäre hier umgangssprachlich »auseinanderklamüsern« angebracht. »Posamentieren« bedeutet »mit Verzierungen versehen«.
127 *Das fünfzehnte Kapitel:* Im Manuskript ist es nur als Absatz markiert.
129 *Pferdekur:* Strapaziöse Kurbehandlung.
131 *Geben Sie uns Bewegungsfreiheit, Sire:* In Anlehnung an ein vielzitiertes Wort aus Schillers Drama *Don Carlos* (1787), III, 10: »Geben Sie Gedankenfreiheit, Sire!«
132 *Sei nicht so roh:* Im Manuskript heißt es statt dessen ironisch: »Du bist ein Gemütsmensch, mein Junge«.

132 *Wirtschaftskrise:* Eine der wenigen Stellen des Romans, in denen auf den zeitgeschichtlichen Kontext der großen Depression zu Beginn der dreißiger Jahre verwiesen wird.

142 *Sparsamkeit macht Helden:* Im Manuskript ist diese Devise eingeschränkt: »Sparsamkeit macht manchmal Helden.«

143 *Zähre:* Dichterischer und veralteter Begriff für »Träne«.

148 *Fritz quittierte:* Im Manuskript verlangt der Boy Trinkgeld, worauf Fritz entgegnet, er könne ihm nichts geben, da er sein Vermögen in Berlin gelassen habe.

Scheck über 500 Mark: Gemessen an der Kaufkraft entspricht das einem heutigen Geldbetrag von 2700 Mark.

149 *Sondergratifikation:* Entgelt zu besonderen Anlässen.

152 *als flüsterte es (...):* Im Manuskript noch nicht vorhanden.

153 *einen Sechser:* Fünfpfennigstück; entspricht etwa drei heutigen Groschen.

157 *entsetzlich:* Im Manuskript steht statt dessen: »wilde Sachen«.

159 *Einfach tierisch:* Im Manuskript sieht der Direktor den Personen lediglich »sprachlos hinterher«.

Einfach tierisch: Im Manuskript sagt der Direktor statt dessen: »Ich kapiere das nicht«.

173 *Das zwanzigste Kapitel:* Dieses Kapitel trägt als einziges schon im Manuskript seinen Titel »Das dicke Ende«.

II. Die verschwundene Miniatur

Der Roman erschien unter dem Titel *Die verschwundene Miniatur oder Die Abenteuer eines empfindsamen Fleischermeisters* 1935 im Atrium-Verlag in Zürich, weil Kästner in Deutschland Publikationsverbot hatte. Das Buch wurde bis 1939 in mehrere Sprachen übersetzt und in verschiedenen europäischen Ländern vertrieben. Die Filmrechte für den betont unpolitischen und humoristischen Unterhaltungsroman erwarb noch 1935 Metro-Goldwyn-Mayer, doch wurde der Film in Hollywood nicht mehr gedreht, da der Autor ein Deutscher war. Im Jahr 1954 stellte die Carlton-Film GmbH München einen deutschen Film unter der Regie von Carl-Heinz Schroth her, für den Kästner selbst das Drehbuch schrieb. Der Titel lautete hier: *Die verschwundene Miniatur oder: Die seltsamen Erlebnisse des Metzgermeisters Külz.* Der Film dauert 82 Minuten. Die Filmmusik schrieb Hans-Martin Majewski. Die Darsteller-Liste nennt folgende Besetzung:

Fleischermeister Külz: Paul Westermeier
Irene Trübner: Paola Loew
Rudolf Struve, der Falsche: Ralph Lothar
Professor Horn: Bruno Hübner
Storm: Arnulf Schröder
Achtel: Bum Krüger
Karsten: Willem Holsboer
Der Tänzer: Hubert von Meyerinck
Der Boxer: I. K.
Frau Külz: Lina Carstens
Horn's Reisebegleiterin: Grethe Weiser
Steinhoevel: Erich Ponto
Rudi Struve, der Echte: Heini Göbel
Wirt Lieblich: Hermann Pfeiffer
Der Kriminalkommissar: Wolf Ackva
Der Polizei-Inspektor: Carlheinz Peters

Der Name des Schauspielers Erich Ponto ist ohne Ersatz durchgestrichen; die Szenen für Horns Reisebegleiterin wurden von Kästner nachträglich gestrichen.

Das Drehbuch, das erhalten ist, umfaßt 220 Seiten und sieht für den Film 82 »Bilder« oder Szenen in 485 Einstellungen vor. Im Mittelteil finden sich – zusätzlich zu den Abweichungen des Drehbuchs vom Roman – einige nachträgliche kleinere Bearbeitungen, Umstellungen und Kürzungen von der Hand Kästners. Insgesamt blieb Kästner weitgehend der Romanvorlage treu. Die Handlung wurde zum Teil in andere Städte versetzt, manche Dialoge wurden abgewandelt. Einige Änderungen lassen sich filmtechnisch erklären. So ist zum Beispiel die Verbrecherbande, insbesondere die Figur des Professors Horn, im Drehbuch genauer charakterisiert als im Roman, und die Jagd des echten Struve auf Professor Horn durch die Berliner Innenstadt ist im Drehbuch in ein Mietshaus verlegt. An einigen Stellen wurde die Handlung gerafft, zum Beispiel bei der Zug- und Trajektfahrt. Der Beziehung zwischen Irene Trübner und Joachim Seiler, dem falschen Struve, kommt im Film größeres Gewicht zu als in der Vorlage. Der Schlußteil des Drehbuchs weicht stärker vom Roman ab (vgl. *IV, 326*).

Im Gegensatz zum Roman wurde der Film in den Kritiken von 1955 eher negativ besprochen, da er größtenteils als mittelmäßige, geistig anspruchslose und langweilige Routineverfilmung mit gequält lustigem Klamauk empfunden wurde.

183 *Jener Platz in Kopenhagen:* Laut Drehbuch sollte der Film mit einem Blick auf den Kopenhagener Rathausplatz beginnen, untermalt von »Musik, mit den ersten acht Tönen des Rathausglockenspiels, auch als Zeichen des Senders Kopenhagen bekannt.« Kästner merkte an: »(Die Melodie des Glockenspiels bietet sich dem Komponisten als reizvolles musikalisches Hauptthema des Kopenhagen-Komplexes an!)«. Oskar Külz wird als Mitglied einer Touristengruppe auf der Aussichtsplattform des Rathauses eingeführt. Er ist als »›typisch deutsch‹, aber nicht parodistisch« charakterisiert. Der Fleischer Külz folgt den Erklärungen des Turmführers »höflich, aber verständnislos«. Das einzige Gebäude, von dem er wissen möchte, was es sei, erweist sich als der Kopenhagener Schlachthof.

Kongens Nytorv: »Königlicher Neumarkt«: ein Platz, der im 17. Jahrhundert unter König Christian V. (1646–1699) als Stadtmittelpunkt angelegt wurde und bis heute mit seinen Prachtbauten einen der Knotenpunkte der Innenstadt Kopenhagens bildet.

Hotel d'Angleterre: Der Bau aus der Jahrhundertwende ist eines der traditionsreichsten und vornehmsten Hotels der Stadt.

Altenburger Skatkarten: Altenburg, eine Kleinstadt im Bezirk Leipzig, ist bekannt für seine Spielkartenherstellung und seine Skattradition: Hier wurden 1866 die Regeln des Skatspiels festgesetzt.

Amagergade: Amager ist eine der Stadt Kopenhagen vorgelagerte Insel, auf die sich einige Stadtteile erstrecken; dänisch »gade« bedeutet »Straße«.

184 *Pikkolo:* Kellner, der sich noch in der Ausbildung befindet. Im Drehbuch fragt der Pikkolo zuerst auf Dänisch, dann auf Englisch und Französisch, bevor er den Kellner holt.

185 *Konfirmandenmöbel:* Man vergleiche die Ausdrücke »Konfirmandenblase« oder »Sextanerblase«. Gemeint sind zierlich aussehende und wenig strapazierbare Stühle.

Gibt es denn mehrere Külze: Kästner dachte wohl an seine eigene Familie: Alle sieben Brüder von Kästners Mutter Ida Kästner, geborene Augustin, waren Fleischer. Über Hugo, seinen Lieblingsonkel, schrieb er in *Als ich ein kleiner Junge war* »Seine Söhne sind Fleischermeister. Seine Töchter haben Fleischer geheiratet. Seine Enkel sind Fleischermeister.« (VII, 28).

185 *Kaiserdamm, Schloßstraße, Landsberger Allee, usw.:* Wie bereits bei den in Kopenhagen spielenden Kapiteln/Szenen sind auch alle in Deutschland, insbesondere in Berlin genannten Ortsangaben genau recherchiert.
Ich bin auch aus Berlin: Im Drehbuch ist Berlin durch Hannover ersetzt. Irene Trübner wird folgendermaßen beschrieben: »Kleidsam und gediegen angezogen. Sicheres Benehmen. Kurz: eine junge Dame. Hübsch, etwa achtundzwanzig Jahre alt. Trotz ihrer Selbstbeherrschung merkt man ihr eine gewisse Nervosität an.«
187 *Der andere Herr war klein:* Im Drehbuch wird »der Kleine«, Storm, als »ein Jokey-Typ« beschrieben. Achtel hat einen »Gefängnishaarschnitt, der nachwachsen möchte«.
189 *Am Sonnabend Abend:* Külz' Schilderung des Sonnabends ist im Drehbuch als Rückblende in den Fleischerladen realisiert.
Geschabtes: Geschabtes oder Schabefleisch bezeichnet rohes, durch den Fleischwolf gedrehtes, fett- und sehnenfreies Rindfleisch.
190 *Wurstspeiler:* Ein Speiler ist ein kleines Holzstäbchen, das dazu benutzt wird, das Wurstende zu verschließen.
Engrospreise: Großhandelspreise.
191 *Hamlets Grab:* Das Vorbild für Shakespeares Tragödienhelden Hamlet, den *Prince of Denmark*, hieß in der Heldensage Amled und war ein Wikingerhäuptling. Seine Geschichte ist in den *Gestae Danorum* des dänischen Geschichtsschreibers Saxo Grammaticus überliefert. Amled soll auf Jütland, wohl in der Gegend um Randers, gelebt haben, wo er laut Saxo Grammaticus »in einer jütländischen Heide, die nach ihm benannt ist, begraben« ist. Tatsächlich gibt es dort die »Ammelhede« mit einem entsprechenden Gedenkstein. Sein eigentliches Grab ist unbekannt. Hier ist jedoch wohl die nicht weit von Kopenhagen liegende Stadt Helsingör auf Seeland gemeint, deren Schloß Kronborg am Öresund bei Shakespeare Schauplatz der Handlung ist.
Gilleleje: Der Fischer- und Badeort, ca. 50 km von Kopenhagen an der Nordküste der Insel Seeland liegend, ist ein beliebtes Ausflugsziel.
192 *Sechspfennigmarke, Zwölf- oder Fünfzehnpfennigmarke*: Seit Ende der zwanziger Jahre bis nach dem Krieg galten Sechspfennigmarken als Porto für eine Postkarte in auswärtige Orte des Landes, Zwölfpfennigmarken für Briefe innerhalb des

Landes und Fünfzehnpfennigmarken für Postkarten ins Ausland.
193 *Epikuräer:* Die Ethik des griechischen Philosophen Epikur (341–271 v. Chr.) gründet auf der Vorstellung von vergeistigter Lust oder Glückseligkeit als höchstem Gut. Dieser Zustand soll unter anderem dadurch erreicht werden, daß man alles vermeidet, was bei vernünftigem Abwägen längerfristig mehr Leid als Lust erzeugt. Am ehesten gelingt dies bei einem tugendhaften und zurückgezogenen Lebenswandel.
... hätte fast vergessen, die Brieftasche zurückzugeben: Im Drehbuch sagt Storm: »Jetzt wär' ich fast mit Ihrem Geld durchgegangen! Das sieht mir ähnlich!« Külz erwidert »harmlos und heiter«: »Machen Sie sich nichts draus! Für sein Aussehen kann man nichts!«
196 *Er winkte dem Oberkellner:* Im Drehbuch ruft Külz: »Herr Oberkörper!«.
197 *Bordkante:* Bordsteinkante.
Koburger Lerchen: Eine deutsche Fleisch- und Nutztaubenrasse.
199 *Amalienborg:* Die heutige Kopenhagener Residenz der königlichen Familie wurde 1749 bis 1760 mitten in der Stadt erbaut. Im Drehbuch wird als Schauplatz »Amalienborg (oder: Rosenborg)« angegeben.
Kitt: Umgangssprachlich für Zeug, Kram.
200 *Holbein der Jüngere:* Der Maler und Zeichner Hans Holbein der Jüngere (1497–1543) ist der Sohn des Augsburger Künstlers Hans Holbein des Älteren, von dem er ausgebildet wurde. Er schuf Altäre, Wandbilder, Glasmalereien und Buchillustrationen, wurde jedoch am bekanntesten durch seine Porträtkunst. Nach Aufenthalten in Basel, Frankreich und England ließ er sich 1532 in London nieder, wo er 1536 zum Hofmaler Heinrichs VIII. wurde, dessen Gattinnen Anne Boleyn, Jane Seymour und Anna von Cleve er porträtierte.
Heinrich VIII.: Nach seiner Thronbesteigung 1509 heiratete der englische König (1491–1547) Katharina von Aragonien, die ihm jedoch nicht den gewünschten Sohn gebar. Heinrich ließ diese Ehe für nichtig erklären, um sein Verhältnis zu Anne Boleyn (siehe unten) zu legitimieren, die er 1533 heiratete, woraufhin Katharina von Aragonien bis zu ihrem Tod in Haft blieb. Aus der neuen Ehe entstand wieder kein Sohn, so daß Heinrich VIII. Anne Boleyn hinrichten ließ und Jane Seymour

heiratete, die jedoch nach der Geburt des Thronfolgers Eduard VI. 1537 starb. Seine vierte Frau, Anna von Cleve, heiratete er 1538 auf Anraten Thomas Cromwells (1485–1540), nach dessen Hinrichtung er sich aber wieder scheiden ließ. Die fünfte Ehefrau, Katharina Howard, endete 1542 wie Anne Boleyn. Katharina Parr schließlich überlebte als letzte Gattin ihren Gemahl.

Heinrich IV.: (1050–1106) Seit 1053/54 nominell deutscher König, seit 1065 auch faktisch, wurde 1076 von Papst Gregor VII. wegen Streitigkeiten in Fragen der Vergabe von geistlichen Ämtern (Investiturstreit) mit dem Kirchenbann belegt. Um die danach drohende Absetzung durch die deutschen Fürsten abzuwenden, zog Heinrich als Büßer nach Italien und traf den Papst in der oberitalienischen Felsenburg Canossa. Heinrich mußte im Januar 1077 nach biblischem Vorbild drei Tage in Büßerkleidung und barfuß im Schnee vor der Burg warten, bevor er vom Kirchenbann befreit wurde. – Später wurde Heinrichs Gang nach Canossa als Beispiel für ein erniedrigendes und entwürdigendes Nachgeben geradezu sprichwörtlich, zumal nachdem Bismarck 1872 im Reichstag anläßlich einer Differenz mit dem Vatikan erklärte: »Nach Canossa gehen wir nicht.«

Ann Boleyn: Anne Boleyn, geboren 1507, wurde am Hof Heinrichs VIII. zu dessen Geliebten. Er heiratete sie 1533 und ließ seine erste Ehe für nichtig erklären. Statt des erhofften Sohnes brachte sie indessen eine Tochter, die spätere Königin Elisabeth (1533–1603), zur Welt. Heinrich ließ sie wegen angeblichen Ehebruchs zum Tode verurteilen und 1536 in London enthaupten. Ihr Porträt von Holbein dem Jüngeren ist weltbekannt.

201 *Seifensieder:* Veralteter Ausdruck für Handwerker, die Seife herstellen. Da diese häufig auch Kerzen gossen, entstand die Redewendung ›Mir geht ein Seifensieder auf‹ für ›mir geht ein Licht auf‹.

sechshunderttausend Kronen: Dies entsprach damals 326400 deutschen Reichsmark, was heute etwa einer Summe von 1 765 000 Mark gleichkäme.

Karl IV.: Eigentlich Wenzel, römisch-deutscher Kaiser (1316 bis 1378).

202 *dritter Klasse:* Bis nach dem Zweiten Weltkrieg gab es in Personenzügen als billigste Beförderungsklasse die dritte Klasse.

204 *Bredgade:* Die Straße führt vom Kongens Nytorv Richtung Amalienborg.
Ornate: Feierliche Amtstracht; von lateinisch »ornatus« = Ausrüstung, Schmuck, schmuckvolle Kleidung.
Ruppiner Bilderbögen: Neuruppin wurde im 19. Jahrhundert bekannt für die dort hergestellten populären Druckgraphiken mit Bildfolgen und kurzen, gereimten Texten zur Erbauung, Belehrung, Belustigung und Verbreitung von Nachrichten.

205 *Schopenhauer:* Der Philosoph Arthur Schopenhauer (1788 bis 1860) vertritt in seiner Kunstphilosophie die These, daß die gelassene Versenkung in die Kunst, die ruhige Kontemplation, den Menschen vom Druck des Willens entlasten und für die Erkenntnis des Wesentlichen freimachen könne.
sich mopsen: Sich ärgern; wohl nach dem angeblich mürrischen Gesichtsausdruck der Hunderasse Mops.
Nirwana: Im Buddhismus versteht man unter dem Nirvana (von sanskritisch »nirvana« = das Erlöschen, Verwehen) das Endziel des Lebens, einen Zustand völliger Ruhe. Dieses Konzept wurde von Hegel und Schopenhauer als Zustand des »Nichts« aufgenommen.
fürbaß: Veraltete Formulierung für »weiter«, »vorwärts«.

206 *Kölner Schule:* Köln war seit 1300 bis ins 16. Jahrhundert hinein ein Zentrum der Altar- und Buchmalerei. Im Drehbuch sagt Storm »Fünfzehntes Jahrhundert. Holländische Schule«.
Scheibenschießen: Der heilige Sebastian, ein römischer Märtyrer der zweiten Hälfte des dritten Jahrhunderts, wurde der Legende nach zunächst durch Pfeilschüsse gemartert und schließlich mit Keulen erschlagen. Er wird als Patron der Schützenbruderschaften verehrt und wurde deswegen vielfach abgebildet: an einen Baum oder an eine Säule gefesselt und von mehreren Pfeilen durchbohrt.
Visitformat: Ein Fotoformat von den Ausmaßen einer Visitenkarte.
durch die Innenstadt: Im Drehbuch bummelt Irene Trübner mit ihren Verfolgern ebenfalls zuerst durch die Innenstadt. Von Joachim Seiler alias Rudi Struve wird sie allerdings auf der Promenade »Langelinie« vor Kopenhagens Wahrzeichen, der kleinen Seejungfrau-Statue, angesprochen, wo sich auch der Rest der Unterhaltung abspielt.
Goldenen Schnitt: Vom lateinischen »sectio aurea« übernommen, bei Johannes Kepler (1571–1630) auch »göttliche Tei-

lung« genannt, bezeichnet der Goldene Schnitt in der Mathematik ein bestimmtes Maßverhältnis von etwa 8:5 bei der Teilung einer Strecke. Auch in der antiken Architektur und der Kunst der Renaissance wurde er als ideales Maß angewandt.
208 *Symposion:* griechisch für »gemeinsames Trinken«. Im alten Griechenland Bezeichnung für ein Trinkgelage, das zugleich der künstlerischen Unterhaltung oder dem philosophischen Gespräch diente (daher heute Bezeichnung für wissenschaftliche Tagungen); hier als ironisch-euphemistische Bezeichnung für eine absichtliche Sauferei.
Cousine aus Leipzig: Im Drehbuch kommt die Cousine aus Hamburg.
209 *Rockefeller:* (vgl. Anmerkung zu *IV, 70*).
Garbo: Die schwedische Filmschauspielerin Greta Garbo (eigentlich G. Lovisa Gustafsson, (1905–1990) verkörperte ein in den zwanziger Jahren aufkommendes neues Schönheitsideal. Wegen ihres Aussehens und ihrer geheimnisvollen Aura wurde sie »die Göttliche« genannt. Bis zu ihrem völligen Rückzug aus der Filmindustrie 1941 hatte sie einen Hollywoodvertrag bei Metro-Goldwyn-Mayer Inc.
210 *Absalon-Haus:* Bischof Absalon von Roskilde (1128?–1201) gründete im 12. Jahrhundert Kopenhagen, weshalb über dem Eingang des Rathauses eine goldene Skulptur von ihm angebracht ist.
Wo doch das Gute so nah liegt: Nach Goethes Vierzeiler *Erinnerung* (1789): »Willst du immer weiter schweifen? Sieh, das Gute liegt so nah. Lerne nur das Glück ergreifen, denn das Glück ist immer da.«
211 *Nyhavn:* Malerische Hafenstraße im Zentrum Kopenhagens.
Tuborg Öl: »Öl« ist das dänische Wort für »Bier«. Die Brauerei »Tuborg« ist im Kopenhagener Vorort Hellerup ansässig.
Eine schöne Stadt: Storm singt im Drehbuch zur Melodie *Lippe-Detmold*: »Kopenhagen, eine wunderschöne Stadt! Voll Aquavit und Bier!«
213 *Oesterbrogade:* Die Straße führt in den Kopenhagener Stadtteil Österbro; (vgl. *IV, 240*).
Der Tourist klingelte: Bevor Külz klingelt, ist im Drehbuch eine Szene in der Pension Curtius vorgeschaltet, in der der Anführer der Verbrecherbande, Professor Horn, »ein alter, sehr soignierter Herr, ein Manager großen Stils, kein Räuberhauptmann, sondern ein Räuber-Generalstäbler«, gezeigt wird. Sei-

ne auffälligsten Eigenschaften sollen »eiserne Ruhe und sanfte Eiseskälte« sein. Er empfängt mit einem Radio-Kurzwellen-Gerät auf Englisch Lageberichte wie: »Gruppe I ist planmäßig im Quadrat H 7 eingetroffen. Der Kontakt mit Freund 9 wurde bereits aufgenommen«. Außerdem sind von den Bandenmitgliedern Achtel, Karsten, »der Schläger« und »der Tänzer« anwesend, letzterer »ein, wie der Spitzname schon andeutet, nicht sehr männlicher Herr«. Dieser öffnet Külz die Tür und fertigt ihn ab. Gegenüber der Romanfassung ist dies als Verdeutlichung der Situation und der Zusammengehörigkeit von Storm und Horn zu bewerten.

214 *Das weiß nicht mal ich selber ganz genau:* Im Drehbuch steht: »Weil ich mich allein schrecklich langweile!«

219 *amerikanischen Ehepaar:* Hier beginnen im Drehbuch die Änderungen und Kürzungen Kästners. Ursprünglich hatte das amerikanische Paar für den Film kaugummikauend auf englisch turteln sollen: »Hast Du Dein Baby noch lieb?« – »Immer mein Liebling! Vormittags und mittags und nachmittags – und sogar abends!« – »Abends auch?« etc., die Passagen wurden aber gestrichen. Im Laufe der Unterhaltung Struves/Seilers mit Irene Trübner sagt dieser einmal: »Merkwürdig, – niemand läßt sich gern verwechseln. Mit Cousinen schon gar nicht. Es ist Eifersucht auf sich selber. Wie muß erst den Briefmarken zumute sein! Jede hat Millionen Doppelgänger! Die Ärmsten!« Die Reiseszenen im dänischen Zug, auf der Fähre und im deutschen Zug werden jeweils von einigen entsprechenden Einstellungen mit Blick auf Wiesen, auf den Hafen, das Meer etc. eingeleitet.

221 *Erzengel Michael:* Der Erzengel Michael kämpft als Schutzengel der Frommen gegen böse Mächte.

222 *Physiognomie:* Erscheinungsbild und Ausdruck des Körpers, insbesondere des Gesichts. Davon ausgehend versucht die Physiognomik aus den äußeren körperlichen Merkmalen auf innere Eigenschaften zu schließen. Im Drehbuch denkt Irene: »Es muß ein Schwindler sein! Woher kennt er meinen Namen? Warum verfolgt er mich? Dabei ist er eigentlich so sympathisch! Schade um ihn!«

Kanaille: Aus dem Französischen (»canaille« = Hundepack, Gesindel) übernommenes Schimpfwort, etwa im Sinne von »Schurke«. Bei der folgenden Konversation wird im Drehbuch mehr geflirtet als im Roman.

223 *Laaland:* Gemeint ist wohl die Insel Lolland.
Trajektrinne: Die für ein Trajekt oder Trajektschiff, also ein Eisenbahnfährschiff, vorgesehene Route.
224 *Saalpost:* Der Ausdruck rührt möglicherweise von einer damals noch bestehenden Einrichtung in Tanzlokalen her, bei der die alleinstehenden Gäste per Karte oder über Telefone an den Tischen Kontakt zu anderen Gästen aufnehmen konnten. Im Drehbuch fehlt die briefliche Drohung.
225 *Gjedser:* Von Gedser aus, einer Stadt an der Südspitze der Insel Falster, fahren die Schiffe nach Warnemünde und Travemünde ab.
226 *Radmantel:* Ein weiter, ärmelloser Mantel von rundem, radförmigem Schnitt.
227 *in dem [...] Speisesaal:* Im Drehbuch befindet sich auch Professor Horn im Speisesaal. Ursprünglich war vorgesehen, daß er in Begleitung einer Reisebekanntschaft, »einer sehr schicken Dame«, die ihn umgarnt, reist. Die entsprechenden Szenen wurden jedoch nachträglich von Kästner gestrichen.
Schwedenfrüchten: Frische, gemischte, in Würfel geschnittene Früchte, die mit Maraschino, Kirschwasser oder Schwedenpunsch übergossen und eisgekühlt serviert wurden.
Fuder: Diese alte Maßeinheit wird auch im übertragenen Sinne für eine Wagenladung oder Fuhre, also eine große Menge von etwas, gebraucht.
228 *Mir gegenüber:* Struve sagt im Drehbuch über Külz, er sehe aus, »als habe er das kleine Einmaleins erfunden. Aber nur bis zur Sechs.«
229 *an Deck:* Im Drehbuch wird die Unterhaltung nicht an Deck, sondern im Speisesaal fortgesetzt.
234 *Sie müssen wieder in Ihr Coupé:* Im Drehbuch ist die Handlung dadurch gestrafft, daß Külz nicht in das Abteil zurückkehrt, sondern mit Seiler alias »Struve« und Irene Trübner im Speisesaal bleibt. Dort berichtet Külz nur über die Zigaretten-Szene, die sich – anders als im Roman – bereits direkt nach der falschen Zollkontrolle im Abteil zugetragen hat. In einer eingeschobenen Sequenz machen sich die Verbrecher in Külz' Abwesenheit im Abteil über ihn lustig. Als Külz, erbost darüber, wie diese seine Naivität ausgenutzt haben, ins Coupé zurückkehren will, halten ihn Irene Trübner und ›Struve‹ auf. Er ist nicht bereit, sich vor den Gaunern zu verstellen (vgl. das achte Kapitel des Romans). Kurz darauf entdeckt die Bande

auf deutscher Seite im D-Zug, daß die drei nicht mehr mitreisen.
235 *Lucky Strike:* Amerikanische Zigarettenmarke; damals ein begehrter Luxusartikel.
236 *deutsche Reichspfennige:* Für dreißig Öre dänischer Währung bekam man 1935 ungefähr 16 deutsche Reichspfennige, was heute etwa dem Wert von neunzig Pfennig entspräche. 1948 wurde die Währung von Reichsmark auf Deutsche Mark umgestellt.
238 *Die Sonne [...] beschien [...] Gerechte und Ungerechte:* In der Bibel steht bei Matt 5,45: »Denn er läßt seine Sonne aufgehen über die Bösen und über die Guten und läßt regnen über Gerechte und Ungerechte«.
239 *Der Zug des Herzens ist des Schicksals Stimme:* Zitat aus Schillers Drama *Wallenstein / Die Piccolomini* (1800), III, 8.
240 *Osterbrötchengade:* Scherzhaft für: Österbrogade; (vgl. Anmerkung zu *IV, 213*).
247 *die durch den Weltkrieg geschaffene neue Lage [...] Jahre, in denen Europa seinen großangelegten Selbstmordversuch unternahm, [...] unabhängig gemacht:* Man sprach damals vom Ersten Weltkrieg noch als *dem* Weltkrieg. Die in der Formulierung »Selbstmordversuch« enthaltene Wertung erklärt sich aus der Tatsache, daß in den Jahren 1914 bis 1918 im Kriegsgeschehen zehn Millionen Menschen umkamen, davon 1,8 Millionen aus dem Deutschen Reich. Man vergleiche die folgende Stelle in Kästners *Als ich ein Kleiner Junge war*, wo er von einem Gespräch mit seinem gefürchteten Lehrer Lehmann berichtet:
»Er erzählte vom Lande Böhmen, [...] von König Ottokar und Karl IV., von den Hussiten, den unseligen Kirchenkriegen, der unheilvollen und unheilbaren Rivalität zwischen Preußen und Österreich, von den Jungtschechen und dem drohenden Zerfall der Donaumonarchie. Immer und immer wieder, sagte er traurig, begehe Europa Selbstmordversuche. Die Besseres wüßten, schimpfe man Besserwisser. Und so werde Europas krankhafter Plan, sich selber umzubringen, eines Tages endlich glücken. Er zeigte auf Dresden, dessen Türme in der Abendsonne golden vor uns auftauchten. »Dort liegt Europa!« sagte er leise«. *(VII, 131).*
Im Drehbuch fehlt die Stelle.
248 *Rostock:* Im Drehbuch steht »Lübeck«, Horn will im »Carl-

ton« absteigen und schickt Storm ins Café »Metropol«. Von Kästners Hand ist hinzugefügt: »Und Achtel kontrolliert am Bahnhof die nächsten Züge! – Tänzer: Was tut er, wenn er die drei Herzchen entdeckt? – Horn, ironisch: Er erfindet rasch das Telefon und ruft mich an.«

249 *Vivat, crescat, floreat:* Lateinische Redewendung: »Es lebe, wachse, blühe«.
Et pereat mundus: Überliefert als Wahlspruch von Kaiser Ferdinand I. (1503-1564). Der ganze lateinische Spruch heißt: »Fiat iustitia et pereat mundus«, was bedeutet: »Es geschehe Gerechtigkeit, und sollte die Welt darüber zugrunde gehen!«
Warnemünde: Im Drehbuch steht »Travemünde«, außerdem: »(NB. Der Trajekthafen Gossenbrode scheint als Badeort-Milieu höchst ungeeignet zu sein.)« Es folgen drei Einstellungen, die die Strandpromenade, ein Hotel und den Badebetrieb zeigen.

250 *... und meldete ein Ferngespräch [...] an.* Im Drehbuch hat Irene Trübner dies bereits für Külz getan. Man verfolgt das Gespräch zuerst aus der Ladenstube in Hannover, dann aus der Zelle in Travemünde (vgl. *IV, 33*).

252 *nach Warnemünde schicken:* Die Szene, in der Horn seine Mitarbeiter nach Warnemünde schickt, war im Drehbuch zuerst ausgeweitet vorhanden, wurde dann aber weggekürzt.

253 *Saalpost in der Tanzdiele:* Der erste Teil des zehnten Kapitels, der Ausflug sowie die Taxifahrt der Gauner, fehlen im Drehbuch. Dort folgt auf das Telefonat und den Bericht über den Verlauf des Ausflugs gleich die Tanzveranstaltung.
Schneidemühlen: Altes Wort für eine durch Wasser- oder Dampfkraft betriebene Mühle, in der Holz zu Brettern zersägt wurde.

254 *drei Hütten:* Nach Matt 17,4, wo Petrus angesichts der Verklärung Christi und der Erscheinung von Mose und Elia sagt: »Herr, hier ist für uns gut sein! Willst du, so wollen wir hier drei Hütten machen [...]«.

258 *Prolet:* Herr Achtel benutzt dieses Schimpfwort, weil der Ringkämpfer sich nicht wie der klassische Proletarier mit dem Zweck seiner Aufgabe identifiziert, sondern sich nur für den Lohn, den er erhält, interessiert.

259 *Irish Stew:* Irisches Eintopfgericht (englisch »stew«) aus Hammelfleisch, Kartoffeln, Gemüse und Weißkohl. Im Drehbuch flirten »Struve« und Irene Trübner während des Tanzes.

259 *Papa Külz schlief:* Im Drehbuch schläft Külz nicht, sondern dreht sich für eine Weile in eine andere Richtung, um einer Dame einen Luftballon auf den Stuhl zu legen und zu warten, bis dieser unter ihrem Gewicht beim Hinsetzen zerplatzt.

263 *Der Kostümball:* Das elfte Kapitel ist stark gekürzt ins Drehbuch übernommen worden, einige humoristisch ausgeweitete Details wurden später wieder gestrichen.
Säulenkapitälen: Gemeint sind Säulenkapitelle, also die oberen Abschlüsse antiker Säulen.

265 *Mensur:* Bezeichnung für einen Zweikampf mit Säbeln oder Schlägern bei »schlagenden« studentischen Verbindungen.
Schmisse: Bezeichnung für eine Narbe im Gesicht, die bei der Mensur erworben wurde und als Kennzeichen der Mitgliedschaft in einer schlagenden Verbindung galt. Früher bedeutete *schmeißen* auch »schlagen«.
Corpsstudent: Ein Student, der einer der traditionellen studentischen Verbindungen angehört, die aus den älteren studentischen Landsmannschaften des 18. Jahrhunderts hervorgegangen sind und sich durch die Pflege traditionellen studentischen Brauchtums wie das Mensurschlagen und das Tragen von farbigen Kappen und Uniformen auszeichnen.

266 *Büfettmamsell:* Veralteter Ausdruck für eine Büfettdame, also die Bedienung am Büffet.

267 *Varus im Teutoburger Wald:* Varus, römischer Oberbefehlshaber in Germanien, hatte den Auftrag, Germanien zwischen Rhein und Elbe als römische Provinz einzurichten, wurde aber 9 n. Chr. von dem Cheruskerfürsten Arminius im Teutoburger Wald geschlagen.

268 *duhn sein:* Betrunken sein; vom niederdeutschen Begriff »dun« = ursprünglich »geschwollen«.

273 Das zwölfte Kapitel wurde gekürzt ins Drehbuch übernommen.

274 *zum Telefon:* Das Telefongespräch Irene Trübners mit Steinhövel ist im Drehbuch detailliert ausgeführt. Steinhövel wird als »ein sympathischer alter Herr« beschrieben, der den Vorfall gelassen aufnimmt.

276 *Grünen Minna*: Polizeiwagen zum Abtransport von Festgenommenen.

280 *Ein Kommissar:* Das dreizehnte Kapitel ist im Drehbuch gestrafft; die folgenden Kapitel sind anders aufgeteilt, gekürzt und zusammengezogen.

280 *Mondscheinfahrt in See:* In *Als ich ein Kleiner Junge war* berichtet Kästner von seiner ersten Reise an die Ostsee im Jahre 1914, wo er einen mit Lampions geschmückten und von Operettenmusik erschallenden Küstendampfer »von einer der beliebten und preiswerten ›Mondscheinfahrten in See‹« zuückkommen sah. *(VII, 147).*

282 *Cagliostro:* Alessandro Graf von Cagliostro (1743–1795), der eigentlich Giuseppe Balsamo hieß, war ein italienischer Abenteurer und Alchimist, der durch Spiritismus, Wunderkuren und Goldmacherei ein einflußreicher und international bekannter Mann wurde. Seine Rolle als Kompromitteur und Intrigant in der »Halsbandaffäre«, in der 1785/86 am französischen Hof ein wertvolles Schmuckstück verschwand, wurde unter anderem von Schiller, Goethe und Dumas literarisch bearbeitet.

signalisieren: »Jemanden signalisieren« ist ein veralteter Ausdruck dafür, daß von jemandem ein Signalement, also eine kurze Personenbeschreibung anhand der äußeren charakteristischen Merkmale, gegeben wird.

289 *Pritschen:* Aus gefalteter Pappe oder dünnen Holzstreifen bestehendes Gerät, mit dem an Karneval Schläge verteilt werden oder auch nur ein klatschendes Geräusch erzeugt wird.

Rostocker Skatklub: Im Drehbuch steht auf dem Wagen: »Skatclub ›Re und Kontra‹ 1929 e.V.«

Plötzensee: Gemeint ist die berüchtigte Strafanstalt Plötzensee in Berlin-Charlottenburg, die im Dritten Reich noch als Hinrichtungsort vieler Widerstandskämpfer dienen sollte. Im Drehbuch wird der Ort bei den Anspielungen auf Herrn Achtels abgebüßte Gefängnisstrafe nicht mehr erwähnt. – Alle Szenen, die im Roman in Berlin und im Drehbuch in Hannover spielen, sind lediglich Innenaufnahmen. Im Drehbuch ist der echte Struve beschrieben als »ein Franz-Schubert-Typ, nur wesentlich explosiver«.

292 *Peripetie des Dramas:* Der Begriff »peripeteia«, der im Griechischen ein »plötzliches Umschlagen« bezeichnet, wird seit Aristoteles' Dramentheorie für die entscheidende Wendung im Schicksal des Helden einer Tragödie verwendet.

293 *Bautzen:* Statt Bautzen wird im Drehbuch Braunschweig als Reiseziel genannt.

294 *Aufwartung:* Aufwartefrau, also Putzfrau, Zugehfrau.

297 *Mutter Grün:* Abgewandelt für »Mutter Natur«.

II. DIE VERSCHWUNDENE MINIATUR

298 *Etappenhengst:* In der Soldatensprache abwertend für jemanden, der in der Etappe, also im relativ sicheren Versorgungsgebiet hinter der Frontlinie, bleibt.
299 *Feldgendarm:* Eigentlich ein Mitglied der Feldgendarmerie, einer Heerestruppe, die im Krieg militärpolizeiliche Aufgaben zu erledigen hatte; hier: Verkehrspolizist.
301 *Der Feldgendarm trat zu dem Autobus:* Im Drehbuch werden die Ganoven von einer Gruppe Kinder aufgehalten, denen Seiler alias Struve Luftballons versprochen hatte, wenn sie den Bus stoppen und die Insassen von »Heinrich, dem Achten« grüßen würden. In den Regieanweisungen steht: »Die Kinder stellen sich in einer Sperrkette über die Autobahn und winken«.
304 *Man hat uns mystifiziert:* »Jemanden mystifizieren« hieß früher »jemanden irreführen« (vgl. Anmerkung zu *Drei Männer im Schnee*, IV, 66).
309 *Ameisenspiritus:* Ameisenspiritus ist in Alkohol gelöste Ameisensäure, die als Einreibemittel gegen Rheumatismus verwendet wird.
311 *'n Tag, Herr Seiler:* Im Drehbuch unterhält sich der falsche Struve mit dem richtigen Struve, der ihm genau gegenüber wohnt, nachdem die Ganoven in seiner Wohnung festsitzen, im Treppenhaus. Der echte Struve fragt, vom Lärm in der Nachbarwohnung alarmiert: »Ist bei dir ein Kegelklub zu Besuch?« – »Nein, ein Skatklub«. Es folgt in etwa die Konversation, die im Roman im »Café Hofmann« geführt wird. Seiler zeigt Struve Professor Horn durchs Fenster mit den Worten: »Das ist der Häuptling der wackeren Männer, die soeben meine Möbel zerkleinern!«
Tiergartenvilla: Der Stadtteil Tiergarten im Herzen Berlins war eine bessere Wohngegend.
312 *aufgeklärte Habsburger Joseph II.:* Der Kaiser (1741–1790) nahm nach dem Tod seiner Mutter Maria Theresia (1717 bis 1780) Reformen im Sinn des aufgeklärten Absolutismus vor. So hob er 1781 die Leibeigenschaft auf, baute Schulen, milderte die Zensur und schaffte die Folter ab.
Taburett: Aus dem Altfranzösischen (»tabour« = Trommel) stammendes Wort für einen niedrigen Sitz ohne Lehne.
313 *somnambulen:* Schlafwandlerisch, von lat. »somnus« = Schlaf und »ambulare« = umhergehen.
Jüngster Tag: Nach der in der Bibel manifestierten Vorstellung, daß die Geschichte der Menschheit am letzten oder »jüngsten«

Tag durch ein Gericht Gottes, bei dem jeder Mensch Rechenschaft für seine Taten ablegen muß, beendet wird. Die Ewigkeit im Sinne Struves meint, einer verbreiteten Auffassung zufolge, die Zeit, die zwischen dem Tod der gegenwärtig Lebenden und dem Eintreten dieses Gerichts in unabsehbarer Zeit vergeht.

318 *Furioso in Oktaven:* Die Stelle erinnert an Kästners frühes Gedicht: *Nachtgesang des Kammervirtuosen* (vgl. *I, 33*).

326 *Sie hängt in unserer Ladenstube:* Hier beginnt sich die Handlung des Drehbuchs stärker von der des Romans zu entfernen. Im Drehbuch eilt Irene Trübner sofort, nachdem sie erfahren hat, daß die echte Miniatur in Külz' Ladenstube hängt, dorthin, wo sie auf Joachim Seiler trifft. Sie begrüßt ihn mit den Worten: »Sie ... Sie Lump! [...] – ich kann doch nicht die Polizei holen!« Er sagt: »Ich muß hier weg! – Wissen Sie was? Wir suchen uns ein stilles Fleckchen, – und dort reden Sie mir kräftig ins Gewissen!« Die beiden begeben sich in Seilers demolierte Wohnung, wo Irene Trübner dem vermeintlichen Verbrecher, den sie dennoch nicht ins Gefängnis bringen will, ihren Gewissenskonflikt erklärt. Seiler genießt ihre verzweifelten Sympathieerklärungen, bei denen sie sich immer mehr ereifert. Gleichzeitig gelingt es Struve in der Wohnung nebenan, Horn in ein Zimmer einzuschließen, indem er ihm, der die Miniatur im Haus sucht, weismacht, er habe ein Zimmer zu vermieten. Die im Roman stattfindende Verfolgungsjagd im Taxi durch die Innenstadt entfällt somit. Die beiden Handlungsstränge kumulieren, als Struve den Streit in Seilers Wohnung durch die Tür mitanhört und so erfährt, wer sich in Kopenhagen seines Namens bedient hatte. Er stößt zu den beiden, wodurch sich alle Verwirrungen aufklären. Irene Trübner erfährt, daß Seiler auf der Seite des Guten ist, beide versöhnen sich und kommen sich in den Trümmern der Wohnung näher. Horn wird von der Polizei abgeholt. Alles Weitere entspricht – mit unwesentlichen Abänderungen – wieder der Romanhandlung.

330 *Kaufhaus des Westens:* Damals – nach dem legendären ›Wertheimer‹ – eines der größten und berühmtesten Kaufhäuser Berlins.

335 *Berolina:* Die Versicherungsgesellschaft existiert wirklich. Im Drehbuch arbeitet Joachim Seiler für die »Internationale Assekuranz«.

342 *Aschingerkneipe:* Die bayrischen Unternehmer Carl und August Aschinger unterhielten in Berlin – neben anderen Gastronomiebetrieben – eine Reihe von Bierrestaurants, die wegen ihrer einfachen, aber äußerst preiswerten Gerichte bekannt waren.

III. Der kleine Grenzverkehr

Der Roman erschien 1938 unter dem Titel *Georg und die Zwischenfälle*. In Deutschland waren Kästners Bücher von den Nationalsozialisten verboten worden, und so mußte der Roman 1938 in Zürich bei Atrium erscheinen und nicht – wie vorgesehen – zu den Festspielen in Salzburg, das nach der Annexion Österreichs auch zum Deutschen Reich gehörte.

Die Geschichte ist stark autobiographisch geprägt: Kästner hatte sich 1937 mit dem emigrierten Walter Trier in Salzburg zu den Festspielen verabredet, um gemeinsam ein Buch vorzubereiten. Von seinem Salzburg-Besuch rührt auch die auffallende Ortskenntnis her, die im *Kleinen Grenzverkehr* festzustellen ist. Für die Beschreibung der Kulturdenkmäler dürfte zudem *Baedekers Reiseführer Salzburg* gedient haben – ein Hinweis darauf gibt am Ende des Buches Georgs prahlerische Vorgabe, Salzburg schon »länger als Baedeker« zu kennen.

Der Titel *Der kleine Grenzverkehr* wurde erstmals für die Neuausgabe von 1949 verwendet. Für diese Ausgabe schrieb Kästner folgendes *Vorwort an die Leser*:

> Als ich dieses kleine Buch, während der Salzburger Festspiele Anno 1937, im Kopf vorbereitete, waren Österreich und Deutschland durch Grenzpfähle, Schlagbäume und unterschiedliche Briefmarken »auf ewig« voneinander getrennt. Als das Büchlein, im Jahre 1938, erschien, waren die beiden Länder gerade »auf ewig« miteinander verbunden worden. Man hatte nun die gleichen Briefmarken und keinerlei Schranken mehr. Und das kleine Buch begab sich, um nicht beschlagnahmt zu werden, hastig außer Landes. Habent sua fata libelli, wahrhaftig, Bücher haben auch ihre Schicksale. Jetzt, da das Buch in einer neuen Auflage herauskommen soll, sind Deutschland und Österreich wieder voneinander getrennt. Wieder durch Grenzpfähle, Schlagbäume und unterschiedliche Briefmarken. Die neuere Geschichte steht, scheint

mir, nicht auf Seiten der Schriftsteller, sondern der Briefmarkensammler. Soweit das ein sanfter Vorwurf sein soll, gilt er beileibe nicht der Philatelie, sondern allenfalls der neueren Geschichte. Der Verleger, der Autor und der Illustrator des Buches lebten früher einmal in derselben Stadt. In einer Stadt namens Berlin. Nun haust der eine in London, der andere in München und der dritte in Toronto. Sie haben, jeder auf seine Weise, mancherlei erlebt. Klio, die gefährliche alte Jungfer, hat sie aus ihren Häusern, Gewohnheiten und Träumen getrieben und zu Zigeunern gemacht. Wenn sie voneinander Briefe bekommen, mit seltsamen Marken und Stempeln, lächeln sie und schenken die Kuverts irgendwelchen kleinen Jungen. Denn ob in England, Deutschland oder Kanada – kleine Jungen, die Briefmarken sammeln, findet man immer.

Erich Kästner
Zürich, im Frühjahr 1948

Der kleine Grenzverkehr hätte auch der Ufa-Film heißen sollen, zu dem Kästner 1942 das Drehbuch geschrieben hatte. Während der Außenaufnahmen 1943 in Salzburg wurde der Film jedoch verboten, so daß die Ufa die Rechte wieder an Kästner zurückgab. Unter dem Titel *Salzburger Geschichten* wurde 1956 unter der Regie von Kurt Hoffmann eine Überarbeitung verfilmt.

353 *Consecutio temporum:* Lateinische Bezeichnung für »Abfolge der Zeiten« im grammatikalisch und logisch richtigen Sinn.
355 *Doktor Fäustchen:* Vor allem seit Goethes Faust-Drama von 1808 gilt die Legendengestalt des Doktor Faustus als Prototyp des erkenntnishungrigen Gelehrten, der die ihm gesetzten Grenzen nicht akzeptieren will.
356 *J.M.R. Lenz:* Schriftsteller des Sturm und Drang. Literaturgeschichtlich ist Jakob Michael Reinhold Lenz (1751–1792) vor allem dadurch bedeutsam, daß er sich von der aristotelischen Lehre der drei Einheiten abgewandt und soziale und kulturkritische Fragestellungen in seine Dramen aufgenommen hat.
360 *Hic habitat felicitas:* Kästner nutzt das Zitat, um den Leser atmosphärisch auf die Stadt Salzburg und ihre Umgebung einzustimmen. Das Motto verstärkt den Eindruck des Märchenhaften in diesem Roman. Bezeichnenderweise hatte Kästner in seinem Drehbuch von 1942 vorgesehen, zu Beginn folgenden, im Stile eines Märchen verfaßten Text einblenden zu lassen:

Es war einmal eine Zeit, die noch garnicht lange vergangen ist! Es waren einmal zwei Länder, die eigentlich zueinander gehörten! Aber vorwitzige Leute, die aus dem einen in das andere Land reisen wollten, mussten erst einen mächtigen Zauberer befragen. An der Tür des Büros, in dem der Zauberer wohnte, stand das unheimliche Wort: Devisenstelle.

361 *Salzburger Festspiele:* Sie finden seit 1920 bis auf wenige Ausnahmen (so 1938 nach Hitlers Einmarsch in Österreich) jährlich statt.

365 *Portikusse:* Der Portikus bezeichnet eine Säulenhalle als Vorbau an der Hauptseite eines Gebäudes. Die korrekte Pluralform wäre »die Portiken«.

366 *Hellbrunn:* Stadtteil von Salzburg, in dem sich ein Barockschloß befindet.

368 *Allongeperücken:* Herrenperücke mit langen Locken, aus dem 17. und 18. Jahrhundert.

369 *Primaner:* Schüler der Oberstufe eines Gymnasiums.

370 *Lebzelten:* Lebkuchen. »Zelten« ist ein regionaler Ausdruck für flache Kuchen.

373 *Altane:* Vom Boden aus gestützter, balkonartiger Anbau.
Makart: Hans Makart (1840–1884) war ein außerordentlich erfolgreicher und berühmter österreichischer Maler großformatiger, neubarocker Bilder historischen und allegorischen Inhalts.

375 *Zyklamen:* Alpenveilchen.

376 *Gobelins:* Nach der französischen Färberfamilie aus dem 15. Jahrhundert, in Deutschland übliche Bezeichnung für Wandteppiche.
Geheimrat: (Vgl. Anmerkung zu *IV,14*.)
Galimathias: Auch »Gallimathias«: Antiquierte Bezeichnung für verworrenes Geschwätz, Unsinn. Das Wort setzt sich zusammen aus »Galli« (so hießen die Prüflinge der Pariser Universität Sorbonne) und »matheia«, dem altgriechischen Begriff für »Wissen«.
Colloredo: Traditionsreiches österreichisches Adelsgeschlecht. Hier ist Hieronymus Graf Colloredo (1732–1812), der letzte Fürstbischof von Salzburg, gemeint. Er galt als Sparsamkeitsapostel. Die Kirchenmusik beispielsweise wollte er auf das Notwendigste beschränkt haben. Mozart bezeichnete ihn als »Erzlimmel«.

377 *Pacher:* Der Bildschnitzer und Maler Michael Pacher (1435 bis

1498) schuf den Hochaltar der Franziskanerkirche in den Jahren 1495 bis 1498. Seine Flügelaltäre (besonders berühmt ist der Altar der Pfarrkirche St. Wolfgang im Salzkammergut) zählen zu den bedeutendsten Kunstwerken der Spätgotik.

377 *Pleureusen:* Lange Straußenfeder als Hutschmuck von französisch *pleureuse* = Trauerbesatz an der Kleidung.

378 *Hermann Bahr:* Der Schriftsteller und Publizist Hermann Bahr (1863–1934), der führende Theoretiker der Wiener Moderne und Freund von Hugo von Hofmannsthal (vgl. Anmerkung zu *IV, 381*), wirkte an der Begründung der Salzburger Festspiele mit.

379 *Grabendächer:* Dachform aus dem 14. bis 16. Jahrhundert, die man vor allem im Gebiet von Inn und Salzach vorfindet. Es handelt sich um Pultdächer, die von einem Mauerkranz umgeben sind.

381 ›*Jedermann*‹-*Aufführung:* Der österreichische Schriftsteller Hugo von Hofmannsthal (1874–1929) verarbeitete 1911 den englischen Stoff vom »reichen Mann, den der Tod plötzlich angeht« zu einem Mysterienspiel, das dann fester Bestandteil der von ihm 1920 mitbegründeten Salzburger Festspiele wurde.

382 *Metro-Goldwyn-Mayer:* Diesen Namen trägt die 1924 von den Herren Goldwyn und Mayer gegründete Filmproduktionsgesellschaft, die Kästners Trivialromane in den dreißiger Jahren verfilmte. Mit »Herr Metro-Goldwyn-Mayer« ist wohl ironisch deren Besitzer gemeint.

383 *wie der Sterbende Gallier:* Berühmte römische Bronzefigur (vgl. Anmerkung zu *IV, 17*).

390 *Archi-Episcopus:* Erzbischof.
Perchtenspiele: Alpenländische Fastnachtstradition. »Perchten« sind nach dem Volksglauben der Alpenländer dämonische Wesen und werden bei Umzügen mit Masken dargestellt.
Hanswurst: Von »Hans Worst« abgeleiteter Name für eine dickwanstige und linkisch-komische Bedienstetenfigur in deutschen Schwankstücken und Komödien seit dem 16. Jahrhundert (später ersetzt durch die aus dem italienischen kommende Bezeichnung »Harlekin«). Die Figur des Hanswurst oder Harlekin wurde im 18. Jahrhundert durch den bedeutenden Theaterreformer Johann Christoph Gottsched (1700–1766) von den deutschen Bühnen verbannt; im österreichischen Volkstheater war sie dagegen noch lange vertreten.

390 *Leporello:* Diener des Don Giovanni in Mozarts Oper *Don Giovanni*, die 1787 in Prag uraufgeführt wurde.
Papageno: Vogelfänger in Mozarts Oper *Die Zauberflöte*, die 1791 in Wien uraufgeführt wurde. Papageno bringt die von ihm gefangenen Vögel seiner Königin und erhält dafür von ihr Trank und Speise.
391 *Tritonen:* Skulpturen der griechischen Meeresgötter im Gefolge Poseidons.
›*Rosenkavalier*‹: Komödie für Musik in drei Aufzügen von Hugo von Hofmannsthal. Musik von Richard Strauss, uraufgeführt 1911 in Dresden.
Quinquin: Figur aus dem *Rosenkavalier*. Ein junger Herr aus gutem Hause, der die Feldmarschallin Fürstin Werdenberg mit schwärmerischer Leidenschaft liebt. Als er mit ihr in ihrem Schlafzimmer überrascht wird, verkleidet er sich hinter einem Wandschirm schnell in eine Zofe.
Marschallin: Hauptfigur aus dem *Rosenkavalier*. Geliebte von Quinquin (siehe oben).
393 *Zeno:* Zenon der Jüngere gründete um 300 v. Chr. in Athen die Philosophenschule der Stoa, die den Menschen zur Vervollkommnung und Glückseligkeit verhelfen wollte. Als Weg dazu wurde empfohlen, vernünftig und sittlich zu handeln und sich von den Affekten zu befreien, um die distanzierte Apathie oder Gelassenheit eines Weisen zu erreichen.
präsumtiven: Vermutlich.
394 *Fortuna:* Lateinische Bezeichnung für die Glücksgöttin.
Metze: Antiquierter Begriff für »Dirne« im Sinn von »Hure«.
397 *Situationskomödie:* Ein Schauspiel, dessen Komik aus komischen Situationen entsteht, in die ganz normale Figuren durch eine merkwürdige Verkettung von Umständen geraten, die nur der Zuschauer als Außenstehender durchschaut. Auch Kästners Romane *Drei Männer im Schnee*, *Die verschwundene Miniatur* und *Der kleine Grenzverkehr* sowie deren Verfilmungen basieren auf dem Prinzip der Situationskomik.
403 *Optativ:* Modus des Verbs, der einen Wunsch ausdrückt. Während im Griechischen dafür eigene Formen vorgesehen sind, wird im Deutschen diese Funktion vom Konjunktiv übernommen. Im Drehbuch befaßt sich Georg nicht mit dem Optativ, sondern mit der Theorie und Praxis des Lachens und bezeichnet sich als »Lachforscher«.
405 *Idiotika:* Von griechisch »idiotikos« = eigentümlich, gewöhn-

lich. Volkssprachlich abgeleitete Bezeichnung für Mundartwörterbücher.
407 *Attila Hörbiger:* Der Schauspieler Attila Hörbiger (1896 bis 1987) war der Star der Salzburger *Jedermann*-Aufführungen von 1935 bis 1937 und von 1947 bis 1951.
411 *Interregnum:* Lateinische Bezeichnung für einen Zeitraum, in dem eine vorläufig eingesetzte Regierung die Regierungsgeschäfte wahrnimmt.
selbander: Veraltete Form für »zu zweit« aus mittelhochdeutsch »selbe ander« = selbst der zweite.
412 *Folio-Ausgaben:* Großes Buchformat, gewöhnlich länger als 35 Zentimeter
413 *Dona ei requiem:* Lateinisch »Gib ihm seinen Frieden«. Zugleich ein Wortspiel, da »Requiem« auch die Bezeichnung für eine Totenmesse ist.
416 *Beaumarchais:* Französischer Dramendichter (1732–1799). In seinen Theaterstücken *Der Barbier von Sevilla, Eugénie* und *Figaros Hochzeit* geht es hauptsächlich um die Schwierigkeiten und Verwirrungen von Liebespaaren in der Ständegesellschaft.
418 *Kratzfuß:* Verbeugung, bei der ein Fuß nach hinten gezogen wird und unter Umständen ein kratzendes Geräusch erzeugt; daher die seit dem 18. Jahrhundert gebräuchliche Bezeichnung ›Kratzfuß‹.
419 *Syphon:* Österreichisch-umgangssprachlicher Begriff für Sodawasser. Korrekt wäre die Schreibung »Siphon«.
420 *Molièresche Figur:* Hier könnte Georg beispielsweise auf den Bourgeois Jourdain in Molières Satire *Der Bürger als Edelmann* von 1670 anspielen. Dieser möchte das Leben eines Adligen führen und daher Kenntnisse in Ballett, Philosophie, Dichtung etc. erwerben, erweist sich dabei aber als wahrer, jedoch nicht unsympathischer Dilettant.
421 *konterfeite:* Veralteter, aber im Scherzhaften noch üblicher Gebrauch im Sinne von »porträtieren«.
423 *Schillers ›Glocke‹: Das Lied von der Glocke* gilt als das meistparodierte Gedicht der deutschen Literaturgeschichte. Kästner zitiert es auch in *Drei Männer im Schnee* (vgl. *IV, 71*).
428 *Raimund:* Der österreichische Dramatiker Ferdinand Raimund (1790–1836) führte mit Märchenstücken wie *Der Alpenkönig und der Menschenfeind* (1828) das Wiener Volksstück zu dessen dichterischem Höhepunkt.

428 *Nestroy:* Der Theaterdichter Johann Nepomuk Nestroy (1801–1862) führte die Tradition des Wiener Volkstheaters nach Ferdinand Raimund weiter. Von seinen über 80 Possen, Satiren und Sittenstücken sind besonders bekannt: *Der böse Geist Lumpazivagabundus* (1833), *Einen Jux will er sich machen* (1842) und *Freiheit in Krähwinkel* (1848).

Inhaltsverzeichnis

7 Drei Männer im Schnee

9 *Das erste Vorwort:*
Der Millionär als künstlerisches Motiv
11 *Das zweite Vorwort:*
Der Verfasser gibt die Quellen an
14 Dienstboten unter sich und untereinander
17 Herr Schulze und Herr Tobler
23 Mutter Hagedorn und Sohn
29 Gelegenheitskäufe
37 Grandhotel Bruckbeuren
44 Zwei Mißverständnisse
56 Siamesische Katzen
67 Der Schneemann Kasimir
79 Drei Männer im Schnee
86 Herrn Kesselhuths Aufregungen
95 Der einsame Schlittschuhläufer
102 Der Lumpenball
110 Der große Rucksack
119 Die Liebe auf den ersten Blick
127 Drei Fragen hinter der Tür
134 Auf dem Wolkenstein
143 Hoffnungen und Entwürfe
153 Zerstörte Illusionen
165 Vielerlei Schulzes
173 Das dicke Ende

181 Die verschwundene Miniatur

183 Papa Külz ißt einen Aufschnitt
193 Irene Trübener hat Angst
199 Von Kunst ist die Rede

208 Das Symposion im
 »Vierblättrigen Hufeisen«
216 Abschied von Kopenhagen
225 O, diese Zollbeamten
231 Der Koffer und die Zigarren
238 Das Märchen vom braven Mann
247 Külz lernt endlich seine Frau kennen
253 Saalpost in der Tanzdiele
263 Der Kostümball geht zu Ende
273 Vater Lieblichs Grogkeller
280 Ein Kommissar hat eine Theorie
289 Herrn Struves sonderbare Vernehmung
297 Ein Skatklub hat Kummer
306 Die Ankunft in Berlin
316 Erstens kommt es anders ...
325 Die motorisierte Schnitzeljagd
335 Herr Kühlewein lernt das Fürchten
343 Nun stimmt's aber!

351 Der kleine Grenzverkehr

353 Vorrede an die Leser
356 Vorrede an den Verfasser
361 Die Vorgeschichte
363 Der Plan
365 Der kleine Grenzverkehr
369 Das große Erlebnis
384 Der freie Tag
393 Der Blitz aus heiterem Himmel
396 Die neue Wendung
401 Das Spiel im Schloß
407 Die Tischszene
411 Das Interregnum
414 Für alle Fälle
421 Der Abschied
429 Die Heimkehr

431 Anhang

433 Nachwort
445 Kommentar